作为国际税收竞争工具的
事先裁定制度研究

刘磊 虞青松 钟皓·编著

中国税务出版社

图书在版编目（CIP）数据

作为国际税收竞争工具的事先裁定制度研究/刘磊，虞青松，钟皓编著．
--北京：中国税务出版社，2020.10
ISBN 978-7-5678-0954-3

Ⅰ.①作… Ⅱ.①刘…②虞…③钟… Ⅲ.①税收制度-研究-世界
Ⅳ.①F811.4

中国版本图书馆 CIP 数据核字（2020）第 038242 号

版权所有·侵权必究

书　　　名：	作为国际税收竞争工具的事先裁定制度研究
作　　　者：	刘　磊　虞青松　钟　皓　编著
责任编辑：	范竹青
责任校对：	姚浩晴
技术设计：	刘冬珂
出版发行：	中国税务出版社
	北京市丰台区广安路9号国投财富广场1号楼11层
	邮政编码：100055
	http：//www.taxation.cn
	E-mail：swcb@taxation.cn
	发行中心电话：（010）83362083/85/86
	传真：（010）83362047/48/49
经　　　销：	各地新华书店
印　　　刷：	北京天宇星印刷厂
规　　　格：	787毫米×1092毫米　1/16
印　　　张：	24.25
字　　　数：	408000 字
版　　　次：	2020年10月第1版　2020年10月第1次印刷
书　　　号：	ISBN 978-7-5678-0954-3
定　　　价：	68.00 元

如有印装错误　本社负责调换

序　言

　　税收事先裁定，是税务机关为明确未来税款征收，对纳税人特定交易的税收待遇作出行政预处理决定的专门行政程序。税收事先裁定一般可以分为协商式裁定和单向式裁定两种类型。协商式裁定在作出程序中内含协商机制，系征纳双方共识的载体，集税法解释、税收竞争、争议解决三项功能于一身，已成为税收事先裁定制度发展的国际趋势。我国税务部门2012年在税收遵从协议中引入的税收事先裁定制度，系由税务机关单方面作出的单向式裁定，仅具有税法解释功能。

　　为进一步推动税收事先裁定制度在我国的发展，全面发挥该制度的功能，本书将研究视角聚焦于税收事先裁定的税收竞争和争议解决功能，并以此为目的建立和完善具有中国特色的协商式税收事先裁定制度。

　　由于国内对税收事先裁定研究还较少。为此，在研究方法上，本书从税收事先裁定的概念入手，以国外实务案例研究为基础展开，将研究重点放在协商式裁定的税收竞争功能上。研究思路上，先就基于协商式裁定产生有害税收竞争如何进行管制展开分析；然后解析协商式裁定具备税收竞争功能的机理；接着就我国税收事先裁定的制度设计该如何保障在我国提升税收竞争力的基础上，就有效管制有害税收竞争提出建议；最后，本书编译了采用协商式裁定的美国、南非、加拿大、新西兰四个国家的法律规范性文件，为协商式裁定的立法提供范本。

　　本书系《基于功能主义的税收事先裁定制度研究》的姊妹篇，

侧重于通过案例为实务人员提供协商式裁定的范本和制度建构的国外经验，特别是深入剖析了雅虎案和卢森堡裁定案，以期为实务人员和立法者识别良性税收竞争和有害税收竞争提供指引。

  当前，国际环境日趋复杂，经济全球化遭遇逆流，在区域合作不断加深的同时，竞争也日益激烈。其中，如何在不损害他国利益的前提下进一步提升本国税收竞争力是未来国家税收战略重点。为此，本书以税收事先裁定为工具，为探索提升企业、政府、国家的税收竞争力的新路径提供战略思想。

  由于研究水平和资料收集有限，本书难免有疏漏之处，敬请读者批评指正。

目 录

上篇　作为国际税收竞争工具的事先裁定制度

第一章　税收事先裁定概述 ········· 3
第一节　税收事先裁定内涵 ········· 3
一、税收事先裁定的概念及类型 ········· 3
二、税收事先裁定的应用场景和制度优势 ········· 4
三、协商式裁定：国际税收竞争工具的生成 ········· 6
第二节　税收事先裁定的样本及案例分析 ········· 7
一、税收事先裁定文书样本：以意大利、美国为例 ········· 7
二、从雅虎"天价税单"风险案看美国税收事先裁定
制度的运行 ········· 15

第二章　协商式裁定：国际税收竞争工具及管制有害税收竞争 ········· 24
第一节　如何打造国际税收竞争工具——以荷兰协商式裁定
为例 ········· 24
一、作为吸引外国投资的制度工具：标准裁定 ········· 25
二、导入预约定价安排（APA）作为全新裁定类型 ········· 26
三、走向集权式的事先裁定政策 ········· 29
四、荷兰现行裁定制度的类型和程序规则 ········· 30
五、协商式裁定成为国际税收竞争工具的法律基础 ········· 36

第二节 协商式裁定的特别制度：跨境交易中的预约定价安排 ………… 38
　　一、预约定价安排的特殊性：税收事先裁定中的专门化类型 …… 38
　　二、转让定价的基本问题 ………………………………………… 42
　　三、转让定价的演变 ……………………………………………… 44
　　四、全球转让定价机制的未来挑战 ……………………………… 47
第三节 基于协商式裁定的有害税收竞争及其管制 ………………… 49
　　一、协商式裁定成为有害税收竞争载体的成因 ………………… 49
　　二、OECD 软法管制的失败："黑名单"及 BEPS 项目 ………… 53
　　三、欧盟硬法管制的成果：以是否构成国家援助为标准
　　　　审查税收裁定 ………………………………………………… 55
　　四、国际共识：以税收裁定为信息交换载体的管制措施 ……… 60
　　五、小结 …………………………………………………………… 69
第四节 管制有害税收竞争范例：欧盟撤销卢森堡 LNG Holding
　　　 融资裁定 ……………………………………………………… 69
　　一、裁定所涉复杂交易：免息强制性可转换贷款（ZORA）
　　　　融资 …………………………………………………………… 70
　　二、相关的法律框架说明 ………………………………………… 74
　　三、欧盟委员会启动审查程序的理由 …………………………… 75
　　四、卢森堡政府的回应 …………………………………………… 76
　　五、ENGIE 集团的回应 …………………………………………… 78
　　六、欧盟委员会认定卢森堡提供非法税收优惠的理由 ………… 80
　　七、对欧盟撤销卢森堡裁定案的法律分析 ……………………… 104

第三章 税收事先裁定衍生税收竞争功能的管制原理解析 ………… 107
第一节 消除信息不对称：生成税收竞争功能的内在动因 ………… 107
　　一、征纳双方的信息不对称 ……………………………………… 107
　　二、威慑治理下的管制失灵 ……………………………………… 109
　　三、合作治理下生成规则的正当性 ……………………………… 111
　　四、走向税务合作治理提升税收竞争力 ………………………… 114
　　五、国外提升税收竞争力的合作治理范式与实践经验 ………… 115
第二节 事前矫正机制：实现税收竞争功能的制度基础 …………… 120
　　一、传统征管体制下税法不确定性的成因 ……………………… 120

二、法不完备性理论——税法不确定性的事前矫正机制 ……… 123
　　三、作为行政制度的事前矫正机制 …………………………… 126
第三节　"前馈—后馈"复合控制：保障税收竞争功能的运作
　　　　机理 …………………………………………………………… 127
　　一、控制理论概述 ……………………………………………… 128
　　二、后馈控制：单向式裁定 …………………………………… 128
　　三、前馈控制：非正式裁定 …………………………………… 131
　　四、"前馈—后馈"复合控制：协商式裁定 ………………… 133
　　五、协商式裁定：解决税法不确定性的最佳实践 …………… 137

第四章　我国税收事先裁定制度建构：以低成本纠纷解决机制和提高
　　　　国际税收竞争力为导向 ……………………………………… 140
　第一节　我国税收征管程序改革对税务司法提出的新课题 ………… 140
　　一、我国目前税务纠纷偏少的成因 …………………………… 140
　　二、未来税务争议的显性化 …………………………………… 142
　　三、我国传统行政纠纷解决机制未能契合税务争议的
　　　　特殊性 ……………………………………………………… 143
　第二节　我国税务纠纷解决机制的多元化：建构以低成本为
　　　　　导向的ADR ………………………………………………… 144
　　一、国外税务纠纷解决的成功经验 …………………………… 144
　　二、我国导入ADR机制的必要性：以低成本为导向 ………… 145
　第三节　我国行政法语境下协商式裁定的法律属性界定 …………… 146
　第四节　建构协商式裁定制度：以提高国际税收竞争力为导向 …… 148
　　一、协商式裁定可以改变传统后馈控制下单一命令—控制
　　　　手段所形成的不确定性 …………………………………… 148
　　二、协商式裁定生成的税法规则具有正当性，有助于降低
　　　　法律风险 …………………………………………………… 148
　　三、以税务机关的单方承诺实现合作治理 …………………… 149
　　四、协商式裁定有助于实现对传统税收征管程序的流程
　　　　再造 ………………………………………………………… 149
　　五、协商式裁定是预防地方税务机关滥用自由裁量权的
　　　　最佳实践 …………………………………………………… 149

下篇　国外法律规范译稿：协商式裁定立法范本

第五章　美国信件裁定制度立法 ……… 153
第一节　美国财政部规章 ……… 153
一、第601.201节　裁定和决定书 ……… 153
- 第1条　通常做法和定义 ……… 153
- 第2条　总部发布裁定 ……… 155
- 第3条　区域负责人发布决定书 ……… 157
- 第4条　发布裁定和决定函的自由裁量权 ……… 158
- 第5条　纳税人指引 ……… 159
- 第6条　总部的讨论会 ……… 166
- 第7条　将相关问题向总部移送 ……… 166
- 第8条　将相关问题向区域税务办公室移送 ……… 167
- 第9条　决定书的复议 ……… 167
- 第10条　申请的撤回 ……… 167
- 第11条　给纳税人的口头建议 ……… 168
- 第12条　裁定的效力 ……… 168
- 第13条　决定书的效力 ……… 170
- 第14条　依据《税法》第501节或第521节组织申请免税 ……… 170
- 第15条　雇员信托或计划 ……… 191
- 第16条　自然人自我雇用的养老金计划 ……… 204
- 第17条　公司总体和样本计划 ……… 206
- 第18条　对于基础地位分类的裁定和决定书 ……… 210
- 第19条　事先裁定或决定书 ……… 210
- 第20条　损耗的替代方案 ……… 211
- 第21条　发布1954年《税法》第631节第3条中涉及出租人的红利和提前收取的特许使用费裁定的条件 ……… 211

二、第601.202节　结案协议 ……… 212
- 第1条　一般情况 ……… 212

  第 2 条 采用规定的表格 …………………………………… 213
  第 3 条 批准 …………………………………………………… 213
  第 4 条 裁定要求的适用 ……………………………………… 214
 三、第 601.601 节 法规和规章 …………………………………… 214
  第 1 条 制定 …………………………………………………… 214
  第 2 条 对拟定规则的意见 …………………………………… 216
  第 3 条 变更规则的请愿书 …………………………………… 216
  第 4 条 规则和规章的颁布 …………………………………… 216
第二节 美国国内收入局 2018 年第 1 号《税收程序》 ……………… 220
 第 1 条 《税收程序》有何目的？ ………………………………… 220
 第 2 条 国内收入局以何形式向纳税人提供建议？ …………… 221
 第 3 条 依据《税收程序》纳税人可以请求书面建议的
     问题有哪些？ ………………………………………… 224
 第 4 条 哪些问题必须依据不同的程序申请书面建议？ ……… 226
 第 5 条 助理办公室依据何种情形发布信件裁定？ …………… 227
 第 6 条 国内收入局在哪些情况下不得发布信件裁定或
     决定书？ ………………………………………………… 234
 第 7 条 申请信件裁定和决定书的一般要求有哪些？ ………… 240
 第 8 条 助理办公室如何处理信件裁定申请？ ………………… 258
 第 9 条 向助理办公室申请变更会计处理方法的具体程序和
     额外程序有哪些？ …………………………………… 263
 第 10 条 如何安排信件裁定讨论会的日程？ ………………… 278
 第 11 条 信件裁定有什么作用或效果？ ……………………… 282
 第 12 条 区域负责人发布决定书的情形有哪些？ …………… 287
 第 13 条 决定书有何效力？ …………………………………… 289
 第 14 条 在何种情形下问题在区域负责人与助理办公室
      之间相互移交？ ……………………………………… 290
 第 15 条 对于申请信件裁定和决定书的申请费有何
      要求？ ………………………………………………… 290
 第 16 条 对 2017 年第 1 号《税收程序》做出了哪些重大
      修改？ ………………………………………………… 298
 第 17 条 本《税收程序》对其他文件的作用或影响？ ……… 299

　　　　第18条　本《税收程序》何时生效？……………………… 299
　　　　第19条　减少文书工作法案 ………………………………… 299

第六章　南非事先裁定立法 ……………………………………… 300
第一节　《南非税收征管法》第7部分　事先裁定 …………… 300
第二节　南非税务总局《税收事先裁定综合指南》…………… 307

第七章　加拿大事先裁定立法 …………………………………… 346
《所得税事先裁定和技术解释》………………………………… 346
　　一、适用 ……………………………………………………… 346
　　二、裁定与技术解释有何区别 …………………………… 346
　　三、技术解释 ………………………………………………… 347
　　四、裁定 ……………………………………………………… 348
　　五、预裁定磋商 ……………………………………………… 350
　　六、申请理事会服务 ………………………………………… 351
　　七、费用和发票 ……………………………………………… 352
　　八、裁定和技术解释的共享 ………………………………… 353

第八章　新西兰事先裁定立法 …………………………………… 354
第一节　《1994年新西兰税收征管法》第5A部分 ……………… 354
　　一、约束力裁定 ……………………………………………… 354
　　二、公共裁定 ………………………………………………… 356
　　三、私人裁定 ………………………………………………… 357
　　四、集体裁定 ………………………………………………… 361
　　五、裁定一般事项 …………………………………………… 365
第二节　新西兰税务局指引 …………………………………… 367
　　一、约束力裁定——如何就你交易的税务立场获得确定性？…… 367
　　二、为什么适用约束力裁定？ ……………………………… 368
　　三、你需要知道什么？ ……………………………………… 369
　　四、私人或集体裁定如何申请？ …………………………… 372
　　五、我们收到申请后会做什么？ …………………………… 374
　　六、我们可以对哪些事项发布裁定？ ……………………… 375

上篇

作为国际税收竞争工具的事先裁定制度

第一章 税收事先裁定概述

第一节 税收事先裁定内涵

一、税收事先裁定的概念及类型

税收事先裁定（Advance Tax Ruling，ATR）本意为"税收预处理决定"，是税务机关为明确未来税款征收程序对纳税人特定交易的税收待遇，并基于征纳双方的相互承诺而作出行政预处理决定的专门行政程序。

从功能主义出发，作为税法解释机制的税收事先裁定制度，从理论上可以界分出单向式裁定和协商式裁定两种类型。❶ 单向式裁定主要为部分大陆法系国家采用，根据地方税务机关的单方意志发布。协商式裁定则主要为英美法系国家采用，该制度融入协商机制，由中央税务机关发布裁定，发布方式包括单方声明、协议或其他方式。两类裁定的法理基础和控制理论完全不同，导致两种模式下裁定的实体要素和程序要素各异。为此，本书采用广义的"税收事先裁定"概念，意在涵盖单向式裁定和协商式裁定（包括单方决定下协商式裁定和预约定价安排）。而狭义的"税收事先裁定"是指税务机关单方面作成的裁定，包括单向式裁定和单方决定下的协商式裁定两种，不包括预约定价安排。

相较于单向式裁定，协商式裁定因其能充分保障在税法解释过程中纳税人的参与权而成为最佳制度实践。单向式裁定仅具有税法解释功能，而协商式裁定还衍生出国际税收竞争功能和纠纷解决功能。为此，本书以协商式裁定为研究对象。

首先，准司法机制是解决税务纠纷的新手段。由于融入协商机制的协商

---

❶ 虞青松. 我国建构税收事先裁定制度的模式选择［J］. 税务研究，2018（11）.

式裁定具备纠纷解决功能，越来越多国家把协商式裁定建构为事前审计手段，使之成为税务司法的替代性纠纷解决机制（Alternative Dispute Resolution，ADR），即准司法机制。这使得协商式裁定也成为准司法制度的一种类型。与瑞典、印度在税务系统外以司法审判方式发布税收事先裁定不同的是，协商式裁定是在税务系统内部构建裁定发布机制，着眼解决未来税务纠纷的全新治理机制。

其次，在跨国交易领域，由于协商式裁定以征纳双方协商共识为基础，成为一国基于选择性税收优惠的载体，这将导致他国利润减少或税基转移，由此形成有害税收竞争。荷兰最早将协商式裁定作为吸引外国投资的竞争工具（后因不符合欧盟非法国家援助标准而对其制度多次做出整改）。卢森堡、爱尔兰、西班牙等国也相继借鉴。由此，协商式裁定成为一国国际税收政策的载体，进而形成展开国际税收竞争的工具。为消除有害税收竞争，经济合作与发展组织（OECD）倡导的税基侵蚀与利润转移（BEPS）第5项行动计划要求签约国自发交换协商式裁定（包括预约定价安排）。

集税法解释、税收竞争、纠纷解决三项功能于一身的协商式裁定已成为税收事先裁定制度发展的国际新趋势。为此，以协商式裁定为主线，可以将不同国家规则各异的税收事先裁定制度整合在三大功能之下，使之体系化。但本书着重研究协商式裁定的税收竞争功能。

协商式裁定契合中国特色社会主义新时代背景下税收征管体制改革目标。为此，我国应当选择建构协商式裁定，用以满足特定纳税人对税法解释的新需求，并以国际税收治理引领者的身份将之打造为规范国际税收竞争的新名片，同时以协商式裁定为抓手为纳税人提供低成本的税务纠纷解决新机制。就我国协商式裁定的建构方法而言，在内部机制上应当以赋予纳税人协商参与规则制定的程序性权利为目标，在外部机制上必须能实现合作共赢，并以公开制度和收费制度作为平衡机制保障公平原则的实现。

二、税收事先裁定的应用场景和制度优势

（一）应用场景

税收事先裁定一般用于确定当事人的资格或交易在税法中的地位，用以增加交易的税法后果的确定性。下面举例说明。

1. 确认交易是否适用一般反避税规则。

引发一般反避税规则适用的原因可能是以下原因：行为、事实和交易没有合理商业目的；用于规避税法规定义务或禁令的交易或安排；必须是特意达成某些原本不具备的条件以获得税收优惠的条件，否则无法实现。如果企业发生以下与之相似的交易，如国内与国际合并、分立；跨国分拆与资产出售；以及自愿清算、信用销售、非源自利润的净资产分配、销售业务、销售税收抵免、股份估价或出售等，那么该交易所涉行为或事实是否在税法规定的范围内非常重要。在企业无法确定以上交易的法律后果时，如果取得裁定确定交易类型，就可以明确所涉交易是否可以排除适用一般反避税规则，进而排除税务机关启动一般反避税调查的干扰。如果不取得裁定，则税务机关有权忽略交易形式，依据交易实质进行认定，最终否定纳税人为规避一般反避税规则的适用而架构出来的交易或事实的税法后果。本书第一章第二节所列雅虎拆分案中，雅虎所拆实体阿巴库持股公司（Aabaco Holdings）就被美国国内收入局（IRS）视为无合理商业目的，导致裁定申请被拒绝。

2. 确定是否为虚构介入人。

虚构介入人，指双方之间的交易通过第三人介入执行。虽然第三人以自己名义行事，但他实际上是代表其中一方行事，而该方匿名不为交易架构外的人所知。换句话说，第三方同意该交易后果不归实名参与人，而归匿名人。与代理不同的是，代理一般需要披露被代理人的姓名，而虚构介入人通常是交易各方都知悉介入人所代表的匿名人，但是交易各方之外的其他人并无途径知悉匿名人是谁。税务机关经常使用这一规则来质疑涉及导管公司法人的各种交易架构。为此，一旦纳税人的特定交易需要设立导管公司，其税收地位如何确定可以申请裁定，以此能让纳税人避免来自税务机关的挑战并减少诉讼风险。本书第二章第四节所列欧盟撤销卢森堡授予法国Engie集团税收事先裁定案中，LNG Luxembourg 就是 Engie 集团在卢森堡全资子公司 Compagnie Européennede Financement CEF SA 的导管公司，无实质业务，而 Compagnie Européennede Financement CEF SA 在该交易中隐名，使 LNG Luxembourg 成为虚构介入人代表其行使权利。

3. 确定费用类型。

例如，有些地区的税法规定，对于广告和促销费用，企业可以在发生费用的会计年度中扣除所有广告和促销费用，或在该年和随后4年中平摊。相反，对于招待费，企业在发生招待费的会计年度和以后4年中，只能抵扣招待费用的 1/3。相较而言，对完全可扣除的广告和促销费用，比仅能扣减一定百分比的招待费用有更优惠的税收待遇。因此，通过申请事先裁定，纳税人就可以明确某交易所发生费用究竟是广告和促销费还是娱乐费用，由此得到正确描述成本的保证，避免争议。

以上三种情形通过申请税收事先裁定，可以为纳税人提供预期交易在未来税款征收程序中税法后果的确定性，消除税务争议，减少诉讼。这是其他法律工具所不具备的功能。

（二）制度优势

从已有国家的制度实践来看，税收事先裁定具有以下优点：
（1）在税法条文的解释和适用方面获得更高程度的确定性；
（2）在法律的适用和解释方面有更大的一致性和统一性；
（3）提高税务机关决策过程的透明度；
（4）减少税务诉讼；
（5）为税务机关向纳税人收集信息提供自愿机制；
（6）良好的制度建构和做法可以避免有害的税收竞争。❶

为此，多数国家税务机关开始建构税收事先裁定制度，在税务行政管理领域生成独特的行政预处理决定机制。

三、协商式裁定：国际税收竞争工具的生成

相较于国内交易，在跨境交易下税法的解释和适用难度更大。很明显，当纳税人赴他国进行投资或者开展经营活动时，由于语言障碍、法律观念不熟悉等原因，再加上源自不同法律秩序若干规则相互作用而可能导致的双重征税，遵守纷繁复杂的外国法律制度和税收规则变得更加困难。

此外，世界经济扁平化、资本全球化导致劳动力、资本与利润流动性不断增加，这种流动性正成为不断推动各国减税的巨大压力。❷ 为吸引外来投资，各国往往会推出针对特定企业的税收优惠政策。减税作为其中技术性手段需要制度性工具支持，使之能成为政府向资本提供的确定性保障。荷兰构

---

❶ Alia DUTA, "The harmonization of advance tax rulings systems in European Union member states – Why?," *Finante-provocarile viitorului*（*Finance – Challenges of the Future*），*University of Craiova*，*Faculty of Economics and Business Administration*，Vol. 1（9），2009，pp. 248 – 250.
❷ [美] 克里斯·爱德华兹、丹尼尔·米切尔．全球税收革命——税收竞争的兴起及其反对者 [M]．黄凯平，等译．中国发展出版社，2015：3．

建的事先裁定系最早发展出来的该类工具，其主要目的是为在第二次世界大战后吸引美国投资。其后各国纷纷采用各种以提供税收优惠为核心的"安排"以吸引外来投资，以提高本国税收竞争力。这些"安排"被欧盟统一称为"税收裁定"（Tax Ruling，亦即本书所界定的"税收事先裁定"），这些"安排"包括单方决定和双方协议两个端点之间的任何活动。其中，单方决定包括无协商程序的单向式裁定和有协商程序的协商式裁定。双方协议主要是指预约定价安排（advance price arrangements，APA）。本书的术语"税收事先裁定"包括单向式裁定和协商式裁定，其中协商式裁定包括预约定价安排。因此，在本书中，预约定价安排是税收事先裁定的一种类型，是协商式裁定的特别制度，而协商式裁定是各国展开国际税收竞争的主要工具。

然而，一国着眼于吸引外来投资的选择性减税会对他国产生影响，可能导致他国投资或利润转移，进而侵害他国税基，由此形成有害税收竞争而出现税收竞争反对者。因此OECD提出有害税收竞争论，认为各国应当协调税收政策以防止恶性竞争，并提出一揽子建议来阻止其成员国的税收竞争。最终，在2014年，包括OECD成员国与中国、巴西、新加坡在内的47国签定《税务信息自动交换宣言》，形成对有害税收竞争的合围。该宣言将六种涉及跨境交易的税收裁定列为税收信息交换对象，其中，事先裁定成为国际组织"围殴"有害税收竞争的主要抓手。例如，欧盟认定苹果公司与爱尔兰之间税收裁定构成有害税收竞争，要求苹果公司补缴160亿欧元税款。因此，税收事先裁定已居于支持税收竞争和反税收竞争的漩涡中心。

我国在招商引资的投资协议中都涉及税收优惠条款，这些条款构成欧盟定义下的税收裁定，只是尚未在我国正式化和制度化。一旦涉及跨境交易，则依照我国签定的《税务信息自动交换宣言》，应当自动与受影响国交换信息。这将成为我国事先裁定制度正式化的外来推力。

第二节　税收事先裁定的样本及案例分析

一、税收事先裁定文书样本：以意大利、美国为例

税收事先裁定的基础功能为解释特定税法条款及其适用，为此税务机关所作裁定均系围绕特定税法条款展开。对纳税人而言，申请税收事先裁定是

要解决其所面临的特定税法问题。因此，从形式上看，实务中的税收事先裁定文书通常会包括背景、事实、问题、裁定、理由五个部分。此外，由于裁定申请往往涉及预期交易，有的裁定还会包括假设。

（一）单向式裁定：以意大利摘要式裁定公开为例

2016年意大利国家税务局（Italy Tax Authority，ITA）发布关于新投资的事先裁定（Interpello sui nuovi investimenti），对意大利税务机关发布关于新投资事先裁定作出新规定。❶根据该新规，2017年1月17日，ITA发布2017年第4号裁定（Ruling no. 4/E/2017），对新投资事先裁定［新投资是否构成常设机构（PE）］的请求作出第一次答复。❷

1. 单向式裁定文书样本。

ITA以摘要方式公布该裁定，全文如下：

一、概述

新投资裁定是根据意大利财政部第2号法令第2条引入（147/2015国际化法令）。2016年4月29日部长法令和2016年5月20日税务局局长函提供了关于实施措施的初步说明。此外，2016年6月1日，ITA还发布通函（25/E）提供进一步指导。

新投资裁定旨在提供ITA关于投资计划和架构的税务影响以及纳税人所描述任何一方业务适用的意见。提交新投资裁定请求的合格先决条件是在意大利的投资计划至少达到3000万欧元（即使分散在多个财政年度），并且会产生积极和持久的就业影响。对于集团/公司协会的投资，每个实体提供的金额应汇总，以量化投资总额。

只要满足对就业的积极影响，"新投资"的定义既包括新的经济举措，也包括重组已有业务。

此外，新投资裁定可能会对诸如潜在的税收套利存在或反避税问题或如何获得特定制度等问题提供解释性支持。申请人还可以要求对意大利境内存在持续经营（和PE）的情况作出裁定。

---

❶ Italy Ministry of Economy and Finance, "Advance tax ruling on new investments". Accessed in 30 May 2019, https：//www.agenziaentrate.gov.it/wps/content/Nsilib/NSE/Invest+in+Italy/Advance+tax+ruling+on+new+investments/?page=invest_italy.

❷ EY Global Tax Aler, "Italian Tax Authorities rule under Advance Ruling for New Investments that logistics hub for auxiliary activities does not create PE". Accessed 30 May 2019, https：//www.ey.com/gl/en/services/tax/int ernational-tax/alert-italian-tax-authorities-rule-under-advance-ruling-for-new-investments-that-logistics-hub-for-auxiliary-activities-does-not-create-pe.

从程序角度来看，新投资裁定为特定投资计划提供了安全港，因为所提出的意见对 ITA 具有拘束力，并且只要基本法律和事实情况保持不变，不得修改。

二、裁定的事实

2017 年第 4 号裁定所述的投资计划由以下三个实体组成的跨国集团提出：总部设在意大利的 Alpha 公司提出了裁定请求，请求人包括公司 Beta（一家附属公司，总部位于 B 州），公司 Gamma（母公司，总部设在 C 州）。

该计划的投资项目预测了以下三个目标：增强 Alpha 在意大利的产量；2018 年开始新的生产线（关于这项新业务，Alpha 作为 Beta 的合约制造商运营）；2019 年在意大利建立物流中心。

关于物流中心，申请人澄清说，物流中心的唯一目的是存储集团的货物以供全球分销。

物流枢纽的运营计划是作为缴纳税收、海关和增值税（VAT）仓库之一，集团的货物将在其分销之前存储。

此外，申请人澄清说，销售活动不在意大利管理，而是由集团公司和独立第三方分销商处理。

三、问题

根据所述的事实情况，该集团要求 ITA 回答以下问题：①建立物流枢纽是否会创建一个 PE；②通过物流中心对货物流量是否适用征收增值税的处理。

四、对 PE 是否存在的裁定

特别关注第一个问题（第二个问题所作裁定保密），并鉴于上述功能和活动，ITA 裁定物流中心不会构成 PE。

五、裁定理由

ITA 指出，根据意大利签署的避免双重征税协定第 5 条以及与 2017 年第 4 号裁定有关的国家以及 OECD 相关评论，该 PE 旨在描述"固定营业地点"。企业的全部或部分业务通过该企业进行。

此外，《OECD 税收协定范本》第 5 条注释第 4 段第 1 项澄清说，"营业地点一词涵盖用于经营企业业务的任何房舍或设施，无论它们是否仅用于此目的，"营业地可以由市场中的摊位或海关仓库中某个永久使用的区域（例如，用于存放应课税货物）构成。同样，营业地点可能位于另一家企业的商业设施中。例如，如果外国企业不断处置另一家企业拥有的某些房屋或其中一部分房屋，则可能就是这种情况。"

上述条款注释也反映在意大利所得税法（TUIR）第162条中，该条款与OECD的建议基本一致。

从解释的角度来看，ITA还观察到，在现有情况下，活动的性质属于OECD提到的第162条规定"活动豁免"。根据ITA，物流中心实际上只是集团活动的准备和辅助。因此，物流中心不具备成为PE的资格，因为成品的储存、展示、示范和交付构成了在意大利创建固定PE的豁免。

ITA进一步观察到，上述考虑因素涉及所提及的活动具有"排他性"的特征，因此只要没有诸如售后活动或商业活动（即接收订单）等功能，就不会出现PE风险。销售将由物流中心进行。

如果没有从属代理人能够以集团公司的名义与第三方签署或具有拘束力的合同，则不会认为代理商PE存在。

2. 评析。

该裁定以《OECD税收协定范本》为依据，对申请人拟筹建的物流中心是否符合意大利所得税法第162条规定的"活动豁免"进行解释。在申请人提出的要求中，关于其建立物流中心是否可能构成意大利常设机构（PE）的问题得到了具体解决。

ITA表示，只要外国设施所进行的活动具有OECD澄清的预备和辅助性质，就不会存在PE风险。此外，该中心的建议用途仅包括成品的存储、展示、示范和交付。假设OECD的相同条款得到满足，ITA也排除了代理PE的风险。

从严格的商业模式来看，根据2017年第4号裁定达成的调查结果至关重要。事实上，ITA的解释阐明了一些最相关的OECD关于PE的规则，同时为与意大利海外投资相关的某些运营和组织战略提供了更多的确定性和依赖性。

最后，本案例说明了针对意大利业务的外国集团推出的新投资裁定在提供整个交易的税务处理实质方面的重要性。2017年第4号裁定的重要性是双重的。首先，它为新投资裁定程序提供了进一步指导，证实其对投资者的强烈吸引力。其次，ITA采取的立场澄清了一个非常普遍的投资架构的重要解释立场，例如为业务活动在海外建立物流枢纽。

尽管外国实体的业务计划和在意大利的存在应始终根据具体情况进行分析，但ITA制定了一系列要求，使其存在通常不会为物流仓库造成PE风险。该裁定也为意大利的其他外国投资提供了更大的确定性。

从裁定形式上看，意大利采用化名方式公布裁定，部分删除申请人的相关信息。由于 PE 的认定具有普遍性，为此，意大利对该项内容所作的裁定予以公开。但是，对于涉及申请人商业秘密部分（第 2 项涉及增值税处理的请求）的裁定并不予公开。

（二）协商式裁定：以美国私人信件裁定匿名公开为例

1. 协商式裁定文书样本。

在关联企业间进行股票分配是否构成应税交易？美国国内收入局（IRS）在 2019 年 5 月 17 日发布 PLR-132809-18 号私人信件裁定（Private Letter Ruling），认定以特定业务转让为目的的关联公司之间股票分配不构成应税交易。❶ 具体内容如下：

尊敬的_____：

此信是对您 2018 年 11 月 1 日的来信的回复，信件中补充了随后的意见书，要求就预期交易的某些联邦所得税后果作出裁定（定义如下）。该信件和以后的信件所提供的资料摘要如下。

本信件系根据《2017-52 号税收程序》《2017-41 号税收程序》（载《联邦税收公报》第 283 期）所涉及的《国内收入法典》（以下简称《法典》）第 355 节和第 368 节规定下一项或多项"担保交易"（以下简称交易）而发布。官方对本裁定未作具体处理的任何问题不发表意见。

本信件所载的裁定是基于纳税人提交的事实和陈述，并随附由适当一方执行的伪证陈述处罚。官方尚未核实为支持裁定请求而提交的任何材料。作为评估审计过程的一部分，可能需要对本裁定的信息、描述和其他数据进行验证。

官方并没有就本裁定下的分配（Distribution）做成任何决定：（1）是否符合《财政部规章》1.355-2（b）的业务目要求；（2）主要用作分配公司或受控制公司的收益和利润的一种手段，或两者兼有（见《法典》§355（a）（1）（B）和《财政部规章》§1.355-2（d））；或（3）是在《财政部规章》§1.355-8T（参见《法典》§355（e）（2）（A）（ii）及《财政部规章》§1.355-7）含义中计划（或系列关联交易）一部分，根据该计划，一个或更多的主体将直接或间接获得代表分配公司或受控公司的 50% 或更大利益的股票，或任何分配公司或受控公司的前任或继任者的 50% 或更大利益的

---

❶ IRS，PLR-132809-18. Accessed May 8，2019. https：//www.irs.gov/pub/irs-wd/201920009.pdf.

股票。

事实概括

分配公司（A国公司）是一个附属集团的共同母公司，其包括加入统一提交联邦所得税申报表的众公司（"分配集团"）。分配公司拥有一类由A家族三代人直接或间接持有的归属私人的未分红流通股。

分配公司系A国公司，全资拥有公司1，并受控于B国公司。

公司1全资拥有公司2，系A国公司。

公司2全资拥有公司3和公司4，系A国公司。

公司3全资拥有公司5，系A国公司。

分配集团从事两项业务：业务A和业务B。业务A是通过分配公司、公司1、公司2和公司3进行的。业务B由受控的公司4和公司5执行。分配公司所提交的财务资料显示，业务A和业务B在过去5年内每年都有活跃的贸易或业务的总收入和经营费用。

分配公司打算向A税务机关申请改变其业务A的业务地位。预期交易将允许分配公司满足某些监管要求，以便其申请能获得批准。

预期交易

为达到上述业务目的，拟采取以下一系列步骤：

1. 公司3将向公司2分配公司5的股票。
2. 公司2将向公司1分配公司4和公司5的股票。
3. 公司1将向分配公司分配公司4和公司5的股票。
4. 分配公司将转让公司4和公司5的股票给控股公司（"受益人"）。
5. 分配公司将按比例向分配公司的股东（"配售人"）配售控股公司股票（"分配"）。

声明

关于"分配"，除下文另有规定外，分配公司已经作出了《2017–52号税收程序》《2017–41号税收程序》（载《联邦税收公报》第283期）附录第3条中的所有陈述。

（1）分配公司已作出以下替代声明：声明3（a）；8（a）；（11）；15（b）；（22）；31（a）；41（a）；

（2）分配公司未作出下列不适用于预期交易的陈述：声明7；17；19；20；24；25；35；39。

裁定

1. 本"分配"下的"受益人"将符合《法典》§368（a）（1）（D）规定的重组，分配公司和控股公司均为《法典》§368（b）所指的"重组的一方"。

2. 分配公司在"受益人"上不会确认任何收益或损失（《法典》§361（a）和§357（a））。

3. 控股公司在"受益人"上不会确认任何收益或损失（《法典》§1032（a））。

4. 从分配出资中收到的每一项资产（包括每一股权益）中受控制方的基础将与在分配出资前立即分配的该等资产的基础相同（《法典》§362（b））。

5. 控股公司持有期间源自该"分配"的分配公司，将包括在分配公司持有资产期间内。（《法典》§1223（2））。

6. 在该"分配"上将不会确认任何收益或损失（《法典》§361（a）（1））。

7. 任何分配者在收到分配中的受控公司股票时，均不会确认任何收益或损失（也不会将任何金额计入其他收入）（《法典》§355（a）（1））。

8. 依据《财政部规章》§1.358－2（a）（2）（《法典》§358（b）（2）及（c）），每个分配者所持有分配公司股票和控制公司股票的合计基础（包括分配者在控股公司中所享有的零星股权）在分配后将立即等于由分配者在分配前所持有的分配公司股票，并随着分配立即按每股公平市场价值的比例在分配公司和控股公司之间进行分配。

9. 依据《法典》§1223（1），在分配中每个分配者所收到控制公司股票的持有期间（包括分配者在控股公司中所享有的零星股权）将包括基于所做分配的分配公司股票持有期间，提供了分配公司股东所持有的股票作为分配的资本资产日期。

10. 收益和利润（如有）将根据《法典》§312（h）和《财政部规章》§1.312－10（a）和1.1502－33（e）（3）在分配公司和控股公司之间进行分配。

11. 伴随着分配，控股公司将不再是分配公司以《法典》§1504（a）（3）规定为目的的继承者。因此，控股公司及其属于根据§1504（b）下"可包括公司"（Include Corporations）的直接和间接子公司，以及满足《法典》§1504（a）（2）的所有权要求，将成为有权以共同母公司身份与控股公司一起提交合并联邦所得税申报表的附属公司集团的成员。

警告

除本信件在此表述之外，不存在依据《法典》和《财政部规章》的任何条款和规定关于该预期交易税务处理的任何意见表示或暗示或对该预期交易现有或造成影响的税务处理的任何条件，均不在本信件解决之列。

程序声明

本裁定只适用于提出申请的纳税人。《法典》§6110（k）（3）规定，不得将其作为先例使用或引用。本裁定函的副本应附于每一位相关纳税人的联邦所得税申报表上，该纳税年度是本裁定函所涵盖的交易完成的纳税年度。此外，以电子方式提交报税表的纳税人，亦可在报税表上附上一份声明，列明本裁定的日期及控制编号，以符合上述规定。

根据本办公室存档的授权委托书，本函副本将发送给您的授权代表。

真诚地

马克·詹宁斯（Marks Jennings）

高级技术审查员，

副首席法律顾问（公司），一处

2. 评析。

为满足监管要求，本裁定下的关联公司之间进行一系列股权重新配置，那么这样的股票分配是否会构成应税交易？为此，分配公司就该预期交易申请私人信件裁定。IRS认定该交易并非以避税为目的，确认该交易不存在收益或损失，最终使得该交易得以顺利进行。

该交易涉及多方主体之间的复杂交易，并非单一主体之间单个交易。如就其中单个交易中的股票分配而言，构成应税交易。但就集体公司整体而言，其成员内部之间股权重新配置的计划本身并非以转让股权为目的，为此不构成应税交易。

申请人获得该裁定后，其他6家相关公司均得到税务机关A的税法地位确认，避免这些公司就其单个交易被主管税务机关认定为应税交易的法律风险。同时，这些主体的税法地位适用的税法依据各不相同，本案中至少涉及《法典》中的9个条款，不同的情形分别适用不同的条款。因此，本案在税法适用上极其庞杂，专业性非常强。IRS对此进行综合认定，使本案关联公司在交易之前明确其税法地位，这对相关公司意义重大。

此外，从裁定形式上看，美国私人信件裁定在公开前将公司名称全部删除,并将涉及交易、足以识别纳税人的具体细节一律剔除。由此起到对申请人隐私权的保护。

(三) 摘要式公开裁定与匿名式公开裁定的比较

在选取的两个裁定样本中,虽然两份裁定都对纳税人的信息进行了处理,但在公开的内容中存在显著差异。

意大利以摘要形式公开裁定时,显然进行了更多的编撰,以使之能适用于更多的纳税人。为此,相关内容要比匿名裁定更全面,更有普适性。而匿名裁定大体上遵循裁定原貌,且明示其对他人不构成先例,并非以普适为目的公开。为此,摘要式公开裁定技术含量更高。

然而,摘要式裁定所公布的内容具有选择性,税务机关有更多的行政裁量权,这使得其他纳税人无法知悉裁定原貌。而匿名式裁定是在尊重隐私的基础上进行公开。为此,摘要式裁定给税务机关提出更高的要求。

此外,美国的私人信件裁定除具备裁定通常有的要素外,还包括裁定适用范围的警告和裁定并非先例的明确提示。为此,私人信件裁定在法律效力的排除上非常严谨。

二、从雅虎"天价税单"风险案看美国税收事先裁定制度的运行

(一) 背景

2015 年 1 月,雅虎宣布免税分拆阿里巴巴 230 亿美元股票的税务筹划方案,并在 2 月向美国国内收入局(IRS)申请事先裁定(美国称为"私人信件裁定"),意图就免税分拆计划取得 IRS 的佑护。5 月,IRS 宣布推迟作出裁定,并放风要对免税分拆发布新的规定。这对雅虎股东来说不啻于晴天霹雳,雅虎股票随即下跌 10%。9 月 2 日,IRS 拒绝认可雅虎申请,使雅虎陷入进退两难的困境,其股价应声重挫 4%。随后,雅虎撤回裁定申请,但宣布继续推进其分拆计划,这使得其股价上升了 6%。此举意味着雅虎甘冒近 90 亿美元"天价税单"的风险向 IRS 宣战。❶

以消弭征纳矛盾而著称的事先裁定制度,在雅虎分拆案中却撕裂了征纳之间脆弱的信任,双方从合作走向对抗。那么,美国事先裁定制度的基础功

---

❶ 虞青松. 事先裁定不只是纳税服务手段 [N]. 中国税务报, 2015 - 11 - 09 (B1).

能是什么？为何雅虎在裁定申请遭拒之后仍要推进分拆计划？这需要从法律层面进行解读。目前，中国税务机关正在推行事先裁定制度，美国事先裁定的相关制度架构值得借鉴。

（二）雅虎免税分拆筹划的法律障碍

雅虎免税分拆的税收筹划必须借助美国《国内收入法典》第 355 节的相关规定才能实现。但该节用大量的限制条件来约束公司免税分拆的资格。这些限制条件不仅相当模糊，而且十分复杂，形成对免税分拆管制的法律不确定性。参照 Tony Nitti 的论述，雅虎面临三大主要障碍。

1. 双重征税。

雅虎在美国税法上属于股份有限公司，其收入在公司和股东层面分别征税。

在 2005 年，雅虎花 10 亿美元购买 15.4% 的阿里巴巴股票。现雅虎想转卖阿里巴巴股票，以给投资者返还现金。如果雅虎以直接转卖阿里巴巴股票方式获取现值 230 亿美元，扣除投入的 10 亿美元，确认其所得为 220 亿美元。如果把联邦和州税率组合（大约为40%）征税，该税单将是 88 亿美元，可分配给雅虎股东的收益被减少到 132 亿美元。如果雅虎将该收益全部分配给股东，联邦和州税率组合为 30%，则雅虎股东将面临另外的近 40 亿美元税单。而税务机关将从整个交易中征得 128 亿美元。可知，直接转让股票将使雅虎面临的双重征税风险，是雅虎股东收益最大化的"拦路虎"。

面对如此沉重的税负，雅虎领导层迫于股东压力，决定采取"免税分拆"方案。其运作过程为，将 15.4% 的阿里巴巴股权分配给自己股东，再由其去销售股票。如果这种方案合法有效，在股东最终转让其股份前，其 230 亿美元所得将不会被确认。此举跳出了所得在公司层面和股东层面被双重征税的困境，仅在股东最终处理股票时缴纳 30% 的税款。如交易成功，税务局只征得 69 亿美元税款，比雅虎直接转让股票少征 59 亿美元，这就是雅虎股东的直接收益。为此，有报道称雅虎的此项税收筹划是明目张胆地避税。

2. 法律的复杂性。

雅虎要达成免税分拆的目的并非易事，必须在复杂的税法体系中寻找支撑点。

首先，雅虎必须利用第 355 节的规定来规避 §311（b）的限制。

§311（b）规定，如果公司分配增值资产给股东，该分配将被作为"以公平市场价值销售其财产"处理。由此，如果雅虎直接分配阿里巴巴股票，将被强制确认 220 亿美元收入，雅虎仍会被在公司层面要求支付 88 亿美元税款。

但第 355 节对此规定了例外情形，允许公司在满足某些要求的前提下，可以将其业务分立为两个独立的公司，而没有必要支付任何联邦税款。在分拆业务中，正在分配股票的公司（如雅虎），称为"分配公司（Distributing）"。正在被分配股票的公司（如阿里巴巴），称为"受控公司（Controlled）"。当一个公司分立为两个时，没有产生额外的经济收入且没有任何现金流的变化，因此不应当产生额外的税收。为此第 355 节规定，如果满足某些要求，分配公司可以分配受控公司的股票给其股东，该分配不会被确认收入、所得和损失。这意味着该分拆在公司层面和股东层面都是免税的。

其次，雅虎必须利用第 355 节对"免税分拆"的资格限定来规避§368（c）的限制。

理论上，第 355 节对雅虎意义重大。但雅虎必须"耍"点手段，才能满足该节规定的"免税分拆"资格。该节对前述两种公司提出"控制"要求。在分配之前，分配公司必须"控制"受控公司。依据§368（c）规定，术语"控制"要求分配公司各类有表决权的股票至少占 80% 的总表决权和所有其他种类财产的总股份数至少占 80% 的所有权。

将该要求适用到雅虎这一实例，雅虎必须拥有超过 80% 的阿里巴巴股票，但雅虎仅拥有 15.4%，不符合该条要求。为此，雅虎必须先设立一个全资子公司，并将其在阿里巴巴公司的股票所有权全部转入其控制的全资子公司，然后把该子公司的股票平均分配给雅虎股东，以此方式给其股东返还投资。为此，雅虎设立了"阿巴库持股公司（Aabaco Holdings）"，在此基础上设计免税分拆计划。

3. 法律的不确定性。

当分拆公司被用作转让分配公司或控股公司所得和利润的载体时，第 355 节并不适用。第 355 节对"免税分拆"有两个要求：

一是该交易必须是执行一个或更多的商业目的。该"商业目的"要求"分配后有两个或两个以上活跃营业活动"以及"分配之前 5 年营业（持续经营）规则"。亦即分配公司和受控公司必须参与持续经营。

二是在分配之后，分配公司或控股公司必须立即从事"活跃的贸易或营业（Active Trade or Business，ATB）"。关于 ATB，仅在以下情形才能满足：①"在分配日之前"的 5 年期间都在活跃地活动；②在这 5 年期间没有提出过属于应税交易的要求；③在 5 年期间，没有被其他公司（直接或间接）收购。据此可知，ATB 并不包括以投资为目的的持股。

由此，雅虎如果简单地将阿里巴巴的股票转让至阿巴库持股公司，则无法满足 ATB 要求。为摆脱此项困境，雅虎便考虑将近期一部分"独立小业务"与"阿里巴巴的股票"一起转让给阿巴库持股公司。雅虎通过填塞价值 5000 万美元的"独立小业务"，将之附着于价值 230 亿美元的阿里巴巴股票，这样阿巴库持股公司至少从表面上看起来不再是以投资为目的的持股公司。这些"独立小业务"将有可能满足 ATB 持续经营的要求。这样的 ATB 架构被 IRS 称为"热狗摊"（a Hot Dog Stand）。

但由低价值"独立小业务"构成的 ATB 与高价值的"阿里巴巴股票"之间应当是何种比例，即"热狗"中的"香肠"粗细，第 355 节并没有规定。因此，该节对"免税分拆"只确立了一个模糊的限制性标准，却没有详细的规则。由于法律的不确定性，导致雅虎分拆计划有重大法律风险，其行为的合法性存在高度不确定性。

（三）IRS 对雅虎事先裁定申请的法律处理

1. IRS 对裁定申请的处理方式。

为消弭免税分拆的法律不确定性，雅虎决定就分拆阿里巴巴股权的预期交易是否符合免税条件，向 IRS 申请事先裁定。IRS 如果要作出事先裁定，就必须基于雅虎分拆阿里巴巴股票架构的事实，对如何适用第 355 节的法律规定进行解释。如果能得到 IRS 的事先裁定，相当于雅虎的免税分拆计划得到 IRS 的承诺。在交易完成后，联邦税务机关对此交易不得在公司层面征税，由此产生免税后果。此时，税企双方就免税分拆这一事项的法律处理，由一方提供事实，另一方作出法律认定，双方处于合作状态。

IRS 总部的首席法律顾问助理（法人）办事处专项负责资产并购、资产重组、资产清算、回购、分拆、股东分红、破产清算、债权与股票认定、纳税人所得与减免分立等方面的裁定。依照《税收程序》（2015 年第 1 号）第 8 节第 2 条的规定，在收到雅虎分拆申请后，该处有权根据不同情形作出处理：一是裁定满足纳税人请求（rule as the taxpayer requested）；二是对该事项作出不利裁定（rule adversely on the matter）；三是不予裁定（not rule）。

2. IRS 初步判定雅虎不符合免税分拆的资格要求。

雅虎裁定申请的实质是要求 IRS 明确其分拆架构中的 ATB 是否具备第 355 节免税分拆的资格。虽然 IRS 首席法律顾问助理（法人）办事处的工作人员都是专家，但这对他们来说也是一项非常艰巨的工作。5 月，IRS 宣布迟延发布雅虎申请的裁定。摆在 IRS 前面的难题是，ATB 应当有多大规模才能满足第 355 节免税分拆的资格要求。

§355（b）对 ATB 在分拆公司中的资产价值比例并无规定。此前，IRS 对 ATB 的要求也是摇摆不定。在《税收程序》（1996 年第 43 号）中，IRS 要求 ATB 资产必须占分立实体总资产的 5%，或者能表明"基于所有相关事实和情境"，ATB"与公司及其子公司的其他资产或活动相比"不是"微不足道的"。但该门槛在《税收程序》（2003 年第 48 号）中被取消，该文件阐明"§355（b）对公司投入 ATB 资产的具体比例并无要求。"

然而，ATB 在 §355（a）的法定非载体（non-device）要求中扮演着非常重要的角色。载体（device）调查是基于《财政部规章》§1.355-2（d）（2）（iv）（B）规定，分拆公司存在的流动资产不得被用于满足 ATB（如营运资本）的要求，特别是受控公司的股票分配是按分配公司的股票比例分配时，分配公司和分拆公司之间的流动资产在 ATB 中的比率应当没有差异。

据此，现（法人）首席法律顾问助理罗伯特·韦伦（Robert Wellen）提出为 5 年活跃营业建立适当的测试标准是合理的，并认为"第 355 节不得适用于以避免或递延公司层面对受控公司股票增值的税款为目的的股票分配"。雅虎的裁定申请正属于这种情形，如果雅虎坚持要求 IRS 作出裁定，IRS 可能会作出不利裁定。依照《税收程序》（2015 年第 1 号）第 8 节第 6 条规定，对于 IRS 准备作出不利裁定的情形，IRS 应当向纳税人提供撤回信件裁定申请的机会。在其他状况下，不存在要撤回裁定情形。

从上可知，雅虎之所以撤回裁定，从程序上判断就是因其面临着 IRS 将对其免税分拆申请作出不利裁定。就是说，IRS 已经认定对雅虎的分拆筹划不符合第 355 节免税分拆的资格要求，雅虎的相关交易必须缴税。

3. 依赖过小 ATB 进行分拆的事项被 IRS 列入负面清单（No-rule List）。

对于免税分拆的管制，IRS 并没有在雅虎撤销裁定申请后止步，而是对申请免税分拆裁定制定新规。IRS 于 9 月 14 日发布 2015 年第 43 号《税收程序》，宣布将涉及受监管的投资公司（Regulated Investment Company）和不动产信托投资基金（Real Estate Investment Company）或者 ATB 的总资产公平市场价值低于该公司总资产的公平市场价值 5% 的预期分拆交易列入负面清单，对以上两个事项"通常不发布"裁定。由于雅虎划入阿巴库控股公司的 ATB 资产仅占该公司总资产的 0.2%，参照新规显然该比例过小，以至于成为一个"坏的载体因素（a bad device factor）"。虽然新发布的《税收程序》对雅虎不具有溯及力,但 IRS 有理由怀疑阿巴库控股公司是雅虎转让其在阿里巴巴股票中"收益及利润"的载体。IRS 可以依税法规定,将阿巴库控股公司作为雅虎的同一公司对待,进而在公司层面征收所得税。

IRS 很早就对事先裁定实施负面清单制。《税收裁定》(1954 年第 172 号)列明了 IRS 对事先裁定拥有的大量自由裁量权,明确对那些本质上属于事实问题的询问通常不会发布裁定。但纳税人很难判定一个特定的问题是否包含事实问题。如果纳税人持续要求裁定,IRS 得持续回绝,这导致时间、金钱、物质的浪费。同时,IRS 在某些领域无法作出裁定。为解决该问题,在 1960 年 IRS 公布了事先裁定负面清单,具体有三类:一是事项为"固有事实";二是 IRS 立场未决事项;三是基于"良好税务管理"的概念不予裁定。

随后,IRS 把负面清单不断细化并制度化。每年 1 月颁布的第 3 号《税收程序》,被固定用来载明不予裁定事项。IRS 对负面清单进行更新时,更新事项会先在随后发布的《税收程序》中补充,然后在每年 1 月,将上一年更新的不予裁定事项汇总,形成新年度的第 3 号《税收程序》。通过不断积累,使纳税人对负面清单一目了然。

目前,《税收程序》(2015 年第 3 号)将负面清单分为四种类型:一是"不会发布"事项。IRS 对这些事项持否定态度,即使纳税人提出申请,IRS 除直接拒绝外,纳税人还将被列入审计对象,面临不利后果。这些事项包括"具体问题和难题"115 项,"一般领域"12 项。二是"通常不会发布"事项。对于这些事项,纳税人虽可以对这些事项申请裁定,但需要有独特而令人信服的理由,需要个案化处理,否则 IRS 不予裁定。这些事项包括"具体问题和难题"56 项,"一般领域"13 项。三是"临时不予发布"事项。由于 IRS 对这些事项尚在研究当中,即使纳税人申请,IRS 也无法发布裁定。一旦相关事项有解决方案,IRS 会在下一年的第 3 号《税收程序》中剔除该事项。这些事项包括"具体问题和难题"25 项,"一般领域"1 项。四是由于 IRS 已经提供自动批准程序而"通常"不予发布的事项。这些事项有 8 项。2015 年第 43 号《税收程序》所规定的两种情形,分别被增补为《税收程序》(2015 年第 3 号)两种类型中"具体问题和难题"的第 57 项和第 58 项。

(四)雅虎甘冒"天价税单"风险推进分拆计划的法律支撑

1. IRS 新规的溯及力。

财政部和 IRS 已经明确表示,他们将对《税收程序》(2015 年第 3 号)

描述的交易进行研究。虽然他们没有排除对包含 ATB 的事项发布裁定的可能性，但他们的主要问题和关切似乎是，依据分拆规则，申请是否具有高度紧密事实的商业目的和满足非载体要求。即使法律在分拆交易的适用上没有任何变化，但财政部和 IRS 已用通知明确告知纳税人："分配涉及过小的 ATB 已经不是正当理由"。

IRS 将分拆列入负面清单，将对免税分拆的事先裁定申请形成深远影响。此后，凡涉及 ATB 的分拆交易，不管是分配公司还是受控公司选择不动产投资基金或受支配投资公司处理税务问题，获得事先裁定的可能性将会急剧减少。当然，在 2015 年 9 月 14 日之前申请的事先裁定，明显不受新规定的限制，但这些申请将受到严格的审查，如果能满足新规指引，将极大地增加获得裁定的可能性。因此，如果雅虎接受新规指引，满足新规要求，即使没有获取事先裁定，可直接断定其交易是免税的。但这意味着雅虎投入阿巴库控股公司的 ATB 必须超过其手中阿里巴巴股权现值的 5%。

如果雅虎不变更交易结构，听从税务顾问的观点继续按照原来计划推进的话，这显然跟 IRS 的新规不一致，就必须冒着 90 亿美元税单的风险。那么新规对雅虎有溯及力吗？IRS 首席法律顾问助理罗伯特·韦伦（Robert Wellen）称，免税分拆适用规则的任何变更都不会溯及既往。

有人认为，这是对雅虎的安慰。但值得注意的是，《税收程序》（2015 年第 3 号）的新规只是针对申请事先裁定程序的预期交易而言的。雅虎在 2015 年第四季度完成分拆交易后，已经不是预期交易，届时是否应当缴税，必须按照雅虎已完成的交易事实情况来判定。对于已完成的交易，因其跟事先裁定无关，如果其所在地的税务机关按照新规来征税，不存在溯及力的问题。雅虎应当能预见到地方税务机关有权依照新规来征税。那么雅虎为何敢冒这个风险呢？

2. 雅虎推进免税分拆的自信。

此前有报道称，雅虎的自信源自其法律团队中有 IRS 首席法律顾问助理（法人）的校友。雅虎撤销事先裁定的事实表明，IRS 对雅虎筹划的交易计划判定是可税的，看来校友关系并没有起作用。雅虎宣布推进分拆计划是直接挑战 IRS 分拆新规。按照事先裁定程序规则，IRS 将会通知雅虎所在地的税务机关对该交易的纳税申报表进行标注，并对该交易进行特别审计。可知，雅虎得不到裁定而推进交易将受到更为严苛的审查。

但雅虎敢于对抗 IRS 并非毫无法律基础。从法律层面讲，美国《国内收入法典》和 IRS 规章均未规定 ATB 在分拆公司资产中的具体比例。在《税收程序》（2003 年第 48 号）中也声明《税法》第 355 节（b）条对 ATB 并无要求。雅虎信赖该声明组建的分拆，是否构成合理预期值得关注。为此，该公司的律师表示，这一分拆交易是合法的，而且会将雅虎的税务负担降至最低。雅虎听从其律师的建议，才继续推进分拆交易。

对于法定的免税分拆，IRS 单方面提出用 ATB 比例须超过 5% 作为目标测试的新标准。未来雅虎要挑战的可能是新标准的合法性和正当性。如果雅虎完成交易，IRS 向雅虎征税，雅虎可基于合理预期原则，向法院提请诉讼。

事实上，申请事先裁定失败后的雅虎毫无退路。与其退缩，不如放手一搏。无论如何，为证明"热狗"中夹入的"香肠"是合规的，雅虎已经被税务律师免税筹划推上了"战车"，而法院的判决是其最后的希望。

（五）美国事先裁定制度的经验借鉴

多年来，美国企业界一直流行通过资产分拆来释放高增长资产的价值，申请事先裁定是实现免税分拆的有效途径。这个问题归根结底是，IRS 是否要允许一个"热狗摊"进入到一项主要是由公开交易的股票、现金及其他"增值资产"组成的业务中去。雅虎的分拆计划堪称独一无二，其申请事先裁虽以失败告终，但却推动 IRS 对《国内收入法典》第 355 节的适用确立新规，作出全新的解释。这些解释有可能最终在修订税法时，成为税法条文的一部分。这足以表明，事先裁定制度对于完善税法极具价值。我国构建事先裁定制度应当着眼于该制度对税法的完善功能，将之列为税法的主要解释工具来对待，并把对税法的解释功能确定为事先裁定的基础功能。而该基础功能源自纳税人针对特定事实的裁定申请，因此事先裁定是税企双方解决法律问题的合作平台。

一般认为，事先裁定属于纳税服务，有助于消除征纳矛盾，减少税务诉讼。但未取得事先裁定的雅虎冒着"天价税单"风险继续分拆阿里巴巴股权，走上与税务机关对抗的道路。此案暴露出事先裁定的局限性，凸显出将事先裁定的基础功能定位于纳税服务的认知并不完全正确。仅将事先裁定附着在税收遵从契约来推行，并将其列为税务机关对企业的纳税服务，无助于该制度的发展和完善。要发挥事先裁定的基础功能，应当跳出税收遵从契约，将其与个案批复制度整合，推出内外结合、措施完整的事先裁定制度。

税收事务的复杂性和多变性，导致税务机关对很多领域无法作出裁定。

对此，IRS 发展出负面清单机制以应对。如果这些事项已在负面清单中列明，则会引导类似于雅虎想进行分拆交易的企业主动规避此类筹划，降低发生税企冲突的可能性。IRS 的负面清单制度，值得我国税务机关在推进事先裁定制度时借鉴。

第二章 协商式裁定：国际税收竞争工具及管制有害税收竞争

第一节 如何打造国际税收竞争工具——以荷兰协商式裁定为例

目前，荷兰是全球公认的最大外国直接投资目的地之一，该国的开放经济之所以有如此大的吸引力，是其"秘密武器"——以国际投资为中心的税收裁定——作用的结果。❶ 该税收制度旨在通过全面参与豁免，建立广泛的条约网络和良好的税收裁定实践，用以避免对商业利润的双重征税。这种特殊制度的形成，与荷兰最初为吸引外国投资，仅为非居民（外国投资者）提供税收裁定直接相关。亦即，荷兰开创了最早将税收裁定作为国际税收竞争工具的先河，以提供减税机会著称的"荷兰三明治"甚至进入税收筹划词典。❷ 欧盟将税收事先裁定（ATR）和预约定价安排（APA）纳入"税收裁定"（本书所称的税收事先裁定）内涵之下就是以荷兰为蓝本的。

为此，本节将揭示荷兰是如何将 ATR 与 APA 打造为国际税收竞争工具的，以此确立全球直接投资地的"霸主"地位。同时又因公司滥用裁定成为避税资金的"流动站"（Flow-through Jurisdiction）进而成为打击税基侵蚀的"重灾区"。

---

❶ Gabriel V. G. & Tim M., Netherlands: Dutch Finance Secretary Provides Additional Guidance on Tax Ruling Practice Changes, Accessed on 30 May 2019. https://www.internationaltaxreview.com/Article/3865204/Netherlan ds – Dutch-finance-secretary-provides-additional-guidance-on-tax-ruling-practice-changes.html.

❷ Jesse Drucker, *Google has made MYM*11.1 *billion overseas since 2007. It paid just 2.4% in taxes. And that's legal.*, Bloomberg Bus. Week, Oct. 25, 2010, at 43.

一、作为吸引外国投资的制度工具：标准裁定

（一）早期裁定实践

荷兰的公共裁定实践在第二次世界大战之后得以建立。为把外国投资人"请进"荷兰，裁定作为荷兰国际税收领域的工具被引入。因此，作为国家政策立场，荷兰在历史上为实现吸引跨国公司入驻有着长期的裁定服务实践。裁定是荷兰财政部着眼于解决外国投资人对于纳税人投资税收后果的不确定性而采用的解决方案。这些投资人，特别是美国公司，为了获得纳税人交易税务处理的确定性而与地方税务机关或财政部打交道。税务机关通过事先承诺为外国投资人消除不确定性。这些事先承诺有时间限制，且可以在协商后更新。它们通常被用于涉及决定可税利润的相关简单议题。

在20世纪70年代，特别是1973年荷兰最高法院作出有争议的判决后，该项依纳税人申请的承诺实践引发公众关注。该判决中，法院否决了荷兰公司在不参与商业活动的情况下，从两个德国公司收取股息参与免税的申请。法院的理由是如果纳税人自身没有参与经营，则基于持有外国子公司股票为目的设立的荷兰公司必须认定为投资行为。那时在荷兰建立的居间公司相当于在荷兰的一个收发邮件的"邮筒"，并无实质性的经营活动。由于对股息或股权销售方资本利得不征收公司所得税，对居间持股公司而言，荷兰已经成为很重要的"避税天堂"。

为了符合参与免税资格，在荷兰成立的有限责任公司必须在子公司中持有5%或更多股份，并且股份所有权不得构成组合投资。进一步而言，如果外国参与者通过融资贷款来购买荷兰居间公司，每年支付的利息在荷兰不受预扣税的限制。

（二）以标准裁定提升竞争力

在20世纪80年代，为了保护荷兰政府建立外国持股公司吸引地的立场，财政部声明，为了在跨境情形下满足参与免税的适用性，有必要让荷兰持股公司代表集团公司具备商务运营的必要功能。虽然这些必要功能在声明中描述得很详细，但是关于是否构成跨境情形下的参与免税的不确定性仍然存在。但是，税收事先裁定可以明确外国公司的免税地位。为此，标准裁定成为获取该项确定性的主要工具。

荷兰财政部开发的标准裁定主要针对某些经常发生的情况，比如确定融资和特许权使用活动（包括辅助和支持性活动）的公平报酬以及荷兰控股公司（居间）参与豁免的适用。标准裁定政策下产生的交易主要是位于荷兰的消极融资和特许权公司（所谓的流动公司）。这些公司几乎没有实质经营性内容，在许多情况下，商业风险不高或非常低。公平报酬被确定为固定利润率：例如，以每年贷出款项平均资金的百分比（利差），对特许权使用费收取一定比例的净特许权使用费。

由此，1984年开始实施的"鹿特丹模式"成为荷兰裁定实践的另一个重大发展阶段。之前的裁定仅关注参与免税申请和在融资许可活动中的公平价格决定问题，而后开始关注转让价格问题。在1986年，财政部给议会的信函中表明荷兰开始标准裁定实践，主要包括以下8类裁定：持股公司裁定；融资公司裁定；特许权使用费裁定；常设机构（PE）融资裁定；非正式资本裁定；国外销售公司裁定；成本加成裁定；转售扣除裁定。

这些标准裁定为无经营实质的中介公司提供避税的便利。其中，涉及利息不当扣除；投资条款、受控外国（导管）公司、退税等已经成为主要避税手段，这导致荷兰因为成为避税资金的"流动站"而成为欧盟打击税基侵蚀的"急先锋"。❶

二、导入预约定价安排（APA）作为全新裁定类型

（一）新裁定制度实践：ATR 和 APA

在《OECD有害税收实践报告（2000）》中，荷兰多种标准裁定实践被指属于有害税收竞争。为此，在2001年，荷兰迫于国际压力，开始迅速转变现存的公共裁定制度，该转变主要是遵从欧盟指令、OECD转让定价规则和OECD对特定事项的规定。随后，荷兰政府发布8个指令对原裁定系统进行修正。修订后的裁定实践被重组为ATR和APA两项。❷

ATR实践涉及以下三个主题：①参与免税，适用于国际上的中间持股公

---

❶ EU, "Proposal for a Council Directive Laying down Rules against Tax Avoidance Practices that Directly Affect the Functioning of the Internal Market". Accessed on 30 May 2019. https：//eur-lex. europa. eu/legal-content/EN/TXT/HTML/? uri＝CELEX：52016PC0026&from＝EN.

❷ Tax Consultants International B. V., "The Dutch Tax Ruling Practise". Accessed on 30 May 2019. http：//www. tax-consultants-international. com/read/Dutch_tax_ruling_practise? submenu＝3626&sublist＝3274&subsublist＝3300.

司和最终持股公司（持股公司在荷兰没有经营活动）；②国际结构，涉及混合融资结构或混合实体；③常设机构（PE），外国公司在荷兰的常设机构是否存在。因此，ATR是改善国内营商环境的主要工具。

APA为跨国（中间）融资和许可提前提供确定性，可以涵盖广泛的跨境转让定价问题。纳税人本身可事前指明哪些因素是需要确定的，例如：特定交易、特定公司之间的交易、转让定价方法和是否为单边、双边或多边。预约定价安排以OECD和欧盟的转让定价指南为依据，主要类别是公司间许可和融资活动的APA。

（二）在裁定实质性要求下的创新

在2001年的新裁定制度实践下，APA成为荷兰参与国际税收竞争的主要工具。与旧裁定不同的是，为达到欧盟和OECD要求，新裁定制度对APA提出较高实质要求，一般要求如下：获授权作出决定的董事总经理中，至少有一半是荷兰居民；董事必须具备足够的专业技能才能履行职责；（关键）董事会决定应在荷兰作出；本公司有权就其（主要）银行账户取得授权；公司的账簿和记录必须保存在荷兰；公司必须履行所有的申报义务（纳税申报单等）；公司的营业地址必须在荷兰及公司所在地；公司的权益必须与其所从事的活动相适应，并同时核算资产和风险。

新的裁定实践包含了新的元素，但实际上大部分都是对已经存在但尚未合法化的实践进行确认。该政策还规定了获得裁定的程序。新裁定政策的主要变化与所谓的"金融服务公司"有关，其中包括金融公司和专利公司。在先前的裁定政策结构中，在荷兰没有实质内容（实质要求），这种纯粹的通过特许权结构的流动，本质上不再符合裁定的条件，除非纳税人事先同意与其他国家交换信息程序。然而，对于特许权使用费和金融公司，只要荷兰公司满足业务和经济两方面的实质要求，就可以作出裁定。这种实质要求暂时不适用于控股公司，因此仍有可能在荷兰设立控股公司。

这些变化是为了确保荷兰在商业活动中仍然是一个有吸引力的国家，并使这些政策符合OECD的转让定价准则，在整个利润协议和部分利润的协议之间将不再有区别。

（三）裁定实质性标准及自动交换的挑战

2014年6月12日，荷兰发布新法令对APA自动抵扣的权限、跨境交易获得APA的程序、公司所得税和股息预提税获得自动抵扣以及中介公司获得

自动抵扣等问题作出新规定。❶

申请人为了满足荷兰实质性条件的要求，其公司必须保持适当的资本金以应对其风险。这对于特许权使用费中介机构来说，由于特许权使用费情况的多样性，很难适用足够的公平要求。因此，荷兰在新颁布的法令中解释了特许权使用费中介人该如何达到适当性这一公平要求。该法令规定，中介机构承担的风险必须是每年收取特许权使用费金额的 50% 或 200 万欧元，其中至少有一半的风险必须是市场风险。

此外，当作为中介的金融服务公司取得 APA 后，APA 将与有关国家自动交换，以防中介公司不满足最低的实质要求。同时还要求获得 APA 的纳税人必须做出一项声明，表明它不会依赖于《荷兰国家援助法》第 14 条第 2 款 e 部分的豁免。依该项规定，纳税人可以获得不予交换的豁免。亦即，为防止商业、工业或其他专业机密被公开，荷兰税务机关不应交换资料。这种自动信息交换条款可能会让金融服务公司对申请 APA 感到沮丧。

（四）预防有害税收竞争的新措施

为保持荷兰投资的吸引力以及攻击税收滥用结构，荷兰财政部批准 OECD 的多边工具，并改变以前税收裁定做法，准备将向低税收国家（法定利率为 9% 或更低的国家）或欧盟"黑名单"上列出国家的某些付款纳入代扣代缴管道，这一做法将于 2021 年生效。由此，荷兰的税收裁定实践将发生重大变化。以下涉及税收裁定的变更在 2019 年 7 月 1 日后实施：❷

（1）荷兰税务机关将在公开网站上发布每项税收裁定（包括 ATR 和 APA）的匿名摘要。但这只是对裁定本身的总结，而非对基础文件的总结。此举将开创公开 APA 的先例（绝大多数国家公开的只是 ATR，APA 被视为保密协议是不公开的），这将使荷兰裁定的透明度走在世界前列。

（2）裁定过程将通过荷兰税务机关的一个团队集中进行。此举将进一步集权化。

（3）税收裁定的资格条件将进一步收紧。特别是公司需要在荷兰建立经济联系，这意味着公司必须在荷兰有为利益而进行承担风险的经营活动。同时将对税收结构的目的进行更严格的评估，如果该结构旨在避免荷兰或外国

---

❶ Tax Consultants International B. V., "The Dutch Tax Ruling Practise". Accessed on 30 May 2019. http://www.tax-consultants-international.com/read/Dutch_tax_ruling_practise?submenu=3626&sublist=3274&subsublist=3300.

❷ 同上。

税收，则不会给予裁定。此外，荷兰将制定一份"黑名单"，税率低于9%或欧盟"黑名单"上的国家将被列入。

这些新措施将彻底扭转荷兰作为"避税地"的恶名，转而成为打击税基侵蚀的"急先锋"。然而，这些制度的有效性及最终后果有待观察。

三、走向集权式的事先裁定政策

在20世纪70年代，裁定政策的整合成为相当重要的问题，可能主要是与"税务监管员超市"现象有关。

在荷兰，由11个税务监管官员负责执行公司所得税法的执行，纳税监管员被授予发布预交易裁定的权力。原则上，每位监管员在进行税务评估时，都有资格对税务事项提出观点，无论在事前或事后。但是，依据监管组织的内部管理，发布税收裁定只能由一个或两个官员签字。在实践中广泛存在的一种行为是，为了获得有利的承诺，纳税人从一个地方办公室获得承诺后，通常会再向其他地方办公室另行提出申请，以测试能否获得更有利的承诺。这被称为"税务监管员超市"现象。纳税人经常会就同一事实向多个税务监管员递交申请，进而，一旦企业税务顾问知道税务监管员对某些问题的观点后，可能选择更有利的税务监管员申请裁定。为制止这种现象，荷兰开始实施裁定集权化。

第一步集权化发生在20世纪70年代指导委员会。在1976年，荷兰税务机关在阿姆斯特丹、鹿特丹、海牙、埃因霍温建立"裁定指导委员会"，由区办公室负责公司所得税的官员构成。该委员会负责制定并执行裁定领域的一般政策和计划。该委员会代表裁定政策走向集权化的第一步。在1979年，财政部发布相关指引，这些指引代表当时裁定实践的基本结构。虽然当时强调税务机关没有义务为纳税人发布裁定，但普遍认为裁定为纳税人建构其商业事务提供了巨大帮助。

第二步集权化发生在20世纪90年代。直到1991年，每一个负责作出纳税评估的公务员都有资格对纳税人的税务事项提出自己的观点。1990年开始，裁定实践被集中到鹿特丹的大企业税务办公室。鹿特丹大企业税务办公室有部门专门为潜在的外国投资人在荷兰投资活动的税务处理提供确定性。但是，该指引仅能提供给在荷兰尚未展开活动，但考虑投资超过450万欧元且发生长期雇用荷兰人的外国投资人。

从1991年起，该税务办公室的首长被授权发布税收事先裁定。但是这时，地方税务办公室仍有权起草裁定，但必须向裁定团队咨询约束力裁定建议。为更好地理解这种集权化，有必要对荷兰税务管理的组织框架有一个深入了解。荷兰税务机关被分为个人、企业和大企业三种类型办公室。征税权被授予其纳税人所在辖区的税务办公室首长。该首长有权征收税款也有权对未来确定性申请进行管理。但是，在某些情形下，受税务管理内部协商程序制约。这种集权式的裁定可以有效地阻止"税务监管员超市"现象的发生，并保证了发布给相似情形下纳税人裁定的一致性。同时，在1994年，基于《开放式政府管理法案》，荷兰国务院决定发布有权获得裁定和裁定申请被拒绝的相关信息。凡是偏离标准裁定的个人裁定必须以匿名的方式公开。

第三步集权化发生在2001年发布新裁定体系指令后。在新裁定体系下，在鹿特丹设立的APA/ATR团队统一处理所有的协议和裁定，地方税务机关不再负责裁定的发布活动。裁定以匿名或摘要形式发布，以满足市场对政府和国际协议政策的更深入了解。❶

第四步集权化在2019年形成，该措施将使中央税务机关集中处理，完全摆脱了地方税务机关的参与。

四、荷兰现行裁定制度的类型和程序规则

（一）裁定制度的法律属性

荷兰有一个"开放式事先裁定系统"，这意味着对所涉及的税务问题没有任何限制。但是，只有在法律规定不明确的前提下才能申请裁定，否则税务机关有权拒绝。两种类型的裁定都可以被描述为和解协议，即对某些法律规定的解释的书面妥协，因为它们适用于在拟议安排或一系列安排范围内的特定纳税人。这种和解协议通常根据具体情况而定。

鉴于现行立法和适用案例，税收事先裁定应被视为对荷兰税务机关对特定事实模式的看法和解释的确认，而不是偏离适用荷兰税法特定税务待遇的先决条件。因此，提交ATR或APA请求并不构成税务机关正式回应请求的任何法律义务，此类决定不得提出异议或上诉。

事先裁定是荷兰传统上一个广泛、高效和可靠的实践，它为不同类型的

---

❶ Herko Koekkoek, "New Netherlands Ruling Practices", 29 *Int'l Bus. Law*, 2001, p.251.

活动或结构提供各种各样的规则。目前公共裁定的主要内容是转让定价原则的适用。荷兰制度框架下的事先裁定是荷兰税务机关和纳税人关于荷兰税法在（未来）交易、投资或公司结构上如何适用的协议，主要包括预约定价安排和税收事先裁定两项实践。也就是说，它决定了纳税人在荷兰活动所产生的利润。对于纳税人来说，税收可能是决定理想经营地点的重要因素。事先裁定的优势在于，在实际活动开始或建立结构之前，有可能就经营的税务后果提前获得清晰性和确定性。

（二）事先裁定类型

荷兰事先裁定有四种类型：预约定价安排、税收事先裁定（本书所指的单方决定下协商式裁定）、允诺、财政承诺。根据预期的交易或计划的结构，凡涉及国际事项或交易的，可以申请获得预约定价安排或税收事先裁定；凡涉及国内事务的一般只能申请允诺；财政承诺对于国内和国际事项均适用。

1. 预约定价安排。

预约定价安排是一项协议，该协议预先批准有关（集团）公司之间的跨境交易和实体与其外国常驻机构之间的跨境交易的公平价格或利润计算方法。预约定价安排在转让定价问题上预先提供确定性。在 APA 协议中，典型的问题是在一组关联公司之间收取服务或交付商品的价格。这类裁定在荷兰转让定价原则的范围内发布。

在原则上，预约定价安排的要求可以涵盖纳税人的所有转让定价问题，或者可能仅限于特定关联企业或特定交易。这可能是决定在荷兰开展实际业务时的一个重要特征。例如，控股公司打算在荷兰市场上出售的商品是在控股公司母国生产的，控股公司想知道荷兰子公司在销售和市场营销活动中应该得到什么样的报酬。根据良好的商业惯例，在荷兰经营的公司被认为是为了增加价值，因此应该报告与其所从事活动有关的适当报酬。即使所进行的活动具有辅助性或辅助性的部分性质，荷兰公司也必须报告最低限度的利润。从本质上说，荷兰子公司应该获得其所执行的服务和/或活动的公平报酬。

一般而言，控股公司只可以获得一个 APA，如果纳税人能证明转让价格使用或打算使用符合公平原则，这意味着集团公司之间的交易条件以及由公司执行与条件无关的事务具有可比性。如前所述，每一个参与的公司都应得到一份报酬，这反映了所执行的职能，并考虑到所使用的资产和所承担的风险。荷兰在税法和具体指导方针中纳入了公平原则，并在政策中给出了具体的指导原则，具体要求包括：

（1）提交请求所包含信息的范围。

在提交 APA 请求时，不仅应该包括需要涉及的交易、产品、业务或安排的信息，还应该包括涉及哪些方面的信息、关于全球组织结构的信息，以及关于预期转让定价方法的描述。

原则上，控股公司可以自由选择最合适的转让定价方法，前提是所选择的方法会导致特定交易或活动能产生某一特定交易或活动的长期报酬，并且控股公司将能够支持所选择的方法。其他需要提供的信息包括一个关键的假设，即方法或价格的基础、对市场状况的一般描述，以及所涵盖的会计期间。

（2）金融服务公司。

该政策还为符合资格的金融服务公司提供了具体的指导方针，其中包括融资公司和特许权使用费公司。为了符合预约定价安排的要求，符合条件的金融服务公司（向相关方提供金融服务）必须符合业务和经济性质的实质要求。

对于服务公司、导管公司执行关联交易，即在同一组织内接收和支付利息或特许权使用费，需要满足对实质和风险的某些要求，以便提前获得确定性。

对该类公司的实质要求是：至少有一半的董事及总经理居住在荷兰，在荷兰居住的董事、总经理具有经营业务所需的专业技能；董事会有权力达成协议，代表公司进行活动，并负责公司的行为，所有这些都在正常的框架内；公司拥有合格的员工，或有从第三方聘请的员工，以执行和登记公司所从事的活动；（重要的）管理决定必须在荷兰作出；（主要）银行账户必须保存在荷兰；会计簿记工作必须在荷兰进行；公司必须履行财政义务（如申报纳税申报表和缴纳税款）；公司位于荷兰，不得为税务目的而成为双重居民；公司的资本（股权）准确地反映了公司所做的活动。

同时，该公司必须承担真正的商业风险。这些风险包括不良的债务人风险、货币外汇风险、市场风险和经营风险。如果该公司只承担运营风险，这不会导致"实际风险"。确定风险是否实际运行的最重要因素是，对公司的资本（股权）是否会受到影响。因此，需要对公司是否承担风险进行调查。如上所述，公司应该有足够的资金来承担风险。与非相关第三方公司的风险被认为是服务公司的实际风险。将风险置于非关联公司的服务公司，必须在风险管理中积极主动和自主决策。金融公司运行的风险状况应当良好，包括信用风险（坏账风险和货币风险）、市场风险等。作为安全港，引入风险资产的最低要求是：股本应至少占未偿还应收款项的 1%，最高可达 2 万欧元。此外，金融服务公司应提供适当的股本回报率（ROE）。

对于特许权使用费公司来说，目前还没有具体的指导方针，但可以理解的是，类似方法应该能被用作为适用于金融公司的方法。然而，荷兰税务局代表们表示，一家特许权使用费公司被认为在其活动中承担了真正的风险，其预期风险的最低水平为总使用费收入的 50% 或 200 万欧元。此外，最低股本中不少于 50% 应作为向许可方的预付款，以证实特许权使用费公司正在承担经营风险。荷兰的授权公司也应该提供足够的股本回报率（ROE）。❶

如果公司没有实际的风险，没有实质内容，就不可能提前获得确定性，而对利息和特许权使用费的征税不能被记入荷兰税收。

荷兰税务机关可能会自发地通知来源国（向荷兰服务公司支付利息或特许权使用费的关联公司所在的国家）有关联交易。然而，如果该公司在荷兰有实质性的业务，并且没有运行实际的风险，但在书面上同意自发交换有关交易的信息，则可以预先确定。这也意味着，该公司必须同意，荷兰国际税务援助法中提到的豁免条款不适用，而且该公司不能对荷兰税务机关通知外国税务机关的通知提出上诉。荷兰税务机关将根据《OECD 税收协定范本》第 25 条的规定，寻求在双边基础上给予 APA。公布的标准裁定，如金融、许可证和辅助活动，将被国际认可和特制的 APA 取代。

许多国家已经实施了反择协避税立法（Anti-treaty Shopping Legislation），以对抗消极融资和专利公司的使用。一般来说，荷兰公司在获得条约利益之前应该满足某些实质要求。从税收条约保护的角度来看，对金融服务公司强制的荷兰实质要求可以被看作是一个安全港，也就是说，当荷兰公司满足荷兰的实质要求时，它在大多数情况下也应该有资格在其他国家获得条约的好处。

荷兰《转让定价规则》也已公布，这可能被认为是对公平原则进行编纂的第一步。这些规则符合 OECD 的转让定价准则，适用于集团内的所有国际交易。荷兰纳税人必须证明，在其经营业务中使用转让定价方法是合理的，而且还需要证明，在各种产品上，利润率是合理的。荷兰纳税人需要将国际交易记录在案，包括对资产和风险的功能分析；对可比交易和可比业务的经

---

❶ Tax Consultants International B. V. , "The Dutch Tax Ruling Practise". Accessed on 30 May 2019. http://www.tax-consultants-international.com/read/Dutch_tax_ruling_practise?submenu=3626&sublist=3274&subsublist=3300.

济分析；财务分析。有一些软件可以支持这些文档义务。

2. 税收事先裁定（单方决定下协商式裁定）。

税收事先裁定（ATR）指涉及跨境要素的、对税务机关有拘束力的信息，是关于荷兰对国际结构是否符合参与豁免的资格、是否为混合实体，以及认定常设机构是否存在的税收协议。ATR在某些国际结构和/或交易的税收后果方面预先提供确定性。可以申请ATR的事项为：对居间控股公司或控股公司的参与豁免的申请；涉及混合融资形式或混合法律形式的国际结构。此外，在某些具有混合融资活动或混合实体的国际结构中，也可以获得ATR。

对某些不能证明是合理的税收结构使用的将不会作出税收事先裁定。如果一家荷兰公司向一家外国公司提供的贷款获得利息，根据荷兰的判例法，在荷兰参与豁免的情况下，那么"利息"受到保护。如果这笔贷款是由荷兰公司提供给一家相关的集团公司，这是可能的。在这种情况下，从荷兰的税收角度来看，它将被认为是资本，因为利息是由利润决定的，贷款是次级的，没有固定的期限。其他的例子是"BV1/BV2"结构或混合融资结构。

3. 允诺（Toezegging）。

允诺是荷兰除APA和ATR之外的第三种事先裁定，主要用于处理荷兰国内居民"纯"国内事项。❶ 此外，荷兰公司有机会就税务审计与税务机关签订协议，这样可以减少大量的配合审计工作。

允诺是关于某些未来事项税务后果有税务机关作出的拘束力事先裁定。与其他事先裁定不同的是，允诺仅具有单边效力。允诺主要由公民或荷兰公司就单一的国内事项提出申请。允诺可以以口头或书面方式完成。申请人不以递交书面申请为必要，税务机关也不以书面方式作出裁定为必要。在税法上，允诺并无法律基础。

4. 财政承诺（Vaststellingsovereenkomst）。

财政承诺是第四种荷兰事先裁定。❷ 相对于允诺而言，财政允诺对税务机关和纳税人产生约束效力。财政承诺在荷兰法下是在纳税人和税务机关之间具有双边拘束力的协议。通过双边约束效力，财政承诺自身以荷兰民法典为法律基础，可以被认为是一项正式的事先裁定。财政承诺的范围是处理纳税

---

❶ Essers, P. H. J., *Taxing German – Dutch Cross-border Business Activities: a Legal Comparison with Particular Focus on the New Bilateral Tax Treaty*, Osnabrück: Institut fuer Finanz-und Steuerrecht, 2015, p. 370.

❷ 同上，p. 371.

人关于税收评估和税款征收的相关问题。

(三) 发布事先裁定的程序规则

除允诺外，荷兰把其他类型的事先裁定定性为协议，其发布程序遵循民事协议的签订程序。❶ 下文主要就预约定价安排和税收事先裁定的程序进行简单叙述。

1. 申请。

预约定价安排（APA）或税收事先裁定（ATR）的要求应该提交给主管税务稽查员，他将向鹿特丹税务机关的 APA/ATR 团队提出有拘束力的建议，再由其与申请人签订协议。荷兰税务机关将对申请人的请求进行评估，并考虑所有与交易或活动相关的事实和情况，这些交易或活动必须是预期交易。税务机关的目标是在 8 周内处理请求，但如果需要评估额外的信息，这个期限可能会延长。

(1) 税收事先裁定申请。

在下列情况下，可以直接向鹿特丹税务机关的 APA/ATR 团队提交裁定申请：在申请参与豁免的情况下，事先确定的要求在国际机构中豁免次级控股公司，以及持有在荷兰没有活动的外国子公司的顶级控股公司；要求预先确定具有混合资金的国际结构活动和/或混合的实体；事先确定外国公司是否由荷兰永久居民建立。

裁定申请需要详细描述所有相关的事实和实体的名称、利益所有者和相关国家。应当注意的是，如果裁定要求考虑到参与豁免，纳税人必须说明，这些子公司的资金将至少达到 15% 的资本。荷兰纳税人必须确认，该裁定中提到的信息不能豁免荷兰国际税务援助法规定的信息交换条款。

(2) 预约定价安排申请。

申请 APA 必须向税务机关提供下列信息：关于交易、产品和协议的信息；有关公司和永久机构的信息；有关国家的详细情况；有关各方的全球结构、历史、财务数据、产品、功能和风险的信息；对拟议的转让价格方法的描述，包括比较分析；对可能影响价格的经济和运营事实和情况的批判性分析，如汇率、利率、税率，法律的变化；对市场状况的描述。纳税人原则上可以自由选择转让定价法，包括比较非受控价格法、重置法、成本加成法、利润分

---

❶ Essers, P. H. J., *Taxing German – Dutch Cross-border Business Activities: a Legal Comparison with Particular Focus on the New Bilateral Tax Treaty*, Osnabrück: Institut fuer Finanz-und Steuerrecht, 2015, p. 388.

割法和交易—净利润率法，只要所选择的方法将为特定交易带来一定的价格，并要求该价格能提前确定。纳税人需要向税务机关证明所选方法的合理性。

2. 签订协议。

当荷兰税务机关接受 APA 或 ATR 的请求时，将在纳税人和荷兰税务机关之间达成一项具有拘束力的协议（Vaststellingenkomst）。在多边或双边 APA 裁定的情况下，这样的协议也将包括在涉及的国家之间。尽管预约定价安排通常适用于未来的交易或活动，但在某些情况下，有可能在早些年获得（可比）交易的许可。

3. 审计。

定期审计可以检查所使用的转让价格是否与协议中约定的价格一致。

4. APA 和 ATR 的持续时间。

申请人与荷兰税务局签订的协议中一般会规定 APA 和 ATR 的有效期。一般来说，可以考虑 4~5 年的时间。到期后，可以请求延期，这通常是在相同的条款和条件下授予的。

5. 协议的撤销和废止。

协议的有效期一般为 4 年。在有效期内事先裁定才有拘束力。❶ 协议的约束效力源自税务机关与纳税人之间的契约关系，其背后为双方都遵守诚信原则。期满后，申请人可以向税务机关申请延长。申请延长的先决条件是该问题所涉事实没有发生重大变化。此外，相关案例法或法律没有修正，相关行政解释也没有发生变化。在协议有效期内，协议不得撤销。但是，如果基于公共利益需要，且公共利益超过纳税人个人利益时可以废止。

如果税务机关随后的解释发生变化而阻止协议延长时，则为了让纳税人重构其筹划的交易或做出其他变化，纳税人被给予延长协议的权利，且具有约束效力。在延长期间，荷兰税务机关应当完全识别和知晓协议。

五、协商式裁定成为国际税收竞争工具的法律基础

作为大陆法系国家，荷兰较早建立起特立独行的民事化事先裁定制度。因制度诞生最初的目的是吸引美国投资，为此在制度建构初期就导入和解协

---

❶ Essers, P. H. J., *Taxing German – Dutch Cross-border Business Activities: a Legal Comparison with Particular Focus on the New Bilateral Tax Treaty*, Osnabrück: Institut fuer Finanz-und Steuerrecht, 2015, p. 384.

议的机制,与投资人以协商的方式进行专项谈判。因此,荷兰税收事先裁定是典型的协商式裁定。进而,因其税收事先裁定内含协议的要素,在无法归入其行政行为框架的情形下,荷兰最高法院将之定性为民事制度中的"决定协议"。这为荷兰建构协商式裁定奠定法律基础。

从法律属性上看,目前仅荷兰采用民事制度。荷兰早期采用行政制度,由税务机关发布事先裁定。但因在既有法律框架内无法解释其行为属性,最后荷兰税务机关采用荷兰最高法院的判决认定,将事先裁定定性为民事协议,由此形成"利用私法工具达成公法目的"的民事制度建构。❶ 虽然荷兰税收事先裁定从本质上仍属于行政制度,但以民法上的"决定协议"为制度载体,为此可以视为行政制度的变异。

在20世纪90年代导入预约定价安排后,荷兰把税收事先裁定和预约定价安排均置于"决定协议"这一法律框架下,这使荷兰的协商式裁定制度独具特色。税收事先裁定与预约定价安排的法律属性在荷兰已经不存在差异,两者仅在解决问题的适用对象上有所不同。最终,欧盟也借鉴荷兰制度,把税收事先裁定和预约定价安排置于"税收裁定"这一语境下探讨有害税收竞争的管制。进而,荷兰依据投资行为的特征发展出标准化裁定,一定程度上提高了裁定的发布效率。然而,在便利投资人的同时,荷兰事先裁定也被跨国公司作为过度税收筹划的工具,使荷兰成为税收洼地,侵害其他国家的税基。

在BEPS背景下,荷兰发布了全新的税收事先裁定程序,转而成为打击避税的"急先锋"。

我国目前也是BEPS多边公约的缔约国,负有打击有害税收竞争的义务,为此,我国建构税收事先裁定制度时,在跨境贸易层面也应当关注企业激进的税收筹划,防止被跨国公司利用,侵害他国税基。在我国税收征管环境下,建构"利用私法工具达成公法目的"的民事制度显然不可行。如果可以将荷兰的"决定协议"定性为行政协议,则与我国部分学者主张将税收事先裁定定性为行政契约相呼应。事实上,荷兰可以为之提供制度模版。

但是,由于我国税收事先裁定制度是在税务机关于税收遵从协议中导入,再将税收事先裁定制度建构为行政协议,有可能因程序烦琐,而走上美国结案协议的老路。为此,将税收事先裁定建构为税务机关的单方声明比较可行。

---

❶ 本节主要编译自 Carlo Romano, *Advance Tax Rulings and Principles of Law*, Amsterdam, IBFD Publications BV, 2002, pp. 95 – 104.

目前，2015年国务院法制办发布的《中华人民共和国税收征收管理法修订草案（征求意见稿）》就是按照单方声明的模式建构。接下来，我国建构税收事先裁定应当融入协商机制，使之真正具备纠纷解决功能，在吸引外资、改善营商环境上发挥出独特的作用，这也有助于形成征纳双方的合作关系。

总之，荷兰经验可资借鉴的是，我国应当在税收事先裁定发布过程中嵌入协商机制，并采用集权式的制度建构，从而使之具有税收竞争功能，这在我国税收征管制度改革正逐渐走向合作治理的背景下是完全可能的。

第二节　协商式裁定的特别制度：跨境交易中的预约定价安排

本节主要介绍作为主要国际税收竞争工具之一的预约定价安排。❶

一、预约定价安排的特殊性：税收事先裁定中的专门化类型

（一）作为转让定价制度工具的预约定价安排的内涵

转让定价也是一个经济学术语，所以了解经济学家如何定义它是很有用的。在商业经济学中，转让价格被认为是一个组织的一部分或部分为其提供给同一组织的另一部分或部分的产品、资产或服务而收取的费用。因此，这个定义与上面描述的是一致的。在制度层面，各国以"预约定价安排"作为转让定价的制度载体。

根据1995年OECD《跨国企业与税务机关转让定价指南》的界定，预约定价安排是指在关联交易之间就决定固定时限内适当转让价格标准而订立的协议，为纳税人未来交易提供确定性。预约定价安排通过为公平转让价格的决定提供一系列适当的标准，例如适用方法、可比性和适当的调整，为未来事件提供批判性假设。除确定关联公司转让价格外，预约定价安排还需要确定利润的归属。

---

❶ 本节部分内容编译自UN, United Nations Practical Manual on Transfer Pricing for Developing Countries（2017）. Accessed 3 June 2019. https：//www. un. org/esa/ffd/publications/united-nations-practical-manual-on-transfer-pricing-for-developing-countries‐2017. html.

根据参与国数量的不同，预约定价安排可以是单边的（纳税人与一国签订）、双边的（纳税人与两个国家同时签订）和多边的（纳税人与多个国家同时签订）。双边和多边预约定价安排是指在 1999 年转让定价指南的附属文件中载明的相互协商程序（Mutual Agreement Procedure）。亦即，在 OECD 框架下，预约定价安排应当以双边和多边为基础，这么做的目的是防止一国单独为纳税人提供税收优惠，并确保国际转让价格原则的一致性适用。

（二）预约定价安排与狭义税收事先裁定关联性

一般认为，预约定价安排与狭义税收事先裁定是两种不同的制度（荷兰例外）。两者的主要区别在于：①从法律关系上讲，税收事先裁定一般形成双方关系，只影响各自的税务机关和纳税人，而 APA 可以是单方面的、双边的或多边的，会影响其他国家的税务机关；②从法律属性上看，税收事先裁定是税务机关的单方面声明，纳税人可以接受也可以不接受裁定，但就 APA 而言，它是双方（所有）当事人之间的一项协议，纳税人必须接受不能反悔（即事实上它是一项协议）；③APA 通常对纳税人和税务机关都有拘束力，而税收事先裁定通常只对税务机关有拘束力；④税收事先裁定通常只针对特定的交易或案例模式，而 APA 可能涵盖一组交易，甚至涉及各种相关方交易的复杂转让定价结构。❶

由于预约定价安排关系到未来年度跨国公司转让价格的确定方法，因此纳税人隐含对未来事件的假设和预期。由此，预约定价安排为纳税人就未来交易如何适用转让价格提供确定性。这与税收事先裁定的功能完全一致。此外，虽然税收事先裁定具有单边属性，即纳税人只能向一国税务机关提出申请。但当跨国公司的转让价格以税收事先裁定的方式确定时，就是单边预约定价安排。此时两者之间的界线具有模糊性。

如果以最早运用私人信件裁定的美国来看，私人信件裁定脱胎于结案协议，但保留了协议的实质要素，剔除了协议的形式要素。事实上，APA 和税收事先裁定的功能和目的完全相同，即均属于"事前处理决定"。当税收事先裁定纳入协商机制，即属于协商式裁定时，两者在本质上完全相同，只是外在表现形式与适用领域有差异。APA 以协议方式达成，而协商式裁定具备协议的要素，但为简化手续以单方声明方式达成。此外，APA 仅在跨境交易中

---

❶ Carlo Romano, *Advance Tax Rulings and Principles of Law*, Amsterdam, IBFD Publications BV, 2002, p. 486.

存在，而事先裁定在境内贸易和跨境交易中均可以适用。

综上所述，APA 诞生时间晚，适用范围窄，其功能涵盖在"事先裁定"之内。为此，APA 可以视为税收事先裁定在跨境交易中的特别制度。

（三）预约定价安排属于典型的协商式裁定

在打击有害税收竞争框架下，预约定价安排与税收事先裁定均系欧盟和OECD 定义下的"税收裁定"。两者原本都系在国内交易中增加税法确定性的工具，然而在经济全球化背景下，却演变成为各国政府吸引投资的税收竞争工具。这就是 20 世纪 90 年代各国纷纷建构税收事先裁定和预约定价安排的主要原因。

因跨国公司经营的特殊性，在与各国政府谈判时具备优势地位。而政府为吸引国际投资，不断以降低税率或其他税收优惠作为交易条件，双方各取所需。在此背景下，作为国际税收竞争工具的税收事先裁定（单方决定下的协商式裁定）与预约定价安排之间的界线日益模糊。例如，单边预约定价安排往往被视为税收事先裁定。

事实上，预约定价安排系征纳双方以协商方式形成，除必须以书面方式生成之外，其与税收事先裁定在功能上完全一致。为此，预约定价安排属于协商式裁定，可以视为税收事先裁定在跨境交易中的延伸，系协商式裁定在跨境交易中的特别制度。正是在这个层面上，欧盟和 OECD 所定义的"税收裁定"（包括预约定价安排与税收事先裁定）均系协商式裁定范畴。可知，预约定价安排系税收事先裁定在跨境交易中各国进行税收竞争的创新工具。

（四）预约定价安排生成背景

运输和通信技术的迅速发展使许多跨国公司（Multinational Enterprises，MNEs）能够灵活地将其企业和活动安排在世界任何地方。当今全球贸易的很大一部分货物和服务，包括资本（如货币）和无形资产（如知识产权），均是在跨国公司集团内部实现国际转让，这种转让称为"集团内部贸易"。有证据表明，集团内部贸易正在稳步增长，占所有国际交易的 30% 以上。此外，涉及无形资产和多层次服务的交易在跨国公司商业交易中所占的比例迅速增加，大大增加了分析和了解这些交易的复杂性。跨国公司集团内部的交易结构是由市场和集团驱动力量的组合决定的，这些力量可能不同于独立实体之间运行的公开市场条件。因此，越来越多的国际交易不再完全由市场力量控制，而是由集团各实体的共同利益驱动。

在这种情况下，为集团内部的货物、无形资产和服务的转让确定适当的价格，即所谓的"转让价格"就变得十分重要。"转让定价"是对相关方之间的跨境公司内部交易进行定价的总称。跨国公司集团的组成部分，如公司，在转让定价的语言中称为"关联企业"。因此，"定价"是指关联企业之间涉及财产或服务转让交易的定价。这些交易也被称为"受控"交易，与没有关联的公司之间的"非受控"交易不同，这些公司之间的交易在设定此类交易的条款时可以被认为是独立运作的（"公平原则为基础"）。这时将面临各国就同一交易的双重征税。

进而，税务机关为防止源自本国的利润被跨国公司通过转让定价转移，跨国公司为避免双重征税，预约定价安排成为解决双方需求的最重要制度工具。

（五）转让定价实例

转让定价并不必然涉及避税，因为设定这种价格是跨国公司运作的正常流程。定价不符合国际通行规范或者国内法上公平原则的，税务机关可以认为是"定价错误""定价不正确""定价不合理"或者是非公平定价，有可能产生避税、逃税问题。下面用几个例子说明这些问题。

例1：

一个在A国盈利的计算机集团从其在B国的子公司购买"固态硬盘"。在A国的母公司支付给在B国的子公司的价格（"转让价格"）将决定B国子公司报告多少利润和向当地税务机关支付多少税款。如果母公司支付给子公司的价格低于适当公平价格，则B国子公司可能会出现财务困难，即使整个集团在出售完整的计算机时显示出合理的利润率。

从税务机关的角度，A国的税务机关可能同意A国母公司的利润报告，但B国同行可能不会同意，他们没有预期的可税利润。如果A国的母公司在类似情况下，从B国的一家独立公司购买其驱动器，它将按市场价格支付，而供应商将按正常方式对其利润纳税。这种方法为处于低税收国家或地区的母公司或子公司提供了空间，通过适当确定转让价格，从而将其税负降至最低，获得更高的利润。

因此，当跨国公司的各个部分处于某种形式的共同控制，这可能意味着，转让价格不受市场力量的控制，或者至少无法到达公平价格。

例2：

A国的高端手表制造商通过B国的子公司分销其手表。假设手表制造成本为 1400 美元，分销成本为 B 国子公司 100 美元。A 国的公司设定转让价格为 1500 美元，B 国的子公司在 B 国的零售价为 1600 美元。总的来说，A 国公司已经获得了 100 美元的利润，预计要缴税。

然而，当 B 国税务机关审计 B 国的公司时，他们注意到分销商本身没有盈利：其中 1500 美元的转让价格加上 B 国公司 100 美元的分销成本恰好等于 1600 美元的零售价格。B 国税务机关认为转让价格应定在 1400 美元，以便 B 国的公司显示应纳税的 100 美元利润。

这给母公司带来了一个问题，因为它已经在 A 国就其账户上显示的每只手表 100 美元的利润纳税。由于它是一个跨国集团，在其经营的国家要纳税，而且在与两个不同国家的税务机关打交道时，一般不可能只取消其中一个，而另一个不取消。因此，跨国公司最终可能面对相同的利润征收双重税收，进而各国与跨国公司在什么构成适当的转让定价方面存在分歧。

关联实体对集团内贸易采取转让价格的一个可能原因是，衡量跨国集团中单个实体的效益。跨国集团内的个别实体可能是单独的利润中心，为了确定这些实体的盈利能力，需要确定转让价格。然而，并非所有实体都必然会在保持一定尺度（或范围）的情况下盈利或亏损。从理性上讲，作为不同的法律实体，为了其自身利益，只有在采购价格等于或低于无关供应商所收取的价格时，才会从一个关联实体购买产品或服务。同样，只有当销售价格等于或高于不相关购买者支付的价格时，才会将产品或服务出售给关联实体。在此基础上，价格应倾向于所谓的"公平交易价格"，即双方不关联的交易价格。

虽然上述对转让定价的解释听起来很合乎逻辑，也很简单，但是，确定适当的转让价格可能是一项复杂的任务，特别是因为难以确定和评估转让的无形资产和/或提供的服务。例如，无形资产可以是各种不同类型的资产，如专利、贸易类型、商号、设计或模型、文学和艺术产权、专门知识或商业秘密，这些资产可能反映在账目中，也可能不反映在账目中。因此，在跨国公司实体之间的跨国界交易中，涉及许多复杂的转让定价问题。

二、转让定价的基本问题

转让价格决定着跨境交易双方的收入。因此，转让价格影响着参与跨境交易的国家的税基。在任何跨境税收场景中，涉及各方均为跨国公司集团的相关实体以及交易涉及国家的税务机关。当一个国家的税务机关调整跨国公司集团成员的利润时，可能会对另一个国家的税基产生影响。换句话说，跨境税收情况涉及管辖权、收入分配和估值等问题。转让定价面临的问题就是广义税收事先裁定所必须解决的共通问题，只是转让定价涉及多国，使之在国际税收竞争中更具有显性特征。

（一）管辖权问题

关键的管辖权问题是：哪个政府应该对参与交易的集团实体的收入征税？如果两国政府都声称对同一收入征税，会发生什么情况？如果税基在多个国家产生，应由哪个国家的政府给予税收减免，以防止有关实体的收入被重复征税？

管辖权问题的另一个方面是转让定价操纵的动机，因为一些跨国公司的做法是设法减少它们的总体税负。这可能涉及通过转让定价转让利润，以减少跨国公司的总税收负担。然而，虽然减税可能是跨国公司为集团内交易制定转让价格的动机，但它不是决定转让定价政策和做法的唯一因素。

在这种情况下，非独立转让定价的目的通常是降低跨国公司的全球税收。这可以通过对集团内贸易的关联实体收取过低或过高的费用，将利润从高税收国家的关联实体转让到相对低税收国家的关联实体来实现。例如：一个企业集团母公司的居住国公司所得税税率为30%，其公司是另一个国家的居民，该国的税率为20%，母公司可能有动机将利润转让到它的子公司，以减少纳税。这可以通过母公司从其子公司高价购买物业和服务来实现。虽然最明显的动机可能是减少跨国公司在全球范围内的税收，但其他因素可能影响转让定价决策，例如母公司所在国的税收优惠。

跨国公司采取这种做法的另一个动机是在其经营的国家内利用税收优惠，例如抵减亏损。这可以是当年度亏损，也可以是关联公司上年结转的亏损。在某些情况下，国际企业可能希望在联营公司的税务损失期满之前利用这些损失，在这种情况下，损失只能结转若干年。即使联营公司没有结转税务损失的限制，国际企业也有动力尽快利用这些损失。换句话说，利润有时可能转让到某些国家，以获得特定的税收优惠。

（二）收入分配和估值问题

跨国公司是一种全球结构，可以共享资源和共同分摊管理费用。从跨国公司的角度来看，这些资源需要最优的方式高效率分配。从各国政府的角度看，跨国公司的收入和费用的分配是计算应纳税额的一个基本因素。因此，各国之间在分配费用和资源方面可能会产生争端，因为它们的目标是使其各自管辖范围内的税基达到最大。

从跨国公司的角度看，其经营所在国的任何贸易或税收壁垒都会增加跨国公司的交易成本，同时扭曲资源配置。此外，作为跨国公司竞争优势来源的许多共同资源不能从跨国公司集团成员的收入中分离出来用于税收目的。对于无形资产和与服务相关的组织内事务尤其如此。

仅仅将收入和费用分配给跨国公司集团的一个或多个成员是不够的；收入和费用必须加以估价。因此，转让定价的一个关键问题是集团内转让的估价。

由于跨国公司是一个综合结构，具有利用国际差别和一体化经济的能力，集团内的转让价格不太可能与非关联各方所谈判的价格相同。

（三）转让定价的新挑战

国际税务问题，特别是与转让定价有关的问题，带来了许多挑战，这些挑战的复杂性和规模往往使规模较小的税务机关倍感压力。尤其是在数字经济呈指数级增长的情况下，一个复杂而又紧迫的问题，就是为涉及无形资产的交易制定适当的合理价格。无形资产往往是独特的、流动的、难以估价的，这给纳税人和税务机关都带来了独特的问题。

另一组挑战涉及与业务重组和集团内部服务有关的转让定价问题。跨国公司转让定价文档的要求是另一个关键的领域，因为严格的文档标准正在演变，包括各国的报告，更不用说各国政府之间关于国际交易的资料交流日益增加。

总的来说，为了保护各国的税基、消除双重征税和加强跨境贸易，转让定价规则是必不可少的。对于发展中国家来说，它要为增加跨境贸易创造一种确定性的气氛和环境，同时确保该国不会失去关键的税收收入。因此，转让定价至关重要，详细的转让定价规则是必不可少的。

三、转让定价的演变

转让定价本质上涉及将经济原则应用于流动市场。因此，从系统中的一个或多个因素的角度来帮助达成适当转让价格的新方法和技术仍在继续发展。

经修订和增订的 OECD 转让定价指南（以下简称 OECD 指南）于 1995 年首次出版。此前，OECD 曾在 1979 年和 1984 年就转让定价问题发表过报告。ODCD 指南是 OECD 成员，主要是发达国家之间的一项协商一致意见，这些国家的国内转让定价条例在很大程度上已得到遵守。随着时间的推移，另一个值得注意的转让定价框架是美国转让定价条例（26 USC 482）。必须特别注意"联营企业"一词的意义和范围，这是一个重要的主题，但迄今尚未得到充分的界定或讨论。

从金融角度来看，转让定价可能是全球最重要的跨境税收问题。部分原因是，"跨国公司"一词不仅包括大型企业集团，而且还包括在母公司或总部所在地以外的国家拥有一个或多个子公司或常设机构的较小集团。大型跨国公司的母公司通常在全球多个国家拥有中介或子控股公司。从管理的角度来看，跨国公司集团的决策制度可能是高度集中的结构，也可能是高度分散的结构，利润责任分配给各个集团成员。这种集团结构通常包括：

①研究与开发（R&D）和服务可能集中于为整个集团或集团特定部分运营的中心；②由跨国公司实体开发的无形资产，这些可能集中在某些群体成员身上；③金融和"专属自保保险公司"，可作为保险公司或内部金融公司经营；④生产单元，最终产品的生产或装配可能在世界上许多国家进行。

持续不断地将零件和成品的生产迁往特定国家；发展中国家的许多新经济崛起，其基础设施、熟练劳动力、低生产成本、有利的经济气候等；金融工具和商品的 24 小时交易；电子商务和基于互联网的商业模式的兴起等，是过去几十年转让定价成为如此引人注目的问题的众多原因。

其他考虑因素也对目前转让定价的重要性产生了影响。一些发达国家已收紧了转让定价立法，以解决活跃在本国的外国企业比国内同类企业缴纳更少税收的问题。因此，比如某发展中国家在其 3 家保险公司中引入了同样详尽的转让定价规定，这些公司都属于一个以承保集团风险为具体目标的集团。为使各国税基保持不变，其他发展中国家正在认识到，它们需要以某种方式有效地解决转让定价的挑战。

税收制度和管理较不复杂的国家有可能吸收发达国家加强转让定价执法的影响，实际上至少要支付跨国公司在这些国家的部分税收费用。为了避免这种情况，许多国家都出台了新的转让定价规则。

OECD 财政事务委员会继续监测在转让定价方面的发展，特别是在使用以利润为基础方法方面的发展，以及在可比性问题方面的发展。OECD 最近与

G20一道，在研究当前的国际税收规则，以确定可能导致税基侵蚀和利润转移（BEPS）的薄弱环节。2013年9月，OECD启动了BEPS行动计划，确定了15项行动，旨在提供新的或加强的国际标准和措施，帮助各国应对BEPS。2014年，OECD BEPS项目发布了7份初步报告，随后在2015年10月的G20财长会议上，又发布了15份最终报告，每份报告对应一个行动计划。行动计划提供了防止滥用条约的示范规定；就文档要求而言，要求各国提出标准化的报告；阐明处理有害税收实践的同行评审程序；批准一项确保争端解决取得进展的最低标准，并提出许多其他此类建议。

虽然OECD BEPS行动计划，从理论上讲，旨在改进国际税收标准跟上全球商业环境的变化，这样BEPS措施的实现依赖于各国国内法进行必要的更改以及修改条约规定。

应当指出，关于OECD转让定价准则，来自《OECD税收协定范本》第9条；它们也已在《联合国税收协定范本》的范围内得到应用。然而，发展中国家发现在实践中很难执行这种准则。目前有5种规定的转让定价方法，可根据OECD的指南在各种情况下采用，以达到一个合理的价格。然而，虽然这些方法可能能够提供公平价格的计算（即在跨国公司内部，税务机关在运用这些方法时存在分歧，可能导致两家跨国公司的应税利润占实际利润总额的比例超过100%，也可能低于100%。这种情况可能是由于一个国家的税务机关进行了调整，而另一个国家的税务机关没有作出相应的调整，而有关的双重征税条约没有批准这种调整。

欧洲委员会还就向活跃在欧盟内的跨国公司成员分配收入提出了建议。考虑的一些方法包括"共同合并公司所得税基"和"母国税收"的可能性。两个选项转让定价将取而代之的是规定的分摊，即国与国之间的税收权益分配，分配基于外资企业在欧洲的业务活动。分摊将根据商定的公式和一些商业活动的标准，例如销售、工资和资产的某种组合。近年来，欧盟联合转让定价论坛提出了改进转让定价争议解决（相互协商程序、仲裁和预约定价安排）的建议，并提出了协调转让定价文档要求的建议。关于欧盟转让定价文档要求和欧盟仲裁公约执行情况的建议已被欧盟理事会通过形成"行为准则"。欧盟理事会还于2011年5月17日发布了一些关于低附加值集团内部服务的指导方针；它们得到赞同的基础是，它们的执行应有助于减少税收争端。欧盟委员会（European Commission）最近也发布了一份关于"欧盟公平有效的企业税制"的公告，旨在阐明OECD/G20 BEPS措施如何在欧盟内部实施。

联合国在 1988 年 6 月发表了一份关于"国际所得税和发展中国家"的重要报告,该报告讨论了跨国公司操纵转让定价而损害发展中国家税基的重大问题。它建议了一系列专门为处理发展中国家的特定集团内部交易而制定的机制。联合国贸易和发展会议也于 1997 年 7 月发表了一份关于转让定价的重要报告。联合国正努力制定最新的全球转让定价指南,供世界各国在制定和执行其转让定价条例时使用。

四、全球转让定价机制的未来挑战

联合国和 OECD 税收协定范本、OECD 指南和各国国内立法为在世界范围内引入转让定价立法提供了范例,这是对商业日益全球化的主要回应,但是人们担心这种做法可能被滥用,损害没有这种立法国家的利益。许多其他国家依靠反避税规则来管制滥用最多的转让定价形式。

(一) 转让定价作为一个当前和未来的问题

在将公平原则应用于发展中国家的国内现实时,出现了问题。国际企业的高度一体化、集团内无形资产和服务贸易大量增加以及复杂融资安排的使用,使公平原则越来越难以在实践中得到应用。

日益全球化、先进的通信系统和信息技术使跨国公司能够从世界各地的一两个地点控制其各子公司的业务。关联企业之间的贸易经常涉及无形资产。国际税收原则所依据世界的性质已经发生了重大变化。所有这些问题都对将公平原则应用于国际企业的全球化和一体化经营提出了挑战。总的来说,很明显,在 21 世纪,公平原则对高度一体化的国际企业的收入分配提出了真正挑战。

人们普遍认为,转让定价不是一门精确的科学,转让定价方法的应用需要纳税人和税务机关运用信息、技能和判断。鉴于许多发展中国家在技术、信息和资源方面存在"差距",对这些发展中国家来说,这可能是非常困难的;这项工作通常需要最优秀的官员,但他们可能在掌握了特殊技能后离开税务部门。

对所有国家,特别是对许多发展中国家来说,使一个税务行政机关公平和有效地处理转让定价问题似乎是一项"征税工作",从字面上和比喻上都是如此。许多发展中国家在有效处理转让定价问题方面特别面临一些具体挑战。在实践中,特别是在一些发展中国家,由于下列原因,往往很难获得充分的资料来适用公平原则：

（1）在发展中国家的任何一个部门，有组织的经营者往往较少，因此找到合适的可比数据可能非常困难，我国一直面临这样的困境。

（2）发展中国家的可比较资料可能不完整，而且形式难以分析，因为没有资源和程序。在最坏的情况下，关于独立企业的信息可能根本不存在。转让定价分析所依赖的数据库往往集中于发达国家，而这些数据可能与发展中国家市场无关（至少在没有进行资源和信息密集调整的情况下），而且在任何情况下，取得这些数据的费用往往很高。经济刚刚开放或正在开放进程中的转型期国家可能有"先动者"公司，这些公司在许多迄今未开发或未开发的部门和领域中成立；在这种情况下，不可避免地会缺乏可比性。

鉴于这些问题，对当前转让定价方法的批评人士将找到令人满意的方法等同于"大海捞针"。总的来说，在发展中国家寻找适当的可比性进行分析很可能是企业和税务机关目前所面临的最大实际问题。

转让定价方法是复杂和费时的，往往需要跨国公司和税务机关一些最熟练和最有价值的人力资源的时间和注意。转让定价报告通常长达数百页，由许多法律和会计专家撰写。这种复杂性和知识需求给税务机关和纳税人都带来了巨大的压力，特别是在发展中国家，这些国家的资源往往是稀缺的，而且在这样一个专门领域没有适当的培训。报告转让定价规定帮助一些发展中国家创造了必要的技能和建设能力，同时也保护了这些国家税基的复杂性。

基于公平原则的规则正变得越来越困难和复杂。转让定价遵从性可能涉及昂贵的数据库和处理数据的相关专业知识。转让定价审计需要在个案的基础上进行，而且对所有有关方面来说往往是复杂和昂贵的任务。

在发展中国家，纳税人（特别是中小型企业）必须编写详细和复杂的转让定价报告并遵守转让定价规则，而这些资源（货币和其他方面的）可能有限，而且这些资源可能必须"购买"。同样，许多发展中国家税务机关也没有足够资源来审查每一种情况的事实和情况，以便确定可以接受的转让价格，特别是在缺乏可比性的情况下。转让定价审计往往是一个漫长、耗时的过程，可能会引起争议，最终可能导致"估计"充满了相互矛盾的解释。

如果两国税务机关发生争端，目前可用的规定办法是上文所述的相互协商程序。这也可能导致长期以来所涉及的对话，往往是在不平等的经济大国之间进行，并可能造成有关公司和发展中国家税务机关的资源紧张。

(二) 数字经济增长的挑战

互联网通过改变信息交换和商业交易的方式彻底改变了世界的运作方式。长期以来定义传统税收概念的物理限制已不再适用，而将国际税收概念应用于互联网和相关电子商务交易有时存在问题且不明确。

从许多国家的观点来看，它们必须能够适当行使对这些无形相关交易（如电子商务和基于网络的商业模式）征税的权利。它们能否有效地利用现有的国际税收模式来实现这一目标，是一个相当有争议的问题。许多人建议修改现有的关键概念（例如常设机构），以及引进新的概念（例如平等征税），以便将虚拟世界及其运作纳入国际税收的范围。在许多发展中国家，数字经济目前在其经济引擎中扮演着关键的增长驱动力的角色，因此税务机关必须解决与之相关的转让定价问题。一些国家（通常是发展中国家）认为，将业务转让到低成本管辖地所带来的经济利益，即"地点节余"应增加到实际进行这种行动的国家。

因此，确定地点节余及其在集团公司之间分配（从而在两国税务机关之间的分配）已成为发展中国家一个关键的转让定价问题。不幸的是，大多数国际准则对地点节余的问题没有提供多少指导，尽管它们有时承认地理条件和无形资产的所有权。

第三节 基于协商式裁定的有害税收竞争及其管制

有害税收竞争的存在已成为多数国家的共识，但如何管制成为难题。OECD受制于其非政府组织身份，仅能对成员国和非成员进行软法管制，其曾尝试多种管制手段，但最终仅有自动交换以跨境税收裁定为载体的税务信息取得共识。欧盟则借助硬法，导入国家援助概念，成功对其成员国进行有效管制。

一、协商式裁定成为有害税收竞争载体的成因

(一) 有害税收竞争概念的由来

全球化和技术进步给一些人带来了巨大的经济利益，但也给另一些人带

来了许多严重的负面影响,国界正变得不那么重要。到20世纪80年代初,一些重要的金融和政治变化改变了发达经济体的竞争格局。

为避免"双重征税",国家间往往签订税收协定来确定免除外来投资在某一国的税收,用以促进外国投资。但随着私人实体和个人正在使用日益复杂的金融交易来挑战各国继续从经济活动中获取税收收入的能力,由此导致税收协定促进"双重不征税"。与此同时,世界上越来越多的公司和高净值个人将资金转入"避税天堂"。结果,大型发达经济体发现自己处于与世界其他经济体类似的位置:不得不为吸引投资而竞争。

传统上,当被迫进入竞争更加激烈的市场时,这些国家就像垄断者一样,试图为这种竞争设置障碍。例如,欧洲金融市场的放松管制为各国利用有利于商业的税收和其他法律吸引资本创造了机会。在20世纪80年代和90年代,欧盟成员国所谓的"税收优惠政策"激增,这是一种有针对性的税收竞争形式。❶ 最终,税收竞争成为增强一国实力的有效工具。

在20世纪80年代中期,一些发达经济体的国内观点对离岸金融中心的效用发生了重大转变。在欧洲和美国,金融自由化使政府面临来自离岸国家的竞争。尽管普遍缺乏有关使用离岸国家交易的信息,但税务机关越来越多地将离岸国家视为促进避税和逃税的"天堂"。❷ 作为回应,OECD对成员国外的"避税天堂"进行识别,除了讨论国家税务机关可能采取的避免避税和逃税的可能补救办法外,还指出构建多边协议的重要性,并把税收竞争确定为该组织可以解决的问题,以在成员国政府内建立对OECD工作的支持。❸ 随后,七国集团部长会议认为"有害的税收竞争"扭曲了贸易和投资,并要求OECD"分析和制定措施,以应对有害税收竞争对投资和融资决策的扭曲影响,以及对国家税基的影响,并于1998年报告"。❹ 同时,七国集团进一步"强烈敦促OECD大力开展这一领域的工作,旨在建立一种多边办法,使各国

---

❶ Achim Kammerling & Eric Seils, "The Regulation of Redistribution: Managing Conflict in Corporate Tax Competition", 32 *W. Eur. Pol.* 756, 2009, p. 761.

❷ Merrill Pioneering a New Tax – Free Route to Europe, As Old Haven Sinks, *Securities Week* 2 (*Dec.* 6, 1982), reprinted in Tax Evasion through the Netherlands Antilles and Other Tax Haven Countries: Hearing Before the Commerce, Consumer, and Monetary Affairs Subcomm. of the H. Comm. On Government Operations, 98*th* Cong, 1983, p. 742.

❸ OECD, *Tax Havens*: *Measures to Prevent Abuse by Taxpayers, in* International Tax Avoidance and Evasion: Four Related Studies 19, 1987.; OECD, *Taxation and the Abuse of Bank Secrecy in International Tax Avoidance and Evasion*: *Four Related Studies*, OECD Publish, 1987, p. 107.

❹ Ministerial Council, OECD, Draft Communiqué (emphasis added), 1996.

能够单独和集体地运作,以限制这些做法的范围。"❶ 最终,OECD 在 1998 年发布报告《有害税收竞争:一个新兴的全球问题》。这是首次将税收竞争视为"有害"的具有政治性的创新,目的在于制定国际公认的标准来使低税国家的政策选择合法化。❷

(二) 有害税收竞争的认定

OECD 在 1998 年的报告中指出:一方面,跨国企业和富有的个人一般利用避税天堂避税;另一方面,一些国家对全球化的反应是试图通过降低最高边际税率和税制的累进性来提高"效率"和"竞争力",削减政府服务,使政府对环境问题的监管更加宽松,削弱社会安全网,导致了"竞次"。❸ 为此,报告对避税天堂和税收优惠制度可能有害的国家进行了区分。前者大部分是加勒比地区和太平洋的小岛屿,而后者大部分是 OECD 成员国。两者的主要区别在于,避税天堂的关键因素是没有或只有名义上的税收,有保密规定,其法律和行政规定缺乏透明度,并且鼓励没有实质商业活动的投资。而有害的税收优惠制度对某些收入要么征收低税,要么不征税,同时该制度"圈护"了这些活动,而且该制度是不透明的,不交换信息。

OECD 认为,全球化不仅促进税收改革,也在促进经济发展和更有效的资源配置(OECD 传统上推动的所有事情),而且为跨国企业避税打开大门。吸引就业的压力导致各国改变其税收结构,因为一个国家的政策会对其他国家产生影响。当一个国家通过使用税收政策从另一个国家吸引资金进行"偷猎"时,该报告将这种做法称为"有害",因为这种做法"并未反映出对适当的税收和公共支出或适当的税收组合的不同判断"。❹

(三) 有害税收竞争必须以协商式裁定为载体

有害的税收竞争的影响包括:侵蚀其他国家的税基;造成税收结构的转变(从流动资本向固定资本、所得税向消费税的转变);削弱个别国家实行累进所得税税率的能力;破坏税收的中立性、公平性和社会接受度,以及政府利用所得税制度实现再分配功能的能力。

然而,这些消极影响必须经过征纳双方的"通谋"才能形成。亦即征纳双方必须密切合作,才能达成侵害他国税基的后果,税务机关单方面是无法

---

❶❸❹ OECD, "Harmful Tax Competition: An Emerging Global Issue", 1998. Accessed 6 June, 2019. http://www.oecd.org/dataoecd/33/0/1904176.pdf.

❷ Mugarura, Norman. "Tax havens, offshore financial centres and the current sanctions regimes." *Journal of Financial Crime* 24, (2), 2017. pp. 200 – 222.

完成的。因此，单向式裁定无法达成上述目标，只有协商式裁定才能担此"重任"。

事实上，无论是OECD作为税收信息交换对象的6种裁定，❶还是欧盟认为构成非法国家援助的税收裁定，均系裁定发布国征纳双方协商的结果。为此，协商式裁定已经成为有害税收竞争的法律工具。

（四）因以协商式裁定为基础而缺乏透明度

在跨境案件中，税收裁定（包括ATR与APA）可以影响集团在不同国家的子公司之间的应税利润分配。例如，税收裁定可能会澄清研发或知识产权的税务处理，或帮助确定某些控股公司是否会被征税以及如何征税。特定类型的税收裁定（APA）用于确认公司的转让定价安排，即公司集团的一个子公司向同一集团的另一个子公司提供商品或服务的价格。这些基于APA的行政活动与该国的法律相一致，是合法有效的。通常情况下，即使发现也不能直接撤销、废止。为此，欧盟和OECD重申，税收裁定本身并不违法或构成问题。但为确保待遇平等，建议税收裁定应由作出裁定国家的税务机关公开，并在没有差别歧视的前提下提供给所有纳税人。同时，税收裁定仅在该国国内公开是不够的。

如果税收裁定给予某些公司优惠待遇或（有意或无意）促进积极的税收筹划，则存在影响第三国税基的问题。亦即，一个OECD成员国发布的税收裁定可能对另一成员国的征税权或收入产生影响。例如，导致成员国降低税率的税收事先裁定可能会诱使公司人为地将利润转移到那里，从而导致其他成员国严重的税基侵蚀。此外，税收裁定可能无意中造成成员国税收制度之间的漏洞（例如，两个成员国独立同意对同一收入的公司进行减税），积极的税收筹划者可以利用这些漏税最大限度地减少其税收总额。为此，如果一国税务机关为吸引投资而作出对纳税人有利的税收裁定（例如管制、实质性和程序性裁定），使某一部门能够在低于其他国家相同部门的有效税收环境下运作，则会侵害他国税基。可知，不当使用税收裁定和类似的单独协商协议，可以扭曲国家的竞争地位，特别是纳税人的待遇不透明，且税务机关不是基于事实和环境进行完整和详细的审核，仅试图给纳税人完成确定税收待遇或实际转移价格，而不是按照合适的转让定价方法做成时，有害税收竞争由此

---

❶ OECD, *Countering Harmful Tax Practices More Effectively, Taking into Account Transparency and Substance*, Action 5 – 2015 *Final Report*, *OECD/G20 Base Erosion and Profit Shifting Project*, Paris, OECD Publishing, 2015, p. 10.

形成。最终，税收裁定成为有害税收竞争的重要载体。

就是说，一旦税务机关忽略 OECD 反对使用"安全港"的建议，依据其行政裁量权自由设定价格或利润，就会扭曲税收竞争。税收裁定带来的风险是税务机关可能自由地支持某些公司，或者被用作积极税收筹划的工具，在许多情况下直接导致他国公司所得税的税基减少。特别是当一个 OECD 成员国提供低税率的税收裁定时，将会鼓励公司人为地将利润转移到该国，从而导致其他成员国严重的收入损失。这意味着成员国通常不会意识到彼此的税收裁定，或者它们对自己税基的影响。因此，这些成员国无法对税收裁定所带来的积极税收筹划做出必要和适当的回应。

进而，为了解决积极的税收筹划问题并确保成员国之间的公平税收竞争，迫切需要提高税收事先裁定的透明度。制度运作缺乏透明度将使母国更难采取防御措施。透明的税务系统通常应满足下列两个条件：第一，它必须明确规定适用于纳税人的条件，以便纳税人可以援引这些条件来质疑税务机关；第二，有关制度的细节，包括对某一纳税人的适用情况，必须向其他有关国家的税务机关提供。不符合这些标准的制度可能会增加有害税收竞争，因为不透明的制度给其受益人与税务机关谈判的自由，并可能导致在类似情况下对其他纳税人的待遇不平等。

为提高透明度，OECD 倡导把税收裁定作为信息自动交换的载体，意在阻止公司将税收裁定作为其积极税收筹划的一部分，因为它们将受到更严格的审查，并意识到税务机关将会有更严的监督。相较于严格设立禁止性规范，信息自动交换具有弹性，且一旦加入该交换平台，对自身极为有利。为此，OECD 倡导的信息自动交换得到绝大多数国家的支持，成为目前阻却有害税收竞争的主要工具。

二、OECD 软法管制的失败："黑名单"及 BEPS 项目

（一）"黑名单"制度的导入

基于主权理论，各国有权自由设计自己的税收制度，但由于有害税收竞争的存在，意味着各国必须遵守国际公认的标准。❶ 虽然没有任何一个国家可

---

❶ OECD, "Harmful Tax Competition: An Emerging Global Issue", 1998. Accessed 6 June, 2019. http://www.oecd.org/dataoecd/33/0/1904176.pdf.

以单方面制定国际公认的税收标准，但 OECD 在防止双重征税方面具有悠久的领导地位，有能力提供一个完美的论坛。为此，OECD 成为管制有害税收竞争最重要的倡导者。

OECD 对税收竞争批评的核心是，以低税率吸引投资是评估税收政策的非法标准，尽管创造有吸引力的投资环境经常被 OECD 视为其他政策领域的合法目标。❶ 然而，尽管 OECD 要求成员国自 OECD 理事会批准 1998 年报告之日起 5 年之内消除有害的优惠税收制度，但因其只能依据成员国自愿遵从原则发布相关政策（这被称为"软法管制"），特别是对非成员没有任何制约力，进而导致该报告有被束之高阁的危险。❷

为引导非成员遵守，建立新的有害税务实践论坛，加强与非成员的对话，OECD 推出"黑名单"机制。❸ 一旦列入"黑名单"，相关国家将面临 OECD 成员国的统一制裁。OECD 要求"黑名单"内国家必须在两年内准备好，并给予"避税天堂"额外 3 年的时间，以符合 1998 年报告中的指引。2000 年 6 月，OECD 发布首份"非合作国家及地区"名单，35 个国家被标为"避税天堂"，47 个国家被列为"可能有害的税收制度"。与离岸国家签定的协议成为该项目成功的明显标志，这也证明 OECD 的作用日益重要。同时，"黑名单"也最终迫使瑞士和卢森堡这两个成员国放弃关乎自己声誉的保密机制而接受 OECD 增强透明度项目。

（二）挫败后的转型

在有害税收竞争项目成功后不久，限制税收竞争的努力因缺乏美国支持而遭受重大挫折。美国提出不支持向任何国家确定自己税率或税收制度，也不支持任何协调世界税收制度的倡议。❹ 失去美国的支持削弱了 OECD 反有害税收竞争的努力，OECD 放弃了通过"黑名单"强迫"避税天堂"遵守其实质性税收标准的积极努力。这也表明 OECD 作为国际组织的脆弱性。

为取得离岸金融中心的支持，OECD 采取软化有害税收竞争和"黑名单"

---

❶ OECD, "Policy Framework for Investment", 2006. Accessed 6 June, 2019. http://www.oecd.org/dataoecd/1/31/36671400.pdf.
❷ Michael Webb, *Defining the boundaries of legitimate state practice: norms, transnational actors and the OECD's project on harmful tax competition*, 11 Rev. of Int'l Pol. Econ, 2004. pp. 787–792.
❸ FATF, Review to Identify Non–Cooperative Countries or Territories: Increasing the Worldwide Anti–Money Laundering Measures (2000), Available on 6 May 2019. http://www.fatf-gafi.org/media/fatf/documents/reports/2000%202001%20NCCT%20ENG.pdf.
❹ Paul O'Neill, Commentary, *Confronting OECD's 'Harmful' Tax Approach*, The Washington Times, May 11, 2001, at A17.

做法。OECD开始从避税天堂寻求的承诺涉及透明度和信息交换而不是税率，因此从分析中删除了"篱笆"和"没有实质性做法"等问题，OECD也改变了"有害"的表述，进而替换为"税收竞争"和"不公平的税收竞争"。由于许多离岸国家更愿意遵守透明度要求而不是采用更高税率的要求，OECD在相关报告中不再将国家列为黑色或灰色，而是描述各国对透明度和金融服务等各种问题的全面审查。❶ 为此，绝大多数国家和地区已同意努力实现透明度和有效的信息交流。

从此，OECD对有害税收竞争的管制开始转向，工作重心从限制低税率转向增强透明度上，亦即促进信息交流和银行透明度。

（三）税基侵蚀和利润转移（BEPS）项目

国际税收制度的最新压力点是G20/OECD共同推进的BEPS项目。该项目于2013年启动，旨在更新国际税收规则，以解决公司利用各种差距和不匹配来人为地跨越国家转移利润或实现双重不征税收入。❷

2015年，OECD制定了15项关于国际税法当前技术挑战的行动计划。❸ 由于反映出对项目某些要素缺乏共识，大多数计划仅以建议的最佳做法的形式提供说明性指导。但是，有些国家通过多边公约或国内立法提供了国际最低标准。值得注意的是，BEPS项目缺乏"甚至温和的强制措施"，同行评审是唯一的执法机制。❹然而，尽管该项目的行动计划的目标相对温和，但其未来仍然存在疑问。美国尚未批准多边公约，对该项目表示出的热情不高。为此，该项目会否与有害税收竞争项目一样半途而废有待观察。

三、欧盟硬法管制的成果：以是否构成国家援助为标准审查税收裁定

目前，合理避税已是企业的惯常做法。某些公司使用积极的税收筹划技术，利用税收制度中的法律漏洞和国家规则之间的不匹配，以最大限度地减少税收，并避免支付其公平的税收份额。然而，当企业人为地将利润转移到

---

❶ OECD, Tax Co-operation: Towards a Level Playing Field, 2006. Accessed 6 June, 2019. http://www.oecd.org/tax/transparency/44430286.pdf.
❷ Joachim Englisch & Anzhela Yevgenyeva, *The Upgraded Strategy Against Harmful Tax Practices Under the BEPS Action Plan*. 5 British Tax Rev. 620, 2013. pp. 23–35.
❸ OECD, *BEPS Actions*, Accessed 6 June, 2019. http://www.oecd.org/tax/beps/beps-actions.htm.
❹ Itai Grinberg, *The New International Tax Diplomacy*, 104 Geo. L. J., 2016, pp. 1137–1140.

低税收或无税收国家以减少税务责任进行避税时，将破坏税收应当反映经济活动发生地的原则，欧盟对此予以坚决打击。与OECD对有害税收竞争采用软法管制不同的是，欧盟委员会则借助其强势地位，通过立法对成员国为支持企业避税而发布的税收裁定实施硬法管制，以此打击有害税收竞争，并取得初步成效。

（一）欧盟国家援助规则形成及发展

早在1958年，欧盟成员国的任何计划必须通知欧洲委员会，该委员会有责任采取措施对其进行评估，并通知成员国是否构成国家援助，如果是，那这些措施能否被视为与内部市场兼容。由此形成管制国家援助的《欧洲联盟运作条约》第107条。该条认定一国政府给予某些企业税收优惠待遇，使其财务状况获得比其他纳税人更有利的措施，则构成国家援助。虽然成员国在设计其直接税收制度时享有财政自主权，但成员国采取的任何财政措施都必须遵守欧盟国家援助规则，该规则对成员国具有约束力，并对其国内立法享有优先权。❶

1974年，欧洲联盟法院表示，委员会在国家援助管制领域的权限也包括直接商业税收领域。适用于所有事业的一般性财政措施通常都属于成员国财政自主权的范围，不能构成国家援助，因为它们没有选择性地使某些事业优于其他事业。相反，在实际情况和法律相似的情况下区别对待纳税人的财政措施，原则上构成国家援助。❷

自2001年以来，欧盟委员会对成员国的财政计划进行了一系列调查，并通过了一系列撤销决定，认为这些计划有选择性地有利于跨国公司。其中一些决定涉及接受跨国公司以一种不反映独立公司之间所适用条件的方式为其集团内交易定价的国家计划。这一"公平原则"旨在确保所有经营者都受到同等对待。就公司所得税而言，不论它们是整体公司集团的一部分，还是作为市场上独立运作的公司，应厘定其应课税基础的方式。❸

2006年，欧洲法院通过了一项独立原则，以确定一项财政措施是否会为一家综合集团公司规定其确定应税利润的方法，从而为第107（1）条的规定

---

❶ Case C-105/14 Taricco and Others EU：C：2015：555，paragraph 6.
❷ EU，*Commission Decision of 5 September 2002 on the aid scheme implemented by Germany for control and coordination centres*，OJ L 177，16.7.2003，p.17.
❸ EU，*Commission Decision of 17 February 2003 on the aid scheme implemented by Belgium for coordination centres established in Belgium*，OJ L 282，30.10.2003，p.25.

确定选择性优势，提供非法支持。❶ 亦即，一国政府采用确定综合集团公司应纳税利润方法的财政措施，其方式不能根据公平交易原则得出可靠的市场结果近似值，这种方法可使接受方获得选择性优势。在这种情况下，这种财政措施会导致应税利润减少，从而降低公司所得税税负。

自 2013 年以来，欧盟竞争委员会总干事一直从欧盟国家援助规则的角度对税收裁定实践进行调查。欧盟委员会对各成员国税务机关作出税收裁定的权力并不质疑。它认识到事先裁定的重要性，并将其作为向纳税人提供法律确定性的工具。只要税收裁定不赋予特定经济经营者选择性优势，根据欧盟国家援助法，税收裁定就不会引发问题。

2014 年 11 月，"Lux Leaks"丑闻曝光，来自 26 个国家的媒体发布了卢森堡税务机关与数百家跨国公司签署的机密协议。这些税收决定人为地降低了某些企业的税收负担，导致大公司在该国税务机关的默许下大规模逃税。由此导致欧盟强化对税收裁定的调查，包括支持纳税人提出的确定综合集团公司应纳税基础的转让定价安排，以及"确认性裁定"（确认某一立法规定是否适用于某一具体情况）。截至 2014 年底，要求所有成员国提供有关其税收裁定实践及其法律框架的信息，以及 2010 年至 2012 年（部分 2013 年）发布的税收裁定清单。根据这一信息，欧盟竞争委员会要求作出具体的税收裁定。总而言之，欧盟竞争委员会已经研究了 1000 多项税收裁定。❷

以上调查导致欧盟税收裁定委员会（Commission on tax）启动三个正式的国家援助调查：爱尔兰（苹果）10 项，卢森堡（菲亚特）11 项，荷兰（星巴克）12 项。2014 年晚些时候，欧盟委员会对卢森堡（对亚马逊和麦当劳）以及比利时（对超额利润计划）的税收事先裁定展开了进一步调查。与 OECD 相关无约束力措施不同的是，欧盟相关调查对相关国家直接采取要求其纠正，并得到成员国的遵从，相关实例将在下节介绍。

（二） 欧盟国家援助规则的内涵

欧盟认为，获得政府支持的公司比竞争对手更具优势。因此，欧盟运作条约一般禁止国家援助，除非有特定的经济发展理由。为了确保这一禁令得到尊重并在欧盟范围内平等适用豁免，欧盟委员会负责确保国家援助符合欧

---

❶ Joined Cases C – 182/03 and C – 217/03 Belgium and Forum 187 ASBL v. Commission EU：C：2006：416.

❷ EU, State Aid Legislation, Specific aid instruments. Accessed on 6 May, 2019. http：//ec.europa.eu/competition/state_aid/legislation/instruments.html.

盟规则。

国家援助被定义为任何形式的优势，包括选择性地赋予国家税务机关的承诺。但是，给予个人的补贴或对所有企业开放的一般措施不受此禁令的约束，也不构成国家援助（例如一般税收措施或就业立法）。构成国家援助的措施需要具备以下特征：❶

1. 由国家或地区政府资助。

国家或利用国家资源进行干预，可以采取各种形式，例如捐赠、利息和税收减免、担保、政府持有全部或部分公司股份，或以优惠条件提供商品和服务等。援助必须直接或间接地由国家提供，必须有公共资源的转移，该资源被理解为公共部门基金。除非一国主动放弃税收，否则该税收将支付给国家，那么该国放弃税收就构成国家资金的转移。换句话说，国家放弃原本可以获得的某些税收，相当于被援助公司从公共资金中间接获得收入。为了满足构成国家援助这一要求，就一个国家的税收裁定而言，原则上应由成员国的税务机关发布。

2. 存在援助或经济优势。

该措施必须为其受益者提供一种优势，使其财政负担保持一致。这样有利条件可通过不同的方式为企业减少税务负担，包括：降低税基、减少部分或全部数额的税收或迟延纳税，甚至进行无效或特殊重组债务。以不同形式减轻公司所得税负的手段与补贴性质相同，具有相同的效果。特别是在税收优惠方面，援助效果可以很明显。

援助必须产生一种优势，这种优势是企业无法通过自己的手段获得，例如获得公共资金的特权。在对优势进行分析的过程中，这一措施的形式、原因和目的都是无关紧要的，只考虑到它对企业的影响。为了确定是否有优势，必须对公司的法律和经济背景进行财务分析，并在实施措施之前和之后进行比较。

在税收裁定的情况下，为了给纳税人带来确定性，一旦税务机关作出的让步显然与被动主体作出的让步不成比例，则可能会认定为国家援助。

3. 优势必须是有选择性的。

国家援助措施必须为某些企业或产品提供有选择性的优势。选择性是限制国家援助与欧盟内部市场可能不相容的最根本的因素。

---

❶ EU, "State Aid Contal", Accessed on 6 June 2019. http://ec.europa.eu/competition/state_aid/overview/index_en.html.

尽管有大量的判例法，但选择性的概念并不是一个明确的法律概念，它可以采取多种形式，特别是在税收措施方面。并不是所有为某些经济经营者提供优势的措施都被认为是暂时的援助，只有那些以选择性的方式给予优势的措施，或者换句话说，对某些交易或特定商业活动类别的歧视。

在实施税收措施的背景下，对选择性优势的分析需要三个步骤。第一，对有关成员国共同或"正常"税收制度进行初步鉴定或审查。第二，一旦确定的财政体制，则需要参考评估可能获得选择性优势的财政措施，用以确定是否在相同问题中引入了一个例外，运营商已处于根据优惠目标展开财政分配下与该国税收制度类似情况的说明。第三，如果该措施直接从有关税收制度的基本原则或指导原则中派生出来，则"一般税收制度适用的例外情况"可能是合理的，此时必须区分特定税收制度的目标是否为外部的，以及税收制度本身固有的方面和实现这些目标所必需的方面。如果参考税收制度的差异是由税收制度的性质或结构所证明的，则该例外是没有选择性的。在最后阶段，举证责任落在成员国身上。

4. 扭曲竞争。

由于欧盟的首要目标是保护和平稳运行单一市场。援助必然影响成员国之间的贸易，扭曲或可能扭曲竞争。这些援助必须打破某些公司与其竞争对手之间的平衡。为了评估是否扭曲竞争，必须考虑到客观因素，并有足够的可能性，即该协议可能对成员国之间的贸易流动产生直接或潜在的影响，或影响欧盟的竞争结构。

当受益人是一家跨国公司时，这一要求的确定没有任何问题，因为他们在几个成员国经营，因此任何援助都影响到成员国之间的税收竞争。

（三）欧盟打击构成国家援助税收裁定的成果

自 2013 年至 2018 年，欧盟对基于税收裁定的国家援助审查开始从部分成员国扩展至所有成员国，并取得重大成果，让在欧盟经营的跨国公司风声鹤唳。❶

2015 年 10 月，卢森堡与菲亚特、荷兰与星巴克被欧盟判定构成国家援助下的选择性税收优惠，责令菲亚特和星巴克分别向卢森堡和荷兰政府补缴 2310 万欧元和 2570 万欧元的税款。2016 年 1 月，比利时政府被欧盟判定向包

---

❶ 于富霞. 自 2013 年欧盟竞争事务委员会开展税收调查以来首例：麦当劳从欧盟税收调查中"逃出生天"[N]. 中国税务报，2018 - 10 - 09（B3）.

括百威英博公司、英国石油公司和巴斯夫公司等跨国巨头在内的35家企业提供了非法国家援助，被要求补缴至少9亿欧元的欠税和利息。2016年8月，引发美国财政部强烈抨击的"天价"税单，由欧盟委员会开给苹果公司，要求苹果公司向爱尔兰政府补缴约140亿欧元的税款，爱尔兰政府也因此指责欧盟的国家援助调查侵犯其税收主权。进而，2017年10月在卢森堡的亚马逊公司被要求补缴约2.8亿欧元的税款，2018年6月，在卢森堡的法国能源公司Engie被要求补缴税款约1.2亿欧元。欧盟的上述举措举世瞩目，这为各国的裁定制度敲响警钟。

为此，税收裁定已经是欧盟打击有害税收竞争的有效工具。这也导致税收裁定不再是企业激进税收筹划的"安全港"。

四、国际共识：以税收裁定为信息交换载体的管制措施

（一）OECD自发交换税收裁定信息

1. OECD关于信息交换的一般规定。

国际税务合作的一个关键要素是信息交流。这是各国维护自身税基主权、确保税收条约伙伴间税收权利正确分配的有效途径。信息交换可以基于许多不同的交换机制。《OECD税收协定范本》第26条规定了基于请求的交换信息框架，与自发性和自动化的基础上一样。❶ 以下介绍该协定的一般规定。

（1）交换形式。

在一项全面的所得税条约范围内，交换资料往往以《OECD税收协定范本》第26条的一项规定为基础。在所得税条约的范围之外，越来越多地通过以协定范本为基础的协定来交换资料。交换信息通常有两种目的：第一，为了确定适用所得税条约规则的事实；第二，以便协助缔约国之一执行协定或执行其国内税法。

信息交换的主要形式有三种：按需、自动和自发。《OECD税收协定范本》只适用于应要求交换资料，虽然缔约双方可同意扩大合作，实现自动和自发交换。

——根据要求交换资料。一国主管税务机关要求另一缔约国主管税务机

---

❶ OECD，Module on General and Legal Aspects of Exchange of Information. Accessed May 8，2019. https：//www.oecd.org/ctp/exchange-of-tax-information/36647823.pdf.

关提供特定资料,即应请求交换资料的情况。

——信息的自动交换。自动交换的资料通常是由许多相同类型的个案组成资料,通常包括来源国的收入详情,例如利息、股息、特许权使用费等。这种资料是由被申请国在例行的基础上获得的(一般是通过报告付款人的付款情况),因此可以传送给其条约伙伴。通常,对自动交换感兴趣的主管税务机关将事先商定他们希望在此基础上交换何种类型的信息。为了提高信息自动交换的效率和效力,OECD 设计了一种标准纸张格式和一种标准电子格式(称为 OECD 标准电子格式或"SMF")。OECD 建议使用 SMF,并制定了一份谅解备忘录范本,以便自动交换可供任何国家使用的信息。OECD 还为自动交换设计了"新一代"传输格式(称为标准传输格式或"STF"),以最终取代 SMF。

——自发的信息交换。当一个缔约国在执行其本国税法的过程中获得了它认为其中一个条约伙伴出于税务目的会感兴趣的资料,而其中一个条约伙伴没有提出要求而将该资料传递时,资料便自发交换。这种信息交流形式的有效性在很大程度上取决于税务审计员在调查过程中是否能够查明可能与外国税务机关有关的信息。自发提供信息的缔约方主管机关应向接受方税务机关提出反馈意见,因为这可能会对发送方造成税务调整。例如,外国税务机关在自发的基础上通知说,相关交易的佣金根据报告已支付给其居民之一,但发现事实上没有实际支付佣金,于是将这一事实报告给提供资料的对应机构。因此,佣金的扣除将被拒绝,该国将相应地调整应纳税所得额,积极的反馈也激励税务机关继续主动提供信息。

(2) 税务机关的行政裁量权:对保密信息的处理。

《OECD 税收协定范本》允许缔约双方指定一个或多个"主管税务机关"彼此直接进行处理。主管税务机关由缔约双方提名,通常是财政部(或税务管理部门)的高级官员或其授权代表。交换信息的义务不限于税务机关所持有的税务档案中所包含的信息。如被要求提供的资料在税务档案中没有,被要求方必须利用其收集资料的措施,设法从纳税人或第三方取得资料。这可能包括对纳税人或其他人的营业账户进行特别调查或特别审计。被请求方是否出于自己的税务目的对信息拥有利益无关紧要。即使被请求方不需要这些信息来执行其自己的税法,也必须提供这些信息。

提供或不提供资料则由被要求的缔约国自行决定,即使涉及税收保密信息。税收保密是指国内法中确保有关纳税人及其事务的信息处于保密状态,未经授权不得披露的规定。对此,税务机关有行政裁量权,即使没有义务提供资料，主管税务机关也可以决定提供。如果主管税务机关确实提供了资料，其仍可在协定的框架内行事。例如，请求相关的信息可能涉及商业秘密，主管机关仍然提供这类信息，则应表明涉及贸易或其他秘密，以便允许请求方采取任何适当的额外或特别措施，以确保最严格的机密性。因此，在信息交换方面的合作至关重要的是，这种机密信息在与其他国家交换时继续享有类似程度的保护。因此，任何缔约方提供的信息都必须被视为机密。由于保密是通过交换资料文书和接受国适用的国内法来保持的，因此不能以资料违反国内税收保密规则为由拒绝提供资料。

（3）对纳税人权利的保护。

国内法为受信息收集措施或更普遍信息交换影响的人规定了各种程序权利和保障。这种权利和保障包括通知规则、在通知之后对交换信息提出异议的权利或对被请求方采取的收集信息措施提出异议的权利。若干 OECD 成员国已有规定必须通知受调查的纳税人和（或）在某些情况下提供资料的人。这能确保被通知的人有权获知交换情况，有权征求咨询意见，甚至有权对交换机关提出质疑。当然，一些国家在税务欺诈的情况下取消了这些通知要求，或者将通知推迟到交换之后。在某些情况下，如果法院认定通知将严重危及调查，那么通知的义务将被取消。因此，如果主管税务机关希望阻止通知，则应表明其要求中是否有欺诈嫌疑。在规定需要通知的国家，纳税人通常有权要求交换信息。

2. 关于税收裁定信息交换的同行评审。

（1）税收裁定信息交换的范围。

税收裁定本身从未被认为是一项优惠制度，但是一项优惠制度可以通过税收裁定来达成。在这样的情况下，只有通过将裁定所包含的信息进行情报交换，才能借此在充分知情的情况下做出正确的决策判断。考虑到透明度和实质内容，OECD 发布《2015 年 BEPS 第 5 项行动计划报告——更有效地打击有害税收行为》是 BEPS 的四个最低标准之一。它涉及两个方面：一是审查某些优惠税收制度以确保它们无害；二是建立关于强制性自发交换税收裁定信息的框架（透明度框架）。

在该框架下，六类针对特定纳税人的裁定被纳入强制性自发交换的范围：一是优惠制度相关的裁定；二是单边预约定价安排或与转让定价相关的其他跨境单边裁定；三是下调应税利润的跨境裁定；四是常设机构裁定；五是关

联方导管公司裁定；六是因缺乏自发交换而可能引发 BEPS 问题的其他类型裁定。❶

（2）同行评审机制的导入。

由于 OECD 的决定对成员国没有法律约束力，为此，OECD 在四项 BEPS 最低标准中导入同行评审，以确保及时准确执行，从而保障公平竞争的环境。BEPS 包容性框架的所有成员承诺实施 BEPS 第 5 项行动计划最低标准，并平等参与同行审议。第 5 项行动计划确立的同行审议工作由有害税收实践论坛（FHTP）负责，并由 BEPS 包容性框架批准。

同行评审的目的，是确保有效和持续地执行议定的标准，并认可各国在这方面所取得的进展。同行评审根据一组商定指标来评估标准的执行情况。这些标准是在职权范围内列出的，其中包括一个国家或地区需要证明它已履行的每一项要素，以表明该标准得到适当执行。同行评议是按照商定方法进行的。该方法订明进行同行评审的程序，包括收集有关数据的程序、编制及批准周年报告、评审的结果及跟进程序。以下为对税收裁定进行同行评审下透明框架的关键要素。❷

第一，信息收集过程。这涉及评估每个国家的现行程序，以确定过去和未来属于透明度框架范围内的裁定，以及对每一项裁定，确定应与之交换信息的国家。对于过去没有包含信息以确定税收裁定将与哪些国家相关，作出裁定的国家应采用"尽最大努力"的方法来确定这些信息。对收集资料过程的审查也包括为确保充分收集所有有关资料而设立的任何监督机制。

第二，信息交流。信息交换要求建立法律和行政框架，以便在收到有效的信息交换请求时，能够自发地交换有关税收裁定的信息，并随后交换有关裁定。有关以往裁定的信息在 2016 年 12 月 31 日前自动交换。之后裁定的资料应尽快和不迟于该裁定提供给主管税务机关供交换资料之日起 3 个月后自动交换。信息交换应以商定的标准化形式进行，要么使用第 5 项行动计划报告附件 C 中所载的模板，要么使用 OECD XML 模式和用户指南。

第三，同行评审包括审查是否有足够的国内和国际法律框架来交换与裁

---

❶ OECD, *Countering Harmful Tax Practices More Effectively, Taking into Account Transparency and Substance, Action 5 – 2015 Final Report, OECD/G20 Base Erosion and Profit Shifting Project*, Paris, OECD Publishing, 2015, p. 10.

❷ OECD, *Harmful Tax Practices – Peer Review Reports on the Exchange of Information on Tax Rulings: Inclusive Framework on BEPS: Action 5, OECD/G20 Base Erosion and Profit Shifting Project*, OECD Publishing, Paris, 2017. Accessed May 8, 2019. https：//doi.org/10.1787/9789264285675-en.

定有关的资料；关于正在交换裁定资料的模板是否完整和形式是否适当；交换系统是否就位，以确保有关裁定的信息及时传递给管辖税务机关，及时交换信息，并按照适当的时限与有关管辖税务机关交换信息。

第四，收到信息的机密性。在透明框架下就裁定交换信息的每个国家应确保信息保密。保密方面的审查，确保国际信息交换机制使用的辖区利用保密条款，限制信息的使用规定和有必要的国内法律和信息安全实践来给这些限制的影响。鉴于这方面知识的专业性，审查与透明度框架有关的机密性，是按照全球透明度和为税务目的交换信息论坛关于自动交换税务方面财务账户资料标准工作进行的。

（二）欧盟强制交换税收裁定信息

1. 欧盟委员会的税务透明度要求。

委员会已将打击逃税和企业避税的斗争作为政治优先事项，以期创造一个社会和经济上更有效率的单一市场。

虽然近年来在推动这一议程方面做了很多工作，但有充分的证据表明，在成员国有足够的能力有效解决这些问题之前，还需要采取更多措施。在公司所得税领域尤其如此，当涉及成员国对积极税收筹划和有害税收制度的合作时，显然还有改进的余地。

在许多小企业努力维持下去的时候，某些公司（大多数是跨国公司）通过积极的税收筹划来减少税收负担是不可容忍的。企业避税不仅会影响成员国急需的收入，而且还会损害公众士气，并对那些不能或不会从事滥用税务行为的公司造成竞争劣势。

但是，成员国不能通过纯粹的国家措施来解决这个问题。企业避税是大规模的，全球和积极的税收筹划者使用复杂的跨境技术来减少他们的纳税义务。许多成员国制定了旨在鼓励跨国公司将利润转移到其管辖范围的税收制度，使这一问题更加严重。

目前公司所得税的低透明度使这些做法不会受到挑战，因为成员国缺乏有关其他国家税收制度对其自身影响的信息。这也意味着国家税收制度之间的漏洞不被注意，并且对于积极的税收筹划者来说是开放的。[1]

因此，为了重新建立税收与实际经济活动之间的联系并有效解决企业避

---

[1] EU，Transparency and evaluation. Accessed May 9，2019. http：//ec. europa. eu/competition/state_aid/overview/transparency_and_evaluation. html.

税问题，委员会已将税收透明度确定为优先事项。相关措施应该有助于为成员国的公司所得税收制度注入更多的开放性，并使公司对其税务做法更加负责。

2. 税收裁定的信息交换规则。

目前，欧盟立法规定自发交换有关税收裁定的信息，但仅限于某些情况。这些自发交换条款要求成员国将其税收裁定的信息传达给与其相关的任何其他成员国。

但是，该制度为发布税收裁定的成员国留下了很大的解释空间。一国可以决定什么是"相关的"以及哪些其他成员国应该收到这些信息，在某些情况下，可能会故意利用这种余地来避免共享信息。在其他情况下，发布税收裁定的成员国可能根本没有意识到这些信息可能对另一个成员国有用，因此不会自发地进行交换。此外，根据现行规则，成员国可以以商业秘密法或公共政策为由拒绝自发地交换信息。

2014年，成员国首次被要求向委员会提供有关税收裁定的信息交流的统计数据。这是由一个特殊的指令所要求的，该指令于2013年生效。❶ 这些统计数据证实，在实践中，税务机关之间共享的信息非常少，而且税收裁定的自发信息交换效率很低。为此，欧盟委员会正在考虑对税收裁定提出更明确、更全面和更严格的信息交换要求。

3. 欧盟委员会对税收裁定透明度的规定。

成员国必须自动交换有关其税收裁定的信息。这意味着税务机关必须与所有其他成员国分享有关其所有跨境税收裁定的预先定义信息。❷ 他们会按季度执行此操作并遵循标准格式。如果收取信息的成员国认为它与自己的税收规则相关，则可以要求接受有关特定税收裁定的更详细信息。

这种关于税收裁定的信息自动交换所带来的重大改进是，成员国必须在何时分享哪些信息，将有固定和明确的规则。成员国必须定期发送有关其税收裁定的信息，这将有助于确保适当和全面地应用信息交流，并且委员会将能够监测信息交换的正确应用。此外，不允许成员国以商业秘密或公共政策为由拒绝或减少信息交换。

通过自动交换信息，每个成员国都可以了解跨欧盟适用的跨境税收裁定，

---

❶ EU，Transparency and evaluation. Accessed May 9，2019. http：//ec. europa. eu/competition/state_aid/overview/transparency_and_evaluation. html.

❷ 同上。

并能够自行评估另一个成员国的税收裁定是否会对自身产生影响。这将使所有成员国更好地采取必要措施来保护其税基并对积极的税收计划做出反应。

4. 成员国有义务自动交换的税收裁定信息。

欧盟委员会的提案概述了成员国必须在其税收裁定的季度报告中包含的标准信息。这包括：❶

①纳税人和团体的名称（如适用）；②对税收事先裁定中涉及问题的描述；③用于确定预约定价安排标准的描述；④确定最可能受影响的成员国；⑤识别可能受影响的任何其他纳税人（除自然人外）。

该制度的目的是将行政负担降至最低，同时仍确保成员国有足够的信息来评估税收裁定是否与其相关。如果相关，则可以向发布税收裁定的成员国索取更详细的信息。

一旦提案获得通过，委员会将与成员国（根据授权法）合作，规范提供此类信息的方式，例如带有预定框的表格，以使成员国尽可能轻松编译和阅读信息。

所有跨境税收事先裁定以及成员国向公司和实体发出的预约定价安排都必须进行交换。除了自动交换有关未来任何税收裁定的信息外，成员国还有义务对自 2005 年以来发布的任何跨境税收裁定进行交换。该规定应确保几乎所有目前有效的税收裁定的透明度。

纯粹的国内税收裁定将免除交换，因为这些对欧盟内部市场或其他成员国没有影响。向自然人发放的税收裁定也将免除交换，以避免不必要的行政负担、数据保护和隐私问题。无论如何，欧盟立法已经为自然人提供了全面的信息交流，以期解决逃税问题。

5. 税收裁定信息自动交换的实施。

成员国在法律上有义务报告所有税收裁定，并且自动交换税收事先裁定信息的频率、内容和格式有非常明确的规则。如果成员国不遵守这些规则，委员会有权对其开启侵权程序。

由于一些原因，委员会对违反新的信息交换规则做出的反应要比现在更容易。❷ 首先，要求会更清晰，没有不同解释的余地。信息也将更加结构化。因此，在需要时，将有一个更加坚实和明确的法律依据来确认侵权行为。其

---

❶ EU，Transparency and evaluation. Accessed May 9，2019. http：//ec. europa. eu/competition/state_aid/overview/transparency_and_evaluation. html.

❷ 同上。

次，不存在以前难以证明侵权的"逃避条款"。例如，成员国将不再能够以保护商业秘密或公共政策为由拒绝交换信息。最后，成员国必须向委员会提供有关每年自动交换信息量的信息。

6. 对企业商业机密的保护。

从成员国对滥用行为做出反应能力的角度来看，公开披露所有税收裁定并不比税务机关之间的自动交换更有效。此外，它将提出比当前措施更大的挑战，例如如何保护数据和敏感的商业信息以及如何防止公布的信息被滥用。

但是，税收裁定的公开披露可能具有其他优势。例如，它可以作为对有害税收制度和积极的税收筹划的额外威慑，因为它将允许更大的公众监督。

因此，委员会将进一步探讨税收事先裁定信息是否应更广泛公布的问题，特别是受益于这些税收裁定的公司。在作出任何决定之前，需要仔细考虑此类要求的目标、挑战、利益、风险和成本。

到目前为止，如果成员国声称它们正在保护商业机密，它们就能够拒绝自发交换有关税收裁定的信息。这是成员国似乎经常利用的漏洞，即使税务机关之间的信息交换受到保密条款的约束等。根据新提案，它们将无法使用商业机密作为不自动交换信息的理由，这些信息必须在税务机关之间传递。❶ 但是，一旦信息被交换，公司的商业秘密和数据将受到保护，因为根据欧盟立法，税务机关在信息共享时受到官方保密义务和数据保护条款的约束。

7. 自动交换的实例。

例 1：

一集团公司在 X 成员国设立了一个管理中心，该公司适用的税率较低。管理中心要求成员国 X 税务机关进行税收裁定，以确认其必须向非欧盟成员国家的控股公司支付其营业额 70% 的特许权使用费。

成员国 X 给出了税收裁定，事实上同意仅对管理中心 30% 的利润征税。

管理中心（由一名兼职员工组成）向其他成员国的所有集团公司成员提供"管理服务"，并向他们收取这些服务总营业额 20% 的费用。因此，该集团的大部分收入转移到成员国 X，后者将低税率适用于这些利润的 30%。其余的利润转移到非欧盟成员国家的控股公司，并保持免税。

---

❶ EU, Transparency and evaluation. Accessed May 9, 2019. http：//ec. europa. eu/competition/state_aid/overview/transparency_and_evaluation. html.

其他成员国不了解成员国 X 的税收裁定，也没有足够的信息来挑战成员国 X 的小型管理中心向其管辖范围内的公司收取的高昂价格。

通过自动交换信息，其他成员国将了解税收裁定以及只有30%的管理中心利润由成员国 X 征税。然后，如果其请求更多信息，则将确认该裁定载明交易下，相关公司的设置正在影响他们的征税权或侵蚀他们的税基。

例 2：

成员国 X 是低税国家。成员国 X 的公司从该国税务机关获得预约定价安排，确认它可以对成员国 Y 中的母公司出售的商品收取非常高的价格。通过这样做，公司在成员国 X 中产生人为的高利润，并以低税率缴税。

然后，同一家公司以股息的形式将这些利润转回位于成员国 Y 的母公司。通过这样做，它避免了对这些利润的任何进一步征税，符合欧盟母子公司指令。该指令对子公司与其母公司之间转让的股息免税，以防止公司被双重征税。

通过自动交换信息，成员国 Y 将了解子公司向母公司收取人为的高价，以便将利润转移到成员国 X。因此，该国能够用反避税公司指令的滥用要素，否认公司通常的股息免税。

（三）关于信息交换的比较与总结

虽然 OECD 和欧盟均把税收裁定的信息交换作为管制有害税收竞争的有效手段，但是两者的制度设定存在诸多区别。

一是交换对象不同。OECD 以 6 种特定的跨境税收裁定为税收信息交换对象，而欧盟以涉及国家援助的裁定为税收信息交换对象。

二是评价基准不同。OECD 以是否构成有害税收竞争为前提，欧盟以是否构成国家援助为标准。

三是交换机制的法律基础不同。OECD 采用典型的软法机制，其所提的条款不具有约束力，欧盟与之相反，其相关条款是具有法律约束力，是典型的硬法机制。

四是内容的广泛程度和适用范围不同。欧盟的税收裁定信息自动交换比 OECD BEPS 项目的内容更为广泛。在 BEPS 下，各国目前正在考虑自发交换有关税收裁定的信息，以提供税收优惠待遇。如果实施，这可以为全球税收裁定的交换提供有用的基础。为此 OECD 的适用范围要远远超过欧盟提出的自动信息交换。

五、小结

由于税收裁定能为纳税人带来确定性，特别在跨境贸易下，这种确定性对企业的税务处理尤为重要，其利润跟税收地位的确定直接相关联。为此，在跨境贸易中，各国政府无不将税收事先裁定和预约定价安排列为国际税收竞争的有力工具。

最初，预约定价安排系跨国公司避免双重征税的主要防范措施，用于解决转让定价的事实问题。随着各国外来投资需求的增加，通过预约定价安排来吸引企业投资成为各国的改善营商环境的重大举措。为此，预约定价安排日益演变为确定投资者法律地位的载体。

虽然从法律属性上看，预约定价安排与狭义税收事先裁定并非同种制度类型。但从功能上看，两者都能为纳税人提供确定性，且都是相关国家提高税收竞争力的抓手，两者是相互融合的。但这也是有害税收竞争的主要成因之一。为此，从税收竞争角度考量，预约定价安排应当与税收事先裁定居于同等地位，笔者认为，将预约定价安排视为税收事先裁定在跨境交易中的特别制度，有助于识别有害税收竞争，并统一采取措施。这也是欧盟把预约定价安排纳入税收裁定的主要原因。

荷兰经验表明，为成为有效的税收竞争工具，对税收事先裁定和预约定价安排从法律属性上进行界分已经没有意义。基于程序功能主义视角，无论是单方声明还是双方签订书面协议，税收事先裁定和预约定价安排均系以协商为制度基础，用以满足政府税收竞争的法律工具。为此，从税收竞争层面，税务机关应当将其做一体化考量。特别是在打击有害税收竞争层面，税务机关应当对两者采取同步措施，而不应当有所差异。在这一点上，荷兰为打击有害税收竞争的新近做法值得借鉴。

第四节　管制有害税收竞争范例：欧盟撤销卢森堡 LNG Holding 融资裁定

2018 年 6 月 20 日，欧盟委员会发文撤销 2008 年由卢森堡税务机关发布给法国 Engie 集团在卢森堡的 GDF Suez LNG Holding（以下简称 LNG Holding）

的税收事先裁定，并要求 LNG Holding 补缴 1.2 亿欧元的税款。本节较为完整地展示了该案裁定的基本内容，以及欧盟对该裁定的评价。❶ 通过本案例可以看到企业是如何利用税收事先裁定实现极为复杂交易的整个过程，企业是如何利用税收事先裁定达成避税目的，以及欧盟委员会如何甄别并拆穿企业避税"幌子"。本案例篇幅较长，展示出了特定交易税务处理的专业性及复杂性。

一、裁定所涉复杂交易：免息强制性可转换贷款（ZO-RA）融资

（一）裁定申请人的主体架构

法国 Engie 集团（前身为 GDF Suez 集团）由法国 Engie SA 及其直接或间接控制的所有公司组成（以下统称 Engie）。Engie 是 2008 年法国 GDF 和苏伊士（前身为 Lyonnaise des Eaux）合并的结果，其总部位于法国。

Compagnie Européennede Financement CEF SA（以下简称 CEF）是法国 Engie 集团在卢森堡注册成立的子公司，该公司的目的是收购卢森堡和外国实体的参与权益以及对此类权益的管理、利用和控制，主要负责为集团的子公司提供公司间担保和贷款。CEF 的收入来自提供这些贷款和担保所收取的利息和费用。

LNG Holding 系 CEF 在卢森堡的全资子公司，该公司的目标是收购卢森堡和外国实体的参与权益以及此类参与的管理。LNG Holding 拥有全资子公司 LNG Supply，从事天然气业务。

（二）裁定载明交易概况

2008 年，经 LNG Holding 申请，获得关于集团内部交易的税收事先裁定（以下简称本案裁定），涉及从其他 Engie 转移至 LNG Supply 的资产。财产转移是通过无息强制性可转换贷款（"LNG ZORA"，以下简称 ZORA）和预付远期销售合同（以下简称远期合约）方式提供资金。

Engie 意在通过裁定载明交易将由功能齐全的业务活动构成一组资产转移到卢森堡的子公司，后者将随后开展此业务活动。子公司支付的价款是通过

---

❶ EU, "State aid SA. 44888（2016/C）（ex 2016/NN）implemented by Luxembourg in favour of EN-GIE". Accessed 8 May, 2019. https：//eur-lex. europa. eu/legal-content/EN/TXT/HTML/? uri = CELEX：32019D0421&from = EN.

居住在卢森堡的中间集团公司授予的 15 年免息强制性可转换贷款（ZORA）融资。ZORA 不承担任何定期利息，但在转换时，子公司将支付代表 ZORA 名义的贷方股份加上"利息"，该利息（该利息的金额在裁定和公司的纳税申报表中被称为"ZORA 增加额"）包括子公司在 ZORA 有效期内实现的所有利润减去限额保证金，这已与卢森堡税务机关达成一致。交易架构参见图 2 – 1。

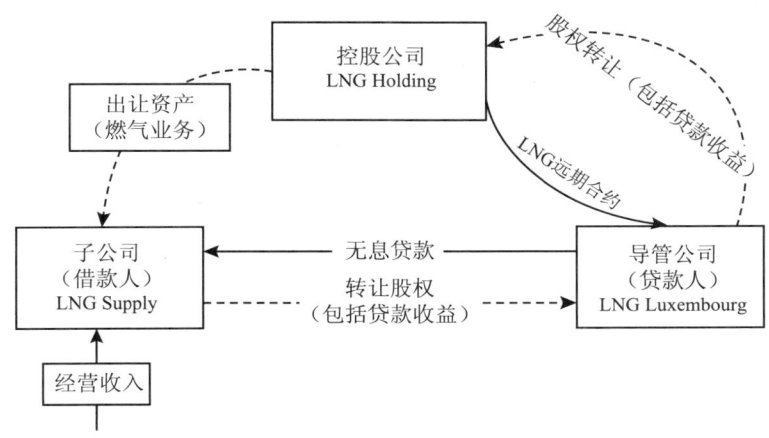

图 2 – 1 卢森堡免息强制性可转换贷款（ZORA）融资避税架构

反过来，中间实体同时通过与卢森堡居民（也是子公司和中间实体的唯一股东）持有的预付远期销售合同（远期合同）进行融资。根据远期合同，持有人向中间实体以 ZORA 的名义支付金额等于收购子公司在转换 ZORA 时发行股份的权利。因此，如果子公司在 ZORA 的有效期内实现利润，则该持股中间实体将在 ZORA 转换时获得包含 ZORA 增加额价值的股份。因此，LNG Holding 通过远期合同和 ZORA 向子公司提供购买资产的融资。

本案裁定同意对相关公司进行以下税务处理：子公司将每年扣除 ZORA 增加额。因此，除与税务机关商定的有限保证金外，子公司不会被征税。当 LNG Holding 实现 ZORA 增加额时，该利润将根据卢森堡参与免税制度的适用免税，该制度允许在某些条件下对其他公司参与所产生的利润进行非税收处理。由于转换 ZORA（ZORA 增加额）实现的利润由远期合同产生相同数额的损失补偿，因此中间实体不征税。

最终结果是 ZORA 增加额在子公司层面扣除，并且相同金额在持股层面上不征税，因为它被视为免税收入。因此，ZORA 增加额几乎代表了子公司在

ZORA 生命期内实现的所有利润，将在卢森堡保持免税。

本案裁定涉及从卢森堡公司 Suez LNG Trading SA（以下简称 LNG Trading）转让有关天然气及其衍生产品（以下简称 LNG Business）的购买、销售和交易活动。本案裁定于 2008 年 9 月 9 日发布。它遵循同一日期的税收事先裁定请求，涉及用于资助 LNG 业务从 LNG 交易转换为 LNG Supply 合同的税务处理（LNG ZORA 和 LNG 远期合同）。

本案裁定结构中的资产转出方为 LNG Holding。授予 ZORA 的中间实体分别为 GDF Suez LNG（Luxembourg）SA（以下简称 LNG Luxembourg）。最后，收购和经营 LGN 业务的子公司是 LNG Supply。

根据本案裁定要求，LNG Trading 将合并两家新的应税卢森堡公司：LNG Luxembourg 和 LNG Supply。本案裁定要求规定 LNG 业务将出售给 LNG Luxembourg，后者又将其出售给 LNG Supply。然而，此结构后来被修改：根据 2009 年 LNG 税收事先裁定请求，CEF 收购了第一批 LNG Trading 的股份，并成立了 LNG Luxembourg、LNG Supply 和 LNG Holding。LNG Holding 随后担任 LNG Trading 在结构中的角色。

其实现结构如下：第一，LNG Supply 收购 LNG Trading 的业务活动（LGN 业务），估计价格约为 7.5 亿美元。第二，LNG Supply 通过 LNG Luxembourg 授予以美元计价的 15 年免息强制性可转换贷款（LNG ZORA）为购买价格提供资金。在转换时，LNG Supply 发行股票（以下简称 LNG Supply 股份），其中包含 ZORA 的名义金额加上/减去 ZORA 增加额。第三，反过来，LNG Luxembourg 通过与 LNG Holding 签订的 LNG 远期合同为 LNG ZORA 的投资提供资金。根据该合同，LNG Luxembourg 同意转让给 LNG Holding 其所有的 LNG Supply 股份。LNG Supply 股份的价格对应于 LNG ZORA 的名义金额。

（三）所涉交易的协议

2009 年 10 月，LNG Trading 和 LNG Supply 签订企业转让协议（以下简称 LNG 转让协议），其中前者同意转移到后者的 LNG 业务，价格为 6.57 亿美元，由 LNG Supply 作为借款人，LNG Trading 作为贷款人。

LNG Luxembourg 和 LNG Supply 公司于 2009 年 10 月 30 日签订了强制性可交换贷款协议（LNG ZORA 协议）。根据该协议，LNG Luxembourg 向 LNG Supply 发放贷款，LNG Supply 以通过发行股份偿还。该贷款的最长期限为 15 年，即 2024 年 10 月 30 日到期。在该期限结束时，除非经另一方书面同意，由任何一方提前转换为股份，否则应转换为债务。贷款的"发行价"为 6.46

亿美元。转换价格将等于"发行价格"加上转换前积累的 ZORA 收入。LNG ZORA 在 2014 年进行了部分转换。

LNG Holding 与 LNG Luxembourg 于同日签订预付远期购股协议（LNG 远期合约）。根据该协议，LNG Holding 以 6.66 亿美元的价格购买 LNG Luxembourg 在 LNG Supply 股份的所有权利，即与 LNG ZORA "发行价"相同的金额。LNG Supply 股份将于其签发之日转让给 LNG Holding。

（四）裁定确认相关主体的税收待遇

1. LNG Supply 的税收待遇。

根据本案裁定，LNG Supply 产生的年利润将等于与卢森堡税务管理部门达成的保证金（以下简称 LNG 保证金）。因此，LNG Supply 仅对该保证金纳税。LNG Supply 每年实际产生的利润与 LNG 保证金（ZORA 增加额）之间的差额被视为与 LNG ZORA 相关的可扣除费用。

在 ZORA 转换之前，LNG Supply 的税基仅限于 LNG 保证金。转换对 LNG Supply 的税基没有影响，因为每次转换前 LNG Supply 已扣除 ZORA 增加额的金额。

2. LNG Luxembourg 的税收待遇。

根据本案裁定，允许 LNG Luxembourg 在 LNG ZORA 的有效期内，以账面价值维持其账户中 ZORA 的价值，或者增加（或减少）其从收购价格到预期赎回价格的价值。因此，在 LNG ZORA 的有效期内，LNG Luxembourg 可以选择不申报与 ZORA 相关的任何应纳税所得额或可抵扣税款。为此，LNG Luxembourg 公司选择将 ZORA 的价值保持在账面价值。

转换时，LNG Luxembourg 将收到 LNG Supply 股份，其价值将包括 ZORA 的发行价加上累积的 ZORA 增加额直至转换日期。根据 2008 年的税收裁定要求，转换受到卢森堡《所得税法》（LIR）第 22 条规定特殊制度的约束，将贷款转换为股份不会产生任何税收目的的资本收益。因此，LNG Luxembourg 转换时收到的 ZORA 增加额将不会在转换时纳税。

3. LNG Holding 的税收处理。

根据本案裁定，LNG Holding 将在其账户中将远期合同下的付款记录为"金融固定资产"，这些资产将"并将继续按成本价格计算"。因此，LNG Holding 将不会在 ZORA 转换和 LNG Luxembourg 转让新发行的 LNG Supply 股份之前产生任何应纳税所得额或任何可抵税费用。亦即，在 LNG ZORA 转换框架内发行的与 LNG Supply 股份的所有权相关的任何应纳税所得，对 LNG

Holding 而言是免税的。

Engie 将 LNG ZORA 部分转换为股份时，LNG Supply 的名义资本减少等于转换金额，该部分转换没有税务后果。因此，LNG Holding 因资本减少而取消股份时实现的利润将免征税收。该利润对应于 LNG Holding 在转换时收到 LNG Supply 股份中 ZORA 增加额。

二、相关的法律框架说明

（一）卢森堡公司所得税制一般原则的说明

根据卢森堡《所得税法》（LIR）第 159 条，卢森堡居民公司的利润总额需要纳税。LIR 第 163 条规定卢森堡公司所得税适用于某一年度纳税人应纳税所得额。2013 年之前，所有在卢森堡纳税的公司都按照 28.80% 的标准税率对其应税利润征税。自 2013 年以来，标准税率为 29.22%。

LIR 第 18（1）条规定了建立公司纳税人年度利润的方法："利润被确定为截至报告期净资产与期初净资产之间差额"。LIR 第 23 条规定，净资产的价值应根据会计规则和原则确定。LIR 第 40 条确立了将税收资产负债表与商业资产负债表联系起来的原则（资产负债表中的税收余额）。根据这一原则，税收资产负债表（列出年度税基）应与商业资产负债表相对应，除非适用特定的税收规则。

（二）参与豁免制度和利润分配税收

根据 LIR 第 97（1）条，投资收入应包括股息、参与利润以及根据公司股份或其他参与分配的其他利润。

关于对参与产生股息和其他收入征税，卢森堡在 LIR 第 166 条引入所谓"参与免税制度"。该制度规定，对符合某些标准实体所持有参与所产生的收入免征公司所得税、预扣税和净财富税。

LIR 第 166（2）条列出了可以从参与免税中受益的实体，其中包括在卢森堡纳税的股份公司。

为了从豁免中受益，需要满足两个累积条件：首先，实体必须持有或承诺参与至少 12 个月的不间断时期；其次，参与不得低于参与实体资本的 10% 或 1200 万欧元。

如果满足这两个条件，参与所得的收入（股息、资本收益或参与产生的任何其他收入）完全免除卢森堡公司所得税。根据 LIR 第 166（9）条参与豁免也适用于资本收益。

LIR 第 164 条规定分配实体层面的利润税，为了确定税基，利润是否已经分配无关紧要，在此类别中包括对股东、参与证书持有人、创始人股份、享有股份任何种类分配，或任何其他证券，包括可变收益债券。

（三）转换引起资本收益税的临时延期

LIR 第 22（5）条中规定，资产转换应被视为出售给定资产，然后以相应价格收购获得资产。估计处置价值，从而可能产生应税资本收益。

作为这项一般规则的例外，LIR 第 22 条规定，将贷款转换为债务人股本不会导致为公司所得税目的实现资本收益。基于同样的规定，这种例外不包括与转换年度相对应贷款所产生利息，直至交换日期。

（四）反滥用条款

卢森堡税收征管法第 6 条禁止滥用由民法合法的形式或结构来逃税或减轻税收。如果交易法律形式或构造在其实质方面不合适，则应根据交易实质评估税收，就好像它是以适当的法律形式得出的那样。

三、欧盟委员会启动审查程序的理由

在其初步决定中，欧盟委员会认为，卢森堡以上两套裁定构成了《欧洲联盟运作条约》（以下简称条约）第 107（1）条意义上的国家援助。欧盟委员会提出问题及理由如下。

问题一：卢森堡税务机关是否正确地允许扣除 ZORA 附加税以及 ZORA 是否与公平交易所保持一致？

委员会认为 ZORA 增加额不属于 LIR 第 109 条意义上的利益，为此不应当扣除。更确切地说，委员会认为根据 LIR 第 164（1）和（2）条，ZORA 增加额应被视为利润分配，因此不应允许扣除。委员会认为通过允许扣除 ZORA 增加额，卢森堡误用了 LIR 第 164（3）条。该规定要求在公司所得税基中包含作为隐藏利润分配的任何支付给股东的金额，这些金额不是公平交易。更准确地说，委员会质疑一家独立公司是否会按照与 ZORA 相同条款向 LNG Supply 提供贷款。

问题二：首先，如果卢森堡税务机关允许扣除 ZORA 增加额是正确的，卢森堡税务机关是否有权接受 LIR 第 22 条适用；第二，用于确定 LNG Supply 应税利润的方法是否符合公平交易原则？

如果卢森堡税务机关有权允许扣除 ZORA 增加额，委员会提出了第二个疑问，可分为两个阶段：

在第一阶段，委员会质疑 LIR 第 22 条适用，根据该条款，在将 ZORA 转换为股份时不应缴纳公司所得税。如果 ZORA 增加额被视为可扣除债务利益，那么它们应该作为收入在 LNG Luxembourg 或 LNG Holding 层面征税，不应该作为符合 LIR 第 22 条规定的豁免条件。

在第二阶段，委员会对税收事先裁定中用于确定 LNG Supply 应税利润的方法表示怀疑，这是一种不基于任何经济分析的应税利润，并且不符合公平交易原则。

问题三：LNG Supply 费用扣除（ZORA 增加额）与 LNG Luxembourg 层面相应收入的非税收综合影响是否脱离了卢森堡税收制度的总体目标，从而为 LNG Holding 提供了选择性优势？

由于应用 LIR 第 22 条规定，基于 ZORA 增加额在子公司层面的扣除额和 LNG Luxembourg 层面相应收入非税收的综合影响。通过两者结合，卢森堡税务机关同意对 LNG Supply 业务产生的相当大一部分有效利润不征税。委员会质疑这一结果是否偏离了卢森堡公司所得税制度的目标，根据 LIR 第 163 条，该制度是对在卢森堡纳税公司的所有利润征税。

作为第三个问题的一部分，委员会还质疑税收事先裁定所认可的税务处理是否可能构成对 LIR 第 166 条的误用，其目的是消除对同一利润双重征税。特别是，委员会注意到 LNG Holding 似乎依赖 LIR 第 166 条应用来豁免未在 LNG SUPPLY 层面上的应税利润。

据此，委员会表示，两套税收事先裁定不仅为 LNG Holding 提供了选择性优势，而且也为整个 Engie 集团提供了选择性优势，导致 Engie 在卢森堡的综合税基减少（在集团层面推理）。

四、卢森堡政府的回应

卢森堡政府认为，根据条约第 114 条，税收裁定属于成员国职权范围。只有税收裁定违反条约第 107 条时，委员会才能对其进行评估。同时，卢森堡政府认为其裁定不存在选择性优势，理由如下：

(一) 委员会在初步决定中使用的参考系统是错误的

首先，LIR 第 109 条仅适用于个人，不适用于公司。其次，ZORA 是一种债务工具，不能被同化为参与。这种分类主要理由是没有任何相关投票权、管理权、股息或清算股息，在固定日期偿还义务，没有经过公证的行为以确认增资和合同的法律形式。此外，ZORA 并非适用于任何年度利润分配或清算股息的票据工具。因此，LIR 第 164 条（1）和（2）不适用。再次，关于 ZORA 公平交易特征，委员会忽视了不同类别的投资者。ZORA 不是标准贷款协议，而是非典型工具，涵盖借款人的任何操作风险，并允许投资者从更好的投资回报中受益。鉴于市场波动性和对融资依赖性，对于贷方而言，使用 ZORA 是合乎逻辑的。因此，ZORA 条款与公平交易原则保持一致，而第 164（3）条则不适用。

(二) 有利的税收事先裁定不得脱离参考系统

通过接受与 ZORA 相关费用扣除，本案税收事先裁定所认可的税收待遇完全符合 LIR 第 14 条至第 60 条，因此符合 LIR 第 18 条、第 40 条和第 23 条。委员会忽视了 LNG Supply 层面的可扣除费用既不是利息也不是股息。ZORA 回报价格可能高于工具的名义价格。根据谨慎概念，借款人必须承认反映这种风险费用。根据 LIR 第 18 条、第 40 条和第 23 条，这笔费用可以免税。

税收事先裁定所认可税收待遇完全符合 LIR 第 97 条和第 22 条。委员会认为任何资本化利息都应纳税是错误的。委员会没有考虑到，可扣除费用既不是利息也不是红利。审慎概念假设一方税收减免费用并不一定会导致另一方应税利润。ZORA 应按收购价格而非市场价格在贷方层面上进行估值。因此，卢森堡政府认为，在转换日之前，ZORA 不会导致贷款人取得任何应税收入。

从税收角度来看，在转换之日，确认利润等于收购价格与股票市场价值之间差额。但是，卢森堡政府认为 LNG Luxembourg 可以选择 LIR 第 22 条机制。贷方收到股份可视为替代 ZORA。在这种情况下，股票可以按照 ZORA 的名义金额在账户中进行估值。税收事先裁定不会偏离公平交易原则，因为它接受了根据每个实体所涉及的风险、功能和资产来确定 LNG Supply 的利润方法。

LIR 第 166 条的目标是防止经济双重征税。根据该条，利润不需要先征税以从参与豁免中获益。受益于参与豁免的唯一条件是工具的性质，参与实体资本中持有的百分比或收购价格，以及参与的持有期限。在本案中，因符合所有这些条件而适用 LIR 第 166 条。在此基础上，卢森堡的公司所得税制度并不要求对所有利润征税，而且根据 LIR 第 166 条，有资格参与免税的利润不一定是由税收利润产生的。

如果委员会认为 LIR 第 166 条不足以对抗参考系统，则应证明税收事先裁定允许对 LNG Holding 的 LIR 第 166 条进行贬损。卢森堡政府尤其反对 LIR 第 164 条和第 166 条的联合适用，因为 LIR 第 164 条不是适用 LIR 第 166 条的先决条件。LIR 第 164 条仅适用于国内公司分配的利润，而 LIR 第 166 条的范围较大，参与免税制度适用于来自国内或国外参与的利润。

关于集团层面的推理，卢森堡政府重申其立场，即委员会的推理不能基于不充分和不存在的参考系统。卢森堡法律没有规定卢森堡居民税务实体之间的集团内融资交易不能增加或减少这些实体的税基总额。此外，为了确定一项措施是否具有选择性，委员会需要证明它减损了参考系统本身而不是参考系统的目标。同时，委员会还需要证明来自特定部门的公司与其他公司相比优先处理，并提到委员会在加利西亚自治市的决定被废除。

卢森堡政府还对委员会的声明提出异议，即 ZORA 发行人就 ZORA 收入记录的任何可抵税费用都将包含在持有人的税基中，因此对该集团的税基没有影响。在卢森堡，LIR 第 22 条允许可转换贷款的贷方在转换时不会预先确认任何资本收益。因此，LNG Luxembourg 的干预并没有减少 Engie 集团的税基，而是与使用直接 ZORA 的情况相匹配。

五、ENGIE 集团的回应

Engie 认为 ZORA 是债务工具，回报的总金额取决于借款人的表现。因此，Engie 认为贷款人在转换之前不应该收到任何收入。此外，在转换之前，ZORA 是账户中的债务工具，因此在会计和财务方面都应被视为债务工具。

Engie 认为，借款人层面与 ZORA 相关费用扣除符合适用的税法。根据适用的会计规则，在账户中登记的与 ZORA 报销相关的费用，可以根据将会计资产负债表与税收资产负债表挂钩的基本税收原则进行扣税。根据会计审慎原则，在将 ZORA 转换为股份之前，贷方不得在其账户中记入利润。因此，只有在转换之日，贷方才能入账利润，这些利润是应税的。然而，根据 Engie 的说法，LIR 第 22 条允许公司在转换可转换贷款的情况下获得临时税收延期。

最后，LNG Luxembourg 通过分别与 CEF 和 LNG Holding 签订远期合同来弥补其风险。CEF 和 LNG Holding 的投资收入根据相关税法征税，包括以 LIR 第 166 条为依据。

由于 LNG Supply 的巨额利润，2014 年 LNG Supply 和 LNG Luxembourg 之间的 ZORA 仅部分转换。部分转换后，LNG Luxembourg 申报了应税收入。LNG Luxembourg 没有选择 LIR 第 22 条规定的制度。在同一财政年度，由于在 LNG 远期合同框架内将股份转让给 LNG Holding，该实体入账了相同金额的可扣除费用。

LIR 第 22 条之二的申请实际上对 ZORA 贷款人（LNG Luxembourg）的应税收入没有影响，因为销售价格和销售日期由远期合同预先确定。转换 ZORA 所产生的任何应税收入都反映在远期合约的相应税收减免损失上。

最后，关于 LNG Holding 层面的适用法律框架，Engie 指定在股份转让之日，如果股票价值高于在远期合约中的固定收购价格，LNG Holding 不会申报任何利润。只有在发行人的股票被出售或取消时，才能在以后入账此类利润。

Engie 认为，LNG ZORA 的实施尊重根据税法采用的税收裁定，并且不会导致双重不征税。如果基于经济推理而非法律推理，则应考虑 ZORA 的长期持续时间，而不是关注支付有限税收的有利可图年份。如果一个人遵循逐个实体的推理而不是经济或全球方法，那么该制度是对称的。

LNG ZORA 在 2014 年部分转换为股票，产生的利润等于 LNG Luxembourg 累积的 ZORA 增加额。LNG Luxembourg 没有选择 LIR 第 22 条规定可选的税收延期制度，并且在确定 2014 年的税基时考虑了转换实现的利润。

Engie 认为 LNG Luxembourg 是"投资者"，其承担与业务相关的所有风险并履行与后者相关的关键职能，同时这些实体从风险角度完全覆盖合同。Engie 解释说，从转让定价的角度来看，为了确定 ZORA 发行人的报酬，可以将 ZORA 贷款人与远期合约下转换股份的购买者合并。

考虑到 LNG Luxembourg 的干预从经济和商业角度来看是中性的，委员会在 2017 年 6 月 1 日的会议上要求解释是否有必要让这些实体为资产转移融资。Engie 证实，它可以以不同方式为交易活动转移融资。虽然存在其他方式来构建此操作，但选择目前的结构是因为它为公司的管理提供了更大的灵活性，并为将来的运营提供了更多选择，这是组织公司集团的重要标准。

此外，有关公司没有从任何优势中受益，因为他们没有从任何不合理的减税中受益。扣除 ZORA 增加额并不构成竞争优势。适用于 ZORA 借款人的制度与适用于贷方的制度相结合，不存在任何竞争优势。

六、欧盟委员会认定卢森堡提供非法税收优惠的理由

（一）援助的存在

根据条约第107条第1款，任何成员国通过国家资源以任何形式提供的任何歪曲或者威胁通过偏袒某些企业或提供某些商品来扭曲竞争的援助都与内部市场不相容，并影响成员国之间的贸易。将税收事先裁定认定为国家援助的措施，必须满足以下四个方面：

1. 国家或国家资源干预的认定。

关于寻求援助的第一个条件，本案裁定由卢森堡税务管理局发布，卢森堡税务管理局是卢森堡的一个国家机构。这些税收事先裁定要求该主管部门接受某种税收待遇。在这些裁定的基础上，Engie集团公司 LNG Supply，LNG Luxembourg，LNG Holding已每年在卢森堡确定其公司所得税负债。这些税收事先裁定随后由Engie集团公司用于其年度公司所得税申报，卢森堡税务管理部门接受这些申报与卢森堡的公司所得税负债相对应。因此，根据本案裁定授予的税收优惠可归于卢森堡。

关于通过国家资源为这些措施提供资金的问题，法院一贯认为，政府给予某些企业免税的措施虽然不涉及国家资源的积极转移，但却将其置于适用于比其他纳税人更有利的财务状况构成国家援助。在这种情况下，本案裁定确认ZORA增加税是LNG SUPPLY层面的可抵税费用，而相应的收入一旦分别实现，LNG Holding将免税。因此，ZORA增加额的数量代表了LNG Supply产生的相当大一部分利润，在卢森堡仍然是免税的。因此，根据本案裁定给予的税收待遇可以说降低了Engie集团在卢森堡的公司所得税负债，从而导致国家资源的流失。这是因为Engie集团公司的任何费用都在卢森堡减税。因此，这些措施是通过国家资源提供的。

2. 国家干预影响成员国之间贸易的认定。

关于寻求援助的第二个条件，受益于本案裁定的公司是Engie集团的一部分，Engie集团是一个在几个成员国的各种能源市场上运营的跨国集团，因此对它们有利的任何援助都可能影响联盟内贸易。同样，通过向Engie提供优惠的税收待遇，卢森堡可能会从不能或不会提供类似优惠税收待遇的成员国那里获得投资。由于本案裁定加强了其受益人的竞争地位，而影响其他企业在

欧盟内部贸易中竞争，因此必须将其视为可能影响成员国之间的贸易。

3. 扭曲或威胁扭曲竞争的认定。

同样，关于寻求援助的第三个条件，国家给予的措施被认为是扭曲或威胁扭曲竞争，因为与其竞争的其他企业相比，它有可能改善其接受者的竞争地位。

特别是，Engie 在几个欧盟成员国的电力、天然气和 LNG 服务都很活跃。这些都是 Engie 面临来自其他企业竞争的市场。正如将要证明的那样，根据本案裁定给予的税收待遇使 Engie 免除了它们在正常活动的日常管理中必须承担的税务责任。因此，根据这些税收事先裁定给予的援助应被视为通过加强 Engie 在其经营所在市场的财务状况来扭曲或威胁扭曲竞争。根据本案裁定授予的税收待遇释放了 Engie 可以使用的资源，例如，投资于其业务运营，进行进一步投资或改善股东的薪酬，从而扭曲其在市场上的竞争运行。因此，在这种情况下也满足了寻求援助的第三个条件。

4. 赋予企业选择性优势的认定。

至于发现援助的第四个条件，税收事先裁定的功能是提前确认普通税制适用于特定案件的方式。但是，与任何其他税收措施一样，根据税收裁定给予的税收待遇必须遵守国家援助规则。如果税收事先裁定认可的税务处理不能反映普通税制的正常应用会产生什么结果，而且没有正当理由，该措施将赋予接受援助企业选择性优势，因为税收待遇可以改善财务状况，在类似的事实和法律情况下，与其他成员国相比，该成员国处于优势的地位。

委员会认为本案裁定所认可的税务处理构成了选择性优势。

（二）选择性优势的认定

1. 建立分析 LNG 层面的税收处理效果的选择性优势。

每当国家采取的措施改善企业的净财务状况时，就条约第 107（1）条而言，存在优势。在确定优势存在时，应参考措施本身的效果。关于财政措施，可以通过减少企业不同类型的税负来减少优惠，特别是通过减少应税基数或减少应缴税额。

本案裁定认可税收待遇，LNG Supply、LNG Luxembourg 和 LNG Holding 公司每年根据公司所得税确定其应税利润。反过来，税收待遇决定了在本案裁定所涵盖的期间卢森堡的公司所得税负债，因此易于提供选择性优势。

委员会注意到，优势的存在并不取决于 ZORA，尽管为了确定回收量，优势仅在 LNG Holding 收到收入被免除的情况下实现。

此外，还要讨论卢森堡和 Engie 提出的一些意见。委员会认为本案裁定不涉及 LIR 第 166 条中规定的参与豁免制度，而是涉及案件的具体情况，如卢森堡税务机关在发布有争议税收裁定的情况时所认可的那样。事实上，正在评估的税收待遇包括允许将参与免税适用于 LNG Holding 收到的收入，这些收入来自 LNG Supply，这在经济上与扣除的费用对应（ZORA 增加额）在后者实体的层面上。这种税收待遇贬低了参考框架，即卢森堡公司所得税制度。此外，对于受卢森堡相同参考框架约束的其他企业，它构成了不合理的歧视，这些企业利润总额将被征税。

条约第 107 条仅禁止"有利于某些企业或生产某些商品"的援助，也就是说，它禁止赋予选择性优势的措施。为了根据该分析将国家税收措施分类为选择性，法院设计了所谓的三步法测试。在这项测试中，委员会必须首先确定参考系统。此后，它必须证明争议中的税收措施是从参考系统减损，其运营商是谁，该系统所追求的目标，可比的事实和法律情况（区分初步相关选择性）。最后，如果有关成员国能够证明该措施直接来自该税收制度的基本原则或指导原则，那么构成对参照系统适用减损的税收措施可能是合理的。如果是这种情况，则税收措施不具有选择性。最后一步的举证责任在于成员国。

因此，对选择性优势存在的分析必须从确定适用于有关成员国的参考系统开始。根据该制度的目标，必须确定该措施是否构成一种减损，与相似的事实和法律情况下的其他承诺相比，是否构成了有利待遇。

参考系统由一套一致的规则组成，这些规则在客观标准的基础上适用于其目标所定义范围内的所有企业。这些规则不仅界定了系统的范围，而且界定了系统适用的条件、受其约束企业的权利和义务以及系统运作的技术性。在税款征收中，参考系统基于税基、纳税人、应税事件和税率等因素。

（1）来自卢森堡公司所得税制度的贬损而加剧歧视。

①参考框架：卢森堡公司所得税制度。

本案裁定是针对居住在卢森堡的几家 Engie 公司发行的，目的是根据卢森堡公司收入的一般税收规则确定其公司所得税负债。有鉴于此，委员会认为本案中的参考系统由这些规则组成，即卢森堡的一般公司所得税制度。

在这种情况下，法律的主要条款表明，公司所得税制适用于居住在卢森堡的所有公司，以确定其公司所得税负债。

根据 LIR 第 159（1）条，所有在卢森堡境内拥有总部或中央管理层的公司被视为卢森堡税务居民，须缴纳公司所得税。根据 LIR 第 159（2）条规定，居民公司的利润总额（可归属于集体）可征税。第 163 条规定与该规定一致，规定公司所得税适用于纳税人在特定日历年实现的应纳税所得额。

公司纳税人的应税利润（可以征收的）可以根据其会计利润确定。LIR 第 18 条解释了如何确定纳税人的年度利润。根据该规定，利润是纳税年度结束时的净投资资产与纳税年度开始时的净投资资产之间的差额，加上个人使用的提款，减去年内进行的额外捐款。

因此，为了确定将要纳税的利润，首先需要确定用于税收目的的公司净投资资产的价值。为此，LIR 第 23 条解释说，净资产的价值应根据会计规则和原则确定，第 40 条规定了将税收资产负债表与商业资产负债表联系起来的原则。税收资产负债表的价值应与商业资产负债表的价值相对应，除非特定的税收规则要求使用不同的价值。这意味着，根据卢森堡一般公司所得税制度，公司的会计利润包含在其税基中，除非法律的具体规定另有说明。

总之，卢森堡公司所得税制适用于位于卢森堡境内的总部或中央管理层的所有公司，计算应税利润的基础是会计利润。因此，卢森堡公司所得税制度的目标是对所有在卢森堡纳税公司的利润征税，这在其账目中确定。

这原则上卢森堡和 Engie 都没有提出异议。根据卢森堡参考制度：首先包括 LIR 第 18 条，第 40 条和第 23 条，涉及税基的确定、商业资产负债表与税收资产负债表的联系以及审慎原则；其次，LIR 第 22 条。根据 Engie 参考系统由 LIR 第 18 条至第 45 条构成，其中规定了卢森堡税法的基本原则，以确定公司的税基，例如谨慎原则、税收资产负债表与商业资产负债表的联系和业务费用的扣除。Engie 明确同意卢森堡公司所得税制度的目标是对所有在卢森堡纳税公司的利润征税。

作为参考框架的一般卢森堡公司所得税制的定义符合法院的判例法，该判例一贯认为，对于确定公司所得税负债的措施，要考虑的参考系统是适用于所有成员国的公司所得税制度，而不仅适用于某些纳税人或某些交易。例如，在世界免税，一个关于股权投资规则的案件中，法院赞同委员会的立场，即参考系统是西班牙公司所得税制度，而不是管理这些投资税务处理的具体规则。

委员会认为，将参考框架限于针对某些交易或某些承诺的一般所得税法的具体规定，将意味着在特定情况下确定参考系统将完全取决于有关成员国是否已采用具体的税收规则，而不是看税收制度的目标。通过采用仅适用于某些企业或交易的具体规则，成员国可以争辩说，这些公司或交易的税收待遇从未构成对参考框架的减损。这将使这些措施不受条约第 107 条的适用影响，从而使国家援助控制无效。换一种说法，接受这种方法意味着将措施限定为参考系统的减损将完全取决于成员国使用的监管技术。正如法院已经认定的那样，这与完善的原则是不相符的，根据该原则，条约第 107 条将措施定义为与其效果有关的国家援助，因此与所使用的技术无关。

卢森堡并未明确反对参考框架是一般公司所得税制度。但是，它认为对卢森堡纳税公司实现的利润征税的目的既不是在所得税法的规定中产生的，也不是反映在法律规定中，并且法律的规定不能解释为要求所有利润在所有情况下，卢森堡的纳税公司都必须纳税，甚至违反法律文本。卢森堡和 Engie 在这方面援引了合法性原则，根据该原则，确定税收的方式由法律确定，必须严格解释，如果法律没有明确规定某种情况（立法者的沉默），它不能征税。

委员会不同意这一观点。

首先，委员会无法理解所有纳税公司的利润征税如何不能成为公司所得税制的目标。事实上，委员会注意到卢森堡在其意见中没有提出任何替代目标。其次，委员会还指出，Engie 同意卢森堡公司所得税制度的目标是对卢森堡所有税收公司的利润征税。最后，仅仅阅读法律的相关条款就足以得出结论，卢森堡公司所得税制度旨在对卢森堡所有纳税公司的利润征税。

通过援引合法性原则，卢森堡和 Engie 似乎指的是卢森堡税法中存在例外或空白，这将导致 LNG Supply 在卢森堡实现的几乎所有利润不征税。这一论点的实质是，在这些情况下，这种例外或空白将成为参考系统的一部分，因此不会有减损。

委员会拒绝这一论点。由于 Engie 在本案裁定中设计的结构是卢森堡和 Engie 承认向市场中的每个运营商开放，这意味着任何企业都可以将其业务转移到子公司，建立类似的融资结构，最终只对其利润的边际部分征税。换句话说，根据这一论点，卢森堡的任何纳税人都可以选择对其利润的全部征税，或者实际上保持免税。委员会不能接受这一结论，因为它不仅违反了任何税收制度的一般特征，根据这种制度，纳税人不能单方面确定所缴纳的税额，而且还有每个成员国共同的基本原则——所得税应根据税收征收。

在实践中，卢森堡和 Engie 所采取的做法将使国家援助控制无效，因为成员国将被允许在其税收制度中，有意或无意引入整个类别企业的利润征税一般原则的例外情况。由于此类例外将成为参考框架的一部分,因此它们永远不会构成国家援助。

作为一个相关的论点,卢森堡还声称,参考框架应该参照国家立法者明确规定的一套规则来定义,而不是指称所谓的"原则"或"目标",其解释可能超出明确而准确的法律条款。

委员会不同意参考系统不能通过参考其目标来定义,例如对所有需要纳税公司的利润征税。相反,这是法院判例法在公司所得税领域的国家援助案件中确定参考框架的标准方式。实际上,委员会必须确定该制度的目标,以便建立选择性,因为只有根据这一目标,它才能证明被排除在优势之外的企业是否处于与其相当的法律和事实情况中。在任何情况下,卢森堡公司所得税制度的目标,适用于在卢森堡纳税的所有公司纳税人,在法律中定义,因为卢森堡也没有确定任何替代目标。因此,必须拒绝这一论点。

鉴于上述情况,委员会得出结论认为,适用的参考系统是卢森堡公司所得税制度,其目标是对所有在卢森堡纳税公司的利润征税。确定税基的方式可能有一些例外或调整,如卢森堡或 Engie 声称,不会破坏这一结论。因此,根据该制度,必须确定根据本案裁定给予的税收待遇是否构成一种扣减,与其他在相似的事实和法律情况下的承诺相比,从而产生有利的制度待遇。

根据卢森堡一般公司所得税制的目标,即对所有纳税公司的利润征税,LNG Holding 在法律和事实情况下可被视为与卢森堡所有纳税人相当的公司纳税人。鉴于这一目标,在卢森堡评估其公司所得税负债时,所有能够产生利润的公司纳税人原则上都处于可比较的事实和法律状况。

事实上,与其他纳税人不同,LNG Holding 从参与实体获得利润分配,这些实体可以根据 LIR 第 166 条参与豁免,但这两个实体不能与纳税人比较,因为纳税人没有从这一豁免中获益。如果符合某些条件,则本条款规定的豁免仅授予某些类型的收入。但是,公司实现的收入性质(符合 LIR 第 166 条或公司实现的其他商业利润的利润分配),以及 LIR 第 166 条规定的其他条件与该系统的目标没有任何关系,该系统是对卢森堡所有税收公司的利润征税。实际上,如果某项公司所得税豁免的收益足以使一项企业与其他未从该豁免中获益的企业不具有可比性,那么根据定义,公司所得税豁免将永远不会被视为具有选择性。

②参考框架的减损引起歧视。

鉴于前述参考框架,对于卢森堡的所有公司纳税人,其公司所得税负的评估基础是相同的，即其账户中确定的净利润金额。

本案裁定认可的税务处理允许免除 LNG Holding 收到的收入，亦即参与 LNG Supply 所产生的收入。由于本案裁定和双方签署的协议显示，卢森堡明确承认，该收入与分别从 LNG Supply 的税基中扣除的 ZORA 增加额之间存在直接而明确的联系。事实上，LNG Supply 实现的任何超过 LNG 保证金的利润都以 ZORA 增加额的形式从其税基中扣除（因此保持免税）。因此，附属公司的应课税溢利仅限于 LNG 保证金。以 ZORA 增加额形式扣除的免税利润随后并入 LNG 股份，这些股份由 ZORA 和远期合约由 LNG Holding 转换而获得。但是，当 LNG 股份中的利润实现为 LNG Holding 级别的收益时，它可以从参与免税中受益，因此在这些公司的层面上也保持免税。

结果是 LNG Supply 实际上实现的所有利润分别由 LNG Holding 分配。但是，这种利润是由在卢森堡纳税公司实现的，并且记录在账户中，首先是 LNG Supply，后来是 LNG Holding。因此，在普通的税收制度下，它应该在卢森堡纳税。因此，根据本案裁定给予的税收待遇构成了对参考框架的减损。

卢森堡再次提出了合法性原则。它认为，在本案裁定中适用的法律条款是明确的，并且不承认立法或根据其目标的解释。由于法律规定的案文得到了尊重，因此不能减损，也没有任何优势。

根据这一论点，卢森堡基本上认为，如果一项措施符合国家法律，则不能构成选择性优势，因为在这种情况下，它不构成减损。委员会认为，这种说法是无效的。正如已经解释的那样，国家援助措施的评估与其影响有关。因此，作为援助措施的定义不能取决于其在国家法律秩序下的合法性。如果是这种情况，几乎没有任何国家措施可以被视为国家援助。相反，只要将一项或多项法律条款适用于特定案件，就会引起参考制度中规定的一般规则的例外（在这种情况下，在卢森堡对所有需要纳税公司的利润征税），那么税收待遇必须被视为构成减损。此外，如果根据该制度的目标，这种扣减会在可比较的法律和事实情况下对企业造成歧视，则有关的税务处理必须被视为先验性选择，而不论是否适用条款是否得到尊重。

因此，根据本案裁定给予的税收待遇减损了卢森堡的一般公司所得税制度，构成了 LNG Holding 的经济优势。公司所得税法中存在许多其他减损的事实并不会破坏根据本案裁定给予税收待遇的贬损性质。

此外，LNG Holding 在卢森堡的公司所得税与所有公司纳税人的法律和事实情况具有可比性。因此，根据本案裁定给予 LNG Holding 的税收待遇，与根据卢森堡追求的目标在可比法律和事实情况下的所有其他公司纳税人相比，赋予了这两家公司优势。

鉴于上述情况，委员会得出结论认为，根据本案裁定给予的优势是具有选择性的。

在任何情况下，即使只有符合参与免税和利润分配税规则的公司纳税人被认为处于与 LNG Holding 相当的法律和事实情况，这些公司纳税人也被排除在 LNG Holding 的税收优惠之外。

（2）关于参与豁免和利润分配税的卢森堡公司所得税制度规则的豁免。

①参考框架：卢森堡公司所得税制度关于参与免税和利润分配税收的规则。

Engie 声称，税法对纳税人商业资产负债表中确定的利润，特别是参与免税制度的调整，是参考框架的一部分。实际上，在这种指控下，Engie 试图将参考框架缩小到所得税法的具体条款，这些条款规定了参与免税和利润分配的税收。对于这个较窄的参考框架，对与 LNG Holding 相当的法律和事实情况的企业的评估必然仅限于这些规定适用的纳税人。但是，在这个较窄的参考框架下，根据本案裁定给予的税收待遇也具有初步的选择性。

LIR 第 164（1）条规定，为了确定公司的税基，利润是否已经分配无关紧要。这意味着公司分配的利润不会减少其税基，即不能扣除。因此，利润只能在税后分配。如 LIR 第 87 条所述，LIR 第 164（2）条适用于任何类型的股东分配。

相反，受益人将其账户中的分配利润记录为收入。根据商业和税收资产负债表的联系原则，这些收入是这些公司实现利润的一部分，因此记录在其账户中，原则上应包括在其税基中。因此，包含将导致经济双重征税，除非根据 LIR 第 166 条的规定适用参与豁免。本规定的豁免适用于源自"参与"的收入，这一术语未在法律中定义。但是，正如卢森堡澄清的那样，其收入可以从 LIR 第 166 条（包括股份）下所有参与豁免的收益，也包含在 LIR 第 164 条规定的义务中（参与外国实体除外）。因此，根据普通卢森堡公司所得税制度，参与免税适用于税后利润（即不能适用于从分销实体的税基中扣除的金额）。

根据 2001 年 12 月 21 日的法令，参与豁免不仅适用于参与实体分配的利润，也适用于符合该制度资格的参与资本收益。资本收益是指参与变现（在销售或取消的情况下）与其收购价值之间差额所产生的收入。参与产生的资本收益反映了参与实体已经实现的，但尚未分配或未来预计将实现的利润。

根据 LIR 第 18 条和第 40 条，所有利润必须包含在参与实体的税基中。此外，由于参与实体尚未分配利润，因此根据定义，利润不能作为任何扣除的对象。因此，在仅由参与免税和利润分配税收规则组成的较窄的参考框架下，参与免税适用于与参与实体的税基扣除的金额不相符的收入，而且无论这些收入是否符合利润分配或资本收益。

LNG Holding 的法律和事实情况与从参与收入中获得收入的所有公司纳税人相当，因此受卢森堡参与免税和利润分配税收的规定约束。这些承诺持有与 LNG Holding （参与）相同类型的工具，从这些工具收到的收入与 LNG Holding 收到的收入性质相同，后者原则上适用于参与豁免。

②参考框架的减损引起歧视。

有争议的税收裁定允许 LNG Holding （实体居民在卢森堡税的目的），以参与免税分别适用于在经济上对应于 LNG Supply （也居住在卢森堡），层面的扣除费用（ZORA 增加额）含量的收入。

事实上，本案裁定确认 LNG Supply 所赚取的任何利润超过 LNG 保证金的部分（因此以 ZORA 增加额的形式从其税基中扣除）已纳入 LNG 股份。根据 ZORA 和远期合约，这些股份分别由 LNG Holding 转换而来。此后，当 LNG 股份中的利润实现为 LNG Holding 级别的收益时，可以从参与免税中获益。

在 LNG ZORA 部分转换的情况下，控股集团参与豁免所得收入与子公司层面扣除的金额之间存在直接而明确的联系。在这种情况下，如提交的纳税申报表所示，由于 2014 年部分转换和取消 LNG S Supply 股份，LNG Holding 实现的收入与 LNG Supply 在 2009 年至 2014 年期间扣除的 ZORA 收入相对应，LNG Holding 已通过 LNG ZORA 收到。卢森堡明确证实了这一点：LNG Holding 相应的经济实惠为实现的账面价值收益 5.06 亿美元。

参与豁免适用于控股层面的收入，经济上与扣除作为附属公司层面费用的金额相对应，构成前文所述参考框架的例外情况，参与豁免适用于与参与实体的税基扣除的金额不相符的收入。这种减损的影响是，LNG Supply 产生的几乎所有利润都不会在卢森堡缴税。因此，本案裁定所认可的税务处理改善了 LNG Holding 的财务状况。实际上，在前文描述的普通系统下，这些实体收到的收入不会在子公司层面上扣除（以 ZORA 收费的形式）。由于相应的利润以前需要在子公司手中征税，因此收入会有所下降。

卢森堡和 Engie 对 LIR 第 164（2）条对 ZORA 增加额的适用性提出异议。换句话说，卢森堡和 Engie 认为 ZORA 增加额可以与利润分配同化。

就此而言，委员会认为 LNG Holding 在 2014 年的税务申报表中明确将取消 LNG Supply 股份所产生的利润列为"豁免股息"，即作为利润分配。

此外，LNG Holding 可以免除的收入与 LNG Supply 扣除的金额之间存在直接和明确的联系（ZORA 增加额）。因此，从经济角度来看，LNG Holding 收到的收入相当于利润分配。

在任何情况下，委员会认为 LNG Holding 级别的利润正式作为利润分配或资本收益是无关紧要的。事实上，在仅由参与免税和利润分配税收规则组成的较窄参考框架下，参与免税适用于与从中扣除金额不相符的收入。参与实体的税基都会减损，无论这种收入是否符合利润分配或资本收益。

总之，根据本案裁定向 LNG Holding 授予的税收待遇减损了卢森堡公司所得税制度中关于参与免税和利润分配税收的一般规则。

此外，与 LNG Holding 相比，根据该系统的目标，与其他处于法律和事实情况的企业相比，这种减损引起了歧视。事实上，其他公司纳税人从参与中获得收入，因此受卢森堡参与免税和利润分配征税规定的约束，不包括给予 LNG Holding 的税收优惠，即使他们是根据该制度的目标，在类似的事实和法律情况下。确实，所有这些纳税人都可以从 LIR 第 166 条的豁免中受益。但是，参与免税适用于相对较低的收入（即参与实体的税后利润）。

卢森堡称，从参股所产生的利润必须已经征税和第 164 条的规定，不是 LIR 第 166 条应用的必要条件。在同一行中，Engie 认为适用第 166 条的条件都得到了尊重，因此不会有任何减损。卢森堡和 Engie 都认为第 166 条的目标是避免双重征税，除其他外，还有与欧盟理事会指令（EU）2015/121（母子公司指令）相关的各种论据。

委员会反驳了这一论点。

首先，LIR 第 166 条与第 164（1）和（2）条之间没有明确的联系这一事实是无关紧要的。卢森堡确认，根据 LIR 第 166 条有资格获得豁免的所有参与者也被参与实体一级的第 164（1）和（2）条管制。其结果是，在前文的参考框架下，参与免税适用于与参与实体税基扣除金额不相符的收入。作为此规则的一个例外，本案裁定允许在控股股东（卢森堡的税务居民）中将参与免税适用于经济上与在子公司层面（也在卢森堡居住）扣除为费用的金额相当的收入（ZORA 补正）。因此，根据本案裁定给予的税收待遇减损了参考系统。

其次，即使两个条款之间没有明确的联系，LIR 第 166 条和第 164（1）

和（2）条的互补性也是必要的，以确保税收制度的逻辑一致性。如果相同金额可以作为参与实体层面的费用扣除并且作为受益人一级的收入免税，那么该利润将逃避卢森堡的税收。这种解释将允许任何公司集团轻松规避卢森堡公司所得税制度的目标，即通过向其股东分配所有以前免税的子公司利润，对所有在卢森堡纳税公司的利润征税。此外，这种解释也与避免双重或三重征税的目标不一致。

条约第107条将援助措施定义为与其在市场上的经济影响有关，而不是与其在国家法律秩序下合法性、所使用立法技术或立法者的意图有关。因此，如果受到ZORA增加额扣除和相应收入豁免的综合影响，实际上子公司实现所有利润都被保留在控股的层面上，从而引起歧视。在类似法律和事实情况下，承认这种税收待遇的国家措施必须被视为给予初步证据选择优势。无论LIR第166条和第164条的条件是否得到尊重，以及这些条款或母子公司指令的目标之间是否存在明确的联系，这一结论都是如此。

Engie提到法院对服务公共联邦财务的判决，该法案解释了在发布本案裁定时生效的母子公司指令规定。根据Engie说法，法院在该判决中确认，适用于跨境情况的母子公司指令并不要求参与豁免的利润已经征税。Engie认为，通过对内部情况采用相同的豁免制度，卢森堡选择确保卢森堡附属公司集团与其他成员国附属公司集团之间的平等待遇。由于这两种情况在事实上是相同的，并且两种情况都适用相同的规定，因此Engie认为参与豁免不能仅适用于跨境情况而不适用于内部情况。

一开始，委员会澄清，本决定涉及纯粹的内部情况，参与本案裁定中涉及的不同交易的所有公司都是卢森堡的税务居民。选择性优势源于一种减损，其中包括居住在卢森堡Engie集团两家子公司实现的利润在其股东层面上实际是免税的。因此，委员会尚未调查适用于参与实体不是卢森堡纳税居民的情况类似措施是否也构成选择性优势。

委员会驳斥了该论点，即卢森堡必须在纯粹的内部情况下适用于在跨境层面同一交易的更优惠待遇。由于法律资格的差异——以及因此在税务处理方面——根据两个不同税收国家的法律进行跨境工具或交易，导致不征税，从而产生不匹配。然而，这种不匹配原则上不应该在纯粹的内部情况下发生，系统的内部逻辑和连贯性正是为了防止这种类型的空白。众所周知，为了限制避税，联合国、OECD和国际税务界正在努力减少税收立法的差异，缩小现有的不匹配和差距。因此，正如Engie所做的那样，卢森堡应该是在内部层面应用现有的跨境不匹配，即使违反税收制度的内部逻辑，同时不仅在法律上不一致，而且与这些努力背道而驰。

法院的判例法，特别是服务公共联邦财政部的判决，没有任何不同之处。本案涉及比利时法律，该法律将母子公司指令适用范围扩展到纯粹的内部情况。比利时法院向欧盟法院提出了关于对指令解释的初步裁决问题。该判决确认该指令的目的是消除子公司向其母公司分配的利润双重征税的情况，并消除由于对母公司之间跨境关系的税收处理不利而对跨境合作的不利因素。鉴于这种精神，并且根据关于基本自由的判例法，法院指出，条约保障"行动自由"使成员国不能将国外来源股息视为不如国家来源的股息，除非这种差异涉及不能客观比较或因一般利益的最重要原因而得到证实的情况。换句话说，这一判决仅适用于既定的判例法，根据该判例，基本自由使成员国比可比较的跨境情况更有利于对待国内局势。然而，相反的情况并非如此：正如 Engie 所建议的那样，成员国不需要将纯粹的内部情况扩展到适用于跨境情况更优惠的税收待遇，特别是如果更优惠的待遇是由于不匹配或导致免税的差距。

根据本案裁定给予 LNG Holding 税收优惠的论据具有普遍适用性，因为任何其他企业都可能获得复制 Engie 实施结构类似利益，这也是无效的。根据法院解决的判例法，能够根据国家措施要求权利的企业数量非常大或者这些企业属于各种经济部门的事实不足以质疑该措施的选择性。同样的原则适用于这样一种情况，即当这些事实可以被其他企业复制时，税收裁定将法律规定的组合应用于一系列具体事实。法院还确定，为了确定措施的选择性，委员会不需要确定某些特定的特征，这些特征是可能成为税收优惠接受者企业的共同特征。区别于那些被排除在优势之外的企业。

鉴于上述情况，委员会得出结论认为，在一个较窄的参考框架下，该框架完全由卢森堡一般公司所得税制度的规则组成，该规则管理参与免税和利润分配的税收，在本案裁定的基础上给予的优势是初步选择，因为它有利于 LNG Holding，这是在一个有充分法律依据和事实情况下的承诺。

（3）缺乏理由。

根据已经确定的判例法，国家援助的概念并不是指国家对企业进行区分的措施，因此，这些措施具有初步的选择性，而这种区别是由于系统的性质和逻辑而产生的。

如果有关成员国能够证明该措施直接来自其税收制度的基本或指导原则，

则可以通过税收制度的性质和总体结构来证明对一般税收制度的适用产生例外措施。它是系统运作和有效性所必需固有机制的结果。在这一点上，必须区分一方面归因于特定税制的目标，另一方面，系税收裁定本身固有的机制，是为实现这些目标所必要的。

无论是卢森堡还是Engie，都没有为本案裁定所赞同的有利待遇提供任何可能的理由。在这方面，委员会回顾说，确定这种理由的责任在于成员国。因此，在卢森堡没有提出任何理由的情况下，委员会必须得出结论，授予LNG Holding的税收优惠不能通过卢森堡公司所得税制度的性质或一般计划来证明。

在任何情况下，委员会都无法确定任何可能的理由来证明LNG Holding的优惠待遇是合理的，可以说这直接来自参考系统的基本或指导原则，或者是系统功能和有效性所必需的固有机制。

委员会注意到，根据卢森声明，LIR第166条中规定的参与免税制度的目标之一是避免因财政公平原因而征收双重或三重税收。双重征税是指对同一纳税人（也称为合法双重征税）或两个不同纳税人（经济双重征税）的相同利润征收两次税收的情况。委员会认为，税收制度的性质和总体结构可以证明免除经济双重征税的免税。因此，根据LIR第166条实施豁免以避免经济上的双重或三重征税可能直接源于其税收制度的基本原则或指导原则。

但是，根据本案裁定给予的优势并不仅仅包括参与豁免的适用，还包括在集团层面的应用中由子公司实现经济上与扣除金额相关的收入（ZORA增加额），从而导致LNG Holding手中的非税收入实际上是由LNG Supply实现的所有利润。在这种情况下，根据本案裁定给予LNG Holding的税收待遇不能达到避免经济双重征税的目的。豁免和扣除的综合应用是在本案裁定中确定的，因此卢森堡税务管理部门意识到永远不会有任何经济双重征税。因此，根据本案裁定给予的税收待遇与避免（潜在或实际）经济双重或三重征税或任何其他财政权益相关原因的目标无关。因此，这些目标不能被有效地用作对有争议措施产生差异的理由。

在这方面，委员会注意到，正如法院过去强调的那样，为了使有关成员国的税收制度的性质或一般方案能够证明免税是合理的，成员国必须确保这些豁免是符合比例原则并且不超出必要的范围，因为通过简单措施无法实现所追求的合法目标。在这种情况下，参与豁免适用于LNG Holding收到的收入，这些收入在经济上与LNG Supply扣除的费用（ZORA增加额）相对应，绝不能与避免经济双重征税相称。它是否有助于财政公平原则。情况正好相反：有争议的措施允许 LNG Holding 以及 Engie 作为一个集团，从双重不征税中受益。因此，在本案中适用免税超出了实现这一目标所必需和相称的范围。

在这方面，法院认为，利益必须不仅与所涉税制的固有特征一致，而且还与该制度的实施方式一致。在这种情况下，根据本案裁定给予的税收优惠不仅与参与豁免的目标之一不一致，而且与该制度内含的逻辑不一致，这是对所有在卢森堡纳税公司利润的收入征税。

总之，LNG Holding 税收优势无法通过系统的性质和逻辑来证明。委员会得出结论认为，根据本案裁定赋予 LNG Holding 的税收优惠具有选择性。

2. 建立分析层级处理税收效果的选择性优势。

在不影响前述结论情况下，对集体层面有争议税收裁定的影响进行分析，而不仅仅是对个别法律实体的影响，得出相同的结论：根据有争议的税收给予的税收待遇裁定赋予 Engie 选择性优势。

在此背景下，Engie 认为，财政措施的选择性只能在个人纳税人的层面进行评估，而不能在集团层面进行评估。

在这方面，委员会注意到，根据卢森堡提供的纳税申报表，从 2015 年起，LNG Supply、LNG Luxembourg 和 LNG Holding 公司与 CEF 达成财政统一，用于卢森堡税务目的，CEF 作为母公司集中运营。因此，根据卢森堡税法，这些公司从 2015 年起不被视为独立的实体，而是在合并的基础上缴纳税款，即好像他们是一个纳税人。委员会认为，只有这种情况才能证明合并评估是合理的。

无论如何，即使这些实体没有形成财政统一，也不能接受 Engie 的论点。从条约第 107 条的措辞中可以明显看出，国家援助规则分析了国家措施对"企业"而非单独法律实体的经济影响。必须将企业理解为经济单位，即使它由多个法人组成。为了确定几个实体是否构成一个经济单位，法院审查了控制权或存在的功能、经济或有机联系。在本案中，LNG Supply、LNG Luxembourg 和 LNG Holding 完全由 CEF 控制，CEF 由 Engie SA 控制。因此，所有这些实体必须被视为单一承诺的一部分。

此外，根据本案裁定给予的优势在于，在控股层面实施参与免税，收入与经济上与子公司扣除为支出（ZORA 增加额）的金额相对应。因此，为了确定优势的存在，同样评估两个层面税收措施的综合影响是合乎逻辑的。卢森堡所得税法涉及个别实体这一事实并未破坏这一结论。事实上，委员会注意到税务顾问提交的税收事先裁定请求中，涉及参与交易 Engie 集团所有法人实体的税务处理，并且这些实体都在卢森堡纳税。

这种情况与 Groepsrentebox 案和 FIAT 案例不同。在 Groepsrentebox 案中，委员会决定在个别层面评估该计划，因为所涉及的措施适用于个别实体。同样，在菲亚特案中，该措施（税收事先裁定）仅涉及一个法人实体的应税利润，而交易中的对应方则居住在另一个成员国。因此，在这种情况下作为优势基础的任何减税收入必然基于居住在卢森堡实体的结果，并且不需要考虑该措施在其他层面可能产生的中性影响。菲亚特集团公司因其他成员国的待遇而实现减税收入。

相反，在这种情况下，措施的效果（卢森堡某些实体实现部分利润的非税收入）来自在不同集团实体层面上综合应用豁免和扣除，所有这些都是卢森堡的税务居民。因此，评估卢森堡 Engie 集团税收事先裁定的综合影响，足以充分了解税务处理的结果。

无论如何，委员会回顾它不受其决策实践的约束。每项潜在的援助措施必须根据其在条约第 107（1）条的客观标准下的优点进行评估，以便即使存在相反的决策实践，也不会影响本决定的结果。

（1）参考系统。

在本案中，参考系统是卢森堡公司所得税制度，旨在对卢森堡所有纳税公司的利润征税。计算应税利润的基础是纳税人实现的会计利润（连接商业和税收资产负债表的原则）。该目标适用于卢森堡的所有公司纳税人。

本案裁定涉及的交易是集团内部交易，其中包括，首先是将某些资产转移到卢森堡纳税的 Engie 子公司，其次是 LNG Holding 对这些转让的融资，这些资产在卢森堡也需要纳税。

考虑到必须在卢森堡公司所得税制度的背景下评估这些集团内部交易的税务处理，并且为了确定根据本案裁定给予 Engie 的税收处理是否减损了该参考系统，委员会将其分析范围缩小至与同类型的其他集团内融资交易进行比较，从而评估卢森堡公司所得税制度的规则，以管理居住在卢森堡的集团实体之间的集团内融资交易。

委员会确定，根据卢森堡公司所得税制度，在卢森堡纳税的两个集团实体之间融资交易框架内支付报酬不能导致减少联合税基。卢森堡的集团，无论所使用融资方式的性质或薪酬层面如何。在这种情况下，"合并税基"必须理解为在卢森堡纳税的集团内融资交易所涉及的所有集团实体的税基总和。

根据卢森堡公司所得税制度，融资方式可分为两类：第一类，参与工具，如股票，其利润可根据 LIR 第 166 条（"参与"）获得参与豁免；第二，其他工具和合同的利润不能从参与豁免中受益（"非参与工具"）。

如果是非参与工具，符合卢森堡和国际会计原则，支付报酬（如支付贷款利息）在借款人账户中作为费用申报。同一数额将在某个阶段记录为贷方的收入。

关于税收待遇，按照商业和税收资产负债表的原则，贷款人入账的收入原则上应纳税，而借款人预定的费用原则上可以减税。因此，与支付前的合并税基相比，支付非参与工具产生的报酬不会导致卢森堡集团综合税基减少。

在参与情况下，例如股票、报酬的支付采取利润分配形式。从会计角度来看，分配的金额由受益人（持有参与的实体）作为收入进行入账。但是，按照定义分配的金额是分配实体利润的一部分，即它们没有作为费用入账。

关于税收待遇，根据 LIR 第 164（1）和（2）条，分配实体不能从其税基中扣除分配的利润。此外，根据连接商业和税收资产负债表的原则，受益人还将取得包括在其税基中分配的利润。这意味着利润分配将导致经济双重征税，除非它符合 LIR 第 166 条规定的参与豁免条件。因此，与分配前的情况相比，参与利润分配不会导致卢森堡集团的综合税基减少。

总之，根据卢森堡公司所得税制度，在卢森堡居民税务实体之间的集团内融资交易框架内支付报酬，无论是通过参与还是非参与工具，都不能导致该集团减少在卢森堡的综合税基。

卢森堡辩称，在参考系统的定义中，委员会必须参考法律文本。在这方面，它声称法律没有规定支付与卢森堡居民之间集团内融资交易相关的报酬（或利润分配）的原则不会导致卢森堡集团的综合税基减少。

委员会观点与卢森堡所声称的相反，卢森堡税收制度的目标，即对卢森堡所有税收公司的利润征税，可以在法律中找到。其原则是，在卢森堡纳税的实体之间支付与集团内融资交易相关的报酬不能导致该集团的合并税基减少，可直接从该目标中扣除。实际上，如果支付报酬可能导致卢森堡集团的合并税基与支付前的税基相比减少，那么贷款人和/或借款人的部分利润就会逃脱税收，因为它不包括在任何税基中。这一结果与该系统的目标矛盾。此外，这种可能性会使卢森堡税收制度具有内在的歧视性，因为它允许集团公司将部分利润从其税基中排除，这种可能性不会给独立公司带来影响。

同时，如果 LIR 没有明确提及融资交易或融资交易的报酬，则它明确无误地阐述如何对每类融资工具征税的报酬。根据卢森堡税法，委员会表明，在卢森堡纳税的实体之间支付与集团内融资交易相关的报酬不能导致合并税基的减少。

（2）与企业集团的可比性：参与卢森堡居民集团实体内部融资交易。

委员会认为，所有在卢森堡居住的集团实体之间进行集团内融资交易的公司集团与 Engie 具有可比较的法律和事实情况，这与所使用融资工具的性质无关。

卢森堡税收制度的目标是对所有在卢森堡纳税公司的利润征税。根据这一原则，所有在卢森堡居住的集团实体之间进行集团内融资交易的公司集团必然具有可比性，因为所选择的融资工具和融资的报酬金额与此原则无关。

选择用于融资工具类型可能会影响薪酬类型、支付报酬的日期和方式，以及分配给该工具"贷方"或"持有人"的权利。例如，在作为参与工具普通股的情况下，报酬采取利润分配的形式，其金额和条款通常由发行股票的实体公司机构决定。此外，没有义务偿还融资金额。普通股也可以在股东大会上投票，并在董事会、监事会或其他法人团体中有代表。相比之下，如果是非参与工具，例如贷款、薪酬（利息）的条款和金额由双方在协议中规定，贷方原则上无权以任何方式参与或控制借款人的管理。此外，还有合同义务偿还贷款的名义价值。

委员会认为，这些差异中没有一个以任何方式影响基本原则，即根据卢森堡公司所得税制度，公司实现的全部利润必须纳税，因此，居住在卢森堡的公司之间的支付集团内部融资报酬交易不能导致卢森堡集团综合税基减少。为反对这一原则，选择一种融资工具而不是另一种融资工具并不能使承诺的可比性降低。

事实上，就参与工具而言，例如股票，根据 LIR 第 164（1）和（2）条，分配的利润需要包括在内，因此至少在参与实体的税基中纳税。在非参与工具（例如贷款）的情况下，借款人支付的利息从其税基中扣除，但作为应税收入包含在贷方的税基中。因此，尽管报酬和偿还融资条款和方式以及当事方的权利和义务存在差异，但在这两种情况下，报酬的支付都不会因参与交易公司的合并而导致税基减少。

委员会认为，卢森堡认为 Engie 实施的结构比集团与子公司之间的直接交易更具灵活性，并允许 Engie 为所收购的业务提供融资，同时限制风险状况。

事实上，子公司行为无效，因为这些原因都与卢森堡公司所得税制度中不能导致支付卢森堡居民公司内部融资交易报酬减少的原则有任何关系。该集团在卢森堡的综合税基中。

因此，可以得出结论，所有在卢森堡居住的公司之间进行集团内融资交易处于与 Engie 相当的法律和事实情况。贷款人对 Engie 建立的结构干预并不影响这一结论，因为贷款人也居住在卢森堡，而这些结构的目的仍然是为卢森堡和 Engie 承认的资产转移提供资金。

（3）造成的损害被提升到基于歧视的参考框架。

委员会认为，根据本案裁定给予的税收待遇减损了卢森堡公司所得税制下居住在卢森堡集团实体之间的集团内融资交易税收待遇。

一方面，ZORA 增加额，如果是正数，则每年作为附属公司的可抵税费用记录。另一方面，在转换 LNG ZORA 时，LNG Supply 股份（包括 ZORA 增加额）将根据 LNG 远期合约立即转让给 LNG Holding。因此，LNG Holding 获得向 LNG Supply 提供融资的报酬（LNG Supply 已从其税基中扣除）。但是，LNG Holding 以其 ZORA 的名义价值在其账户中记录 LNG Supply 股份，即不包括转换后的 ZORA 增加额。

因此，本案裁定允许 LNG Supply 为其获得融资支付的报酬，即发行等于 ZORA 增加额的股份，导致 LNG Supply 的税基减少（价值）由于 LNG Holding 的税基增加（或 LNG Luxembourg 的税基有效增加），ZORA 增加额未获得补偿（并且将来不会得到补偿）。

简而言之，税收事先裁定认可 LNG Supply 和 GSTM 分别为 LNG Holding 提供的融资所支付报酬的税务处理，这可以减少 Engie 集团在卢森堡的综合税基。

鉴于上述情况，委员会认为，根据本案裁定给予 Engie 的税务处理减损了参考系统，因此对 Engie 集团构成了经济利益。

法院认为，对选择性的评估涉及"确定某些经营者是否被排除在普通税收制度之外，进而税收优惠利益构成对这些经营者的歧视"。

根据系统目标，所有在卢森堡居住的公司之间进行集团内融资交易处于与 Engie 相当的法律和事实情况。但是，这些团体无法获得授予 Engie 的优势，因为根据卢森堡公司所得税制度第 6.3.1 节的规定，在两个集团之间的融资交易应当在该框架内支付报酬。居住在卢森堡的实体不能导致在卢森堡的集团的综合税基减少，无论融资工具或合同的类型或薪酬层面如何。为此，所涉及措施构成了对这些运营商的歧视。

因此，基于本案裁定给予 Engie 的优势是初步的选择性。

卢森堡和 Engie 声称，在卢森堡居住的两个集团实体之间作为融资工具使用直接 ZORA 的公司集团，即没有中间实体和预付远期合同，可以获得与 Engie 相同的优势，即减少集团的综合税基，因此，参考框架不会减损。

委员会认为，为了确定选择性，不需要证明在可比较法律和事实情况下每一项承诺都被排除在给予该措施受益人的优势之外。根据该制度的目标，处于可比较的法律和事实情况中的"某些经营者"被排除在给受益人所授予的税收优惠利益之外。因此，即使特定类别的企业（使用直接 ZORA 的企业集团）也可以从与 Engie 相同的税收待遇中受益，这种情况本身不足以得出结论，授予 Engie 的优势不具有初步选择性。

无论如何，委员会认为，与卢森堡和 Engie 所说的相反，在卢森堡居住的两个实体之间使用直接 ZORA 的团体将不会受益于与 Engie 相同的税收待遇。

卢森堡提供的纳税申报表证明，ZORA 的税收待遇遵循任何非参与工具的税收待遇：子公司每年记录的税收减免费用作为税收减免支出。未来支付 ZORA 增加额，并且在转换时，LNG Luxembourg 将 ZORA 增加额记录为应税收入。

换言之，与任何其他非参与工具的情况一样，与支付前存在的税基相比，支付与 ZORA 相关的报酬（即转换 ZORA 增加额）并不会导致卢森堡集团的综合税基减少。

卢森堡辩称，如果转换直接 ZORA，支付报酬所产生的利润即 ZORA 增加额的转换，如果选择申请，则不会在贷款人的层面上征税。根据 LIR 第 22 条的特别制度，将贷款转换为参与公司资本不会产生任何资本收益，因此，转换时不会产生公司所得税，就像在建立法国 LNG Holding 的结构中所发生的那样。

委员会拒绝这一论点。LIR 第 22 条不会导致 ZORA 增加额转换为股份而不征税。首先，因为第 22 条不适用于 ZORA 增补；其次，即使它是适用的，其影响也不是对受益人一级 ZORA 附加税的永久免税。

实际上，LIR 第 22 条之二不适用于 ZORA 增补。该条款明确区分了融资工具转换为股票的资本收益，以及转换前该文书的报酬，并明确规定第二项不能从第 22 条之二的免税条款中获益。但是，根据卢森堡的说法，ZORA 是可转换贷款。此外，ZORA 增加额不会每年支付，仅在转换时才会影响 ZORA 的发行价，以确定转换为股份的金额。在转换贷款转换为股票的资本化利息与 ZORA 增加额之间没有区别。因此，在转换时，与 ZORA 增加额相对应新发行股份的部分应纳税，应包括在受益人的税基中。

在本案中，根据 LIR 第 22 条之二的豁免，理论上只适用于与 ZORA 名义相对应的股份，而不适用于与 ZORA 增加额相对应的股份，受益者的该股份应直接包含在 ZORA 的税基中。

此外，即使第 22 条之二适用于 ZORA 增加额，也不会导致永久免除此利润。实际上，从第 22 条之二（4）的措辞可以清楚地看出，这一条款只允许暂时推迟征税。卢森堡税务局在 2002 年 11 月 27 日关于适用该条款的通知中明确确认了卢森堡和 Engie 所建议的无法促进非税收的事实。本通知解释说，转换产生资本收益仅转移到交换收到的资产（在这种情况下是股票），但在实现时仍然应征税。

最后，委员会已经证明，本案裁定给予 Engie 的优势，根据该制度的目标，在与法国相当的法律和事实情况下，其他企业无法获得。因此，必须认为这种优势是初步选择性的。这一结论并未因 Engie 实施结构原则上对卢森堡的任何群体开放而受到损害。这是委员会根据判例法确定，评估选择性的决定因素是该措施减损了一般参考框架，从而引起歧视。

（4）缺乏理由。

无论是卢森堡还是 Engie 都没有提出任何可能的理由，以获得本案裁定所支持的优惠待遇。在这方面，委员会回顾说，确定这种理由的责任在于成员国。

因此，在卢森堡没有提出任何理由的情况下，委员会必须得出结论，授予 Engie 的税收优惠不能通过该系统的性质或一般方案来证明。

（5）关于群体层次选择性优势的结论。

鉴于上述所有情况，委员会得出结论认为，根据本案裁定给予 Engie 的税收优惠具有选择性。

3. 因违反法律而不适用卢森堡税法规定产生的选择性优势。

作为另一种推理方式，委员会认为，在最初决定曾表达的疑虑，即卢森堡集团的非税收入是否减损了其在税收领域滥用国内法律规则。对此，参考框架是卢森堡公司所得税制度，旨在对所有在卢森堡纳税公司的利润征税。计算应税利润的基础是在其账户中确定的利润。该目标适用于居住在卢森堡的所有公司纳税人。反滥用税收规则是为避免纳税人规避参考系统的主要目标，即向企业利润征税而设计的一套规则。因此，必须将这些规则理解为参考系统的固有部分，因为它们确保了系统的内部一致性并旨在实现其基本目标。

(1) 适用反滥用税款规则的条件。

第 6 条禁止滥用根据民法合法的表格或结构来逃避或减轻税收。根据这一规定，如果交易的法律形式或构造在实质上不合适，则应根据交易的实质对税收进行评估，如同以适当的法律形式订立一样。根据卢森堡的说法，这项规定允许税务管理部门忽视仅出于税收原因而不是出于任何经济考虑而促成的法律结构或交易，但不限制纳税人可用的选择。

根据 1989 年 8 月 21 日的行政通告，第 6 条适用于任何税务程序，包括卢森堡税务局颁布的税收事先裁定。在发布裁定时，卢森堡税务机关必须确保纳税人在裁定请求中提出的结构和/或交易不构成第 6 条中所述的滥用法律。这意味着，如果纳税人寻求此类决定的主要原因是获得税收优惠，卢森堡税务机关不应作出具有约束力的决定，如税收事先裁定。1989 年的通告还确认，卢森堡税务管理部门在强制执行税收事先裁定之前排除可能存在滥用法律的强制性要求。

卢森堡认为，根据相关判例法，为了使措施构成滥用法律，需要满足四个标准：第一，纳税人使用私法形式或机构；第二，纳税人避税或减税的结果；第三，纳税人使用不充分的法律手段；第四，没有非税务相关理由证明纳税人选择的法律手段是合理的。

第一个标准要求纳税人设计的特定交易结构使用私法形式或机构。由于私法法律形式和制度实质内容没有确切的定义，在第 6 条和判例法中也都没有明确定义，因此应将其理解为任何与公法无关的法律手段。因此，公司的成立和集团内融资合同的实施应被视为纳税人使用私法形式或机构。第二个标准要求通过滥用结构，纳税人能够通过避税、免税或减少税基来减少其纳税义务。第三个标准要求纳税人在潜在的滥用结构框架内使用不恰当的法律手段。根据卢森堡的说法，这意味着所选择的手段必须允许纳税人获得不符合立法者意图的税收效应。卢森堡认为，要实现这一条件，必须通过至少两种手段来实现所追求的经济效果，其中一种手段是不合适的。使用不合适的手段是指在允许使用任何适当手段的情况下无法实现的税收减免。第四个标准是没有非税收相关的理由来证明纳税人选择的法律手段是为了实现交易或结构的经济目标。根据卢森堡判例法，非经济原因等非税收原因必须是真实的，并为纳税人提供足够的经济利益。这种经济原因存在足以忽视反滥用条款的适用。

(2) 条件适用于现有案件。

根据卢森堡提供的信息，委员会得出结论认为，卢森堡税务管理部门不应发布本案裁定,因为 Engie 建立的结构属于税收调整法第 6 条意义上的滥用。事实上,Engie 在税收事先裁定请求中提交的交易符合第 6 条适用条件。

第一,使用私法形式或机构。Engie 使用私法形式或机构来实施本案裁定中描述的结构:远期合同和 ZORA 等可转换贷款,这一点没有争议。因此,符合第 6 条的第一个适用标准。

第二,减少纳税义务。显然,本案裁定允许 Engie 在卢森堡集团层面大幅减少其纳税义务,因为转移给子公司的活动实现了利润(LNG 业务,融资和资金业务)实际上仍然是免税的。因此,也符合承认滥用法律的第二个标准。

第三,使用不恰当的法律手段。作为第一步,第三个标准要求确定交易所追求的经济目标。只有这样才能确定是否可以通过与纳税人选择的不同方式实现这一目标。在第二步中,有必要确定纳税人选择的手段是否合适,因为它允许减税不符合立法者的意图,而且不可能使用其他任何适当的手段。

在这种情况下,首先显而易见的是,Engie 在本案裁定中描述的结构所追求的经济结果是 LNG 业务子公司以及融资和财务业务的收购融资。同样的经济结果也可以通过其他几种融资方式来实现:子公司和 LNG Holding 之间的直接股权或债务工具也没有争议。其次,Engie 建立结构效果是对子公司在卢森堡实现利润的虚拟不征税。这一结果与卢森堡公司所得税制度的基本目标不相符,后者是对卢森堡纳税公司的利润征税。因此,这种效果不符合立法者的意图。此外,如果向子公司转让活动的资金来自直接股权或债务工具,则无法产生这种影响。因此,Engie 实施的结构并不构成向附属公司转移活动提供资金的适当法律手段。

第四,没有非税收相关的原因。最后,委员会未能确定任何真实的经济原因,并为 Engie 设计复杂结构提供足够经济利益,而不是实现显著的税收节约。卢森堡声称通过远期合同和 ZORA 实施的结构对于为子公司收购业务提供资金是必要的。但这个论点是有缺陷的。事实上,正如本案裁定显示,融资由控股方提供给贷方,贷方于同日向子公司提供。换句话说,是控股公司为子公司提供融资以获取资产。

委员会注意到 LNG 转让协议已经包括有关企业转让融资的规定。LNG 转让协议规定,作为收到资产的交换,LNG Supply 应向 LNG Trading 发行期票,金额相当于 ZORA 的名义金额。这些规定表明,资产转让已由 LNG Holding 以债务工具融资。换句话说,远期合约和 ZORA 纯属冗余结构,取代了控股与子公司之间先前存在的直接债务交易。贷款人作为单纯的传递实体而无法获得任何利润的作用证实，他们的干预没有其他经济目的，只能实现税收节约。

卢森堡辩称，Engie 实施复杂结构提供了更大的灵活性，使其能够为所获得的业务提供资金，同时限制子公司的风险状况。这个论点也没有证据证明。事实上，通过直接向附属公司发行股份，可以实现同样的目的。LNG Holding 与子公司之间的直接股权交易将为子公司提供与 Engie 设立复杂结构相同的保护。Engie 建立的结构可以吸收相当于 ZORA 名义的损失。如果损失超过 ZO-RA 的名义，子公司的资本将受到影响。如果注入的资本金额等于 ZORA 的名义金额，在初始资本受到损失影响之前，子公司将具有完全相同的资本缓冲。此外，委员会拒绝接受这样的论点，即增加一个额外层（贷方）并使用复杂的金融产品（ZORA 和远期合约）而不是直接的资本注入可以增加灵活性。相反，它可能会为集团带来一些操作风险问题：使用传递实体而不是提供灵活性会产生行政负担，给控股带来执行风险并增加交易成本。

总之，Engie 建立的复杂结构可被视为在经济上等同于控股公司与子公司之间的直接融资交易，无论是以股权还是债务工具的形式。无论什么形式被认为是经济上等同于 Engie 建立的复杂结构，它都会导致对潜在利润的征税。这意味着，没有任何经济原因是真实的，并为 Engie 提供足够的经济利益，以选择在本案裁定中设立的复杂结构，而不是实现显著的税收节约。

因此，税收调整法第 6 条的标准得到满足，Engie 建立的复杂结构应该被卢森堡税务管理局视为滥用。根据 1989 年的通告，税务机关只有在获得此类裁定的主要原因不是税收优惠时才应给予税收事先裁定。因此，通过批准税收事先裁定请求，卢森堡税务管理部门误用了法律，并以对其在卢森堡 LNG Supply 实现几乎所有利润征税的形式给予 Engie 优势。

由于根据本案裁定给予 Engie 的优势是基于对法律的误用，根据定义，该法律不适用于任何其他承诺，委员会根据这一理由得出结论认为这种优势具有选择性。

（三）关于援助存在的结论

由于根据本案裁定给予的税收待遇符合条约第 107（1）条的所有条件，因此必须将其视为构成该条款含义范围内的国家援助。这种援助导致 Engie 在业务运营过程中通常应承担的费用减少，因此应被视为向 Engie 提供运营援助。

（四）援助的受益人

委员会得出结论认为，根据本案裁定授予的税收待遇赋予 LNG Holding 符合条约的第 107（1）条界定下选择性优势，因为它们导致这些实体应税利润以及卢森堡的公司所得税义务。

参与免税规则涉及一家集团公司向另一家集团公司分配的利润。在本案中，该裁定认可 LNG Holding 等级的收入豁免，这在经济上与在 LNG Supply 层面上扣除的费用相对应，从而产生有效的非税收。除了有限利润之外，LNG Supply 几乎实现了所有利润。因此，本案裁定中扣除和豁免情况对 Engie 在卢森堡的纳税义务产生了积极影响。

同样，为了适用国家援助规则，可以考虑将单独的法律实体组成一个经济单位。然后，该经济单位被视为受益于援助措施的相关承诺。正如法院之前所说的那样，"竞争法""承诺"等词必须被理解为指定一个经济单位，即使在法律上经济单位由自然的或合法的几个人组成。为了确定几个实体是否构成一个经济单位，法院要审查是否存在控制权或功能、经济或有机联系。在本案中，LNG Holding 由 Engie 集团母公司 Engie SA 完全控制。

因此，卢森堡税务管理部门向 LNG Holding 提供的任何优惠税收待遇不仅使这些实体受益，而且使 Engie 作为一个整体，能够为整个集团提供额外的财务资源。因此，尽管该群体由不同的法律人士组成，而本案裁定涉及个体实体的税收待遇，但该群体必须被视为受益于有争议援助措施的单一经济单位。

此外，委员会已经确定，根据卢森堡的 Engie 集团条约，本案裁定给予的税收待遇赋予了第 107（1）条意义上的选择性优势，因为它们导致该成员国集团的综合税基减少。

（五）援助的兼容性

如果国家援助属于条约第 107（2）条所列的任何类别，则应被视为与内部市场相容。如果委员会发现国家援助属于任何类别，则可被视为与内部市场兼容。条约第 107（3）条所列类别中的。但是，给予援助的成员国承担着证明其所授予的国家援助符合条约第 107（2）或 107（3）条规定内部市场的责任。

根据本案裁定，卢森堡没有援引根据其中任何一项规定对其所提供国家援助的兼容性的任何理由。Engie 也没有援引任何这样的理由。

此外，由于根据本案裁定给予的税收待遇使 Engie 免除了其在正常活动的日常管理中必须承担的税务责任，因此根据这些税收给予的援助裁定构成了运营援助。作为一般规则，通常不能将此类援助视为与条约第 107（3）条规定的内部市场相容，因为它不利于某些活动或某些经济领域发展。此外，所讨论税收优惠不会受到时间限制，下降或与补救特定市场失灵或实现有关领域一般目标的必要条件成比例。因此，它们不能被认为是兼容的。

因此，卢森堡授予 Engie 集团的国家援助与内部市场不相容。

（六）非法援助

根据条约第 108（3）条，成员国有义务向委员会通报任何授予援助的计划（通知义务），在委员会就此作出最后决定之前，它们可能不会实施任何拟议援助措施或有问题的援助（中止义务）。

委员会注意到，卢森堡没有向委员会通报任何授予有争议援助措施的计划，也没有遵守条约第 108（3）条规定的中止义务。因此，根据理事会条例（EU）2015/1589（311）第 1 条（f）款，本案裁定给予的税务处理构成非法援助，违反第 108（3）条的规定生效条约。

七、对欧盟撤销卢森堡裁定案的法律分析

（一）以避税目的导管公司架构

法国 Engie 集团在卢森堡经营项目的避税运作是通过其在集团内部复杂的导管公司架构实现的。

首先，建构导管公司。作为法国 Engie 集团全资子公司的 CEF 收购了第一批 LNG Trading 的股份。CEF 分别成立了 LNG Luxembourg 和 LNG Holding，同时设立 LNG Supply，由 LNG Holding 全资持有。其中，LNG Luxembourg 没有实际经营，系转移收益的导管公司。

其次，建立三角形结构。Engie 在三家 Engie 集团成员公司之间建立了复杂的混合免息可转换贷款结构。这种三角形结构为 LNG Supply 收购 Engie 在卢森堡的现有天然气贸易业务提供了资金。融资由 LNG Holding 通过中间人 LNG Luxembourg 向 LNG Supply 提供。LNG Supply 将此交易视为债务：它从应税利润中扣除了大量资金，就好像它欠贷款利息一样。这些扣除额占 LNG Supply 利润的 99%。但是，实际上没有向中介 LNG Luxembourg 或 LNG Holding 付款。相反，这些利润停在 LNG Supply 中，直到 Engie 决定转换贷款。在那一刻，中间人以股票的形式获得了这些停放的利润，然后他们将这些利润转交给 LNG Holding。LNG Holding 随后取消了这些股份，以现金收到 LNG Supply 的利润。

最后达到的税法效果。这种结构使得同样的融资既可以作为债务（从 LNG Supply 的角度来看），也可以作为股票回报的投资（从 LNG Holding 的角度来看）。因此，LNG Supply 仅对其利润的 1% 缴纳税款。剩余的 99% 未在 LNG Supply 层面或 LNG Holding 层面征税，后者以股份形式获得这些利润。根据标准的卢森堡税法，股票收入免征税收（与许多其他国家一样）。

（二）税收事先裁定的直接后果

根据 2008 年授予的税务裁定（经多次修订），卢森堡认可上述结构。这使得 Engie 在大约十年中对卢森堡相关利润的有效税率低于 0.3%。

欧盟委员会借助国家援助这一框架，认为卢森堡对这些融资结构的税收待遇并未反映经济现实。[1] 卢森堡发布的税务裁定认可对债务和股权相同交易的不一致处理。在此基础上，委员会得出结论认为，税收裁定给予 Engie 选择性的经济优势，允许该集团支付的税款低于符合相同国家税收规则的其他公司。事实上，这些税收事先裁定使 Engie 避免了 LNG Supply 在卢森堡产生利润的 99% 被征税。

（三）税收事先裁定在欧盟层面的非法属性

欧盟委员会发现，税务裁定认可对同一结构的税收待遇不一致，导致各级不征税。LNG Supply 通过扣除类似于贷款利息支出的费用，大幅降低卢森堡的应税利润。与此同时，LNG Holding 避免缴纳任何税款，因为卢森堡税收规定免除了股权投资的收入。

这是一种比标准卢森堡税收规则更优惠的待遇，该规则免除了股东从其子公司获得的收入纳税，前提是收入一般在子公司层面征税。

在此基础上，委员会得出结论认为，卢森堡颁布的税务裁定给 Engie 集团带来了选择性优势，这是不合理的。因此，委员会的裁决认定，根据欧盟国家援助规定，卢森堡对税务裁定所认可的 Engie 税务待遇是非法的。

（四）欧盟委员会的制裁

作为一项原则问题，欧盟国家援助规则要求恢复原本非法的国家援助，以消除援助造成的竞争扭曲。根据欧盟国家援助规则不会有罚款，亦即恢复不会对有关公司造成任何惩罚。它只是恢复与其他公司的平等待遇。

就 LNG 供应而言，已转让给 LNG Holding 的所有收入应按 LNG Supply 的

---

[1] EU,"State aid: Commission finds Luxembourg gave illegal tax benefits to Engie; has to recover around 120 million", Accessed May 8, 2019. http://europa.eu/rapid/press-release_IP-18-4228_en.htm.

利润或 LNG Holding 的利润征收，税率为标准卢森堡公司所得税税率约 29%。这意味着卢森堡现在必须从 Engie 收回大约 1.2 亿欧元的未付税款以及利息。卢森堡税务机关根据委员会决定中规定方法确定确切的金额。

（五）防止税收事先裁定成为税收优惠的载体

税收事先裁定的基础功能为解释和适用税法，但因其具备确认纳税人特定交易税法地位的功能，为此极易成为企业进行税收筹划的工具。本案中，法国 Engie 充分利用卢森堡公司所得税法中股息免税这一工具，人为架构出冗余的导管公司 LNG Luxembourg，利用将贷款转为股权的税收筹划，人为将 LNG Supply 应税收益转为债权，再转为股权收益导入 LNG Holding。然后通过申请税收事先裁定，取得相较于其他国内公司的竞争优势地位。由此可知，卢森堡税务机关已将税收事先裁定作为赋予税收优惠的载体。"卢森堡丑闻"表明，卢森堡利用税收裁定给予企业非法的税收优惠形成有害税收竞争。

因此，各国应当重视防止把税收事先裁定作为税收优惠的载体。

第三章 税收事先裁定衍生税收竞争功能的管制原理解析

第一节 消除信息不对称:生成税收竞争功能的内在动因

本节意在解析消除信息不对称和消除税法不确定性的方法,这是协商式裁定能被用作国际税收竞争工具的动因。从治理理论角度,单向式裁定以命令—控制为手段,可将解决信息不对称的负面影响降到最低,但合作治理下的协商式裁定所建构的协商机制彻底解决了信息不对称问题。在税法不确定性的问题上,由于制度设计的不合理性,单向式裁定处于管制"失灵"状态,只有协商式裁定才能实施有效管制。从实践来看,协商式裁定是税收事先裁定制度的发展趋势。

一、征纳双方的信息不对称

(一) 威慑治理下纳税人与税务机关之间的信息"战争"

纳税人(特别是大企业)与税务机关之间的税务争议是一场基于信息的"战争"。

在这场税收战争中,精明商人面临着来自全球同行的激烈竞争,这些企业正在积极应对,将所有不必要的成本降到最低,包括它们愿意交给政府的应纳税款。尽管纳税人的战术实践有所不同,但大多数人都在充分利用税法中的漏洞,努力在明显禁止的"逃税"和可疑的"避税"之间找到一条灰色的界线,以维护自身的经济利益。然而,一旦纳税人无法知晓税务机关未来对其交易税务处理方面的有效信息,纳税人基于税法制裁的威慑通常会选择遵从。

虽然采取了一系列措施来遏制这一趋势，目前税务机关主要采用以命令—控制为基础的方法，迫使纳税人更加关注不断加强的制裁和惩罚，基于威慑来迫使纳税人遵从。但这些以威慑为基础的策略并没有产生税务机关想要的结果，这主要是因为税务机关所能完成的检查和惩罚率偏低，信息获取能力有限，无法完全地阻止不法行为。尽管高额的罚款和严厉的处罚猛烈冲击，但纳税人未被检查的可能性仍然能够不断地将他们的收入保持在税务机关的监管范围之外。

（二）税务机关对交易事实的信息不对称

相对而言，税务机关在交易信息的获取上处于劣势，因为税务机关在很大程度上依赖于纳税人提交的纳税申报表来确定应纳税款，就交易事实层面存在信息不对称。纳税人通常以对其尽可能有利的方式报告其交易。对税务机关而言，必须通过审计核定应纳税额，税务机关要通过纳税申报表发现和评估任何违规交易本身就是一个非常艰巨的任务，发现问题后还需要与纳税人就应纳税额是否适当进行斗争，更是难上加难。

可以预见的是，这场"信息战争"让征纳双方互相产生不信任，因为彼此都试图捍卫截然相反的经济利益。事实上，这场战斗的赌注是非常高的。税收产品的复杂规避技术和积极避税架构激增，导致税务机关每年损失巨额的税收收入。通过聘用专业的税务专家、顾问，纳税人（主要是大企业）一般都能钻营出避税或逃税交易的方法，而且在与税务机关打交道的过程中，纳税人对掩盖这些应税交易的方法也变得特别熟练。这使得税务机关对纳税人交易的信息不对称不断加大，直接导致了征纳双方之间的不信任和怀疑情绪不断升级。

（三）纳税人对税务处理的信息不对称

虽然税务机关通常面临人手不足的问题，但是税务工作人员都很机智，经常利用自己的"武器库"中所有的手段对纳税人进行管制，比如行政处罚、刑事制裁、程序策略等，以此来获取每一笔被纳税人精心隐藏的收入。由此对纳税人形成的威慑是巨大的。

对纳税人而言，税收筹划是其进行有效税务处理的主要手段。税收筹划的展开，必须基于纳税人对税务机关未来税务处理的正确预估。为此，获取税务机关对相关交易税务处理的立场显得尤为重要，因为对交易税务处理的税法解释和适用权完全掌握在税务机关手中。一旦纳税人无法获取税务机关的立场，就会导致税收筹划的全盘失败。因此，对于纳税人而言，税务机关在行政执法过程中会如何解释和适用税法，存在信息不确定性。

二、威慑治理下的管制失灵

（一）理论基础

长期以来，税收被认为是国家凭借其政治权力强制地、无偿地取得实物或货币的一种特殊的分配活动。❶ 税收管理也被定义为以强制权为基础的行政命令活动。税务机关成为行政法上的行政执法主体，纳税人为行政相对人，双方居于不平等地位，形成行政法律关系。这是行政法理论对威慑治理的经典表述。

威慑治理理论认为法律有最优的阻吓作用。其隐含的假设是，法律要制定得足够清楚、不含糊，使得每个个人、每个法官对法律有相同的认识。这个认识不仅仅要知道什么是犯法，而且知道犯法后怎么惩罚。在这种情况下，所有聪明的个人都知道犯法的后果是什么而不敢行动，从而可以让法律起到最优阻吓作用。❷ 为此，威慑治理适用的前提假设为法律是确定的、周全的，不存在模糊性和漏洞。

税收征管领域的威慑治理通常按以下步骤完成：首先，国家（例如，议会、财政部）事前对税款征收事项做出法律规定；其次，纳税人完成交易，使得税款征收成为现实；接着，由纳税人申报收入，递交纳税申报表；最后，由税务机关核准或调整纳税申报，并实施税款征收。在这个过程中，税务机关基于税法的授权，往往采用"命令+强制+惩罚"手段来完成税收征收任务。税收征收的合法性不容置疑，而对于税务机关税收征收决定的正当性，通常是以控制税务机关裁量权来保证。为此，适用威慑治理的前提是税法规则必须是明确的，一旦税务规则缺位或是模糊，威慑治理将失去根基，税务机关单方面决定的税务规则，如纳税人无法预知，将无法产生威慑效果。

在该种管理模式下，税务机关与纳税人形成对抗性关系。纳税人被假定为是自私且不负责任，经营中总是意图以避税或偷逃税收为目的。税务机关是保护公共利益的代表并对公众负责，税收征收管理中的相关具体规则，被

---

❶ 薛桂之. 税收不遵从的本质和种类 [J]. 山西财经大学学报，2012（3）.
❷ 许成钢. 法律、执法与金融监管——介绍"法律的不完备性"理论 [J]. 经济社会体制比较，2001（5）.

认为应当由税务机关制定、公布、实施、执行。这在美国被称为"利益代表模式"。❶ 利益代表模式对治理基本认知的假设概括了传统行政法对税收征收管理的内涵。依照税收法定原则，应纳税金的确定原本没有裁量的余地。但在我国，税法过多原则性规定及各地为招商引资而产生的优惠政策，使税收产生不确定性，因此应当约束行政机关的裁量权，由此产生税务机关与纳税人之间的博弈。在威慑治理下，税务机关和纳税人之间基于对抗性形成零和博弈，讨价还价使一方受益，另外一方受损。税务行政机关往往单方面设计和实施解决方案，在此过程中，纳税人作为外部人员无权介入。由此，双方关系是对抗性的，纳税人必须强制性接受税务机关的最终决定，而纳税人采用各种可能的手段规避税务机关的执法活动，由此产生税收不遵从。因此，税务机关的威慑治理是纳税人产生税收不遵从的根源之一。

（二）威慑治理下采用单向式裁定制度的成因

税务机关之所以采用威慑治理下的税收事先裁定，通常是基于信息不对称的假设。

一般而言，诸如税基衡量基准和不确定性等交易特征，取决于资产的高度专用性，这决定了纳税人相较于税务机关有信息优势。该交易特征受两种类型的资产专用性的影响。一是国家为了能够完成其任务而产生税收依赖（提供诸如立法、执法、国防、司法、社会规划等公共产品）；二是特殊性源于涉税交易的复杂性和税收体系的跨国差异，导致了税基识别问题。纳税人一方与交易属性相关的信息优势，决定了国家对交易认定的应用标准只能采用威慑治理。特别是，税基问题和资产专用性导致"标准化"税收征管程序的产生，亦即纳税申报程序。

通常情况下，税务机关事前不可能掌握关于应税案件真实事实和情况的相关信息，而纳税人有强烈的动机不披露与该案件有关的所有信息。主管税务机关受法律和行政程序的制约，如果作出行政决定所依据的事实不清，税务机关所作出的征税决定存在被法院驳回的法律风险，通常这对纳税人是有利的。可知，由于信息不对称导致税务机关陷入不利地位。进而，基于合法性原则的限制，税务机关不愿且也不可能与纳税人就确定税基进行谈判。因为在信息不对称的情况下，事实存在片面性，税务机关无法信任纳税人，谈判（即税务机关与纳税人讨价还价，根据谈判结果对税务案件进行评估）的

---

❶ 朱迪·弗里曼. 合作治理与新行政法 [M]. 毕洪海, 等译. 北京：商务印书馆, 2010: 12, 30.

效率将非常低下。在这种情况下，税务机关采取威慑治理下的单方面决定有助于降低管理成本，这样才能保障国家税收收入。

在信息不对称情形下，采用威慑治理有助于税务机关实现税收征管的管理目标。因此，威慑治理下的单向式裁定有助于消除信息不对称带来的不确定性。只有在信息不对称的情形下，单向式裁定是有效的管理手段。此外，基于威慑治理的适用前提，如果税法规则非常明确清晰，单向式裁定可以发挥功能。但是一旦税法规则不明确，单向式裁定所赖以存在的威慑治理将失去效用。亦即，税法不确定性并未因单向式裁定导入而得到解决。

从上可知，在税法规则明确的前提下，单向式裁定能有效消除信息不对称带来的不确定性。但是，一旦税法规则不明确，单向式裁定就会导致"管制失灵"。事实上，税收事先裁定意在为纳税人提供税法解释和适用的确定性，该制度的设计前提就是基于税法存在不确定性的假设。然而，在该领域威慑治理是失灵的。为此，在该领域设置单向式裁定不但无助于解决税法的不确定性，反而会使不确定性的法律风险加大，形成税务争议。这从管理学角度进一步解释了前述单向式裁定的制度设置存在的不合理性。

三、合作治理下生成规则的正当性

（一）理论基础

传统的征管工作观念建立在不相信纳税人能够依法纳税的主观判断上，工作的重点也就必然注重监督与惩罚，征纳双方关系相对比较紧张，经常为解决个别问题而普遍开展工作，行政成本高昂。为此，OECD 从 20 世纪末开始提倡建立征纳双方的合作伙伴关系，基于此推行纳税人的自我评估制度，而税务机关的主要职能从监管制裁转向纳税服务，产生全新的管制机制。这种新的管制模式建立在相信纳税人能够依法自觉履行纳税义务的基础上，这被称为"纳税人诚实纳税推定权"。❶ 亦即，纳税人成为税务机关所服务的"客户"，税务机关不再是单纯的管理者，更重要的是纳税服务的提供者。在纳税服务理念下，征纳双方地位平等，这直接导致税收征管观念的转变，为

---

❶ 张富强. 论纳税人诚实纳税推定权立法的完善 [J]. 学术研究, 2011 (2).

征纳双方在平等合作下生成全新的管制工具提供可能。

征纳双方的合作伙伴关系的制度基础为协商机制。在该机制下，税收处理决定的生成机制发生重大变化，从传统的税务机关的单方面决定，转变为征纳双方以协商共识为基础的决策过程。这种基于协商共识的决策机制被称为"合作治理"。

合作治理模式下的税收征管制度基本特征包括：其一，共同制定规则消除税务机关的信息不对称。面对问题往往需要全新的解决方案，让纳税人参与共同设计解决方案，通过问题的解决会形成更优的规则，这有助于纳税人共享信息，由此消除了税务机关信息不对称的劣势。对于纳税人自己主张的观点，纳税人必须主动披露数据以证明其意见的正确性，这比通过税务机关的强制调查使纳税人被动提供的数据更具有真实性。其二，纳税人可以参与决定过程的所有阶段，税务部门指派相关工作人员，协助纳税人参与到税收政策制定、税源管控等税收缴纳的各个环节中。税务工作人员必须尽到告知义务和媒介作用，纳税人可以参与纳税的整个过程。其三，通过协商机制消除纳税人信息不对称。协商机制让纳税人尽可能了解税务机关对交易所持的税法立场和观点，并就处理方案形成共识。由此，纳税人获取了原本无法获知的信息，消除了纳税人的信息不对称，并增强了双方的相互依赖，有助于改善双方的关系。

在征纳双方合作伙伴关系理念下，税务机关的行为模式转变为"服务＋协商"，而"强制＋惩罚"仅是后备工具。这类似于美国执法服务型的征管模式，即"服务＋执法＝遵从"，这以相信大部分纳税人会自觉守法为前提。❶ 在该模式下，税务机关不再强调其为执法机关，反而更强调其为服务主体。双方的合作为非对抗性协商，以寻求问题的解决方案为核心，双方地位平等，由此产生"合作治理"。

合作治理以问题为导向，双方的非对抗性协商会得出创造性解决方案，能够在满足所有当事人的同时避免诉讼的负面效应。税收管理行为的正当性来源不再是对行政机关裁量权的控制，而把当事人的同意作为正当性的关键因素。

（二）合作治理下采用协商式裁定的成因

合作治理下共商规则消除了征纳双方的信息不对称，相较于威慑治理，

---

❶ 胡波. 美国国内收入局的征管和服务效率及其启示［J］. 湖南税务高等专科学院学报，2007（4）.

合作治理更能针对性地解决税法不确定领域的相关法律问题，因为该领域法律的阻吓作用受到不确定性的限制。为此，为保证税收事先裁定作出的正当性，税务机关在解释和适用模糊的税法时，应尽可能让纳税人参与税务规则的制定过程。进而，税务机关在解释和适用税法时，嵌入协商制定规则机制，由此生成全新的管制工具——协商式裁定。协商制定规则的程序架构，能让纳税人在最大程度上认可并接受税务机关的立场，以协助税务机关实现税收征管任务。为此，在税法不确定情形下，相较于单向式裁定，即使没有法律的威慑做保障，协商式裁定的程序架构也能保证税收事先裁定的合法性与正当性。

合作治理下的协商式裁定，能让纳税人和税务机关基于信任，通过协商机制完成未来事项的税务处理。此时，纳税人有权起草裁定草案，在递交申请时提出自己的观点。这一方面有助于税务人员理解纳税人的见解并作出决策，另一方面让纳税人真正参与该项税务处理的规则制定，纳税人享有了"规则制定权"。虽然该项权能仅为程序性权利，但一旦税务机关作出裁定，就形成实体规则。在税务机关正式做出决定改变之前，该项规则具有适用性。由此，纳税人参与制定的规则，具有类似于"行政规则"的地位，并据此约束税务机关。纳税人的这种参与制定"行政规则"的活动，在美国被称为"协商制定规则"。❶

然而，该项权能并不应当简单地视为纳税人的程序性权利，而应当视为纳税人参与"行政规则"制定的实体性民事权利，这样才能真正发挥对税务机关的制约作用，体现出平等性。同时，当纳税人提出事先裁定申请后，税务机关必须回应，如果观点与纳税人不一致，则应当与纳税人协商设计解决方案。如果税务机关坚持自己观点，纳税人有权撤回裁定申请。在这个过程中，征纳双方充分协商，保证了不存在信息不对称，由此消弭了单向式裁定下的缺陷，并从根源上消除了税法的不确定性。此外，从程序机制上看，协商共识保障双方不会形成税务纠纷，更不可能形成税务诉讼。由此，协商式裁定成为事前替代性纠纷解决（ADR）机制。

从上可知，在合作治理下，协商式裁定让纳税人取得在单向式裁定下不可能享有的特殊权能——协商规则制定权。这让可能存在税务法律风险的问题在纳税申报前得以处理，从根源上消除了税法的不确定性。这不但降低了

---

❶ 朱迪·弗里曼.合作治理与新行政法［M］.毕洪海，等译.北京：商务印书馆，2010：197.

税务机关的管理成本，也降低了纳税人的税务风险，提高了遵从度。为此，相较于单向式裁定，协商式裁定的优势显而易见。

四、走向税务合作治理提升税收竞争力

传统上，税务机关合规管理的主导策略是威慑治理。威慑治理是假定纳税人是利己的理性行为者，会利用各种机会将自己利益最大化。❶ 基于威慑治理理论，政府以命令—控制为主要手段，造成对违规者的惩罚威胁，并采取一种"万能"的方法对违法者进行惩罚。威慑治理是大型官僚机构中赖以运作的前提和基础，这需要为纳税人提供强有力的防御诉讼以及其他外部支持，而命令—控制能加强税收征管人员的强烈使命感，内在的凝聚力。为此，威慑治理是一种集有效性与一致性的强大机制。它有助于防止腐败，减少或消除因不合规而获得的竞争优势，通过向纳税人施加财务处罚并要求其采取措施予以纠正。❷

然而，由于政府的"持续监督"能力有限，而威慑效果是短期的。❸ 进而，过度的威慑手段有可能使政府权威失去合法性，政府官员的粗暴对待被认为是违反程序正义的。此外，由于各地官员执法认知不一，可能会破坏执法的一致性，导致不公平或过于严厉的管理。在 20 世纪 80 年代，西方世界的公共服务开始从管理走向治理，"新管理运动"推崇者期望以一种快速、高效和创新的方式实现结果。政府部门不再迷信"命令—控制式"的监管模式，这导致"合作合规"管制模式的产生。❹ 这种新的管制方式更少依赖于命令和服从，而更多地依赖于教育和说服。因此，如果将事先裁定制度设定为威慑治理下的单向式裁定，成为税务机关命令—控制的工具，将无助于这种前述状况的改善，反而会使该制度陷入空设状态。我国海关总署的行政裁定制度自设立后几乎没有裁定申请就是典型的例子。

尽管行政处罚和刑事制裁作为维系税款征收的基准水平仍是必须的，但

---

❶ Braithwaite Valerie, "Responsive Regulation and Taxation: Introduction," *Law & Policy* 29, 2007, pp. 3 – 10.

❷ Murphy Kristina, "An Examination of Taxpayers' Attitudes Towards the Australian Tax System: Findings From a Survey of Tax Scheme Investors," *Australian Tax Forum* 18, 2003, pp. 209 – 242.

❸ Job, Jenny, A. Stout, and R. Smith. "Culture Change in Three Taxation Administrations: From Command-and – Control to Responsive Regulation", *Law & Policy* 29 (1), 2007, pp. 84 – 101.

❹ Hughes, Owen E., *Public Management and Administration*. London: Harper Collins Business, 1994, p. 232.

以命令—控制为基础的税收监管,可能增加纳税人的不信任和对抗性,最终导致了更大的阻力和不服从。这是单向式裁定导致税务争议增加而"失灵"的主要原因。基于上述原因,作为税务机关威慑治理做法的一种替代方案,合作治理成为征纳双方建构新型关系的重要机制。通过在威慑治理为基础的税收制度中嵌入合作治理机制,已成为税收征管现代化的一个重要举措。

合作治理下的协商式裁定可以营造一种相互信任的环境,基于税务机关提供交易确定性的前提,使征纳双方形成合作伙伴关系。为此,协商式裁定可从根源上消除税务机关单方面决定引发的税务争议,真正为纳税人在税务后果上获得确定性。这使得纳税人能够在以财务会计为目的的相关交易中获取利益,对于税务机关而言,则减少了纳税人的对抗性以及审计合规成本,让税务机关能更有效地分配有限的资源。因此,从长远的角度看,合作治理下的协商式裁定可以为征纳双方带来更大的利益。

可知,与合作治理伴生的协商式裁定已经成为现代税收征管制度创新的重要路径。

五、国外提升税收竞争力的合作治理范式与实践经验

合作治理并非一种理论上的推导,协商式裁定也绝非合作治理的一个孤例,下文就国外合作治理的成功实践作一简介。❶ 这有助于对协商式裁定的功能有一全面的认识。

(一) 美国的合作遵从监管

1. 合作遵从措施。

在美国,随着经验丰富的纳税人不断战胜人手不足的政府,国会和国内收入局不断出台新的、更严格的威慑性惩罚和报告要求予以回应,以遏制纳税人的不合规行为。然而采取以事后审计为中心的行政处罚、刑罚制度并未让纳税人在纳税合规方面有明显的改善,反而使纳税人与政府间的敌意不断上升。为此,美国开始改变策略,向合作遵从制度转变。合作遵从为纳税人提供有用的、随时可用的建议,在审计过程中保证非对抗性、尊重的待遇,并为顺从的纳税人创造积极的激励,取得良好效果。

---

❶ Perkins, R. H, "Forcing cooperation: a strategy for improving tax compliance", *Social Science Electronic Publishing* 79 (4), 2011, pp. 1415-1459.

美国国内收入局较早就采取了合作遵从的监管措施。在很长一段时间里，国内收入局一直在与纳税人通过私人信件裁定（PLR）合作，在申报前解决某些问题。随后又发展出其他申报前措施，最明显的是预申报协议（PFA）和合规担保计划（CAP），这需要纳税人与国内收入局之间大量的合作。这些项目虽然朝着正确的方向迈出了一步，但目前在范围和应用上的局限性非常大，为此仅构成以命令—控制为中心的税收监管制度中的一小部分。

（1）私人信件裁定（PLR）。

从1919年开始，纳税人可以通过PLR程序，在申报前获得国内收入局确定其交易税收地位的书面调查，进而获得交易税务处理的确定性。尽管PLR程序为纳税人和国内收入局提供了一个潜在的、有价值的资源来解决纳税人的问题，但对涉及的适用裁定问题范围的限制和公开制度常常使纳税人不再作将PLR为最理想解决方案。其结果是，这些限制措施扼杀了该服务的能力，使其无法应对纳税人所面临的持续的交易和报告问题。

（2）预申报协议（PFA）。

在2000年，国内收入局开始为大企业司（LMSB）的纳税人提供一种替代的、预先审查的合规工具，即PFA项目。LMSB为企业、分支机构提供服务，并就纳税人的申报价值在1000万美元以上资产的税务处理建立合作关系。PFA项目对所有LMSB的纳税人都适用，让纳税人可以在提交纳税申报表之前就解决税收地位问题。税务从业人员把PFA誉为超级有效的工具，有利于纳税人和税务机关。这对纳税人和国内收入局而言是一个双赢的局面，因为该措施可以让双方节省很多资源。

（3）合规担保计划（CAP）。

2005年12月，伴随着PFA项目的实施，国内收入局又为纳税人的已完成交易提供申报前的解决方案，被称为"合规担保计划"，亦即我国的税收遵从协议示范项目。CAP是一项基于合作的重要倡议，在该计划中，国内收入局选择部分有诚信的大型企业纳税人，通过与指定的税务工作人员密切合作，从而进行"实时"审计，这样纳税人就可以在申报纳税之前对所有重大问题都有确定性。该服务要求参与该计划的纳税人进行"广泛的合作"，其中包括全面披露有关纳税人已完成的业务交易的信息，以及纳税人提出的所有重大问题的返回处理。作为回报，项目的成功参与者可以减少或消除对任何受申报后检查或调整的需求。

2. 合作遵从的效果。

(1) 提供收益确定性。

在美国，对纳税人的纳税申报表进行传统的立案审查，平均需要 52 个月的时间才能完成。对于纳税人来说，这是一段相当长的时间，等待他们的纳税申报差额部分的处罚是确定无疑的。此外，通常情况下，美国禁止公司提请预提税收优惠，除非该公司的经济状况困难而无法维持。为此，在准备财务报表时，公司必须分析每一个税务状况，并确定它是否存在符合或不符合标准的可能性。如果因某个状况不能达到这个门槛，公司在税收优惠不确定的情况下，就无法确定最终收益，并且必须通过披露这个状况来显示未被确认的税收优惠。但 PFA 或 CAP 程序为纳税人提供在合作方式下实时确定交易税收结果的机会，而不是等待两年或更长时间才能最终确定。这种在纳税申报表提交前的解决方法，为纳税人的主要问题提供确定性。如果经 PFA 或 CAP 程序对这一问题作出有利的决定，纳税人将能够立即在他们的财务报表上确认所获得的税收优惠。为此，纳税人愿意为申请 PFA 程序支付 5 万美元，这足以证明该程序的有效性。

(2) 合规成本和执行成本降低。

对税务后果的预先确定不仅可以让纳税人避免预提税款，而且还能节省纳税人和国内收入局的大量时间和金钱，因为在期待、准备和立案后可能引发税务争议的"战斗"过程中将花费大量的时间和金钱。在过去的 5 年中，国内收入局的执法成本一直在稳步上升，其中包括进行立案审计和诉讼的成本等。自 2005 年以来，国内收入局收集和执行这些职能所需的执法人员总数增加了 11%。

同样地，大企业每年也花费数百万美元来遵守和捍卫他们在税法方面的立场。即使纳税人试图遵从法律，而不是操纵法律，但税收规则的超级复杂性可能导致纳税人的合规成本极高。据估计，美国的税收制度每年让所有纳税人花费超过 2.6 亿美元的隐性合规成本。这还不包括大企业为税收筹划所花费的数不清的资金。国家纳税人联盟估计，公司的合规成本约为 160 亿美元，占 2008 财年公司所得税的 50% 以上。

因此，如果国内收入局特别是大企业司能够在提交纳税申报表之前解决大多数未解决的问题，那么征纳双方都可以节省大量的成本和时间。国内收入局最近对其 PFA 项目进行的一次时间和成本支出分析，发现就平均而言，与申请后解决的同一问题相比，该服务节省了大约 80% 的成本。

(3) 从提高透明度中获得交易架构知识的收益。

合作监管还可以帮助国内收入局获得交易架构知识，这将有助于它在履行现有监管职责方面变得更有效率，比如在起草法规、及时发布指导意见，以及执行纳税人的合规行为方面。

国内收入局有效执法的最大障碍之一是，征纳双方往往存在着巨大的信息不对称。纳税人在很大程度上控制着向国内收入局的信息流动。如果纳税人有国内收入局想要知道的关键信息，那么纳税人通常是唯一能够提供这种信息的一方。在威慑治理下，税务机关大部分关于纳税人行为的信息都来自于对纳税人纳税申报表的事后审查。不幸的是，纳税人知道在他们的纳税申报表中哪里可以隐藏关键信息，以及如何迷惑税务机关的稽查人员。税务机关试图对涉及多个实体、管辖权、收入和扣除的流动的复杂交易进行逆向推理时，在时间上几乎是不可能的。

然而，像 PFA 和 CAP 程序这样的项目，纳税人需要与国内收入局官员进行一定程度的实时协作，这将使税务机关能够更迅速地意识到并对新出现的问题作出更迅速的反应，而这些问题是他们之前可能不知道或无法意识到的。更多的交易架构知识可以显著提高国内收入局在与纳税人打交道时的有效性。如果某些税收筹划技术或结构正在上升，而国内收入局在与合作纳税人进行预申报的过程中意识到这一点，那么它就能更好地应对任何税收处理的不确定性，而不是采取被动的方式。

(4) 提高对税务合规规范的认识。

尽管增加税务机关的知识可能会增加其作为监管者的权力，但纳税人与国内收入局的申报前合作并不一定会导致"零和游戏"的结果。通过纳税人和税务机关之间的积极沟通，可以成为对税务合规规范的共同理解的重要组成部分，并能给双方带来好处。

就增加的时间和金钱而言，即使是在仅仅试图遵守税法的情况下，税法的适用性或内容的模糊性可能会给纳税人和税务机关带来困难。在贸易全球化环境下，合法交易正变得越来越全球化，投资技术正变得越来越复杂。现有的税收规则不可能与不断变化的格局保持完全同步，新市场技术的出现和将管理它们的税法之间往往存在时间差。然而，随着这些问题的出现，纳税人和税务官员之间协商、合作的对话可以帮助改善这些影响。在没有这种对话机制的情况下，各方可能对规则的意义有不同的、真正的理解，并可能各自认为自己的原则是正确和明确的。双方之间的积极沟通可以确定一个法规的共享遵循规范，并澄清每个参与者的期望是什么。此外，了解对方的观点和决策过程，不仅有助于更好地理解法律的适用范围，也有助于更好地理解法律的演变过程。

（二）澳大利亚的回应性管制

1997 年，澳大利亚税务署（ATO）与它的现金经济工作组协商建立了一个合作合规的金字塔模型，被称为"回应性管制"。该模型建立在理解纳税人行为、与纳税人社区建立合作关系、鼓励支持和合规等核心目标的基础上，并制定了若干规范目标，包括：①纳税人因无知或财务规划不当而犯错误，而不是滥用职权，并准备主动提出全面披露；②如果纳税人在发现异常情况时准备合作，提供援助；③投入资源，将持续和一致的注意力集中在疑难事项和"大鱼"上，而不是"低垂的果实"。

为了实现这些目标，澳大利亚的税务官员被要求放弃他们之前威慑治理下的命令—控制方式，并与纳税人采取更温和、更合作的方式。事实上，回应性管制的原则被纳入新进员工培训计划，为新来者提供培训包、员工绩效评估、招聘选择标准、立法，以及在各业务窗口工作人员的日常运作中。

ATO 合规模型依赖于这样一种观点，即纳税人的信念、价值观和对税收管理的态度导致他们对税务管理采取了特殊的立场。根据纳税人的信念，税务部门使用各种技术来实现纳税人的合作。这个模型类似于一个金字塔，在这个金字塔中，大多数纳税人都是合作的，因此处于最底层。税收管理最初是回应对纳税人社会责任的诉求，目的是培养纳税人的良好公民意识、信任和联盟，而不使用惩罚性措施，这些措施可能会破坏纳税人善意和遵从的内在动机。如果纳税人不遵守，那么税收管理部门就会采取在金字塔上更高层级的措施，并使用更多的强制手段来执行、监管和惩罚违法行为人。一旦纳税人选择合作，税务机关就会逐步降低金字塔中的层级措施，逐步减少执法和监管。为此，纳税人会把税务管理认为是合作机制，除非他们拒绝服从，然而这将招致使用更多的命令—控制技术迫使遵从。税务机关的目的是建立一个对特定纳税人的态度作出反应的系统，以便于有更充分地资源控制不遵从的纳税人，同时让顺从的纳税人避免不必要的紧张和对税收管理的恐惧。

可以肯定的是，澳大利亚的转型并不容易。在 ATO 中，新模式产生了重大的组织障碍。ATO 是一个庞大的官僚机构，大约有 19000 名员工被分成 12 个部门，分散在全国各地。许多工作人员，特别是那些长期以来一直在税务机关工作沉浸在旧文化中根深蒂固的人，很难适应新制度。ATO 所面临的障碍包括把新视野渗透到整个机构中的困难，以及让员工在新系统中适应他们的新任务。的确，某些工作人员认为，他们的工作受到新制度的损害，不愿跟随这些变化。

然而，初步结果表明，在合作制度下，这些困难是值得的。根据ATO的说法，这些好处是显著的。例如，ATO已经实现了税收收入的增加，以及高净值个人纳税人所声称的税收减免和损失的减少。ATO还声称，在处理转让定价问题方面、增加税收收入方面也取得了显著成效。ATO所花费的每100万美元，就产生了超过10亿美元的额外税收。ATO认为这些结果更有意义，因为他们是与高度复杂的纳税人打交道，其中大多数在过去已经能够达到他们想要缴多少税就缴多少税的程度。

ATO的改革迄今为止已经证明，纳税人持续改善的可能性是真实存在的，值得各国税务机关认真学习。

第二节 事前矫正机制：实现税收竞争功能的制度基础

本节结合经济学的法不完备理论，意在解析各国实践形成三种不同类型（单向式、协商式、非正式，后者因无法学研究价值而在前面没有讨论）税收事先裁定制度的成因，由此解析出协商式裁定产生税收竞争功能的制度基础。经济学中的法不完备理论，解析出税法的不确定性使税务机关取得规则制定权。当各税收管辖区采用税收事先裁定作为矫正机制时，税务机关对规则制定权运用方式的不同，则生成三种完全不同的税收事先裁定制度。

一、传统征管体制下税法不确定性的成因

（一）税法存在不确定性

在实务中，税法的不确定性会导致纳税人应纳税额的不确定，可能会对投资行为产生加速的影响，因为存在纳税额增加的不确定性可能会减少总体交易的不确定性，从而降低投资选择的价值。从投资者的角度来看，税法的不确定性被认为是投资项目的实际纳税额与在投资决策之前的预期纳税额之

间的偏离。而从税务机关角度看，税法的不确定主要是由于税法规定不明确或没有规定。在实务中，税法不确定性主要源自立法，表现在以下两个方面：

1. 税法解释方法的可变性。

税法的解释方法很多，就是说有多种方法来确定法律文本的真正含义。如文意解释、历史解释、目的解释等。对法律的认识存在多种解释路径表明，在许多情况下不能客观地确定法律的真实内涵，而需要依据不同的场景来确定法律的具体适用。一般而言，在立法上通过采用立法原则和立法规则相结合，税法可以变得"更加确定"。

2. 在解释的立场上没有达成共识。

如前所述，立法并不是税收不确定性的唯一来源。相反，即使税法保持不变，如果投资者已经作出了与税收相关的所有经济决策，征纳双方如果立场不同，也存在税收不确定性。原因在于，纳税人、税务机关可能会以不同的方式解读税法和交易事实。❶ 事实上，征纳双方对解释方法的认知一致才是税法确定性最为重要的基础。为此，法律不确定性的第二个来源是，对税法的解释立场上征纳双方没有达成共识。

一旦征纳双方对税法解释产生歧义，根据哈贝马斯交流理论，理性的对话会产生决定性的意义。❷ 参与者持有不可比较的立场时是否能达成共识是个问题。比如，对于那些采用社群主义观点的人来说，所有的财产都属于国家，所以税收不是对个人的强加，而是国家财产的一部分，那么纳税人有责任说明为什么政府不应该从纳税人那里取得财产；而对自由主义者来说，私人财产是国家保护对象，因此税收是对个人的一种负担，此时的征税方式基于社会契约来进行，基于纳税人的同意，政府有责任说明为什么它应该得到纳税人的一些私人财产。❸ 因此，社群主义和自由主义的对立观点意味着，对税法的解释往往是相互矛盾的。征纳双方因立场不同，很难达成共识。

（二）事实认定的不一致导致税法不确定性

除前文情形外，导致税法不确定性的另一成因与税法本身无关，而与事实认定有关。以企业纳税人为例，从交易生成到申报完税，通常会有三方主

---

❶ Niemann, R., "The impact of tax uncertainty on irreversible investment", *Review of Managerial Science*, 5（1）, 2001, pp. 122 – 156.

❷ Jurgen Habermas, *Theory of Communicative Action*（Vol. 1）, Thomas McCarthy（trans）, Boston, Beacon Press, 1984, p. 56.

❸ Bowers, M., "Responsive regulation and the uncertainty of tax law-time to reconsider the commissioner's model of cooperative compliance". *Taxation* 10, 2007, pp. 59 – 75.

体参与其中,并形成三种类型的事实,如图3-1所示。

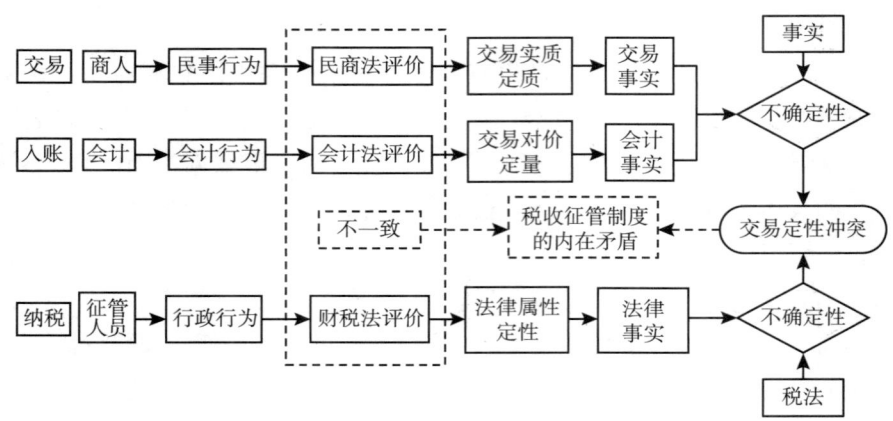

图3-1 事实认定的不一致导致税法不确定性

一是商人。商人的逐利动机促使其完成交易,相关交易在法律上生成民事行为,这是对交易进行的民商法评价。该项评价通常是对交易实质进行定性,其评价基础是相关交易事实。

二是会计。针对交易所涉及的款项出入,会计人员按照《会计法》入账,形成会计法评价。该项评价通常是对交易对价进行量化,从而形成会计事实。

三是税收征管人员。一旦交易完成,商人身份转化为纳税人,税务机关依据税法对纳税人的交易事实和会计事实做出财税法评价,该项评价是由税务机关单方面作出的行政行为,其评价基础是税务机关确认的法律事实。

如果这三种事实不一致,极易引发矛盾。通常,理性的纳税人往往会尽可能地把纳税义务降到最低,为此,交易事实与会计事实未必完全一致。这导致纳税人申报表中报告的事实具有不确定性。这时税务机关机关需要运用税法授予的权力,通过审计或核定手段认定应纳税额的法律事实。该法律事实有可能是完全偏离交易事实和会计事实。这就是说,同一笔交易,可能存在民商法评价、会计法评价和财税法评价完全不一致的情形。这时,征纳双方会形成交易定性的冲突,此项冲突外在表现为税法的不确定性。这是税收征管制度的内生矛盾,是无法避免的。这就需要税务机关设立矫正机制,排除这些干扰因素。

税务机关为依据税法确定法律事实,部分税收管辖区选择税收事先裁定作为税法解释机制,用以矫正税收征管制度的内生矛盾。进而,产生的问题是，同为税法不确定性的矫正机制，为何各税收辖区税收事先裁定的制度差异会那么大？这需要从税务机关如何运用税法解释权说起。

二、法不完备性理论——税法不确定性的事前矫正机制

(一) 法不完备性理论

1. 理论概述。

税法的不确定性在经济学上被称为"法律的不完备性"，该理论主要用于解析在法律不完备状态下为何需要设立监管机构。该理论指出设立监管机构的原因是由于在议会立法权之外还存在剩余权力，亦即，议会立法并非是绝对完备的，总有未尽完善的内容，由此形成剩余立法权。如果法院无法承担这项剩余权力，则必须设立监管机构。这里的监管机构在行政法学上是指行政机关或行政主体。

该理论对行政法的重要意义在于，其从经济学角度解析了为何要在法院之外设立行政主体来行使特定行业的监管职能，比如对于证券行业。

2. 规则制定权的产生。

社会是变化的，而法律具有相对稳定性。为此，立法者不可能预料所有将来会发生的事件，更不可能把法律定义得无限清楚，能够用语言准确地、无差异地写出来。就是说，现实中法律都是不完备的。法律的不完备性理论认为，由于法律不完备，即便想尽办法去完备法律，也总是赶不上现实变化的速度，因此只好设立专门的监管机构，补足立法不完备部分——行使立法权之外的剩余权力。[1]

将之置于税收征管领域时，由于税法不确定性产生的剩余权力。这项剩余权力就是指税法正式渊源（法律、国际条约、法规、规章、税务规范性文件等）之外的税收规则制定权。

在税收领域，基于税收法定主义，税收立法权归属于权力机关，但是权力机关未予明确部分，一般都授权税务机关有自由裁量的权力。为此，税收规则制定权一般是由法律赋予行政机关的一项自由裁量权，仅及于正式立法权未予周全部分的税务规则。这些税务规则是对税收立法的补充，只要在原

---

[1] 许成钢. 法律、执法与金融监管——介绍"法律的不完备性"理论[J]. 经济社会体制比较, 2001 (5).

则上符合法律，就可以适用。

（二）事后矫正机制的缺陷

在传统的税款征收程序中，由于没有法律的明确规定，纳税人无法知晓未来确切的税务后果。在无法获取税务机关事前指引的情形下，纳税人按自己的惯常理解来确定税收的预设值，并进行纳税申报。

传统征管体系的核心特征是税务机关独享税收规则制定权，在纳税人完成申报后，就纳税人的交易依据税务机关自身的立场解释和适用税法，并作成征收决定。此时，税务机关的实定值可能远远超出纳税人的预设值。这有可能直接打击纳税人对执行该交易的信心。事后，如果纳税人没有确定把握，就不会再推进类似的交易，这直接导致税务机关未来税收的减少，对税务机关而言也是不利的。通常情况下，导致这种双输的成因是对税法解释的偏差，直接影响交易定性的不一致，形成税务风险，继而生成税务纠纷，最终导致纳税人经营成本的增加和税务机关管理成本的增加。

从上可知，传统征管体制采用事后介入机制。在纳税人进行纳税申报后，由税务机关独享税收规则制定权，由其单方面认定进行解释和适用税法，最终导致税收征管系统的不稳定性。

（三）事前矫正机制的导入

为矫正事后介入机制的不稳定性，多数税收管辖区开始考虑在事前导入矫正机制，以确保税务征管系统的稳定性。这种事前矫正机制就是税收事先裁定制度。就是说，为解决传统税款征收程序的缺陷，多数税收管辖区在纳税申报前导入税收事先裁定，以之作为税法不确定性的事前矫正机制。

当各税收管辖区设立税收事先裁定作为税法不确定性的事前矫正机制时，在宪法框架下，依该项剩余权力配置方式的不同，形成三种不同的事前矫正机制，亦即三种不同法律体系的裁定制度，如图3-2所示。

1. 司法制度模式。

当纳税人的预设值与税务机关实定值出现偏差时，交由司法组织裁决，形成事前交易定性。例如，瑞典、印度将剩余权力交由独立于税务机关的准司法组织行使，由此形成司法制度。

2. 民事制度模式。

当纳税人的预设值与税务机关实定值出现偏差时，由纳税人与税务机关签订协议，协商解决，形成事前交易定性。例如，荷兰直接在民法中决定协

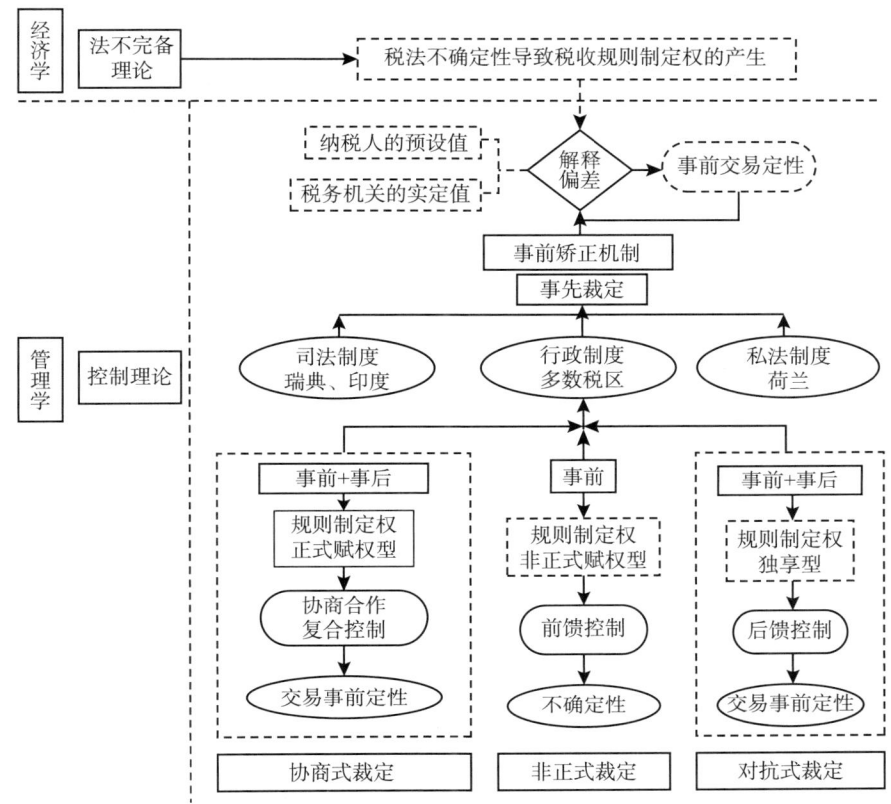

图 3-2 三种矫正制度及行政制度下的三种裁定类型

议框架下,让纳税人与税务机关以平等的方式直接共享剩余权力,由此生成民事制度。

3. 行政制度模式。

当纳税人的预设值与税务机关实定值出现偏差时,交由税务机关决定,形成事前交易定性。就是说,税务机关拥有该项剩余权力,下文称为"税收规则制定权"。

实践中,多数税收管辖区将该项税收规则制定权交由税务机关,以之作为监管机构来行使该项税收规则制定权。当税法出现不确定时,税务机关作为监管机关,是当然的规则制定者。当税收规则制定权交由中央税务机关或主管税务机关行使时,就产生三种不同类型的行政制度模式。

需要明确的是,这里的税收规则制定权仅指前文的剩余权力,亦即税法没有规定、或有原则性规定但不明确(仍需要制定规则予以细化)。但是对于已由法律、法规、规章、法院判决等明确规则，仅是如何适用的问题，不属于税收规则制定权的范畴。为此，针对两类不同的事项，税务机关应当建构不同的管制工具予以应对。比如，在美国信件裁定制度下，税收规则制定权只能由国内收入局总部行使，作成信件裁定。而法律已明确事项由地方税务办公室发布决定书。两者涉及的领域完全不同。

三、作为行政制度的事前矫正机制

在行政制度下，税收事先裁定是税务机关在纳税申报前行使税收规则制定权的一种重要载体。不同的治理机制下，税收事先裁定程序对税收规则制定权的处理方式是完全不一样的，在税务机关内部所生成的管理组织也完全不同。进而，各国税务机关在实践中对税收规则制定权配置方式的不同，形成了行政制度下三种完全不同类型的税收事先裁定模式，如图 3-2 所示。同时，从控制理论角度，这三种行政制度类型是由于其内在的控制机制不同导致了功能上的差异，对此将在第三节展开具体分析。

（一）独享税收规则制定权

在威慑治理下的单向式裁定中，税收规则制定权是由主管（地方）税务机关独享的，纳税人必须服从税务机关单方面决定。澳大利亚私人裁定制度是主管税务机关独享税收规则制定权的典型。由于是主管税务机关独享，不涉及第三方，就没有必要在主管税务机关之外再设立专门的监管机构。从法律层面上看，主管税务机关行使税收规则制定权构成解释税法，这种解释是否有效，需要法律授权。经法律授权后，税收规则制定权属于主管税务机关的自由裁量权，此时主管税务机关发布的裁定所确立的规则属于"事实上"的法律。但是，由主管税务机关独享税收规则制定权极易导致自由裁量权的滥用，且带来税法在各地适用的不一致性。为此，从制度建构层面看，单向式裁定并非最佳的制度选择。

（二）正式赋予纳税人参与税收规则制定的程序性权利

在合作治理下，如前所述，纳税人参与了规则的制定过程，就是说纳税人被裁定机关（一般是中央税务机关）赋予税收规则制定的程序性权利，这是协商式裁定的核心特征。此时，作为行政权力，税收规则制定权属于中央税务机关。但是，协商式裁定在发布程序中融入了协商机制。此时，对纳税人而言，协商参与属于程序性权利。

一般情况下中央税务机关依职权拥有税收规则制定权，但为实施税收事先裁定制度，需要在中央税务机关内部设立专门的机构来发布裁定。如加拿大、新西兰、南非就是由中央税务机关内设机构来承担发布事先裁定的责任。赋予纳税人参与税收规则制定的程序性权利，不仅解决了征纳双方的信息不对称问题，也解决了税法不确定性问题。为此，协商式裁定成为税收事先裁定制度的最佳实践。

（三）非正式赋予纳税人参与税收规则制定的程序性权利

除前述两种情形之外，有些国家建立了对征纳双方均无拘束力的非正式裁定制度。如奥地利、希腊等国。❶ 在这些国家，征纳双方就税收规则制定权形成非正式共享机制。虽然税务机关在一定程度上独占税收规则制定权，但是纳税人在一定程度可以直接利用无拘束力的先前裁定。比如，奥地利就规定，如果纳税人信赖某特定交易的先前裁定，就可以申请减少一定数额的纳税义务或退还已缴纳税款。❷ 这时，纳税人虽然没有直接参与规则制定，但是其有权利用先前税务机关已经作出裁定的立场。因该模式的非正式性，从法律效果上看功能有限，仅为极少数国家采用，为此前文中并未作为独立的裁定类型做深入分析。但从管理学的角度，该模式的存在可以为解析另外两种裁定模式的差异性奠定基础。

从上可知，税务机关对以上三种税收规则制定权的不同处置方式，分别构成对解释偏差的三种不同矫正机制。第三节将根据控制理论对以上三种不同类型的税收事先裁定进行解析。

第三节 "前馈—后馈"复合控制：保障税收竞争功能的运作机理

借助法律不完备性理论，上文解析出在采用行政制度的实务中，基于三种不同的税收规则制定权行使方式，进而产生三种完全不同的税收事先裁定制度。下文接着借助管理学中的控制理论对不同控制方法下控制效果的差异，

---

❶ Carlo Romano, *Advance Tax Rulings and Principles of Law*, Amsterdam, IBFD Publications BV, 2002, pp. 409–410.

❷ 同上，p. 411.

分析这三种税收事先裁定制度的组织架构及其控制方法上的差异,并通过三种制度类型的比较,阐明协商式裁定为何相较于单向式裁定和非正式裁定具有优越性,这是保障协商或裁定生成税收竞争的运作机理。为此,本节意在解剖消除税法不确定性的控制方法,指出虽然同为税法不确定性的矫正机制,单向式裁定和协商式裁定在控制方法上存在的重大差异产生完全不同的控制效果,由此可以发现,协商式裁定是最佳实践的必然选择。

一、控制理论概述

控制理论是研究在信息沟通和反馈过程中,所形成的信息对系统所施加的影响,以及控制规律性的科学,其目标是保持系统的稳定性。❶ 控制理论原本诞生于工业机械领域,后被学者用于社会管理领域研究。❷ 本书借用控制理论的三个分析工具,后馈控制、前馈控制及其组合(参见图3-2),用于分析税收事先裁定三种制度类型,并根据控制理论,分析三种制度的优缺点和功能差异。

其中,后馈控制是事后控制,其控制时点发生在系统运行结果的偏差发生之后。前馈控制是一种面向未来的控制,前馈控制的控制时点是发生在偏差发生之前,即预先采取控制行为。前馈—后馈控制是前述两种控制模式的结合体,纠正了前面两种控制模式的不稳定性。

根据三类不同裁定类型的特征可知,单向式裁定属于后馈控制,非正式裁定属于前馈控制,协商式裁定属于前馈—后馈复合控制。下文分别展开分析。

二、后馈控制:单向式裁定

后馈控制是指在问题发生后,控制者才单方面采取相关措施进行控制。后馈控制意在消除偏差,属于闭环模式。这使得控制系统处于不稳定状态,需要借助外来控制手段进行平衡。

在税收征管领域,纳税人在完成交易进行纳税申报后,税务机关对纳税

---

❶ 池国华. 基于组织背景的管理控制系统设计:一个理论框架 [J]. 预测,2004 (3).
❷ 阎耀军. 建立社会管理前馈—后馈复合控制机制的思考 [J]. 北京工业大学学报(社会科学版),2007 (7).

人的交易做出事后处理。如发现偷漏税或避税问题，采用命令—控制为手段进行调节。这种事后作出决定的管理模式属于典型的"后馈控制"。在后馈控制下，税务机关独享税收规则制定权。同时，税务机关所做的税款征收决定对征纳双方都有拘束力，形成闭环模式。一旦引发争议，只能借助行政复议、诉讼等使税务控制系统处于稳定状态。这种事后决定也可以提前到交易之前做成，单向式裁定即属此种情形。

在单向式裁定中，纳税人在纳税申报前就交易定性申请税务机关做出裁定。在裁定做出过程中，由税务机关根据裁定申请载明的交易预设值与税法给定值加以比较，如得出有偏差，通过调节手段（命令—控制机制），由主管税务机关拟定税法给定值并直接作出单方面处理决定，并在纳税人正式申报后作出与裁定一致的税款征收决定，以消除该偏差。虽然单向式裁定提前对交易实施定性，以单方面决定消除信息不对称带来的不确定性，但是该单方面决定并未消除税法不确定性。为此，一旦引发争议，仍需要外在控制手段予以平衡。

事实上，相较于税款征收程序，单向式裁定仅把控制时点提前，但其调节手段没有发生变化，两者在实质与功能上是一致的。从管理角度看，单向式裁定仅是把税款征收程序中的纳税评估提前到纳税人递交纳税申报表之前。由于税务机关发布单向式裁定后，毋须就裁定载明交易进行审计评估，只需按照裁定计算应纳税额即可。就是说，单向式裁定只是改变了税款征收决定的发生时间，但在治理机制上并没有实质性变化，仍属于威慑治理下的命令—控制手段，纳税人无权参与税务规则的生成过程。

此外，在采用单向式裁定的税收管辖区，裁定的效力本身处于不稳定状态，有的对纳税人有拘束力，有的无拘束力。比如，澳大利亚的私人裁定、德国针对已完成交易的承诺是典型的闭环控制，对征纳双方都有拘束力。而德国针对预期交易提供的拘束力资讯、中国台湾地区的预先核释，以及其他税收管辖区的单向式裁定仅对税务机关产生拘束力，属于非典型的闭环控制。前者相较于后者更容易产生税务纠纷。实践表明，不管裁定效力结果如何设定，采用单向式控制系统的税收管辖区均需借助外来控制手段（复议、诉讼），才能使系统恢复稳定状态。

可知，单向式裁定与税款征收决定一样，均属后馈控制的方法。

1. 后馈控制的优点。

后馈控制适用性强。任何解释偏差对税收征管控制系统的影响均可消除，适用于整个税收征管控制系统,并且是税收征管系统的最后防线。

2. 后馈控制的缺陷。

(1) 在后馈控制下,由于税法给定值的不确定性以及信息流动的滞后性,使征纳双方因认识不一致引发冲突,进而导致税务控制系统本身的不稳定性,最终必须进入复议、诉讼程序才能解决争议,由此增加交易成本。

(2) 后馈控制中,只有当税务机关有能力发现纳税人对交易定性有偏差后,税务机关才能对之进行处理。虽然单向式裁定有助于发现偏差,但是税务机关的单方面决定无助于消除因税法不确定性而引发的争议,这导致征纳双方仍要对交易定性承担巨大的法律风险,并促成纳税人偷税款或避税的动机。

(3) 在税款征收程序中,后馈控制使纳税人对税收后果处于未知状态,无法对交易进行合理的安排,使税收成为交易的障碍,不利于经济发展。而在单向式裁定下,虽然一定程度上修正了税款征收程序的缺陷,但由于纳税人无法参与规则制定,裁定对其仅起提前知晓税务机关立场的作用,其他相关内容与税款征收程序一致,比如对裁定可以复议、诉讼等。因此,如果无法像澳大利亚的私人裁定那样对纳税人设定法律效力,那么纳税人会从策略上利用单向式裁定,将之作为纳税筹划的工具,亦即偷逃税款或避税的参照工具。为此,采用非典型闭环控制(仅设定单边拘束力)下单向式裁定的税收管辖区要特别防范纳税人的不正当动机。

(4) 后馈控制总是落后于解释偏差,只有当解释偏差出现并在事实上形成偏差时,税务机关必须通过事后的稽查手段去发现解释偏差,进而才进行处理,消除解释偏差。因此,后馈控制是一种不及时控制,无法防患于未然,容易导致管制失灵,最终使税务机关只能在高管理成本状态下运行。单向式裁定虽然在税款征收前告知预处理方式,但是单方面决定本身就存在引发税务争议的隐患,并未消除税法不确定性。这从成本—效益角度考虑是不经济的,因为单向式裁定与税款征收程序在调节手段上具有同质性,没有形成新的治理变化。

(5) 后馈控制是闭环控制,存在不稳定性。亦即,税务机关只能对干扰(指税法不确定性)的后果进行处理,却无法消除干扰本身,从而影响征管控制系统的稳定性。这是由税务机关独享税收规则制定权的特性所决定的。

(6) 在控制理论中,后馈控制属于底层控制,这意味着有多个控制者。同时,后馈控制是靠给定值与实际值之间的偏差来工作,偏差是引起调节的原因。为此,需要把控制者设定为同一主体,否则无法让给定值保持稳定。

底层控制属性决定了后馈控制无法实现系统控制的稳定性。把这个规律应用到税务领域，单向式裁定和税款征收程序由主管税务机关做出，这与后馈控制的底层控制一致。由于各地税务机关对同一事项的认知不一，无法形成统一的给定值。就是说，单向式裁定无法将裁定申请载明的税法问题始终保持在给定值，特别是在有多个调节者（同一问题多个主管税务机关处理结果可能不一致）的情形下，更加无法保证给定值的一致性。为此，单向式裁定无法保证同一事项税法适用的统一性。

（7）由于是底层控制，对同一事项各区域需要重复处理，在一线需要配备大量工作人员，形成金字塔形结构，造成底层机构臃肿。这与单向式裁定和税款征收程序中组织实践一致。

从上可知，后馈控制下的单向式裁定依赖强权解决税法的不确定性，税务机关独享税收规则制定权却导致税务管理系统的不稳定性，为此需要外力的介入才能让系统维系。比如，在税收征管程序外用诉讼机制进行补充。

三、前馈控制：非正式裁定

前馈控制在出现问题的临界点之前就发现问题，事先制定纠偏措施，将问题解决在萌芽状态。❶ 前馈系统虽然也是通过信息反馈来实施控制，但这种信息反馈是在投入一端，在结果出来之前就投入资源、机制或措施加以干预、纠正，使结果与目标相符合。相较于后馈控制，前馈控制意在排除扰动因素，属于开环控制，具有较好的超前性和及时性，但比后馈控制更不稳定。

非正式裁定以征纳双方非正式共享税收规则制定权为调节手段。纳税人在交易之前，就相关交易向税务机关提出咨询，税务机关以裁定予以回复。获取裁定的纳税人予以参照适用。此外，已发布裁定对其他纳税人而言，可以作为参照。非正式裁定由此产生普适参照功能，起到对不特定纳税人的事前纠偏的作用。因此，非正式裁定属于前馈控制。非正式裁定对征纳双方都不具有拘束力，这在行政法上被称为行政指导，属于开环控制。前文所述的美国预申报协议（PFA）和合规保证计划（CAP）亦属于前馈控制。在法治不完善国家，非正式裁定往往表现为税务机关工作人员与纳税人之间幕后的钱权交易，属于征管领域的灰色地带。

---

❶ 王苹，阎耀军.基于前馈控制的组织设计探讨［J］.中央财经大学学报，2009（8）.

(一) 前馈控制的优点

(1) 前馈控制是补偿解释偏差的矫正机制，理论上可以实现完美控制。就是说，原理上可以使裁定申请载明的税法问题永远保持在给定值，让结果毫不偏差。非正式裁定就是对税收征管系统的一种补偿机制。因非正式裁定无拘束力，纳税人可以依据税务机关的答复对交易进行规避或选择，参照非正式裁定使交易与税法给定值保持一致。

(2) 前馈控制使用的调节手段在裁定申请载明的税法问题偏离给定值之前就采取事前措施。相对于后馈控制，前馈控制对解释偏差的矫正更有效，由于税务机关通过非正式行为对纳税人税收后果进行预先指导，纳税人依据非正式行为主动调节交易行为，使之与税法给定值一致，降低了交易风险。

(二) 前馈控制的缺点

(1) 前馈控制是开环性控制，不存在解释偏差的反馈。就是说，对控制效果没有检验的手段。对于非正式裁定而言，即使纳税人根据税务机关的非正式行为完成交易，仍然无法保证其最终的交易结果与税法给定值之间是否存在解释偏差，征管控制系统也没有提供进一步校正的机制。

(2) 前馈控制中，由于调节手段作为非正式行为对税务机关无拘束力，纳税人依据非正式行为进行的解释偏差调整不一定会被税务机关认可。由此交易风险仍然存在。

(3) 前馈控制适用性弱。前馈控制只能对可测的解释偏差进行控制调整，对于不可测的解释偏差无法调整。对税务机关而言，以非正式行为方式对税务进行事前处理，只能局限于纳税人已经发现的解释偏差，但对于纳税人没有发现的解释偏差，税务机关并没有解决。因此，其调整范围非常窄，不适用于全方位的控制系统，只能作为局部调整的控制手段，不可测的解释偏差只能采用交易后馈控制解决。

(4) 控制系统脆弱。前馈控制完全依赖纳税人对干扰因素的发掘，类似于一种放任行为。同时，非正式行为对税务机关没有拘束力，就是说对纳税人没有保障，容易导致调解失灵。特别是在权力寻租模式下，一旦腐败被发现，税务机关工作人员面临渎职的刑事制裁，给征纳双方都带来法律风险。

从上可知，前馈控制并没有真正解决税法的不确定性问题。为此，由于非正式裁定无法使税收控制系统达到稳定状态，因而采用非正式裁定的税收管辖区并不多见。同样地，美国的预申报协议（PFA）和合规担保计划（CAP）

举措并没有真正包含回应性、包容性和信任,导致这些措施也未能解决确定性问题。❶

四、"前馈—后馈"复合控制:协商式裁定

相较于单向式裁定,协商式裁定采用全新的治理手段,在税务规则生成过程中融入协商机制,使纳税人参与税务规则生成的过程,形成由中央税务机关为前导的前馈控制。进而,在纳税申报后,由主管税务机关对纳税人的实际交易进行校对,并实施税款征收,形成主管税务机关为后备的后馈控制。这种将裁定权与税款征税权相分离的模式形成全新的"前馈—后馈"复合控制系统。事实上,协商式裁定是通过架构复合控制系统来实现税收规则制定权的正式分享,如图3-3所示。

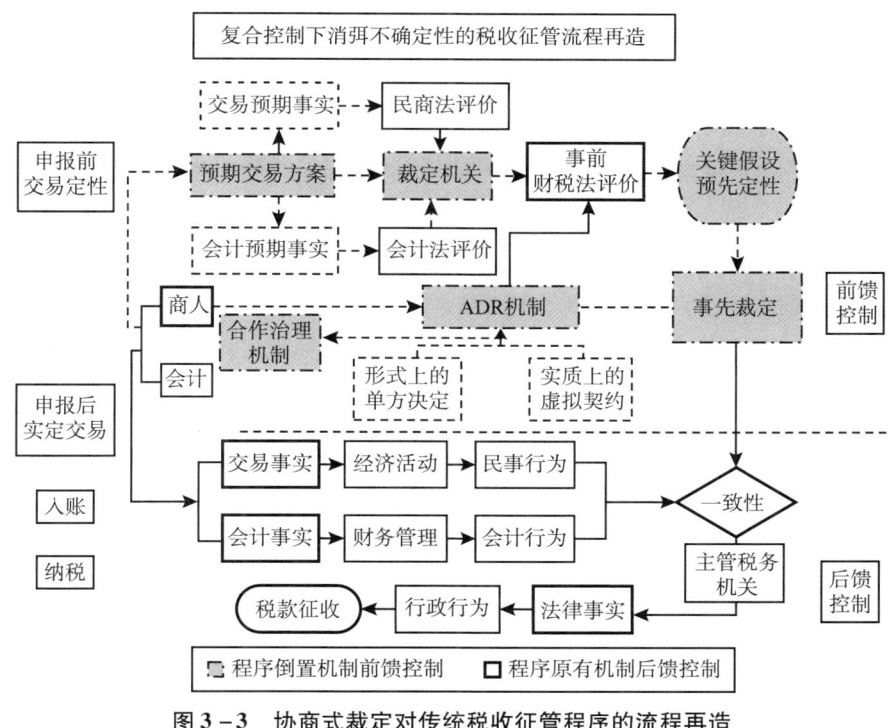

图3-3 协商式裁定对传统税收征管程序的流程再造

---

❶ Perkins, R. H, "Forcing cooperation: a strategy for improving tax compliance", *Social Science Electronic Publishing* 79 (4), 2011, pp. 1415-1459.

协商式裁定并非一个由税务机关简单提供税法解释和适用的答复，而是由两种控制程序组合而成的复合行为，是对传统税款征收程序的流程再造。由是观之，对协商式裁定的认知必须将其置于整个税款征收过程，而不能简单地截取裁定发布这一部分来理解。对此用行政法理论中单一的行政行为理论是无法解析这种复合管理机制下的行政活动。如前所述，协商式裁定属于与行政复议、行政诉讼相并列的事前 ADR 程序机制，自身即可使税务系统处于稳定状态，从而无须再借助外来控制手段维系税务控制系统的稳定性。

协商式裁定在后馈控制之前嵌入前馈控制，把事后的执法行为转化为事前的服务行为。由此，协商式裁定从实质上改变并颠覆了传统的税款征收程序，通过程序倒置机制实现了对税收征管程序的流程再造。下文以预期交易为例加以阐述，已完成交易可比照之。

（一）协商式裁定内含的流程再造

1. 前馈控制。

依据协商式裁定的既有实践，前馈控制阶段的控制者为中央税务机关，是解释偏差的矫正者，表现为对纳税人所递交裁定草案的审查。亦即，由纳税人向中央税务机关提出申请，由中央税务机关作为裁定机关发布裁定（指协商式裁定，下同），由此纠正了后馈控制下底层控制带来的不一致性和不稳定性。

首先，在纳税申报前，申请人就预期交易的税务后果该如何处理向中央税务机关提出裁定申请，申请人提交的预期交易方案中，申请人必须提供交易预期事实和会计预期事实。基于民商法评价和会计法评价，由申请人在裁定草案中阐明财税法评价。

其次，中央税务机关对申请人的裁定草案采用协商机制进行审核，以此形成财税法评价的共识，从而排除了各种扰动因素。协商式裁定的调节手段如下：如果观点一致则直接按裁定草案发布裁定；如果观点不一致，中央税务机关告知后，纳税人有权撤回裁定申请；如不撤回则按中央税务机关的意见发布裁定。

最后，中央税务机关把裁定抄送给主管税务机关，并予以公开。主管税务机关收到中央税务机关抄送的裁定，如果认为裁定错误，应当报请中央税务机关处理。裁定虽然对其他税务机关没有拘束力，但是其他税务机关在处理同样交易时，一般都要予以参照，具备示范效应。其他纳税人的同样交易虽然不得直接要求主管税务机关按照裁定处理，但是可以依据平等原则要求同等对待。由此，裁定产生预防功能。

此外，虽然主管税务机关并没有直接参与其中，但是该预期交易的最终税务处理还是由主管税务机关完成，主管税务机关仍是其中一方当事人，为此中央税务机关的裁定对主管税务机关直接产生拘束力。事实上，在这个过程中，中央税务机关通过与纳税人协商形成特定事项的适用规则，并以中央税务机关单方决定的形式发布，进而对主管税务机关产生拘束力，由此中央税务机关与纳税人之间形成实质上的虚拟契约，该项虚拟契约的核心内容是中央税务机关以第三人身份为主管税务机关和纳税人之间可能存在的税务纠纷实施"调解"，用以避免未来可能形成的税务争议，以此实现合作治理。为此，协商式裁定具备争议解决功能，属于与行政复议、诉讼等行政救济手段相并列的事前 ADR 行政程序。

从上可知，协商式裁定在纳税申报之前就采用 ADR 机制，对未来可能形成的纠纷加以干预、纠正，使实际税务处理结果与税法目标相符合。这个前馈控制过程，意在排除信息不对称和税法不确定等扰动因素。

2. 后馈控制。

后馈控制阶段的控制者为主管税务机关，裁定适用的审查者，其职责表现为审查实际交易事实与裁定载明事实的一致性。

如果实施交易，则取得裁定的纳税人必须信守提出申请时作出的"要约"，按照裁定载明的交易事实实施交易。在纳税人递交纳税申报表后，主管税务机关必须依据裁定载明的交易事实与会计事实，对纳税申报表载明的交易事实和会计事实进行审查，确定两者是否一致。如果一致，必须适用裁定作出税务处理，作成税款征收行为，此时主管税务机关兑现承诺。在协商式裁定中，主管税务机关的职责仅是一致性的审查者，而非税法适用的解释者。如果事实审查不一致，则应当拒绝适用裁定，主管税务机关有权重新按照传统的税款征收程序征收税款，此时的主管税务机关重新成为税法适用的解释者。

从上可知，申报后主管税务机关的所为属于事后处理，这是一个后馈控制过程，意在确定应纳税额。与传统税款征收程序相比，主管税务机关的权能有所变化，从决定者改变为审查者，但是后馈控制是税款征收的最终保障。

（二）复合控制的优点

"前馈—后馈"复合控制是对前馈控制和后馈控制下所存在缺陷的修正，形成优势互补。其优点主要在以下几个方面：

（1）适用性强。通过开闭环结合（对税务机关产生拘束力，对纳税人无拘束力）的模式，可以囊括可测和不可测的所有解释偏差，让纳税人取得选择权，具有很强的适用性。此外，由中央税务机关发布裁定，消除反馈控制下底层控制带来的不一致性。

（2）由于采用两权（裁定发布权与裁定实施权）分离机制，充分发挥中央税务机关的权威性，可以让纳税人在实施预期交易事实时与裁定保持不变。这在一方面保证征纳双方意见的一致性，另一方面使前馈控制与后馈控制在处理解释偏差上保持一致性。

（3）在传统税收征管程序中增加前馈控制，由第三方（中央税务机关）对解释偏差进行事先处理。即使存在交易事实上的偏差，仍有后馈控制进行纠正，使主管税务机关成为裁定的实施机关，有效解决了主管税务机关对税法解释偏差的资格（合法性）问题，并可以将裁定适用于整个税收征管控制系统。这大大降低了后馈控制下由主管税务机关单方面调整解释偏差带来的法律风险。

（4）以协商机制为调节手段，通过征纳双方协商约定裁定申请所载明税法问题，填补税法不确定的空隙，使裁定结论具备正当性，这大大增强税务机关的治理能力。

（5）在复合控制下，前馈控制相当于由中央税务机关给申请人提供权威保证，并使裁定对主管税务机关产生拘束力，这大大降低了申请人的交易风险，促进交易顺利进行。

（6）因前馈控制具有开放性，申请人参与决策的过程，并提供选择机制，这样的程序机制有助于引导纳税人在交易中主动遵从，避免原后馈控制下税务机关的单方面决定，减少冲突，降低交易成本。在与后馈控制复合后，一旦申请人不遵从，超出裁定申请载明税法问题给定值的范围，税务机关可以及时调整，弥补前馈控制的弱点。

（7）复合控制系统以顶层（中央税务机关）控制为主，底层（主管税务机关）控制为辅，对于未明确规则事项由顶层作出，保证全境税法适用的一致性，保障税收公平原则。

（8）由于复合控制是以顶层控制为主，对规则不明事项由中央税务机关作出，排除各区域重复处理，大大降低在一线配备工作人员的需求。这有助于税务机关组织系统上形成扁平化结构，消除机构臃肿，降低行政成本，提高效率。

从上可知，复合控制系统通过税务机关将其取得的税收规则制定权与申请人分享，从而消除税法的不确定性。相较于单向式裁定和非正式裁定，协商式裁定使税收控制系统具有稳定性。

（三）复合控制的缺点

（1）复合控制不具有通用性，只有特定的纳税人（申请人）才能对税务机关产生拘束力，其他纳税人不得主张该裁定对税务机关有拘束力。为此，协商式裁定不具备先例效力，导致公平性问题的产生。

（2）为保障裁定的准确性，申请人必须提供交易的完备资料，必须向税务机关公开其商业秘密，这在客观上也会增加主管税务机关在后馈控制阶段进行稽查的可能性。进而取得裁定后，纳税人必须同意删节私密信息后公开，这成为纳税人不愿意申请税收事先裁定的主要原因。

五、协商式裁定：解决税法不确定性的最佳实践

通过前文三种控制方法的比较和解析，复合控制下的协商式裁定在控制效果上明显优于单向式裁定和非正式裁定。这取决于协商式裁定在前馈控制阶段嵌入了事前 ADR 机制，将执法手段转化为服务措施，通过征纳双方对适用规则的平等协商，在消除信息不对称的同时，彻底解决了税法的不确定性，让税务纠纷在萌芽阶段就得以解决，使税务控制系统处于稳定状态。为此，合作治理下的协商式裁定是解决税法不确定性的最佳机制。

尽管合作治理下征管模式不能完全替代威慑治理机制，因为征纳双方存在对抗关系，需要用威慑治理作为税务管理的坚强后盾，但是合作治理下的协商式裁定能改善威慑治理下征纳双方的对抗性，舒缓两者的紧张关系，进而引导双方形成合作伙伴关系。相较于单向式裁定可能加剧威慑治理下的对抗性，协商式裁定应当成为各税收管辖区建构事先裁定制度的首选，主要理由如下：

（一）合作治理下的协商式裁定有助于从源头上消除税法的不确定性

一般税收征管模式有一个前提，那就是假定税法具有确定性。这一假设对于税务机关的日常监管至关重要，因为威慑治理下税务监管是建立在遵从性和不遵从性的二元范式之上的。为此，在税法具有确定性时，税务机关具备识别不遵从行为的能力，能够采取适当的监管措施。然而，如果税法是不

确定的，那么税务机关基于威慑治理而单方面作出决定的模式会受到纳税人的不断挑战。这需要税务机关采取不同于传统的行政管理手段作出回应。此时，相较于威慑治理，合作治理更容易在税法不确定领域完成行政任务。

事实上，税收事先裁定就是基于税法不确定性的这一前提假设，系嵌入在税务管理中的补充机制。从这一点上看，税收事先裁定与合作治理存在基础是一致的，都是意在解决税法不确定情境下的税务问题。但是如前所述，威慑治理不适用于税法不确定领域，为此，在威慑治理基础上建构单向式裁定具有先天性缺陷。进而，单向式裁定系税务机关的单方面决定，本身容易引发纠纷，税法不确定性并未真正得到解决。而协商式裁定内含协商机制，从根源上消除了税法不确定性，是解决税法不确定问题的最佳机制。

（二）协商式裁定内含的"前馈—后馈"复合控制能增加税务控制系统的稳定性

依据控制理论分析，后馈控制和前馈控制各有缺陷，都无法保障控制系统的稳定性。就是说，单纯依靠传统的后馈控制或后馈控制已难以进行有效管理。为此，行政机关必须在社会管理体制中建立前馈—后馈复合控制系统。❶ 复合控制系统融合了后馈控制和前馈控制的优点，以互补的方式修正了两者的缺陷，相对来说能让控制系统更具稳定性。复合控制系统是通过采取三项创新措施来实现系统稳定性的。

1. 程序创新：程序倒置。

协商式裁定把原本属于最后阶段由税务机关所做的财税法评价倒置到申报之前。就是说，在申请人进行相关交易的纳税申报之前，税务机关已经对申请人的相关交易进行法律定性，然后再由申请人实施交易。这样的程序倒置结构有助于建构征纳双方的合作关系。

2. 组织创新：中央＋地方的组织架构。

协商式裁定加入了中央税务机关作为解释偏差的控制者。与之相反的是，后馈控制下的特定纳税人的同一事项处理是排斥其他控制者的，这就是法律上的事务管辖权和级别管辖权。协商式裁定由中央税务机关行使裁定权，由主管税务机关行使裁定实施权（税款征收权），在两权分离下组织架构形成独特矫正机制的同时，也排除了影响控制系统的所有扰动因素（包括征纳双方

---

❶ 阎耀军. 建立社会管理前馈—后馈复合控制机制的思考［J］. 北京工业大学学报（社会科学版），2007（7）.

勾结腐败、主管税务机关滥用自由裁量权、主管税务机关裁定的不一致性等）。此外，两权分离确保税收事先裁定的正当性，中央税务机关的权威足以保障税法解释偏差矫正的一致性，最终确保税务控制系统的稳定性。

3. 机制创新：以协商作为调节手段。

作为控制系统的调节手段之一，协商式裁定的正当性源自申请人通过参与税收规则制定过程，取得控制系统中一定程度的话语权，从而让解释偏差最小化。事实上，申请人的裁定起草权和撤回权确保裁定对其是有利的，并可能成为申请人依照裁定实施交易的推动力。进而，交易的成功实施对税务机关而言也是有利的，因为这导致税收收入的增加，并成为税务机关做出事先裁定的推动力。因此，由于协商式裁定实现了税收规则制定的正式赋权，该矫正机制实现了征纳双方的共赢。

综上所述，相较于单向式裁定和非正式裁定，协商式裁定具有多方面优势。为此，下文选择协商式裁定作为制度建构对象，阐明协商式裁定制度的程序和实体要素。而单向式裁定因其存在内在缺陷，对其制度建构不再累述。

第四章 我国税收事先裁定制度建构：以低成本纠纷解决机制和提高国际税收竞争力为导向

第一节 我国税收征管程序改革对税务司法提出的新课题

一、我国目前税务纠纷偏少的成因

相较于国外大量的税务纠纷，我国税务纠纷明显偏少。以 2011 年为例，我国仅有 473 项行政复议和 166 项税务诉讼案件。相比之下，同年以下 OECD 成员的行政和司法审查数量要多得多：澳大利亚 24513 个，加拿大 50485 个，日本 8463 个，英国 56228 个，美国 142553 个。❶ 这与我国传统征管体制的法理基础直接相关。❷

（一）征纳关系公法化

一直以来，纳税在我国被视为公法义务，纳税人在申报时要对应纳税额的正确性承担完全责任。为此，《税收征管法》没有特意设立在纳税人申报后的应纳税额确认程序，而是将纳税申报是否准确的回应置于税务检查中，有时甚至进入税务稽查程序，导致纳税人因其无违法行为而对稽查部门是否有权作出税额确认提出质疑。这以首例由最高人民法院公开开庭审理的涉税行

---

❶ OECD, *Tax Administration 2015*: *Comparative Information on OECD and Other Advanced and Emerging Economies*, OECD Publishing, Paris, 2015, pp. 156–160.
❷ 虞青松，等. 改革税务司法 建立税务准司法制度[J]. 税务研究，2019（4）.

政诉讼案件——"广州德发案"最为典型。❶

进而,税款的征收过程被视为税务机关的行政执法手段。在进入执法程序之前,税务机关并无税额确认的法定义务,仅在执法程序中审查纳税人申报的正确性。据此,应纳税额认定成为税务机关在行政执法中的过程性措施,而非对纳税人申报是否正确的专门回应。最终,对应纳税额的事实认定湮没在税务执法中,导致我国目前并无独立的税额确认程序,由此引发的税务争议成为行政执法纠纷的一部分而被纳入行政诉讼的范畴。应纳税额的事实认定成为执法过程性措施后,税务争议的发生阶段也被延后。亦即,在税务机关进行税务检查或稽查之前,征纳双方不存在因应纳税额产生的纠纷。这样的制度设计表明,我国征纳关系的设定是以公法为基础,并非基于私法上的债权关系。最终,征纳关系在我国彻底被公法化。

在此背景下,现行《税收征管法》构置起强大的公法措施迫使纳税人遵从,具体包括因迟延纳税而产生的滞纳金制度、诉讼前的清缴与复议双前置制度、税款优先制度等。这些公法措施对抑制税务争议起到了重要作用,但使应纳税额确认被延后到税务执法中,又因对应纳税额准确性的认定具有专业性,导致其成为税务机关的裁量权。

(二)裁量权下税务司法被虚置

实践中,我国税务机关对应纳税额的确认被视为自由裁量权而游离于行政诉讼的司法审查之外。如在"广州德发案"中,纳税人已经按照拍卖价格申报纳税,而稽查局却予以核定征收。对此,最高人民法院确立的裁量基准为:"'计税依据明显偏低,又无正当理由'的判断,具有较强的裁量性,人民法院一般应尊重税务机关基于法定调查程序作出的专业认定,除非这种认定明显不合理或者滥用职权"。显然,"明显不合理或者滥用职权"是行政诉讼下司法审查的边界所在,超越该边界的税额确认才会受到司法审查,而在边界内的税额确认却不在司法审查之列。虽然在该案中稽查局已突破私法层面的契约自由原则,但其运用实质课税原则进行核定却得到了最高人民法院的尊重。

从行政诉讼救济的角度看,法院的司法审查已经尽职尽责。然而,被征纳关系公法化所掩盖的,是受到法院尊重的应纳税额认定仍缺乏专业的、独

---

❶ 中国裁判文书网.最高人民法院行政判决书(2015)行提字第13号[EB/OL]. [2019-06-10]. http://wenshu.court.gov.cn/content/content?DocID=3875e788-3470-4224-8591-a7580111fb2a&KeyWord=德发.

立第三方的公平审查。由此产生了行政诉讼之"光"无法照到的"阴影",形成了税务司法制度的供给不足。可见,税务司法重在解决应纳税额的准确性,一旦税额确认被定性为税务机关的自由裁量权,行政诉讼对其审查的缺位将导致我国税务司法被虚置。

二、未来税务争议的显性化

对于纳税人的纳税申报是否准确,国外的税务机构通过设立税额确认制度予以回应,我国也借鉴相关经验,从2005年起推行纳税评估制度。但遗憾的是,基于征纳关系公法化,纳税评估已成为执法手段的补充,即该程序不对外作出认定,如果发现问题则提请纳税人自行更正、补缴税款或移送稽查。纳税评估被认为是税务机关执法过程中的内部行为,而非针对纳税人申报是否正确的正式回应。可见,从国外引入的税额确认已被我国内化为执法过程中的公法措施。

然而,从《税收征管法修订草案(征求意见稿)》(以下简称《征求意见稿》)的内容看,我国立法者已经观察到因缺乏税额确认程序带来的负效应,并意图建构税额确认程序回应纳税人申报的准确性,以此修正纳税评估制度的缺陷。按照《征求意见稿》的规定,税额确认对纳税人产生法律拘束力,并对其权利义务直接产生影响。可见,《征求意见稿》已将税额确认作为行政执法中具有法律效力的具体行政行为对待。这也符合我国遵循征纳关系公法化的一贯思路。

与现行《税收征管法》对应纳税额准确性回应仰赖税务机关选择性执法不同的是,《征求意见稿》规定的税额确认将要求税务机关对每一份纳税申报表的准确性进行核实、确定,对于申报存在问题的一律以税额确认通知书的形式予以回复,并要求纳税人办理补(退)税。这对税务机关而言,将极大地增加其审计负担;对纳税人而言,所有申报都将面临税务机关的全面审计,寄希望于小概率稽查躲避税务机关监管的空间不复存在,也将迫使纳税人走上复议或诉讼救济之路。因而,税额确认程序的设定将可能全面激化征纳双方的矛盾,并导致税务诉讼在未来呈现巨量增加。其中,因不满行政诉讼下受到法院尊重的应纳税额确认而引发的争议,势必成为征纳双方的矛盾焦点,需要建构全新的税务司法机制予以应对。

三、我国传统行政纠纷解决机制未能契合税务争议的特殊性

因税务争议形成于税务机关和纳税人之间，为此我国把税务纠纷作为普通行政争议对待。目前，我国行政争议的解决路径包括司法路径和非司法路径。司法路径为行政诉讼。非司法路径包括：协商和解、行政调解、行政裁决、行政复议以及行政机关处理纠纷的其他方式。然而，受税收法定性制约，协商和解通常不被视为解决税务争议的合法手段，而行政调解、行政裁决无法适用于税收争议。为此，目前，税务纠纷的解决机制非司法路径只有行政复议。

然而，因税务复议机关一般为上级税务机关（自我审查）或同级政府（非独立第三方且不专业），无法消除自身偏见而失去纳税人信任。进而，由于税务行政复议未能起到解决纠纷应有的作用，增强税务复议机关的独立性和中立性被视为改变现状的有效路径。[1] 为此，税务行政复议解决税务纠纷的作用有限。

我国的行政诉讼在解决税务争议上的作用也有限。在我国，行政诉讼与民事诉讼泾渭分明，即目前行政诉讼仅能满足公法层面审查的需求，对涉及私法层面的审查却无能为力。虽然现行《行政诉讼法》已建立了行政附带民事诉讼的审判机制，但在我国征纳关系公法化的架构下，税额确认争议明显属于行政诉讼范畴。与此相反的是，在纳税人申报后，税务机关对应纳税额准确性的认定更多地适用民事规则，而非行政规则。为此，基于税法与民法的关联关系，要让法院对应纳税额的准确性进行认定，则税务行政诉讼不应仅限于公法规范作形式合法审查，还应借助私法规则对税务行政行为的合法性作实质审查。然而，在行政诉讼中，其核心任务是审查税务机关适用行政规则的合法性，对于税务机关在税额确认中适用民事规则的准确性显然不在司法审查之列，这导致在行政诉讼中法院无法直接审查应纳税额的准确性。

由上可知，我国在税务纠纷领域存在制度供给不足，一旦税收征管改革导致税额确认带来巨量争议时，仅有行政复议和行政诉讼显然不足以应对。

---

[1] 施正文. 税收程序法论——监控征税权运行的法理与立法研究[M]. 北京：北京大学出版社，2003：23.

第二节　我国税务纠纷解决机制的多元化：建构以低成本为导向的 ADR

一、国外税务纠纷解决的成功经验

(一) 普通法院一般只处理法律问题

在国外，基于税务争议的特殊性，非常重视在行政系统内建构纠纷解决机制。事实上，大量的税务争议都是基于税额确认而引发，从争议角度看，这属于事实认定范畴，大都涉及民事规则的适用，而非行政规则。为此，从纠纷解决层面看，税务纠纷往往是事实争议。由于解决事实争议并非普通法院（法院一般侧重于法律争议）的特长，为此一般国家都要求纳税人穷尽行政救济，用以确定事实，确保到法院的都为法律争议。因此国外凡进入司法系统的税务案件，通常只涉及法律问题。[1]

(二) 在行政系统内设立独立于税务机关的税务法庭

为使偏向于事实争议的税额确认纠纷得到独立第三方专业审查，多数国家基于低成本、专业化和独立性的考量，在税务司法改革中，均选择在原有税务系统行政复议制度之外导入第二套（甚至第三套）从事税务复审的行政组织。[2]虽各国体制安排不尽相同，但在法律属性上，第二套从事税务复审的行政组织均系行政系统内设立，介于行政与司法之间（本文称为"税务准司法组织"），采用类似于民事诉讼的对抗式程序，并将之与传统司法系统相兼容。税务准司法组织有偏行政化的行政复审组织（如澳大利亚、新加坡、马来西亚等）与偏司法化的税务法庭（如美国、加拿大、南非、新西兰等）两种类型。税务法庭由于具有较高公信力而成为税务准司法组织的发展归宿，部分国家将税务准司法组织直接命名为税务法庭，但仍隶属于行政系统，如南非；部分国家则将其发展成熟后更名为税务法庭，但仍为行政组织，如美国把税务上诉委员会更名为税务法庭后，至今仍为行政系统内的宪法第一条

---

[1] Misganaw Gashaw," The Room for ADR in Tax Disputes: a Message for the Ethiopian Tax Administrations", *Ethiopian business law*, Vol. V, 2012, p. 9.

[2] Araki, S., & Claus, I. A comparative analysis of tax administration in Asia and the Pacific. *Mandaluyong City, Philippines: Asian Development Bank.* 2014, p. 35.

第四章 我国税收事先裁定制度建构：以低成本纠纷解决机制和提高国际税收竞争力为导向

法院；个别国家甚至将其演变为真正的法院，如德国财税法院在 1970 年脱离联邦财政部，被纳入联邦司法部管理。❶

（三）在税务系统内采用 ADR 机制

为使税务纠纷在第一时间解决，避免增加合规成本，国外税务机关建构起系统化多元的 ADR 机制。以美国为例，ADR 机制包括：①事前审计技术，包括事先裁定、预申报协议、预约定价安排、行业问题解决计划、遵从计划。②稽查阶段技术，包括快速调解机制、早期转诊程序、加速问题解决计划、技术建议、主管税务机关协助等。③复议阶段技术，包括多方加速复议计划、单方面沟通、快速复议程序、后复议调解、同步复议程序、免税债券调解示范计划等。❷

从其他国家看，目前预约定价安排已经是公认的 ADR 措施，采用协商式裁定的国家也已经将之作为 ADR 措施。❸

二、我国导入 ADR 机制的必要性：以低成本为导向

（一）ADR 可以弥补当前税务纠纷机制的缺陷

如前所述，由于行政复议、行政诉讼的固有缺陷，导致我国税务纠纷解决制度供给不足。一旦税改后税务纠纷显性化，不足以应对可能的巨量纠纷。为此，我国一方面要在行政系统内建构类似于税务法院一样的准司法审判机制，使之独立于司法系统和税务机关，另一方面，我国应当在税务系统内建构包括协商式裁定在内的多元化 ADR 机制。

一般而言，ADR 具有以下优势：对纳税人而言，可以减少税法复杂性带来的遵从压力，获得税务机关的支持，特别是事前审计技术；可以通过降低成本来提高解决税务纠纷的效率；保持征纳双方的相互信任，通过双赢结果降低紧张程度和减少争议；可以提高当事人对税务纠纷解决程序的过程和结果的满意度等。

为此，ADR 机制及时性和低成本的优势可以为征纳双方节约时间成本和

---

❶ 虞青松，等. 改革税务司法 建立税务准司法制度［J］. 税务研究，2019（4）.
❷ McDermott, W. & Emery, "Internal Revenue Service: Alternative Dispute Resolution Techniques". Access July 28, 2018. https://www.mwe.com/~/media/files/experience/tax/irs_alternative_dispute_resolution_techniques_may2016.pdf? la=en.
❸ Misganaw Gashaw," The Room for ADR in Tax Disputes: a Message for the Ethiopian Tax Administrations", *Ethiopian business law*, Vol. V, 2012.

经济成本。

（二）ADR 可以进一步推动我国的财政政策和税务机关的目标

在经济下行的压力下，拖延纳税势必大量增加。❶ 为此，ADR 可以帮助税务机关实现制止恶意拖欠税款行为的政策目标，因为其所具备纳税人参与机制有助于提高征收效率，且能让征纳双方相互理解和自愿遵守。另一方面，投资和贸易的萎缩不可避免地会导致税收争议的数量和种类的加剧。由于行政复议和行政诉讼程序的限制势必会加大税务机关负担，而 ADR 可以减轻负担并促进税务纠纷的解决。此外，ADR 可以有效降低包括税务诉讼费用在内的行政费用。这符合财政政策的支出目标，ADR 可以支持这些政策目标。

对税收事先裁定而言，如果将之建构为单向式裁定，则不仅无助于税务纠纷解决，还因其极易引发纠纷而给税务机关带来新的行政负担。为此，在 ADR 框架下建构税收事先裁定（协商式裁定）有助于我国税收征管体制的健康发展。

第三节　我国行政法语境下协商式裁定的法律属性界定

税收事先裁定在我国尚属未定型的全新税务行政制度，其法律属性亟须行政法层面作出解答。由于未能关注到纠纷解决功能，多数研究尚停留在规范主义层面的概念化研究，意图将其与已有的行政法概念相匹配。此外，有学者尝试创设新概念，努力将具备事前处理功能的行政活动类型化，在排除税收事先裁定属于行政指导、抽象行政行为、暂时性行政处分、附款行政行为的基础上，将其称为"行政事前答复"，并将其定性为具体行政行为，使之与其他具体行政行为（行政处罚、行政许可等）并列。❷ 该理论框架与德国将部分税收事先裁定归入行政承诺相一致，在规范主义视角下是可取的。

然而，仅对主管税务机关产生拘束力是多数国家建构税收事先裁定的最具价值部分，但这与具体行政行为的法效性相背离。此外，具体行政行为理论也无法解释国外实践中协商式裁定的纠纷解决功能，也不符合实践中越来

---

❶ Brondolo, John, and Z. Zhang. "Tax Administration Reform in China: Achievements, Challenges, and Reform Priorities." *Imf Working Papers* 16.68，2016.

❷ 熊樟林. 论行政事前答复 [J]. 法制与社会发展，2019（1）.

越多大陆法系国家采用美国 ADR 式裁定的发展趋势。为此，我国对税收事先裁定的理论研究必须跳出规范主义，进而以功能主义为引导展开理论研究。

为让税收事先裁定更能在我国行政法语境下诠释和探讨，有必要导入"行政裁定"概念。与行政指导、行政事前答复等概念置于行政行为理论框架不一致的是，行政裁定更强调其程序属性和纠纷解决功能，为此应将之归入行政救济理论框架，使之作为与行政调解、行政复议、行政诉讼相并列的全新行政救济工具类型。

从国外的制度建构经验来看，由中央税务机关作为独立第三方做出裁定和司法化的协商机制是协商式裁定的核心特征。如果我国借鉴国外协商式裁定经验做类似建构，那么其制度框架为：国家税务总局将作为唯一的发布裁定机关，其基于与纳税人共识而发布的裁定仅对主管税务机关产生拘束力。在此前提下，我国行政行为理论显然无法涵盖该制度建构。

首先，非抽象行政行为。协商式裁定涉及税法的解释与适用，但系国家税务总局针对特定纳税人的特定预期交易而做出，且仅对提出申请的纳税人适用，不具备对象不特定性和反复适用性。

其次，非具体行政行为。协商式裁定对纳税人无法律效力，仅对主管税务机关产生拘束力，不具备具体行政行为的法效性。同时，也非具体行政行为的预备行为。虽然发布裁定对国家税务总局来说类似于调解员，并不负责裁定的最终执行，纳税人事后交易能否适用裁定由主管税务机关负责审查，但是取得裁定的纳税人可以放弃裁定载明的交易，从而使之自始不存在，亦即其系独立程序，仅对主管税务机关产生指令作用，并非预备行为。

再次，非行政指导。行政指导面向行政相对人，对行政主体不产生拘束力，而协商式裁定却对主管税务机关产生拘束力。这与行政指导的宗旨迥异。

最后，非行政协议。协商式裁定系国家税务总局的单方行为，虽有协商过程，但无订立协议的程序，无法归入行政协议。

由上可知，我国现有的行政行为理论无法解释协商式裁定所具有的 ADR 内涵。为此，协商式裁定不能简单视为行政行为理论框架下的法律解释工具，而是要跳出规范主义概念化视角，从功能主义出发，以合作治理为基础，将之作为行政程序，归入行政救济领域中的一种全新准司法工具。这需要我国威慑治理下的行政法理论融入合作治理理念，在行政调解、行政复议、行政诉讼之外，续造出新型行政纠纷解决机制——事前 ADR 的准司法机制，并在未来将其纳入《行政程序法》，以使之能在税收行政领域之外发挥治理作用。

第四节 建构协商式裁定制度：以提高国际税收竞争力为导向

如前所述，从国际经验看，协商式裁定已经成为各国建构良好的营商环境必不可少的工具。我国应当借鉴国际经验，将协商式裁定嵌入我国的税收征管程序。理由如下：

一、协商式裁定可以改变传统后馈控制下单一命令—控制手段所形成的不确定性

长期以来，我国税收征管系统以后馈控制为基础，通过事后稽查发现问题，并以命令—控制手段加以处理，这些手段包括纳税评估、核定征收、行政处罚、刑事制裁等。这些手段虽然一定程度起到威慑作用，但是征纳双方形成对抗性，极易引发纠纷。

通过构建税收事先裁定的风险复合控制系统，解决传统风险后馈控制（事后稽查）下税法不确定性导致的风险不可测，有利于降低税收征管成本和提高征管效率。

二、协商式裁定生成的税法规则具有正当性，有助于降低法律风险

税法不确定性意味着征纳双方都承担着巨大的法律风险。对于税法没有规定或规定不明确的领域，一般均为复杂而新颖事项，对税法的完善意义重大。税务机关在有限的权限内，运用行政权补充税法规则，首当其冲受正当性原则的限制。而协商式裁定通过征纳双方的协商机制，得以让生成的税法规则具有正当性，这是协商式裁定制度的价值所在。

协商式裁定将风险复合控制的事先裁定嵌入到现行税收征管体系中，能够为征纳双方共享税收规则制定权提供程序机制，有助于受税法不确定性影响的重大事项得到精细化处理，从而降低征纳双方的法律风险。

三、以税务机关的单方承诺实现合作治理

一般学说上将税收事先裁定视为税务机关单一流程中的个别行为，将税收事先裁定建构为单向式裁定，这样的认知割裂了税收征管程序的系统性。事实上，从税收事先裁定采用行政制度的法源地美国来看，私人信件裁定诞生时，就是结案协议（公法契约）的一部分，是剥离了签订协议的程式，仅保留由税务机关单方面做出承诺。为此，美国的私人信件裁定至今还保留部分契约属性，如征纳双方平等协商机制的存在。

因而，从拘束力层面看，税收事先裁定属于"虚拟契约"中税务机关的单方承诺，这是税收事先裁定制度有别于传统行政管理手段的重要区别。由此可知，基于纳税人参与税收规则制定下协商机制的前馈控制构建，以及基于主管税务机关审核的后馈控制为保障，有利于形成征纳双方和谐的合作关系。

四、协商式裁定有助于实现对传统税收征管程序的流程再造

协商式裁定使得申请人与税务机关居于平等地位，通过参与税收规则制定，与中央税务机关共同完成税法规则的补充，并由中央税务机关的权威性承诺为保障，指示下级主管税务机关依据裁定行事，这避免申请人与主管税务机关机关就税法不确定事项的规则适用形成纠纷，促进税收征管系统的稳定性。这相当于为纳税人提供了一种全新的事前行政救济工具。

这种在纳税申报之前，嵌入中央税务机关就特定纳税人的特定事项发布税务规则的前馈控制，指示主管税务机关按裁定做出税款征收决定，形成后馈控制，这是对传统税款征收程序的流程再造。这样的程序建构颠覆了传统税收征管流程，属于全新的治理机制。

五、协商式裁定是预防地方税务机关滥用自由裁量权的最佳实践

目前，我国地方税务机关拥有税收规则制定权，这表明我国税收规则的生成机制非常分散，导致一定程度上自由裁量权的滥用，成为新的税法不确

定性因素。

然而，协商式裁定通过由中央税务机关统一行使税收规则制定权，从根源上剥离了地方税务机关在税法不确定领域的自由裁量权。我国应当规定地方税务机关仅能就已经明确规定的事项作出行政预处理决定。为此，协商式裁定通过限定行使税收事先裁定的权力主体，有利于解决税收规则制定权过度分散引发的负效应。

下篇

国外法律规范译稿：协商式裁定立法范本

第五章　美国信件裁定制度立法

本章第一节译自美国财政部的联邦规章（US Code of Federal Regulation）❶中第601.201节（Rulings and determinations letters），该节规定了信件裁定制度的一般规程以及免税地位申请、雇员和信托计划、养老金计划、公司总体和样本计划、私人和营运基础地位、损耗替代方案的特别规定。另外本节补充翻译了第601.202节结案协议（Closing agreements）和第601.601节法规与规章（Rules and regulations），以便更好地理解第601.201节相关内容。

第二节译自美国国内收入局（Internal Revenue Service）在2018年1月发布的第1号《税收程序》（Rev. Proc. 2018-1），规定了信件裁定制度的详细规则，补充了申请会计期间的特别规则。美国国内收入局每年发布的第1号《税收程序》收录每年的修改和更正，经不断补充，其规定最为详尽完善。其每年吸收新规则及更正旧规则的规范性文件完善方式值得借鉴。

第一节　美国财政部规章

一、第601.201节　裁定和决定书

第1条　通常做法和定义

1. 国内收入局总部（The National Office）❷的日常工作之一是在符合健全

---

❶ https://www.ecfr.gov/cgi-bin/text-idx?SID=0e7a856ff48c830441502d4630e6dfc9&mc=true&node=se26.22.601_1201&rgn=div8.

❷ 国内收入局总部（the National Office）有权发布裁定，具体是由各首席法律顾问助理办公室（the Office of Associate Chief Counsel）承担。首席法律顾问助理办公室由主管（director）负责，总体上划分为公司所得税务区域负责人和个人税务区域负责人，具体包括首席法律顾问助理（法人）办公室主管、首席法律顾问助理（金融机构和金融产品）办公室主管、首席法律顾问助理（所得税和会计）办公室主管、首席法律顾问助理（国际）办公室主管、首席法律顾问助理（穿透公司和特殊产业）办公室主管、首席法律顾问助理（程序和管理）办公室主管、首席法律顾问助理（转下页）

税收征管系统的前提下，回答个人和组织关于其税收目的的地位及其行为或交易的税务影响的询问。其中的一个职能是就这些问题发布裁定。

如果纳税人申请的裁定涉及对环境造成影响，依据1969年《国家环境政策法案》（Pub. L. 91-190）的规定，将有可能导致延迟发布裁定。因此，纳税人申请裁定时应将这一因素考虑在内。

区域税务部门负责人（以下简称区域负责人）依据法律、规章、税收裁定和其他公开于《国内收入局公告》的先例来确定纳税义务、征收税款，并发布决定书来答复纳税人询问或申请。就本节而言，凡提及区域负责人也包括国际业务部办公室的主管。

2."裁定"（Ruling）是指由总部根据特定的事实解释和适用税法，向纳税人或者经其授权的代理人发布的一份书面声明。此项裁定只能由总部发布。裁定书的发布由国内收入局副局长（技术）负责全面监督，很大程度上已经被再授权给公司所得税区域负责人和个人所得税区域负责人。

3."决定书"（Determination Letter）是指为回应个人或组织的书面询问，区域负责人发布书面声明，将先前由总部宣布的原则和先例适用于特定的事实。区域税务办公室适用法律、规章、税收裁定、国内收入局公布的其他先例来确定纳税义务、征收税款，并发布决定书来答复纳税人询问或申请。"决定书"只能基于在已有清晰规则的情形下作出，这些规则已阐明在法律、财政部决定、规章中，或是在《国内收入局公告》公开的裁定、观点、法院判决中。当提出的问题属于新争议或超出第3条涉及的区域税务办公室管辖权的问题不能发布"决定书"。有关养老金信托领域的决定书，详见本部分第15条。

4."意见函"（Opinion Letter）是由总部发布的书面声明，涉及主要或标准计划以及依据1954年《国内收入法典》（以下简称《税法》）中第401节、第501节第1条信托和代管账户相关形式的可接受性。

5."通告函"（Information Letter）是由总部或者区域税务办公室发布的声明，仅就税法的某个解释或原则已经作出完善而提醒纳税人关注，并不适用

（接上页）（免税地位和政府实体）办公室主管等。区域税务办公室有权发布决定书，共有19个中心区域税务办公室和63个下属区域税务办公室。区域税务办公室（field office 或 district office）由区域负责人（director）负责，包括：负责区域运作的大型公司和国际事务办公室主管；负责区域稽查的小型公司或自我雇用事务办公室主管；负责独立审查政策的小型公司或自我雇用事务办公室主管；负责遗产和赠与税收政策的小型公司或自我雇用事务办公室项目经理；负责雇用税收政策的小型公司或自我雇用事务办公室项目经理；负责执行税收政策的小型公司或自我雇用事务办公室项目经理；负责遵从的工资和投资事务办公室主管；雇用计划审查办公室主管；免税组织、裁定及协议部主管；免税审查办公室主管；免税债务局主管或者印第安部落政府区域负责人；等等。

于具体的问题。当源自个人或组织申请的实质是寻求一般信息，或者该申请并未满足本节第 5 条的所有要求，并认为"通告函"有助于个人或组织时，可以发布通告函。

6. "税收裁定"（Revenue Ruling）是国内收入局在《国内收入局公告》中刊载的官方解释。"税收裁定"只能由总部发布，为纳税人、国内收入局工作人员和其他相关人员提供信息和指引。

7. "结案协议"（Closing Agreement）作为在此使用的术语，是指国内收入局局长或其授权人与纳税人之间关于一项具体问题或依《税法》第 7121 节所包含的问题签订协议。该"结案协议"以局长或授权人已签署的事先裁定为基础，这意味着"结案协议"的订立必须以持有裁定信件为基础。

"结案协议"具有终局性和确定性，除非有欺诈、渎职或材料失实的情形。在有利于永久地和决定性地终结案件情况下，或者在纳税人能为订立协议提供良好而充分的理由且政府如果不将该问题完善起来会处于不利地位的情况下，可以订立"结案协议"。在适当的情形下，纳税人签订"结案协议"是核发裁定的前提条件。在某个单一的案件中，如有多份"结案协议"被要求代表一定数量纳税人中的每一个纳税人，那么当纳税人的总数超过 25 人时，不能订立这种协议。但是，如果所有纳税人提出的问题完全一致，且总数超过 25 人时，经其他纳税人授权后，由一个纳税人代理人整个团体，可以订立"大规模结案协议"。参见 1978 年第 15 号《税收程序》（1978 年《公告汇编》第 2 期第 488 页），1978 年第 16 号《税收程序》（1978 年《公告汇编》第 2 期第 489 页）。

第 2 条　总部发布裁定

1. 对于所得税、赠与税和依据《税法》第 42 节规定的纳税问题，总部对未来的交易或者已完成但未递交纳税申报表的交易发布裁定。但是，如果同样的问题出现在该纳税人前一年度的纳税申报表中，该申报表正由区域税务办公室稽查或审计，或正在被复议部门的分支机构审查，则通常不得作出裁定。

总部发布涉及《税法》第 501 节、第 502 节中有关"免税资格的组织"的裁定，仅限于本节第 14 条规定的范围，1972 年第 5 号《税收程序》（1972 年第 1 号《国内收入局公告》第 19 页），以及 1968 年第 13 号《税收程序》（1968 年《公告汇编》第 1 期第 764 页）。总部就《税法》第 509 节第 1 条和第 4942 节第 7 条第 3 项确定组织基础地位而发布的裁定，仅限于本节第 18 条规定的范围。总部对涉及《税法》第 401 节中的计划资格而发布的裁定，仅限于本节第 15 条规定的范围。总部对涉及主要或标准计划以及依据《1954 年税法》中第 401、501 节第 1 条信托和代管账户相关形式的可接受性而发布意见函，仅限于本节第 16 条、第 17 条规定的范围。对于非自愿转移财产的置换，即使没有作出置换，如果纳税人在转移财产的纳税年度已经递交纳税申报表，总部不得发布裁定。但是，有关区域负责人发布决定书的权限详见本节第 3 条第 6 款。

2. 对于遗产税问题，总部发布裁定，该裁定适用于遗产税纳税申报表递交前，对被继承人的遗产税产生影响的交易。该类裁定不适用于遗产税纳税申报后的问题，也不得将遗产税适用于未亡人的动产或不动产。

3. 对于雇用税和消费税问题（除《税法》第 42 节规定征税外），不论是对未来的交易，或者已完成的交易（在填写纳税申报表之前或之后），总部均可发布裁定。然而，对于一个问题而言，无论是否与规划或已完成交易相关，如果该纳税人知道或有理由相信，在同一或先前期间存在的相同或同一问题，同一纳税人就该问题正面临任何区域税务办公室（包括复议部门的任何分支机构）的稽查或审计，那么总部通常不得发布裁定。

4. 关于税法如何适用到团体的成员，国内收入局不会给商会、贸易协会、工业协会或者其他类似团体作出裁定。但是，裁定可以发布与团体或组织的自身税收地位或义务有关的问题，假如这种地位或义务不是在同一或先前期间存在的问题，以及同一纳税人就该问题正面临任何区域税务办公室（包括复议部门的任何分支机构）稽查或审计。

5. 任何修订法案条款的规章（不论是暂时还是最终的）在通过之前，发布裁定将考虑的如下情况：

（1）如果所询问的问题，对所描述事实如何适用法条的规定，答案看起来很明确，那么应当采用一般程序作出裁定。

（2）如果所询问的问题，答案看起来合理确定，但是存有疑虑，在这种情况下，只有商事活动出现紧急情况，或者不获得裁定将导致极端的不利后果时，才能作出裁定。

（3）如果所询问的问题在规章发布之前无法合理地解决时，则不能作出裁定。

（4）在任何情况下，纳税人认为商事活动出现紧急情况，或者不获得裁定将导致极其不利的后果，他应在递交申请书的同时，附上一封陈述有关事实的独立信件，以便国内收入局就这一问题作出决定。在这一方面，国内收入局不会把纳税人可控范围出现的情况，认定为"商事活动中的紧急情况"，例如：在极短的时间内，安排一场交易、董事会讨论会或者公司股东讨论会。

第3条　区域负责人发布决定书

1. 对于所得税、赠与税的税收问题和涉及《税法》第42节征收税款问题，部门主管发布决定函是对纳税人递交的、涉及对纳税申报表有审计权的已完成交易作出回应，但仅限于对此问题的答案已经明确地规定在法律、财政部的决定或规章中，或明确地规定在《国内收入局公告》所公开裁定、意见、法院判决中。对于尚未递交的纳税申报表中的问题，如果纳税人已经递交一份或多份纳税申报表所涉及相同的问题，通常不会发出决定书。区域负责人一般不对规划或者规划交易的税收处理发布决定书，除非在本条第5款、第6款中有规定。

2. 对于遗产税和赠与税问题，区域负责人发布决定书，用以回应递交到他们办公室的书面申请，涉及影响被继承人遗产税纳税申报表，该表将被他们的工作人员审计，但仅限于对此问题的答案已经明确地规定在法律、财政部的决定或规章中，或明确地规定在《国内收入局公告》所公开裁定、意见、法院判决中。区域负责人对于涉及未亡者的动产和不动产遗产税的问题不发决定书。

3. 对于雇用税和消费税问题（除《税法》第42节规定征税外），区域负责人发布决定书，以回应纳税人的书面申请，对于该纳税人已经递交或被要求递交纳税申报表，他们有审计管辖权，但仅限于对此问题的回答已经明确地规定在法律、财政部的决定或规章中，或明确地规定在《国内收入局公告》所公开的裁定、意见、法院判决中。由于这些税种对纳税人的商事活动会造成重大影响，以及在管理中对国内收入局和纳税人存在特殊的问题，不论其交易完成与否，也不论纳税申报与否，区域负责人对于此类申请可以采取适当的措施。

4. 尽管有本条第1款、第2款、第3款的规定，就某一询问提出的问题已经明确包含在法律、规章、或在《国内收入局公告》上的裁定中等，为回应该询问，部门主管在以下情形中不得发布裁定：一是纳税人已经向总部提交过相类似的申请；二是在复议部门处理的未决案件中涉及同一纳税人的相同问题；三是决定书是由行业、贸易协会或其他类似团体提出的申请；四是该申请涉及整个行业的问题。在任何情况下，除非能清晰地表明某项申请，是关于一个或多个纳税人已经申报或被要求申报，且办公室对此已有或将有审计管辖权，区域负责人才能发布决定书。虽然本条第 3 款有规定，但是当雇用税中的具体问题已经被或正在被社会保障管理中央办公室审核时，区域负责人不能对此问题发布决定书。如果申请是《税法》第 4216 节第 2 条或 4218 节第 5 条推定出售价格，区域负责人也不能就消费税问题发布决定书。但是，总部可对此类问题发布裁定，详见本节第 4 条第 2 款。

5. 对于《税法》第 401 节和 405 节第 1 条的计划资格，以及对于《税法》第 501 节与信托有关的免税地位，区域负责人有权发布决定书，范围规定在本节第 15 条和第 17 条中。对于从《税法》第 501 节和 521 节联邦所得税获得免税地位特定组织的资格问题，选定的区域负责人也可以发布决定书，范围规定在本节第 14 条中。对于《税法》第 509 节第 1 条和第 4942 节第 10 条第 3 款就某些组织资格的基础地位，区域负责人也可以发布决定书，范围规定在本节第 18 条中。

6. 对于《税法》第 1033 节中非自愿转换财产的对价，如果纳税人在非自愿转换财产年度已经做纳税申报，即使尚未支付对价，区域负责人也可以发布决定书。

7. 在已报送的纳税申报表中，区域负责人收到的涉及所得税、遗产税或赠与税问题的申请，通常被认为与申报表的稽查有关。如果先于审计或稽查作出对此类申请的答复，该答复被认为是对纳税申报表的后期审计或稽查的初步发现。

第 4 条　发布裁定和决定函的自由裁量权

1. 只要符合健全的税收征管利益，回答个人和组织关于他们纳税义务以及行为或交易税务后果的询问，是国内收入局的职责。

2. 在某些领域，由于所涉及问题自身一些固有事实的性质或者其他原因，国内收入局一般不发布裁定或决定书。对于规划交易的替代计划或者假设情形，不得发布裁定或决定书。《国内收入局公告》将不定期公布一个具体领域或多个领域的不予裁定清单。这样的清单并不是绝对的，当在前述领域中的一个特定案件事实或情况证明符合条件时，国内收入局也可能对某些问题发布裁定或决定书。当出现合理且对国内收入局最为有利情形时，总部和区域负责人可以通过发布告知函的方式，来引起相关个人或组织对税法沿用已久原则的注意。

3. 当法律或规章要求以纳税目的对规划交易的后果作出决定时，总部可以对所有预计或未来的交易案件发布裁定，比如《税法》第 1491 节、第 1492 节规定范围内的转让案件，或《税法》第 367 节规定的互易范围。总部依据《税法》第 4216 节第 2 条和第 4218 节的第 5 条中的有关推定出售价格的案件均可发布裁定。

第 5 条　纳税人指引

1. 出现以下情形时，对于一项裁定或决定函的申请文件应当一式两份：一是申请提出的问题超过一个；二是关于提出的问题被要求签订结案协议。申请必须随附以下格式的声明："依据伪证罪的惩罚，据我所知所信，我已经核对本申请书及其所有随附文件，我宣誓：包含在申请书中，与申请相关的所有事实都是真实、准确和完整的。（Under penalties of perjury, I declare that I have examined this request, including accompanying documents, and to the best of my knowledge and belief, the facts presented in support of the requested ruling or determination letter are true, correct, and complete）"该声明在 1976 年 10 月 31 日之后必须随附在申请中，并邮寄或亲自递交到国内收入局。声明必须由本人或多名申请人的代表署名。

2. 纳税人的每个对裁定或决定书的申请必须包含所有与交易相关事实的完整说明。这些事实包括姓名、地址、以及所有利害关系方的纳税人身份认证码、对纳税申报表或每份报告已经取得或将要取得审计管辖权的区域负责人地址、有关交易商事理由全面准确的说明，并对交易的细节进行详尽的描述。申请书必须用全面、精确的文字阐明交易的原因，并对交易的细节进行详尽的描述。此外，与交易相关的合同、遗嘱、协议和其他文件的复印件必须与申请一并递交。但是，在所提交文件中体现的有关事实，必须包含在纳税人的声明中，而不只是为了参考而汇编在一起，同时，必须随附这些文件承载的一个或多个问题的分析，并阐明相关规定。（术语"所有利益相关方"不应当被理解为一个多方持股的公司申请裁定而重组的所有股东的名单，或者大量卷入该计划员工的名单）。该申请书必须包含一个声明，纳税人或其代理人尽其所能去了解，正在被国内收入局的任何区域税务办公室审查的同一问题，是否与对该纳税人已经递交纳税申报表的主动稽查或审计，或正在被复议部门的分支机构审查相关。如果申请属于更大的综合交易、事实、环境等的一个步骤，那么必须递交包括整个交易的内容。依据《税法》的某些章节，申请事先裁定的税收程序参考包含在以下清单中：

（1）依据《税法》第 103 节的裁定申请，参照 1979 年第 4 号《税收程序》（1979年第1期《公告汇编》第483页），1979年第12号《税收程序》（1979年《公告汇编》第1期第492页）进行了扩充。适用《税法》第103节和第7478节规定递交裁定申请的程序规定在1979年第12号《税收程序》中。

（2）依据《税法》第367节的裁定申请，参照1968年第23号《税收程序》（1968年《公告汇编》第1期第821页），1976年第20号《税收程序》（1976年《公告汇编》第1期第560页）进行了扩充。1977年第5号《税收程序》（1977年《公告汇编》第1期第536页）、1978年第27号《税收程序》（1978年《公告汇编》第2期第526页）、1978年第28号《税收程序》（1978年《公告汇编》第2期第526页）包含了关于第367节下发布裁定的纳税人及其代理人的指南。1976年第20号《税收程序》解释了1975年第561号《税收裁定》（1975年《公告汇编》第2期第129页）涉及1968年第23号《税收程序》第3.03节第1条第3款的效力。1977年第5期《税收程序》阐明依据《税法》第367节提交裁定申请的程序，在这样的裁定被发布后，总部给纳税人的行政救济。1978年第28号《税收程序》阐明了《税法》第367节第1条下裁定申请的递交时限。

（3）有关《税法》第351节的裁定申请，参照1973年第10号《税收程序》（1973年《公告汇编》第1期第760页）和1969年第10号《税收程序》（1969年《公告汇编》第2期第301页）。1973年第10号《税收程序》规定裁定申请应当包含的信息。以技术入股的协议属于《税法》第351节下的财产转移方式，依据《税法》第367节的规定发布裁定的条件和情况，参见1969年第19号《税收程序》。

（4）《税法》第332节，第334节第2条第1款及第334节第2条第2款中的裁定申请，参照1973年第17号《税收程序》（1973年第2期《公告汇编》第465页）。1973年第17号《税收程序》中规定的材料应当包含在裁定申请之中。

（5）对于规划雇主股票与取得资格相关联的捐赠计划，其递延补偿交易，将被认定为股票销售而非财产捐赠，对此发布事先裁定的相关规则参见1977年第30号《税收程序》（1977年第2期《公告汇编》第539页）以及1978年第18号《税收程序》（1978年第2期《公告汇编》第491页）。

（6）对于《税法》第302节或311节的裁定条件，参照1973年第35号《税收程序》（1973年第2期《公告汇编》第490页）。1973年第35号《税收程序》中的材料应当包含在裁定申请之中。

（7）《税法》第 337 节（以及有关的第 331 节）中规定的裁定条件，参照 1975 年第 32 号《税收程序》（1975 年第 2 期《公告汇编》第 555 页）。1975 年第 32 号《税收程序》规定的材料应当包含在裁定申请之中。

（8）《税法》第 346 节（以及相关的第 331 和 336 节）中规定的裁定条件，参照 1973 年第 36 号《税收程序》（1973 年第 2 期《公告汇编》第 496 页）。1973 年第 36 号《税收程序》规定的材料应当包含在裁定申请之中。

（9）《税法》第 355 节规定的裁定条件，参照 1975 年第 35 号《税收程序》（1975 年第 2 期《公告汇编》第 561 页）。1975 年第 35 号《税收程序》规定的材料应当包含在裁定申请之中。

（10）《税法》第 368 节第 1 条第 1 款第 5 项规定的裁定条件，参照 1978 年第 33 号《税收程序》（1978 年第 2 期《公告汇编》第 532 页）。1978 年第 33 号《税收程序》规定的材料应当包含在裁定申请之中。

（11）对于将一个组织划分为有限合伙企业，即企业是唯一的普通合伙人的裁定条件，参照 1972 年第 13 号《税收程序》（1972 年第 1 期《公告汇编》第 735 页），也可参照 1974 年第 17 号《税收程序》（1974 年第 1 期《公告汇编》第 438 页）以及 1975 年第 16 号《税收程序》（1975 年第 1 期《公告汇编》第 676 页）。1974 年第 17 条《税收程序》中列明了国内收入局将组织划分为有限合伙企业的问题，发布裁定的具体操作程序。1975 年第 16 号《税收程序》规定国内收入局就组织归类的问题，申请裁定时通常需要提交材料的清单。

（12）《税法》第 901 节和第 903 节规定的对外国税务抵免的裁定条件，参照 1967 年第 308 号《税收程序》（1967 年第 2 期《公告汇编》第 254 页），其规定通过翻译外国法作为决定某一外国税务抵免有效途径的适用条件。

如果文件和所申请裁定的草案将成为国内收入局存档的一部分不予归还时，那么原件不必递交。如果申请是关于公司分立（distribution）、重组或其他相似或相关的交易，应当递交最近一期的公司资产负债表。（如果申请与规划交易相关，则应当递交最新的资产负债表。）如果提出裁定或决定书的申请不适用《税法》第 6104 节，即在 1976 年 10 月 31 日之后可以邮寄或亲自递交国内收入局，那就必须随附本条第 5 款的所描述的声明，提出《税法》第 6110 节第 3 条的规划删除依据。如果依据《税法》第 412 节、第 442 节、第 446 节第 5 条关于适用或变更会计处理或资助期间或方法，该申请能确保让局长同意，那么不要求随附这样的声明。但是，由于裁定的结果将依据《税法》第6110节规定公开给公众查阅，如果个人接受国内收入局提交删除建议的通知，来寻求让局长同意，则规划删除的声明必须在通知寄出的20天内提交。

3. 除了本条第2款的裁定申请被要求提交完整的声明之外，作为关于规划交易发布裁定的替代程序，纳税人可以提交他认为关键事实的总结声明。假设国内收入局就总结性陈述与纳税人达成协议，国内收入局将以此做作为裁定的基础，那么纳税人为获取裁定而适用该程序时，则必须按以下要求提交申请：

（1）与交易事实相关的完整声明，以及本条第2款规定的相关文件；

（2）申请人认为对得出结论的事实起关键作用的一份总结性说明。当纳税人说明中的关键事实被接受时，裁定将以这些事实为依据，且应当将说明并入裁定书。但是值得强调的是：

①该程序提供的"两部分"裁定申请是供纳税人选择的，不应当被认为是本节第1条至第13条一般程序所要求的替代程序；

②在"两部分"裁定申请程序下，纳税人的权利和义务与本节第1条至第13条的规定是相同的。

（3）国内收入局保留以关键事实的完整性说明的权利，以及以裁定为目的去发现和重申事实而寻求更多信息的权利；

（4）当"两部分"裁定申请程序不符合适用于特定状况的其他程序时，该程序不得适用后者。比如：变更会计期间或方法的许可申请；适用《税法》第501条或第521条下免税地位的认定；关于劳务税地位的裁定。

4. 如果纳税人坚持要取得一个特定决定结果，那么他必须补充用于解释他论点的理由，连同有关当局支持其观点的声明。即使纳税人对被提议的或规划交易没有主张特别的决定，他也必须陈述自己对规划交易纳税结果的看法，并提供支持该观点的有关当局的声明。

5.《税法》第6110节第1条规定裁定依法必须供公众查阅，为了配合国内收入局对裁定书和决定书作出删除行为，该裁定或决定书的申请将被要求随附：要么由申请裁定的本人建议删节声明以及每个规划删除的法定依据，要么是除姓名、地址和税收识别号之外没有其他信息需要被删除的声明。这样的声明应当制作单独的文件。规划删除声明应当随附裁定或决定书的申请和有关证明文件的副本，通过使用括号注明个人依据《税法》第6110节第3

条提出这些申请时应当被删除的资料。依据《税法》第 6110 节第 3 条，规划删除声明应当表明每一项删除的法律基础。规划删除声明中的内容不应当在申请裁定书或决定书的任何部分出现或引用。在裁定或决定书发布前，依据《税法》第 6110 节第 3 条，如果申请人在做出申请时决定补充删除的申请，应当提交补充说明。

6. 如果申请是关于《税法》第 401 节或第 405 节下的计划资格，参见本节第 15 条和第 16 条。如果申请是关于《税法》第 501 节或第 521 节下的联邦个人所得税免税组织资格。

7. 由纳税人提出申请或为纳税人提出的申请，必须由纳税人或代理人签字。如果该申请是由纳税人的代理人签署或者由代理人去国内收入局处理相关事务，代理人必须是：（1）最高法院在任何州、财产、领土、联邦或者哥伦比亚区等区域的高等出庭律师，并向国内收入局提交书面文件表明其律师资格并被授权代表委托人；（2）在任何州、财产、领土、联邦或者哥伦比亚区等区域已取得正式执业资格的注册会计师，并向国内收入局提交书面声明表明其注册会计师资格并被授权代表委托人；（3）律师和注册会计师之外，之前在国内收入局登记执业，向国内收入局提交书面声明表明其已经登记的其他人（声明应当包括他的登记号或登记卡的届满日期）并被授权代表委托人。（参见《财政部通告》第 230 号（经修订），1966 年《公告汇编》第 2 期第 1171 页，关于谁可以在国内收入局之前执业的规定，参见本法第 601.503 节第 3 条作为登记者认可证据的申请声明）。

8. 向总部提出裁定或意见函的申请必须寄给国内收入局局长。注明：T：FP：T. 华盛顿特区 20224 号。决定书的申请应当寄给区域负责人，该区域负责人应当对纳税人的纳税申报表有稽查管辖权。参见本节第 14 条至第 17 条。

9. 在任何裁定或决定书的申请中，如不符合本款规定将被告知，且须指出申请书不合格的内容。如果裁定或决定书的申请缺乏必要的信息，纳税人或代理人应当在 30 天内补充完整，否则申请将被终止。如果在申请被终止后提交信息，申请将被重启，并以收到必要信息的日期作为新的申请时间来对待。经区域负责人的批准，这些申请将被给予极少数优先处理的案例。

10. 纳税人希望与国内收入局口头讨论单个或多个相关问题时，应当以书面形式递交申请，这样是为了在最有用的阶段安排讨论会。

11. 一般来说，在裁定书或决定书发出之前，对于可能出现在裁定书或决定书上口头或书面的资料，当事人在提出申请删除这些资料，但是国内收入局决定不应当被删除时，总部和区域税务办公室应当通知当事人。如果收到这样的通知，已经提出裁定书或决定书申请的当事人，可以在10天内提交进一步的信息、论点，或支持应当删除资料立场的其他材料。如果可行，国内收入局将在裁定或决定书发布前，尝试解决所有关于规划删除的分歧。但是，已经申请裁定或决定书的当事人在任何情况下，就裁定书或决定书文本中删除资料的任何分歧，有权要求举行讨论会解决，当然这样的问题可以在关于该申请的其他任何讨论会安排中考虑。

12. 正常有序和尽快处理裁定书、意见书、决定书的申请是税务部门的职责。国内收入局为考虑一个特定的问题超越正常秩序，或通过具体的时间，导致其他问题处置的拖延，申请人对此应当服从。当申请要先于正常秩序提前处理时，申请人应当在一个独立的文书中，以书面形式与申请一并或者之后提出，清楚表明其需要这样的处理，国内收入局将在特定的情况下予以考虑批准。然而如果国内收入局不予批准，则该申请将按照申请的时间予以处理。例如，某交易、董事会讨论会、公司股东的日程安排截止日期，没有考虑获得裁定、意见函、决定书的时间，不得作为要求提前处理申请的充分理由；影响股票市场交易价格的行为也不得作为要求提前处理申请的充分理由。电报申请被视为与信件申请相同的方式。裁定、意见函和决定书通常不会以电报方式发出。希望获取案件进展信息的纳税人或代理人，可以与（技术）办公室适当部门的副局长联系。

13. 主管（公司所得税部门）在以下情况下有向纳税人发布裁定的职责：涉及联邦所得税以下领域：涉及外国惯例或协定；涉及折旧、损耗和价值的问题；涉及公司重组、组建和清算相关的交换和分销的纳税事项等。

14. 主管（个人税务部门）在以下情况下有权就以下事项向纳税人发布裁定的职责，涉及联邦遗产税和赠与税领域的申请，包括外国惯例或条约相关的遗产税和赠与税；涉及某些消费税领域；《税法》规定的处理程序和行政管理；涉及劳务税领域，关于联邦所得税（包括个人、合伙、遗产管理、信托）的申请。

15. 纳税人及其代理人期待获得关于纳税人案件进展的信息，可以联系主管相关领域问题的以下办公室工作人员：

办公室工作人员	电话号码（区号：202）
公司所得税部门	5664504；5664505
个人所得部门	5663767；5663788

16. 依据《税法》第6110节第6条第1款规定，在收到裁定书与决定书向公众披露与公开意图的通知后（包括供公众查阅的建议稿副本和依据《税法》第6110节第4条供第三方交流的注释），纳税人如果不希望披露裁定书或决定书涉及的某些信息，应当在收到通知后20天内提交书面申请，确认那些当事人认为应当删除而没有被国内收入局删除的部分。该当事人应当提交被建议供公众查阅的裁定书或决定书原本的复印件，在该复印件上当事人可以用括号做提示，标出纳税人规划删除而国内收入局没有删除的内容。一般情况下，对于纳税人在裁定书或决定书作出之前没有提出申请删除的内容，国内收入局不会主动删除。依据《税法》第6110节第6条第1款规定，在收到提出裁定书或决定书删节申请的纳税人回复后20天内，国内收入局应当把关于做出删除的最终行政结论寄发给纳税人。

17. 依据《税法》第6110节第6条第1款规定，在收到公开意图通知后（在通知寄出60天内），申请裁定或决定书的当事人可以依据《税法》第6110节第7条第3款或第4款规定递交延期公开的请求。延期请求应当递交给收取裁定或决定书申请的办公室。延期请求应当包括以完成交易为基础的规划日期。依据《税法》第6110节第7条第4款规定，延期申请的请求应当包含一份声明，可以让局长从中判断延期存在合理理由，并据此予以批准。

18. 在交易完成后，递交纳税申报表之前，纳税人收到裁定书或决定书时，应当在纳税申报表上粘贴裁定书或决定书的复印件。

19. 复议权。在1977年1月30日之后，依据《税法》第367节第1条第1款规定（包括依据《税法》第367节第2条规定关于1978年1月1日之前交换的定义），或者依据《1976年税法改革法案》第1024节第5条第2款规定，纳税人可以对不利的事先裁定或裁定书中措辞和条件在裁定做出后的45天内提出复议。（在1977年1月31日前发布裁定，参照1977年第5号《税收程序》）。不管是否要求举行讨论会，国内收入局（技术）副局长都要建立一个特别顾问委员会（ad hoc advisory board）来处理每项复议。某复议的立案以复议书的邮戳日期或这封信件被交付给任何国内收入局办公室（包括总部）的日期为准。复议书必须寄给国内收入局（技术）副局长，注明：T：FP：T。纳税人根据申请将被授予一次讨论会的机会。无论纳税人是否提出申请，委员会可以举行一次或多次讨论会或者撰写意见书。纳税人将被告知讨论会的时间、期限、地点以及委员会成员。委员会将综合考虑纳税人已经提交的书面材料以及讨论会上的口头辩论。纳税人在讨论会上的口头辩论，如果在先前没有以书面提交给国内收入局，可以在讨论会后 7 天内以书面方式邮寄给国内收入局。

委员会将给（技术）副局长提出建议，而（技术）副局长将作出决定。（技术）副局长的决定将以证明信或挂号信形式通知纳税人。依据《税法》第 367 节规定，纳税人对不利裁定或裁定书中的措辞或条件提出复议的具体程序，将在国内收入局的公告中反复公布。（参见 1977 年第 5 期《税收程序》。）

第 6 条　总部的讨论会

1. 如果被要求举行讨论会，那么纳税人将会收到时间和地点的通知。通常讨论会只限于国内收入局认为有助于案件做出决定或对纳税人形成不利结果时才会被安排。如果已安排的讨论会涉及同一纳税人的多项申请，那么在时间安排上应当给纳税人提供最大的便利。

2. 作为权利问题，纳税人只能被总部授予一次讨论会（协商程序）机会，除非发生本条第 3 款所讨论的情形之一。这个讨论会通常由（技术）副局长办公室下属相应部门的分支机构主持，该分支机构的负责人必须出席。如果讨论会上的讨论涉及一个以上主题，讨论将按每一个主题来组织。为了推动讨论会就问题展开自由和开放讨论，讨论会将在各部门对案件已经事先进行研究之后举行。当然，依纳税人及其代理人的申请，讨论会可以根据不同情况在国内收入局指定时间之前的早期阶段举行。纳税人无权对分支机构行为向部门负责人或向国内收入局的任何负责人提出上诉，作为权利问题，纳税人也无权就办公室首席顾问讨论会对裁定申请的单独讨论会提出上诉。

3. 在对技术部门的分支机构提出的建议进行审查的过程中，有可能出现最终的回答与分支机构的建议不利于纳税人的情形。或也可能出现分支机构持有一个不利建议将被批准，但新的或不同的问题或不同的证据足以变更分支机构的原来的决定。在这种情形下，纳税人及其代理人将被邀请进行另外一次讨论会。在总部工作人员的观点中，当需要发生时，本节规定的对纳税人被授予讨论会的数量限制，将不能阻止纳税人被邀请参与进一步的讨论会。在本条讨论的所有额外讨论会仅在国内收入局的邀请下才举行。

4. 由纳税人提议的案例，并在讨论会上讨论，但没有在会前或以适当书面方式递交，纳税人有责任提供该案件相关的任何额外数据、推论、先例等的书面记录。

第 7 条　将相关问题向总部移送

1. 依照本节第 3 条的规定，对于区域负责人收到决定书的申请，相关问题区域税务办公室无法做出决定的,将交由总部答复并告知纳税人。区域负责人认为一项决定书申请应当告知总部时,也可提请总部给予指导意见。参照本节第15、16、17条的规定,依据《税法》第401节和405节第1条关于与计划资格相关的申请,和本节第14条、1972年第5号《税收程序》、1968年第13号《税收程序》(1968年第1期《公告汇编》第764页),依据《税法》第501节和第521节关于免税地位认定的予以适用。

2. 如果申请是涉及国内收入局不会发布裁定书或决定书的一个问题或一个领域,这样的申请不会被提交给总部,但是区域税务办公室会告知纳税人,在这个问题上国内收入局不会发布裁定书或决定书。参见本节第4条第2款。

第8条 将相关问题向区域税务办公室移送

依据本节第2条的规定,总部收到裁定申请后,发现由总部处理是不适当的,则应当移交给对该申请能采取适当行动,并对纳税人申报表已有或将有稽查权的区域税务办公室处理,并告知纳税人。

第9条 决定书的复议

1. 已发布的关于有本节第3条第1、2、3款下的决定书,一般不能向总部申请复议,因为在之前的规章、裁定、意见或《国内收入局公告》公布的法院判决中,已经表明国内收入局的立场。如果纳税人相信税务机关采用决定书这种类型错了,他可以要求区域负责人重新考虑相关问题。他也可以请求区域负责人向总部寻求建议。对于这样的事件,应当遵守第601.105节第2条第5款的规定。

2. 《税法》第401节第1条下与劳务计划资格相关的决定书的复议程序,本节第15条做出了规定。

3. 《税法》第501节和第521节下与免除联邦所得税相关的某些组织的复议程序,本节第14条做出了规定。

第10条 申请的撤回

纳税人为取得裁定或决定书而提出的申请可以在信件签署之前的任何时候撤回。然而,在这样的案件中,总部可以把自己的观点提供给对纳税人的申报表有稽查管辖权的区域税务办公室相关负责人。区域税务办公室将在随后对纳税人的稽查和检查中考虑该项被提交的信息。即使在申请被撤回的情况下,国内收入局将保留相关信函和样本,可以不归还给当事人。

第 11 条　给纳税人的口头建议

1. 国内收入局不能根据口头申请发布裁定和决定书。总部的负责人和工作人员在收到裁定申请前，不得与纳税人及其代理人讨论实质性的税收问题，因为口头的观点或建议对国内收入局没有约束力。但这不构成阻止纳税人及其代理人向国内收入局询问对特定问题是否有规定。在这些案例中，纳税人的名字和纳税识别号应当被公开。国内收入局将讨论为裁定而提交申请而与程序性事务相关的问题，包括适用第 5 条规定的特定案例。

2. 当然根据其他程序，纳税人在准备纳税申报表或报告时可以向区域税务办公室寻求口头的技术帮助。这样的口头建议仅是咨询性的，在国内收入局对纳税人申报表的稽查中，不产生拘束力。

第 12 条　裁定的效力

1. 纳税人不得依赖已经发布给其他纳税人的事先裁定。除了包含在最终协议的部分，依据税收状况的灵活管理，一个裁定可以随时被撤销或变更。参见第 1 条第 6 款结案协议的效力。如果裁定被撤销或变更，那么该撤销或变更将适用于该状况下所有年度。除非局长或其授权执行人的自由裁量权依据《税法》第 7805 节第 2 条被限制撤销或变更的溯及力影响。局长或其授权人行使职权的方式已在本节中阐明。对于裁定中关于销售或租赁的参考条款，依照厂商消费税和零售商消费税，参照本条第 8 款具体的规定。

2. 作为决定纳税人责任的一部分，区域负责人的职责为：查明是否应当准确地适用先前给纳税人发布的裁定。区域负责人应当决定纳税人的实际交易，是否符合裁定中以反映重大事实为基础的准确陈述，以及实际执行的交易是否在本质上与规划交易一致。在纳税义务决定的过程中，如果依据区域负责人观点，先前发布给纳税人的裁定应当被变更或撤销，那么在考虑采取进一步行动前，该负责人的调查结果和建议应当递交到总部。这种给总部的请示将被视为技术建议申请，其程序依照第 601.105 节第 2 条第 5 款段进行。否则，区域税务办公室必须适用裁定来确定纳税人的纳税义务。

3. 对申报表或其他问题有管辖权的任何其他区域负责人，规划得出的结论与先前发布给纳税人裁定的结论相反，总部对该事件承担适当的协调责任。

4. 被发现有错误或与国内收入局近期观点不一致的裁定可以被变更或撤销。变更或撤销在通知最初取得裁定的纳税人后生效，或通过一个《税收裁定》或在《国内收入局公告》发布其他声明。

5. 除了罕见或不寻常情况，裁定的撤销或变更不得追溯应用到关于最初得到裁定的纳税人或该裁定直接涉及纳税义务的纳税人，如果：（1）没有失实陈述或遗漏重大事实；（2）随后发展的事实与裁定认定的事实之间没有重大差异；（3）可适用的法律并没有变动；（4）最初公布的裁定针对规划的或被建议的交易；（5）纳税人直接参与裁定并依据诚信原则行事，并对裁定产生依赖，有溯及力的撤销对其不利。例如，雇主养老金计划相关裁定中的每名雇员的纳税义务被该裁定直接包含。此外，各股东的纳税义务与关于公司重组的裁定直接相关。然而，一个行业所有成员的纳税义务并不直接包含在发布给其中一名行业成员的裁定中，给一个行业成员的裁定发生被撤销或变更的情形可以追溯适用到行业中的其他成员。同样的道理，一个税收从业人员不可以将一个客户先前已发布裁定被变更或撤销无追溯力地适用到其他客户。当给纳税人的裁定是有追溯力的撤销时，除了诈骗案，给该纳税人的通知应当阐释做出撤销的理由以及被追溯适用的原因。

6. 就某项特定交易发布给纳税人的裁定而言，仅代表国内收入局对该交易的立场。但是，如果本条第5款的具体条件得到满足，将裁定适用到交易后将不受随后发布规章的影响（无论是临时的或是最终的）。除了在本条第7、8款规定的范围内之外，如果裁定事后发现是错误的或不再符合国内收入局的立场，那么对于纳税人在同一年或随后几年的类似交易不受裁定的保护。

7. 如果已发布的裁定是一个持续的行为或一系列活动，且裁定被判定为错误或与国内收入局的立场不一致，（技术）副局长通常会限制撤销或变更的溯及力并不得早于原裁定被撤销或变更之日前的时间。例如，如果纳税人依据关于服务与设施的消费税规定提供服务或提供设施，且依据已经发布给该纳税人的裁定对服务或者设施的使用者不征税，（技术）副局长通常将限制裁定的撤销或变更有溯及力的适用。同样的，如果一个雇主根据《联邦保险法案》产生赔偿责任，但是依同一雇主已取得的裁定，根据该法案既不征收雇员税，也不支付雇主和雇员税，那么（技术）副局长通常会就关于雇主税和雇员税做出限制裁定的撤销或变更有溯及力的适用。然而，在后者情况下，有追溯力应用的限制通常会被受制于雇主的工资数据或可能依照《劳务税条例》第31章第6011节第1条第1款第1目的工资数据要求进行更正。按照这些规定，如果裁定涉及一个持续的动作或一系列行为，那么裁定将被一直适用，直到适当的规章发布、《税收裁定》公布其他立场后才能被撤销，或被明确废止。规划制定规则通知的公布，在这里阐述的程序下，将不会影响任何已经发布裁定的适用。（比如，涉及免税认定的裁定书或决定书撤销或变更案件的有效日期。）

8. 先前裁定认定关于该种物品的销售或租赁不予课税，如果已经取得裁定的纳税人依照这个先前的裁定，在没有把税款转嫁给他的顾客的情况下与物品的占有权或所有权分离，那么对于认定销售或租赁特定物品（article）应当承担厂家消费税或零售商消费税的随后裁定，不得做出有溯及力地撤销或变更。参照1926年《税法》第1108节第2条。

9. 在裁定涉及的交易已经完成的情况下，除本条第7款和第8款规定外，对于规划交易不得适用本条第5款的规定向纳税人提供无溯及力撤销保护，因为纳税人尚未依据裁定进行交易。

第13条　决定书的效力

对于受稽查的纳税申报表而言，区域负责人按照本节规定发布的决定书，与本节第12条规定的裁定书有同等效力。在裁定已发布给纳税人的情况下，除非在稽查纳税申报表时没有必要请示总部，否则区域负责人得出与决定书中表达的观点得出相反结论时应当予以指明。区域税务办公室不得限制对决定书的变更或撤销，但可通过局长或其授权人向总部提请指导意见，以限制决定书的变更或撤销。在这方面，请参阅本节的第14条和第15条。

第14条　依据《税法》第501节或第521节组织申请免税

1. 报送免税申请。

（1）依据《税法》第501节或第521节，一个组织在申请免税地位认定时，应当报送一份申请至该组织主要营业场所所在地或主要机构所在地国内收入局的中心区域税务办公室的区域负责人。以下为处理申请的19个关键区域税务办公室办公室和其相应的管辖区域：

中心区域	国内收入局管辖区域
中部区域：	
辛辛那提	辛辛那提，路易斯维尔，印第安纳波利斯
克利夫兰	克利夫兰，帕克斯堡
底特律	底特律
中部大西洋区域：	
巴尔的摩	巴尔的摩（包含哥伦比亚特区国际业务部），匹兹堡，里士满

续表

中心区域	国内收入局管辖区域
中部大西洋区域：	
费城	费城，威尔明顿
纽瓦克市	纽瓦克市
中西部区域：	
芝加哥	芝加哥
圣保罗	圣保罗，法戈，阿伯丁，密尔沃基
圣路易	圣路易，斯普林菲尔德，得梅因，奥马哈
北大西洋区域：	
波斯顿	波斯顿，奥古斯塔，伯灵顿，普罗维登斯，哈特福特，朴茨茅斯
曼哈顿	曼哈顿
布鲁克林	布鲁克林，奥尔巴尼，布法罗
东南区域：	
亚特兰大	亚特兰大，格林斯博罗，哥伦比亚，那什维尔
杰克逊维尔	杰克逊维尔，杰克逊，伯明翰
西南区域：	
奥斯丁	奥斯丁，新奥尔良，阿尔伯克基，丹佛，夏延
达拉斯	达拉斯，俄克拉荷马市，小岩城，威奇托
西部区域：	
路易斯安那	路易斯安那，菲尼克斯，火奴鲁鲁
旧金山	旧金山，盐湖城，里诺
西雅图	西雅图，波特兰，安克拉治，博伊西，海伦娜

（2）如果一个组织提供的申请表和支持的文件，证明它满足本部分描述的免税地位的特别要求，那便可以向其发布裁定或决定书。如果规划营运能被详尽描述，并得出该组织满足本部分描述的免税地位特别要求的结论，那么可以在营运前确认其免税地位。仅凭对目的的重申或者关于将来有利于以上目的建议活动的声明都不能满足这些要求。相关组织必须详尽描述其期待参与的各种活动，包括标准、规格、程序、或其他为实施活动所采用或计划中的方式手段、规划的资金来源以及预算的性质。即使国内收入局认为理由

正当，在一项裁定或决定书发出前也许还需要实际营运的记录来证明。

（3）如果一项确认免税的申请未包含要求的信息，申请有可能被退回给申请人，不得适用有利于申请方原则，并附上一份合理的解释信。依照《税法》第501节第3条第3款的规定提出的申请，为满足《税法》第508节第1条规定及时通知申请人的要求，申请人将被告知再次提交完整申请的期限。

（4）如果依照《税法》第501节或第521节涉及免税地位组织正处于诉讼或者在国内收入局复议期间，通常不得发布认定免税地位的裁定或决定书。

2. 申请书的处理和基础地位申请的确认。

（1）概括本节第1条至第13条的基本程序，依据《税法》第501和521节规定的免税申请以及《税法》第509节和第4942节第7条第3款规定的基础地位申请，关键区区域负责人被授权发布决定书。

（2）对于收到的申请书所提出问题的答复，在法规、财政部决定、规章或者在《税收公告》中公开的裁定、意见函、法院判决中没有被具体涵盖时，关键区区域负责人应当向总部请示。总部将审核每一份申请，直接向该组织发布裁定，并向关键区区域负责人发送裁定的副本。依据《税法》第501节第3条第3款的有关免税问题，就该款的决定向总部请示时，基础地位问题也将以总部裁定为依据。在结果对申请人不利的情况下，将告知其得出结论的依据以及提出复议的权利或要求总部组织讨论会的权利。如果申请人要求举行讨论会，讨论会应按照本条第9款第5项规定的程序进行。从复议的角度对申请重新考虑和对讨论会中的信息研究后，总部可以维持、变更或撤销最初的结论，同时向该组织发布裁定并将其副本发给关键区区域负责人。

（3）关键区区域负责人应当对基础地位发布决定书。所有由关键区区域负责人发布的不利的决定（包括《税法》第509节关于基础地位的不利决定，涉及第4947节第1条第1款规定不免税的慈善信托基金）依据本条第5款概括的复议和讨论会程序。依据第501节第3条第3款，关键区区域负责人对有关免税地位的申请发布决定。他们也会发布这样的决定来回应为取得依据第508节第2条被假定为私人基金的组织基础地位决定的申请。已被归类为私人以外地位组织提出新的基础地位认定额请求时，如满足本条第6款的第6项条件的对象就可以提出重新认定地位的要求。前一句描述的申请必须用书面形式。根据有关情况的信息，在出现有关组织被推定属于第508节第2条私人基金的情况时，可以申请将它的地位作为其他私人基金的决定。参照1973年第504号《税收裁定》（1973年第2期《公告汇编》第190页）。本段所指所有为取得决定的申请,都必须向主要营业所在地或组织主要办公室所在地区域税务办公室的关键区区域负责人提出。

(4) 如果一项免税申请或基础地位请求,所涉及的问题没有已经公布的先例,或在各区之间没有统一标准,或者总部已经发布一项相反的裁定或技术建议,关键区区域负责人必须报请总部提供技术建议。若在关键区区域负责人对申请或请求的考虑期间,该组织认为此案件以技术建议的请示是适当的问题,其可以要求区域负责人向总部申请技术建议。区域负责人应当告知该组织,就所申请的问题有向总部提出技术建议申请的权利。技术建议的规定适用的案例详见本条第 9 款。该组织对技术建议或对总部依据本款发布裁定的复议权,详见第 601.106 节第 1 条第 1 款第 4 项第 1 目和本条第 5 款。

3. 免税裁定或决定书的法律效力。

(1) 如果一个组织在一项免税裁定或决定书发布前,其目的和行为皆符合免税的要求,那么该认定免税的裁定或决定书(追溯到)自组织成立之日起生效。但是,在 1969 年 10 月 9 日后成立的组织,依《税法》第 501 节第 3 条第 3 款规定申请免税资格认定时,适用第 508 节第 1 条的规定。如果一个组织被要求变更活动范围,或者对其权利机构作出实质性变更,那么有关裁定或决定自变更实现之日生效。

(2) 如果营运组织与免税的特征、目的或方式不一致,已有实质性变化,那么不得信赖裁定或者决定书认定的免税。

(3) ①如果一个组织已被列在第 78 号《国内收入局公告》中,(1954 年《税法》第 170 节第 3 条的《组织汇编清单》),作为组织捐赠的扣税,依据《税法》第 170 节规定其后不再有这样的资格,已发布的裁定或决定书被撤销,如果个人给该组织捐赠时并不知晓其地位的变化,在以下时间点前仍被允许:首先,捐赠不再作为扣税的声明在《国内收入局公告》公开之日;其次,声明指定的日期与扣税终止之日不在同一天。

②但是,在某些适合的案件中,捐赠扣税的事先批准,可以适用《税法》第 170 节持续资格的证明期间中止。对于此项中止通知,国内收入局将公开公告。在这种情况下,捐赠扣税的限额(allowance)将取决于第 170 节中组织的法定资格。

③如果一个组织依据《税法》第 170 节第 3 条第 2 款所取得的地位被撤销,难免在法定期间内为取得公开判决而提起第 7428 节下的诉讼,适用特别规定。如果法院的判决对组织不利,它仍然应当被认为符合第 170 节第 3 条

第2款捐赠扣税目的,与第170节第3条第2款中其他组织和个人(最高不超过1000美元)一样,直到撤销公告发出之日,且由法院首次认定该组织不属于第170节第3条第2款之日为止。

(4)在任何情况下,国内收入局都可以禁止一个组织在丧失《税法》第170节规定的资格后接受任何捐赠,只要捐赠者:①已经知晓裁定或决定书的撤销;②知道此撤销即将作出;③知道或了解导致该组织资格丧失的行为活动或不足之处或者对此负有部分责任。

4. 总部对决定书的复议。

为了保证国内收入局已确立原则及先例的适用一致性,总部对依据《税法》第501节和第502节有关免税问题,以及第509节第1条和第4942节第10条第3款有关基础地位问题的决定书进行复议。国内收入局撤销决定书时应当通知关键区区域负责人。若该组织对此撤销提出复议,该文件和复议将被移交给总部。该项移交将被作为技术建议的申请,且按照本条第3款第3项第1目的程序进行。

5. 对不利决定书的复议。

(1)对于不利决定书的发布,关键区区域负责人应当告知该组织其有向复议部门提出复议申请的权利。但是,如果决定是基于总部的技术建议作出,该组织不得向复议部门申请复议。参见第601.106节第1条第1款第4项第4目。为了申请复议审查,该组织应当在决定书到达之日起30天内向关键区区域负责人提交一份关于事实、适用法律以及延续免税地位的论证的陈述。该组织必须陈述其是否有申请复议部门讨论会的意愿。根据该组织向复议部门提交的审查申请,若坚持其观点,关键区区域负责人将向复议部门移送申请和案卷材料。

(2)除本款第3、4目规定外,复议部门在审查该组织的复议和形成的任何额外信息后,将对该组织的决定作出建议和发布一个合理的决定书。该组织应当针对最初层面的审查全面陈述事实、情况和论据,因为如果向复议部门提出补充的事实、情况和论据,那么将有可能导致复议程序的暂时中止,且移转至中心区域税务办公室再次审查。

(3)如果复议部门的处理意见与总部关于免税的技术建议或先前发布的裁定不一致,该处理意见将通过区域主管复议部门移送至副局长(就业计划与免税组织),或者属于第521节的情形时移送至副局长(科技)。

(4)如果案件涉及的问题未被已公开的先例涵盖,或可能导致区域间的不一致，且总部没有先前规则，复议部门必须报请总部提供技术建议。如果在复议的审查期，该组织认为该案件涉及应当申请技术建议请示的问题，可以要求复议部门向总部申请技术建议。复议部门应告知该组织享有向总部请示技术建议的权利。如果复议部门申请技术建议，在技术建议备忘录中记载的副局长（就业计划与免税组织）的决定，或者第521节的案件下副局长（科技）的决定，均为终局并且复议部门处理案件必须与该决定保持一致。详见本节第9条第8款第1项。

6. 对免税和基础地位裁定或决定书的变更、撤销。

（1）一项免税裁定或决定书的撤销或变更可以通过向该组织邮寄裁定或决定书、或在《国内收入局公报》发布税收裁定或其他声明。如果该组织对重要事实有遗漏或错误陈述、在交易方式上与最初描述的有本质区别、或从事本款第4项规定的禁止交易类型，那么此项变更或撤销具有溯及力。在任何情况下，变更或撤销生效日期，都不得迟于该组织收到其免税裁定、决定书有可能被变更或撤销的书面通知之日。

（2）程序。

①在对纳税申报表信息进行稽查或对其他来源信息进行审查后，如果关键区区域负责人得出结论，认为免税的裁定或决定书应当变更或撤销，那么应书面告知该组织，其将采取的预计措施及理由。如果已公开的先例未能涵盖案件涉及的问题，或可能导致各区域间的不一致，或总部就该问题已经发布与先前相反的裁定或技术建议，区域负责人必须向总部寻求技术建议。如果该组织认为案件包含可以移送请求技术建议的问题，其可以要求关键区区域负责人提请国内收入局请求技术建议。关键区区域负责人应当告知该组织其有请求移送该问题至国内收入局给予技术建议的权利。

②关键区区域负责人应当告知该组织有权对撤销或变更的初步决定提出复议，可以向复议部门申请审查。但是，如果总部技术建议是按照本项第1目作出的撤销或变更，那么副局长的决定为最终的，该组织无权向复议部门提出复议请求。对申请复议审查，该组织必须在收到信件之后30日内向关键区区域负责人提交有关事实、适用法律及支持其延续免税地位理由的声明。该组织还必须说明其是否请求举行复议部门讨论会。对于该组织向复议部门请求审查的申请，中心区域税务办公室若坚持其观点，则应向复议部门转交申请和案件材料。

③除在本项第4目、第5目规定外，复议部门在考虑该组织的复议和其

他额外信息后，应告知该组织其决定并向其发布适当的决定书。该组织应当针对最初层面的审查全面陈述事实、情况和论据，因为如果向复议部门提出补充的事实、情况和论据，将有可能导致复议程序的暂时中止，且移转至中心区域税务办公室再次审查。

④如果复议部门的处理意见与总部关于免税的技术建议或先前发布的裁定不一致，该处理意见将通过区域主管复议部门移送至副局长（就业计划与免税组织），或者属于第521节的情形时移送至副局长（科技）。

⑤如果已公开的先例未能涵盖案件涉及的问题，或可能导致各区域间的不一致，且总部没有先前规则，复议部门必须报请总部提供技术建议。如果在复议的审查期间，该组织认为该案件涉及复议部门应当向总部请示技术建议的问题，该组织可以要求复议部门向总部申请技术建议。复议部门应告知该组织享有向总部请示技术建议的权利。

（3）关于私人基金会或经营基础地位的裁定或决定书，可以通过给该组织邮寄新的裁定或决定书，或者通过在《国内收入局公报》中公告税收裁定或其他的声明加以变更或撤销。如果关键区域负责人得出结论，作为稽查纳税申报表信息或审查其他来源信息的结果，涉及私人基金地位（包括《税法》第509节第1条第3款基础地位，涉及第4947节第1条第1款规定不免税的慈善信托基金），或者经营基础地位的裁定或决定书应当变更或撤销，那么是否遵守本款第4、5项中的程序，取决于该变更或撤销对于受影响的组织是有利的还是不利的。当国内收入局建议变更基础地位归类，从第509节第1条的某一特定条款转到该本节其他条款，将依照本款第4项中规定的程序来变更裁定或决定书。

（4）如果关键区域负责人得出结论，关于私人基金会或经营基础地位的裁定或决定书应当被变更或撤销，则应书面告知该组织此项不利的规划措施及理由，包括对基础地位建议的新决定。在本款第2项中阐述的程序适用于本项的建议变更或撤销。对于私人基金会和经营基础地位而言，除了裁定或决定书的生效日期或者变更或撤销是由法律或规章明文规定以外，其生效日期皆与本款第1项中免税裁定或决定书变更或撤销的生效日期相同。

（5）如果关键区域负责人得出结论，涉及私人基金会或经营基础地位的裁定或决定书应当变更或撤销，并且此种变更或撤销对该组织有利时，该关键区域负责人将发布决定书以变更或撤销其基础地位。该决定书也用于告知该组织基础地位被重新确定。涉及私人基金会或经营基础地位的有利的变更或撤销,在原裁定或决定书有错误时通常具有溯及力。

(6) 就私人基金会或经营基础地位而言,如果在一个案件中某组织认为,其收到的裁定或决定书是错误的,那么该组织可以要求关键区区域负责人重新审查此项裁定或决定书。除在发布这项裁定或决定书时,该组织没有行使复议权或请示权,关键区区域负责人才会考虑此种申请。如果关键区区域负责人决定重新审查,此项申请将被视作最初对基础地位决定的申请,并且关键区区域负责人将依据本条第 2 款规定的程序,发布有关基础地位或经营基础地位的决定。如果发布的系一项有利决定,关键区区域负责人也应通知该组织,原裁定或决定书已被变更或撤销。不利决定依据本条第 5 款的程序执行。如果关键区区域负责人决定重新考虑,不予批准时,应当告知该组织。该组织无权对关键区区域负责人不予重新审查的决定提出复议。

(7) 如果结论认为,依据《税法》第 503 节的规定,该组织系以转移本金或收入达到避税目的为手段,从事一项禁止型交易,且此项交易涉及该组织本金或收入的实质部分,那么从其免税地位被撤销,并从禁止交易着手实施的纳税年度开始生效。

(8) 本款关于复议、讨论会及在变更(撤销)通知发布前某组织申请技术建议权利的规定,不再适用于延迟会损害国内收入局的利益问题(比如涉及欺诈、不可抗力、诉讼时效即将届满,或者必须采取紧急行动保障政府利益的情形)。

7. 依据《税法》第 501 节第 3 条第 3 款有关组织地位与分类的宣告式裁决。

(1) 申请《税法》第 501 节第 3 条第 3 款中免税地位认定的组织应依照本条第 1 款中的程序,递交免税认可申请中的 1023 表格。依据第 7428 节第 2 条第 2 款递交给国内收入局审查的 270 日期限,起算日为基本完整的 1023 表格被送达有管辖权的关键区区域负责人之日。实质性完整的 1023 表格为:

①经被授权人签名;

②包含雇主身份证号(EIN)或者《雇主身份证号申请书》中完整的 SS – 4 表格;

③包含该组织本年度及前 3 年或者如果组织存续不足 4 年时所有年份的收支表及资产负债的声明,(如果该组织尚未开始运营,两个完整会计期间的预算和当前的资产负债表也可受理);

④包含一份拟议活动的声明和一份预计收入与支出的说明;

⑤包含一份组织或授权文件的复印件，此组织或授权文件应由主要负责人签名，或者附有负责人签署的书面声明，认定该文件是原件的完整准确副本；

⑥如果该组织是一个法人或非法人社团且其有适用的章程，该表应包含被授权负责人签名的副本或者其他证明资料。

如果一份申请缺少以上任何一项，应中止对其进一步审查，并可发回申请人补充。270天期间将重新计算，起算日期为从申请再次邮寄给国内收入局之日，或者当邮戳不明确时自国内收入局收到实质完整申请之日。

（2）通常情况下，裁定或决定书以宣告式裁决为依据，依照本条概括的程序发布。在总部免税申请案件中，不利规划裁定由免税组织技术部门发布。申请人对此不利规划裁定可向免税组织技术部门的"讨论会及稽查人员"提出复议。在此类案件中，当组织无法完整描述其目的与活动时（详见本条第1款第2项），拒绝裁定将被视为不利决定，对此该组织获得行政复议权利。对事实补充或修改的口头陈述，作为裁定或决定书申请的表达或申辩，必须简化为书面形式。

（3）如果一个组织以书面形式撤回裁定或决定书的申请，国内收入局既不得将此项撤回认定为《税法》第7428节第1条第2款含义下无法作出决定的情形，也不得认定为《税法》第7428节第2条第2款含义下行政救济用尽的情形。

（4）根据《税法》第7428节第2条第2款的规定，某组织必须穷尽行政救济，通过采取及时、合理的步骤来保障某项决定。那些步骤以及须在国内收入局内穷尽的行政救济如下：

①根据本款第9项递交一份实质性完整的1023表格，或者根据本条第2款对基础地位决定提出申请；

②及时提交使免税申请完善或请求认定私人基金所要求的一切额外信息；

③依据本条第5款、第6款，在税务系统内穷尽所有行政救济，就免税申请案件的不利建议裁定向有最初管辖权的总部下属免税组织技术部门的"讨论会和稽查人员"申请复议。

（5）一个组织在完成本款第4项的措施手段前，一律不得被认定为其已穷尽行政救济，且先于：

①以认证或注册的邮箱发送了最终决定的通知；

②《税法》第7428节第2条第2款中规定的270日期间届满，且国内收

入局尚未发布最终决定的通知,该组织已经及时采取一切合理的方法获得裁决或决定书。

(6) 在国内收入局尚未根据案件的情况在合理期限内对复议或请求采取措施之前,本款第 4 项规定的步骤不得视为完成。

(7) 适用《税法》第 7428 节规定的最终决定通知,由认证或注册的邮箱发送且其认为该组织并不符合《税法》第 501 节第 3 条第 3 款或第 170 节第 3 条第 2 款规定,也不属于《税法》第 4942 节第 10 条第 3 款私人基金会的情形时,该通知为一项裁定或决定书。

8. 集团免税函。

(1) 通常情况。

①集团免税函是一份裁定,发布给核心组织,该组织的认定基础为依据《税法》第 501 节第 3 条应当免税的集团,而以核心组织为代表的附属组织已经依据本款取得免税地位。

②核心组织是指对至少一个或一个以上附属组织拥有监督或控制权的组织。

③附属组织是核心组织的分支、办事处、派出机构或内部结构。它可能是或不是股份有限公司。核心组织本身也可以是附属组织,例如州层面的组织拥有附属组织,但其本身隶属国家层面的组织。

④集团免税函中出现的附属组织不得再另行申请免税函,除非该附属组织不想再出现该集团免税函中。

⑤《税法》第 501 节第 3 条第 3 款中的附属组织,如果被定义为《税法》第 509 节第 1 条中私人基金时,其不得包含在集团免税函中。此类组织应根据本条第 1 款规定的程序单独申请免税地位。

(2) 加入集团免税函的要求。

①申请集团免税函的核心组织必须首先取得其自身的免税地位。

②加入集团免税函的附属组织必须为:首先,隶属于核心组织;其次,接受核心组织的监督或控制;再次,依据《税法》第 501 节第 3 条第 3 款免税,虽然不一定是本条免税的核心组织;最后,如果申请《税法》第 501 节第 3 条第 3 款的集团免税函,那么不得为私人基金会。

③每个附属组织必须授权核心组织将其包含在集团免税函的申请中。该授权书必须由附属组织的经正式授权的负责人签名,且在集团免税函生效期间由核心组织持有。

(3) 集团免税函申请表的递交。

①核心组织为其附属组织申请集团免税函前，必须到其主要营业地或主要办事机构所在地国内收入局的区域负责人处递交申请，以取得其本身免税地位的认定。对于组织的形式详见《所得税条例》第1.501章第1条第1款的规定。任何由总部或其他区域负责人收到上文规定的申请，应当移交给有管辖权的区域负责人，其他人对此不得采取任何的行为。

②如果核心组织以前已经取得其免税地位，它必须表明其雇主身份证号，免税函日期及国内收入局的发布日期。已经提交的文件不用再提交。但是，如果它尚未这么做，它就必须提交任何对于其管理方式或内部规则的变更以及任何有关其性质、目的、经验方式变更的相关信息副本。

③除了认定核心组织自身免税地位的信息之外，它必须代表出现在集团免税函中的附属组织向区域负责人提交以下信息，且一式两份：

首先，由核心组织主要负责人签名信件的说明或包括以下附件：其一，能够证明本款第2项第2目所要求关系已存在的信息；其二，附属组织主要目的和活动的说明；其三，如果一项统一管理措施（执照、信托合同或组织章程）曾被附属组织采用，则需这项措施样本的副本，如果没有统一的管理措施则需说明措施的副本；其四，在其所知的范围内，一份关于其附属组织的经营行为的效果与前述目的相一致的认定；其五，一份关于集团免税函中的每一附属组织都已向核心组织出具按本款第2项第3目书面授权的声明；其六，在集团免税函中国内收入局就免税已发布明确裁定或决定书的附属组织清单；其七，如果集团免税函申请涉及《税法》第501节第3条第3款的规定，在其所知范围内，核心组织确信无任何属于《税法》第509节第1条定义的私人基金会附属组织出现在该集团免税函中。

其次，在集团免税函中，应当列明各附属组织的名称、邮箱地址（包括邮政编码）、及附属组织雇主身份证号（如果申请集团免税函以本节第5条的规定为目的）。如果包含所要求的信息或者如果附属组织未被纳入集团免税函而得到认可时，附属组织提供的近期目录可以用清单替代。

④如果核心组织没有雇主身份证号，它必须附随其免税申请提交一份完整的雇主身份证号申请表（表格SS-4）。详见1963年第247号《税收程序》（1963年第2期《公告汇编》第612页）。

⑤每个核心附属组织被要求报送年度信息纳税申报表990或990-A，必须拥有雇主身份证号，即使它未聘用任何雇员。核心附属组织必须报送免税

申请，附有完整的表格 SS-4，并代表每一无此证号的附属组织。虽然非核心附属组织无须报送年度信息纳税表 990 或 990-A，也无须为集团免税函而持有雇主身份证号，但这些附属组织可以为其他目的拥有此类编号。

（4）维持集团免税函所需要的年度信息。

①核心组织必须在每年会计期间届满后 45 日内将下列信息提交到 Attention：EO：R Branch 宾夕法尼亚，邮政编码 19155：费城罗斯福大道第 11601 号费城税务中心。

首先，所有在集团免税函中附属组织在目的、章程或经营方式发生变化的信息。

其次，清单中包括：

其一，本年中已经变更了名称或地址的附属组织；其二，由于解散、脱离隶属或撤回对核心组织的授权而不再出现在集团免税函中的附属组织；其三，由于新建、新隶属关系或刚刚授权核心组织将其包括在内而加入集团免税函中的附属组织。以上三种类别必须另行提交清单。每一清单必须包括名称、邮箱地址（包括邮政编码），以及关联附属组织的雇主身份证号。以注释形式列出的附属组织不予接受。

最后，在本款第 3 项第 3 目、第 12 目中关于在集团免税函中被增加的附属组织应提交规定的信息。但是，如果集团免税函以此为基础的信息适用于此类附属组织的所有材料，用有效的声明可以代替本款第 3 项第 3 目、第 12 目第 1 到 5 子目所要求的信息。

②本款要求提交的信息并不免除核心组织或其任一附属组织提交其他信息的义务，例如，关键区区域负责人在认定是否符合延续免税地位条件所要求的信息。详见《税法》第 6001 节和第 6033 节及相应规章。

（5）集团免税函的终止。

①集团免税函终止导致免税地位丧失的效力及于所有附属组织。在此类案件中，为了确立免税地位，每一附属组织必须依本条第 1 款中的程序报送免税申请表，或者依本分段规定重新提交集团免税函。

②如果核心组织解散或不复存在，即使其附属组织仍然存在且独立经营，集团免税函也将终止。

③核心组织未能提交本款第 4 项要求的信息，或报送要求信息纳税申报表，表格 990 或 990-A，或者不符合《税法》第 6001 节和第 6033 节及相应规章时，可能导致集团免税函终止，其理由为延续集团免税函的条件无

法满足。详见 1959 年第 95 号《税收裁定》（1958 年第 1 期《公告汇编》第 627 页）。

④集团免税函中一个附属组织的解散不会影响免税函中其他组织的免税地位。

⑤如果集团免税函中一个附属组织不能满足《税法》第 6001 节和第 6033 节及相应规章的规定（例如未能填报要求的信息纳税申报表），且国内收入局终止其从属地位的认定，那么应当向核心组织送达该终止函的副本。该集团免税函对该附属组织不再适用，但在其他方面仍然有效。（应当指出：表格 990 被要求必须报送，未及时报送的自截止之日次日起每日以 10 美元的标准处以罚金，但最高不超过 5000 美元。详见《税法》第 6652 节及相应规章的规定。）

（6）集团免税函的撤销。

①依照本条第 6 款规定的程序，如果国内收入局做出核心组织不再符合《税法》第 501 节第 3 条免税资格的决定，集团免税函也将被撤销。此撤销决定将导致免税函中所有附属组织免税地位认定的撤销。在此类案件中为了重新确立免税地位，每一附属组织必须依本条第 1 款的程序报送一份免税申请表或者依本款规定重新提交集团免税函。

②依照本条第 6 款规定的程序，如果国内收入局作出集团免税函中出现的某一附属组织不再符合《税法》第 501 节第 3 条免税资格的决定，应当通知该核心组织和该附属组织，集团免税函只对该附属组织不再适用，其他方面仍然有效。

③依据本项第 2 目，如果附属组织被取消纳入集团免税函的资格，其后希望重新确立其免税地位时，核心组织应当在提交本款第 4 项要求的信息的同时，提交有关该附属组织符合重新纳入集团免税函条件的详尽信息。

（7）部门或机构的政策分部。

部门或机构的政策分部是指对在目的和经营模式上十分相似，且均符合《税法》第 501 节第 3 条规定免税资格的组织行使监督或控制时，可以与核心组织相同的方式获得包括这些组织在内的集团免税函。但是，部门或机构必须提供证据证明其属于合格的政府代理机构。政府代理机构监督和控制的对象有联邦信用社、州特许信用社及联邦土地银行协会。

（8）列入慈善捐赠减免组织的汇编清单。

如果获得集团免税函的核心组织符合《税法》第 107 节有资格接受慈善

捐赠减免，其将被列入第 78 号《公告汇编》清单——所有规定在 1954 年《税法》第 170 节的组织。集团免税函中包含的附属组织的名称不再单独列入。但是，对核心组织的地位认定将决定其附属组织的捐赠是否也属于可减免项。

9. 国内收入局的技术建议。

（1）技术建议的概念和性质。

①本款使用的"技术建议"是指在雇用计划和免税组织问题中，对正在处理和审查的非诉案件，基于关键区区域负责人或复议部门申请，由总部补充规定特定事实如何解释和合理适用税法、相应法律、及规章而提供的建议或指导。它是作为在处理结案、立案和维持一致性上协助国内收入局工作人员的手段而提供。它不包括因与特定案件的审查和处理无关而作出的，并提供给关键区区域负责人或复议部门的备忘录。

②本款的规定只适用于关键区区域负责人或复议部门审核有关《雇员计划和免税组织》的案件。而不适用于其他任何由区域负责人、复议部门管辖或者由酒精、烟草、枪支局管辖的案件。在《雇员计划和免税组织》案件范围之外，技术建议的规定适用于区域负责人管辖的案件，见第 601.105 节第 2 条第 5 款。在《雇员计划和免税组织》案件范围之外，技术建议的规定适用于复议部门管辖的案件，见第 601.106 节第 5 条第 10 款。

③依据本款，关键区区域负责人或复议部门在审核纳税人为取得决定书而提出的申请时，可以提出技术建议申请。如果该案件某些免税组织的问题，且在已经公布的先例中没有涉及或与先例并不一致，则技术建议的申请是强制的，而不是自由裁量权。详见本条第 2 款第 4 项和第 5 款第 3 项。

④如果关键区区域负责人认为总部已经发布的裁定书或技术建议应当被变更或撤销，且向总部申请重新审查此项裁定或技术建议，那么向总部递交该问题将被视为是一项（为取得）技术建议的申请。为使总部考虑上述建议，应当遵守本款第 3 项详细规定的程序。只有总部才有权撤销一项由总部发布的裁定书或技术建议。在报请总部之前，关键区区域负责人应当告知该计划或组织单位认为应撤销该项裁定书或技术建议的理由。在研究事实和审查争议点后，关键区区域负责人将决定是否向总部提出撤销该裁定或技术建议的申请。

⑤在第 521 节的案件中，依据本款，副局长（就业计划和免税组织）和副局长（技术），作为国内收入局局长的授权代表，是专门负责就任何案件提

供基本原则的建立、解释规则和税法统一适用中任何问题的处理。该项授权已经被扩大转授权给下属负责人。

（2）需要技术建议的情形。

①关键区区域负责人和复议部门在对一个案件处理和审查时，可就任何技术和程序问题申请技术建议。这些适用程序规定在本款第1项中。

②关键区区域负责人和复议部门被鼓励向总部申请技术建议，涉及本款第1项规定的任何案件中的任何技术或程序问题，这些问题为已有法律、规章、总部清晰发布的相关税收裁定或其他先例所无法解决。但是在涉及免税资格或组织地位的免税组织案件中，对于相关资格认定没有被已公开的先例所涵摄或存在不统一时，区域负责人和复议部门必须申请技术建议。为取得技术建议的申请必须尽可能在处理程序的最初阶段提出。

（3）技术建议的申请。

①就任何问题决定是否申请技术建议，是关键区区域负责人或复议部门的职责。然而，当关键区区域负责人或复议部门对案件有管辖权时，为取得技术建议，任一雇员计划或组织及其代理人可以要求其就某一问题提交给总部，该问题必须存在不统一、很不常见或极为复杂足以需要总部审查。这项请求必须尽可能在处理程序的最初阶段提出。当然该计划或组织被鼓励用书面申请阐明关于交易的事实、法律以及存在的争议点，但是对申请原因，该雇员计划或组织可以用口头方式提出。在审查该计划或组织的申请后，稽查人员或复议部门人员认为情况不足以批准并移交给总部时，他或她应告知该计划或组织。（详见本款第4项规定，当稽查人员或复议部门人员拒绝提请技术建议时，该计划或组织享有复议权。）

②当准备提出技术建议申请时，无论是否为该计划或组织要求申请，该计划或组织将被通知，除非已按本项第10目规定被通知。如果中心区域税务办公室或复议部门发起行动，该计划或组织将得到一个涉及相关事实以及问题或建议的问题，向国内收入局办公室递交声明的副本。建议申请的表达应当避免事实、具体要点或问题要点可能存在的错误。

③在收到事实和具体问题的声明后，该计划或组织将有10个日历期限，以书面的形式说明其不在完整的协议范围内。如果需要延期，该计划或组织必须以书面形式证明延期的合理性，并由雇员计划和免税组织局主管（在区域税务办公室内）或复议部门首席顾问批准。应当尽一切努力就问题的事实和具体要点达成协议。如果无法达成协议，该计划或组织可以在收到关键区

区域负责人或复议部门的通知后 10 个日历期限内，向总部递交问题的要点和特定的要点的自我理解声明，并为取得技术建议提出申请。如果需要延期，该计划或组织必须以书面形式证明延期的合理性，并由雇员计划和免税组织局主管（在区域税务办公室内）或复议部门首席顾问批准。

④如果该计划或组织表明要申请技术建议，但中心区域税务办公室或复议部门没有完全接受其事实、要点或问题重点的声明，则必须以书面形式将分歧部分通知该计划或组织。该计划或组织应在收到此书面告知之日起 10 日就通知作出答复。如果需要延期，该计划或组织必须以书面形式证明延期的合理性，并由雇员计划和免税组织局主管（在区域税务办公室内）或复议部门首席顾问批准。如果协议无法达成，该计划或组织的声明以及中心区域税务办公室或复议部门的声明均应提交总部。

⑤首先，如果提出技术建议申请受制于《税法》6110 节的披露规定时，该计划或组织还必须依据本项第 3 目和第 4 目规定的 10 日内，提交本项第 6 目规定的，无论适用哪个（与该计划或组织提交申请技术建议随附的事实和论据相关的协议），《税法》第 6110 节第 3 条规划删除的声明。如果该声明未提交，关键区区域负责人或复议部门应告知该计划或组织必须提交此项声明。如果关键区区域负责人或复议部门在通知该计划或组织提交此项声明之日起 10 日内未收到，该关键区区域负责人或复议部门可以拒绝技术建议的申请。当计划或组织未提交规划删除声明，而关键区区域负责人或复议部门决定申请技术建议时，总部将按照《税法》第 6110 节第 3 条所要求由局长做出的判断，做出相关删除。其次，包含在本款中的要求，该要求涉及规划删除声明和其他资料的提交，在供公众查阅之前由技术备忘录做出，不适用于关键区区域负责人在 1976 年 11 月 1 号之前提出的申请或适用《税法》第 6104 节提出申请的任何文件。

⑥按照《税法》第 6110 节第 3 条的规定，为了协助国内收入局做出删除，依据《税法》第 6110 节第 1 条技术建议备忘录文本向公众公开查阅，那么该技术建议的申请必须随附一份该计划或组织的规划删除声明或者一份除名称、地址和识别码之外没有需要被删除信息的声明。规划删除声明应当随附包含事实和支持文件的所有声明的副本，依据本项第 3 目和第 4 目被递交给总部，其上面应当通过括号做标记，标明依据《税法》第 6110 节第 3 条该计划或组织认为应当删除的内容。规划删除声明应当说明每一规划删除项的法定理由。为取得技术建议的申请不得出现和引用规划删除声明。如果该计划

或组织决定在国内收入局回复所报请的技术建议之前，依据《税法》第 6110 节第 3 条提出额外的删除请求，额外声明必须提交。

⑦如果该计划或组织尚未这么做，那么可以提交一份声明，解释它对问题的立场，也可引用它认为支持其案件的先例。此项声明将与技术建议申请一起提交给总部。如果收到日期被迟延，可以和关联案卷一起提交。

⑧在问题被递交给总部的同时，应当通知该计划或组织，如果情况表明系不利决定时，也应当通知该计划或组织，其有权向总部申请讨论会，并表态其是否期待讨论会。

⑨一般情况下，总部在回复技术建议申请前，对于可能出现在技术建议备忘录中的信息，该计划或组织规划删除，但国内收入局认为不得删除，总部应当将此情况口头或书面通知该计划或组织。如果收到通知，该计划或组织可以在 10 日内提交任何进一步的资料、争点描述或其他材料，这些将有利于支持信息应当被删除的立场。如果可行，在回复技术建议申请前，国内收入局将尝试解决所有关于删除建议的争议。然而，任何情况下，从为解决技术建议备忘录删除资料导致任何的争议而言，该计划或组织都有权要求一次讨论会，但是这种问题可以被认为是关于申请的其他讨论会安排（即其他讨论会中可以附带审查删除问题）。

⑩本项第 1 目到第 9 目有关计划或组织在申请中提及的问题、对计划或组织在申请中提及的问题的建议、删除建议的提交以及同意在总部举行讨论会等规定，都不适用《税法》第 6110 节第 7 条第 5 款第 1 项中技术建议备忘录的规定，即涉及民事或刑事欺诈调查、危险或最终评估。但是，依据《税法》第 6110 节第 6 条第 1 款公开技术建议备忘录的意思表示，应当先于局长寄发通知日期。

⑪申请技术建议的表格 4463 仅用于向总部申请技术建议。

（4）某计划或组织对于不寻求技术规划决定申请复议。

①如果某计划或组织在关键区域负责人或复议部门向总部申请技术建议前，已经就某一问题提交申请，在稽查人员或复议部门人员审查后认为情况不能批准提交，他或她应当将此告知该计划或组织。

②对于该计划或组织提出的技术建议申请，稽查人员或复议部门人员决定不予转交给总部，则该计划或组织可以向总部申请复议。该计划或组织在收到决定之日起 10 日内，向总部提交与问题相关的事实、法律、争议，以及为何该计划或组织认为该问题应当报请总部给予技术建议理由的声明。如果

需要延期，该计划或组织必须以书面形式证明延期的合理性，并由雇员计划和免税组织局主管（在区域税务办公室内）或复议部门首席顾问批准。

③对于该计划或组织的声明，稽查人员或复议部门人员将转交至雇员计划和免税组织部门首席顾问或复议部门首席顾问，同时随附上述人员认为该问题无须报请总部的理由说明。区域负责人或其他负责人将依据提交的各项声明信息决定是否申请技术建议。如果首席顾问决定无须申请技术建议，他应当把拒绝申请的原因书面告知该计划或组织。在给该计划或组织的信中，主管应当（除非特殊情况下该行为有损政府利益时）具体说明其建议否决的理由。该计划或组织应当在收到信函15日内告知主管税务机关其是否同意拒绝建议。该计划或组织无权对雇员计划和免税组织部门首席顾问或者复议部门首席顾问不报请总部技术建议的决定申请复议。但是，如果该计划或组织不同意拒绝建议，所有与为取得技术建议问题相关的数据，包括计划或组织的书面申请和声明，由相关部门转送给总部。并标明：免税组织或雇员计划区域负责人或稽查区域负责人提交。对第521节的案件，标明：公司所得税务审查区域负责人提交。在总部审查后，将告知移交机关拒绝建议是否被批准。

④当总部对该问题进行复议时，关键区域负责人或复议部门将暂停对此问题的处理（除非延迟会损害政府的利益），直到总部的决定通知到达之日。此项通知应当在总部收到数据信息之日起30日内做出。此项审查只以书面记录为限，总部不予举行讨论会。

（5）总部的讨论会。

①在研究技术建议请求后，如果出现应当对该计划或组织做出不利建议且被要求举行讨论会时，应告知该计划或组织讨论会的时间和地点。如果同一计划或组织提出不止一项建议申请而需举行多次讨论会时，应当以对该计划或组织最便利的方式作出时间安排。如果条件允许，讨论会可以通过电话来安排，并应当在联系后21天内举行讨论会。如果延期仅在该组织或计划以书面提出调整才能被授予，并由有管辖权区域负责人批准。

②作为权利问题，一个计划或组织仅被授予一次与总部举行讨论会的机会，本项第3目讨论的情形除外。通常这种讨论会由（雇员计划和免税组织）副局长办公室或者属于《税法》第521节情形时由（技术）副局长办公室在分支机构层面中有管辖权（appropriate）的部门主持，且通常由作为区域负责人的、有权采取行动的人员参与。在有管辖权的案件中，稽查人员或复议部

门人员也可参与讨论会说明案件事实。如果在此讨论会中讨论的主题不止一个，则每一个主题的讨论构成一次讨论会。当计划或组织及其代理人提出讨论会申请时，讨论会可在国内收入局指定的案件审查阶段之前进行。计划或组织无权"对分支机构的行为向该部门局主管或总部的其他任何负责人提出复议要求。

③在复议分支机构提出的建议过程中，可能会出现涉及最终回复分支机构的建议被逆转，结果对该计划或组织更为不利。或者出现分支机构的不利建议被批准，但是分支机构决定案件时，须适用新的、不同的问题或不同背景。在这些情况中，该计划或组织及其代理人将应邀进入另一场讨论会。本款限制计划或组织有权申请讨论会次数的规定，不得阻却当总部人员认为有必要将其纳入进一步讨论会中的情形。但是这类额外的讨论会只能由国内收入局主动提出进行。

④在讨论会后 21 日内，该计划或组织应当以书面的形式，向总部提交其事前未书面完整提交，但在讨论会时加以引用和讨论的任何补充数据、推理过程，以及先例等。延期仅在该组织或计划以书面提出调整时才能被授予，并由有管辖权区域负责人批准。任何相关的额外资料和副本应提交到总部，并转交给有管辖权的关键区区域负责人或者复议部门。关键区区域负责人或复议部门应对该问题及时予以关注，对额外事实和数据进行核实，并在适当程度上进行评价。

⑤某计划或组织或者其代理人想要取得其案件进展（不包括第 521 节的案件），可以联系管辖相关事项的负责人：

负责人	电话号码（区号 202）
主管，雇用计划技术	566 - 3871
主管，免税组织技术	566 - 3856
主管，保险	566 - 4311

想要取得第 521 节案件进展信息的某计划或组织可以联系区域负责人进行查询。联系电话：（202 - 566 - 4504 或 566 - 4505）

（6）总部关于技术建议备忘录的准备。

①总部在收到后，被分派到案件的雇员应当立即分析文件，并确定是否满足本款第 3 项的要求。如果该案件并不能完全符合本款第 3 项第 1 目至第 4 目的任一要求，应当采取适当的措施完善该文件。如果技术建议申请不符合本款第 3 项第 5 目的条件，如果可能，对于规划删除声明，总部将按照《税

法》第6110节第3条要求按照局长作出的判断，从技术建议备忘录中删除。

②如果该计划或组织要求总部举行讨论会，适用本款第4项的程序。

③对于技术建议的回复应当邮寄给关键区区域负责人或复议部门，且被起草分为两部分。每一部分均标明该计划或组织的名称、地址、认证码及涉及的年份。第一部分（以下称为"技术建议备忘录"）包括：首先，对于问题有影响相关事实的引述；其次，对于事实、先例的讨论及总部的理由；再次，总部的结论。只要有可能，结论将对关键区区域负责人或复议部门的具体问题给予直接的回答。对于这些问题的讨论应当尽量详尽，这样关键区区域负责人或复议部门能够了解结论的论证过程。在适当情况下，依据《税法》第6110节第6条第1款的规定，关键区区域负责人或复议部门向该计划或组织送达的文书，应当随附技术建议备忘录、公开技术建议备忘录意向的通知（包括供公众查阅的建议稿副本和依据《税法》第6110节第4条供第三方交流的注释），与此同时，关键区区域负责人或复议部门技术建议还应依据本项第5目和第7项第2目规定补充建议备忘录（指明删节内容）的一份副本。

④回复的第二部分由内部信息传递备忘录构成。在通常情况下它作为关键区区域负责人或复议部门提供管理信息或其他信息的工具，根据保密法律或其他原因，禁止与该计划或组织讨论这些信息。

⑤国内收入局通常的做法是，在关键区区域负责人或复议部门已经采纳技术建议备忘录后，向该计划或组织发送备忘录的副本。但是，在《税法》第6110节第7条第5款第5项第1目下，案件的技术建议备忘涉及民事欺诈、刑事调查、危险或最终评估的案件，在所有与调查或评估有关的程序完成前，均不得向该计划或组织提交技术建议备忘录。

⑥根据《税法》第6110节第6条第1款的规定，该计划或组织收到公开技术建议备忘录意向的通知后，若其想对备忘录中的某些信息的公开提出复议，该计划或组织应当在通知邮寄之日起20日内，提交其认为国内收入局应予以删除，但实际上未予以删除问题的书面声明。该计划或组织还应当提交技术建议备忘录准备公开给公众查阅的副本，在副本上用括号标明计划或组织规划删除的内容，而国内收入局未予删除的问题。一般情况下，该计划或组织提交删除建议，应当在总部将它的回复转交关键区区域负责人或复议部门之前，否则，国内收入局将不再考虑删除任何资料。依据《税法》第6110节第6条第1款规定，在该计划或组织对于其发出的通知作出答复后，国内收入局应当在收到该答复之日起20日内，向该计划或组织邮寄其有关删除问

题的最终行政结果。

（7）中心区域税务办公室和复议部门对技术建议的适用。

①中心区域税务办公室或复议部门应当继续处理案件，并以总部在技术建议备忘录的结论为依据，除非关键区区域负责人或者复议部门的负责人认为，总部对技术建议备忘录作出的结论应当重新审查，且立即提出重新审查的申请。一旦技术建议备忘录被适用，就对该计划或组织的案件产生效力，详见本款第8项的规定。

②关键区区域负责人或复议部门应根据本款第6项第3目的规定，向该计划或组织发送技术建议备忘录的副本，以及依据《税法》第6110节第6条第1款规定（如果可能），通知公开技术建议备忘录的意图（包括供公众查阅的建议稿副本和依据《税法》第6110节第4条供第三方交流的注释）。前一句不适用于根据本款第6项第10目的规定（本款第6项第（5）目的规定例外）包含民事欺诈、刑事调查、危险或最终评估的技术建议，以及《税法》第6110节规定的文件。

③在总部告知关键区区域负责人或复议部门不得向有关计划或组织提供技术建议备忘录副本的案件中，若该计划或组织要求提供副本时，关键区区域负责人或复议部门应当向该计划或组织告知总部的要求。

（8）技术建议的效力。

①一份技术建议备忘录代表了国内收入局对法律、规章以及先例适用于特定案件事实的立场观点，主要作为帮助国内收入局人员审查和办结案件的手段。在本款涉及一个计划或组织的资格或一个组织的地位的案件中，技术建议备忘录表达的结论是终局的，任何中心区域税务办公室或复议部门均应遵循。

②除非另有规定，否则在技术建议备忘录中的立场具有溯及力。而且，无论该计划或组织先前已获得的有利裁定或决定书（不论其是否基于先前的技术建议备忘录）包含该项交易、交易目的、经营方式，那么对其不利的技术建议备忘录将被有溯及力适用，除非（雇员计划和免税组织）副局长或副局长助理，或者对于第521节中案件，（技术）副局长或副局长助理行使《税法》第7805节第2条的自由裁量权，在本节第12条第5款中，在本案裁定书中作为例外，限制备忘录立场的追溯力。

③通常技术建议备忘录是形成税收裁定的基础。对于税收裁定的内容和效力，详见第601.601节第4条第2款第1项第1目和第601.601节第4条第

2款第4项的规定。

④即使在其他任何纳税期间，关于同一或相似的问题已经申请过技术建议，但关键区区域负责人或复议部门仍可在纳税期间内对相关问题提出质疑。但是，如果对于同一计划或组织关键区区域负责人或复议部门的建议与先前的技术建议或裁定不一致，该项建议必须上报至总部。详见第 601.106 节第 1 条第 1 款第 4 项第 2 目和本款第 9 项和第 4 项的规定。

第 15 条　雇员信托或计划

1. 一般情形。

第 15 条规定有关退休计划资格决定书发布的程序。本条第 2 款规定关键区区域负责人发布决定书的权利。第 3 款规定申请人的指导说明，包括报送何种表格，这些表格必须递交何处以及对有利害关系方通知的要求。第 4 款规定对利益方和养老金福利担保公司（PBGC）的行政救济。第 5 款规定利害关系方和养老金福利保障公司的行政救济。第 6 款规定申请人的行政复议权。第 7 款规定发布最终决定的通知。第 8 款规定构成行政记录的文件。第 9 款规定最终决定通知的发布。第 10 款规定对于申请人、利害关系方以及养老金福利担保公司各方穷尽《税法》第 7476 节第 2 条第 3 款规定行政救济手段的行为措施。

2. 决定书。

（1）关键区区域负责人（规定在本节第 15 条第 4 款）有权根据 1954 年《税法》第 401 节、第 403 节第 1 条、第 405 节和第 501 节第 1 条的规定发布决定书，问题包括：

①股权分红、退休金、利润分配、年终奖金和债券购买计划的最初资格；

②涉及信托形式作为此类计划的组成部分的联邦所得税的初始免税地位，第 501 节第 1 条规定，该决定不涉及第 502 节（资金提供组织）或第 511 节（无关的商业收入）的申请人，以及规划交易是否为第 503 节禁止交易的问题。

③符合相应要求的外国所在地信托作为可征税性的受益者（第 402 节第 3 条）和与退休计划资格认定要求发布决定书有关的雇主捐赠的减免（第 402 节第 1 条第 4 款）；

④对此类计划或信托的变更、削减或终止。

（2）根据本节第 15 条第 2 款第 1 项的规定，决定书不包括对计划或基金涉及其他请求的决定或意见。因此除本节第 15 条第 2 款第 1 项明确规定的以外，关键区区域负责人不得对《税法》其他节中问题发布决定书，例如第72节中第40条第2款至第5款、第50条第2款、第503节、第511节至第515节，除非此类决定书由本节第3条授权。

（3）如果在关键区区域负责人审查第15条第2款第1项的案件期间，申请人认为该案件涉及的问题应当提请技术建议，他可以要求关键区区域负责人向总部申请技术建议。该关键区区域负责人应当告知申请人有权为取得技术建议而向总部递交问题的申请。适用于这些案件技术建议的规定见本节第14条第9款。一旦技术建议被发布，总部的决定便是终局的，申请人不得再以该问题向复议部门提起复议。详见本节第601.106节第1条第1款第4项第1目和第15条第6款的规定。

3. 对于纳税人的指导说明。

（1）如果申请人申请决定书时没有完全符合本条所有的规定，区域负责人可行使自由裁量权，在退回申请表的同时，告知申请人未满足的规定问题。如果申请书被退回申请人，那《税法》第7476节第2条第3款规定的270日期限不会开始，直至本条所有规定问题被满足之日才开始计算。

（2）申请决定书时，申请人必须依本节第15条第3款第12项向相应的区域负责人提交本节第15条第3款第3项至第10项要求的表格，包括所有该表格要求的材料和文件。（详见《税法》第6104节及有关提交到国内收入局的申请决定的材料作为公众查阅对象范围的规定。）但是，在提交该申请前，申请人必须实施本节第15条第3款第14项至第20项的规定（关于通知有利害关系方）。（详见本节第15条第5款第6项有关本节第15条第3款第14项至第20项期间的规定。）

（3）本节第15条第3款第4项至第6项、第8项和第9项仅适用于《税法》第410节的计划年度以外的决定申请。第15条第3款第10项仅对第410节规定计划年度决定申请适用。第15条第3款第7项规定是否适用第410节规定计划年度的申请。为此，第410节被认为适用于依据1974年《雇员退休所得税保障法案》选定某一计划年度，并适用于第410节下的计划年度，如何选择取决于主管对有利决定的发布。依据第15条第3款的目的，在第410节第3条第1款规定组织的情况下，由于第410节第3条第2款规定的任何一个计划年适用于该计划，因此第410节被认为适用于该组织的一个计划年度。

（4）如果一项申请涉及个别设计计划的最初资格，随后有另外的修正，或符合外国所在地信托的要求，雇主应当：

①若计划不包含自我雇用的个人,则递交《个人设计计划-决定书申请》之4573表格(不包含自我雇用的个人),或者

②若该计划包含自我雇用的个人,则递交包含自我雇用个人的《个人设计计划-决定书申请》之4574表格,除债券购买计划包含自我雇用个人的情形外,则递交《债券购买计划批准申请》之4578表格(详见第15条第3款第3项计划年度适用第15条第3款第4项时的规定。)

(5)如果申请包含削减或终止计划问题(或捐赠完全废止),申请人应当提交《终止或削减计划-决定书申请》之4576表格。该表格也同样适用于计划包含自我雇用个人时申请终止的情形。(详见第15条第3款第3项的计划年度适用第15条第3款第5项时的规定。)

(6)如果此项申请涉及行业性或区域性联合讨论会计划的最初资格或随后变更,那么雇主联合会或信托董事会应当提交《行业计划和信托-决定书申请》之4577表格。(详见本节第15条第3款第3项的计划年度适用第15条第3款第6项时的规定。)

(7)如果一项申请涉及债券购买计划的资格,且该计划包含自我雇用个人,申请人应当递交两份表格:《自我雇用个人》和《债券购买计划批准》之4578表格。正确递交后,此4578表格将成为债券购买计划的组成部分。(详见本法第15条第3款第3项的计划年度适用第15条第3款第7项时的规定。)

(8)雇主希望取得采用满足第401节第1条或第403节第1条的规定而设计但并非为第401节第3条第1款自我雇用个人含义而设计的总体或样本计划的决定书时,应当递交《关于养老金、年金或分红计划和信托决定书-雇主申请》之4462表格,且提供采用协议副本或计划采用的其他证据和区域负责人要求的其他信息。(详见本节第15条第3款第3项的计划年度适用第15条第3款第8项时的规定。)

(9)申请人在总体或样本计划下变更采用协议时可以申请决定书,该项变更通过与区域负责人一起递交4462表格后生效,同时随附变更的副本和变更的概述。但是,在申请人希望在总体或样本计划下变更其采用协议并且在该计划下此变更案没被涉及和批准,那么此变更实际上替代了为总体或样本计划而单独设计的计划。(详见本节第15条第3款第3项的计划年度适用第15条第3款第9项时的规定。)

(10)申请人是对确定捐赠计划而不是对债券购买计划资格申请决定书,

应当递交两份表格:《认定捐赠计划的决定书申请》之 5301 表格和《雇员普查》之 5302 表格。提交这些表格应当与指导说明保持一致,并且附有指导说明中规定的所有时间表或补充材料。(详见本节第 15 条第 3 款第 3 项中计划年度适用第 15 条第 3 款第 10 项的规定。)

(11) 当申请涉及计划资格的决定书时,必须决定一个组织(包括专业服务组织)是否属于法人或依照《程序和行政管理条例》第 301.7701 – 2 中作为法人分类的合伙人,且在它和它的合伙人之间存在雇主和雇员关系,区域负责人将对此作出决定。在这种情况下,申请人关于计划资格问题的申请,应当按照本条的规定递交,且应当在申请中包含指定的材料和文件。当该组织认为适于建立其地位时,也应附有这些材料和文件的副本。此外,国内收入局在认定该组织地位、认定个人的雇用地位或者认定计划资格时,可以根据需要要求提交进一步的材料。在组织的纳税地位和雇主—雇员关系确认后,关键区区域负责人可以对该计划的资格发布决定书。

(12) 申请本节第 15 条第 2 款授权问题的决定书以及必要支持数据,应当邮寄给区域负责人(不论此区域负责人是否为关键区区域负责人)具体规定如下:(不必按照第 414 节第 2 条、第 3 条的规定决定)

①对于一个计划仅包含一个雇主的案件,此项要求应当邮寄至该雇主主要营业所在区域的区域负责人。

②对于一个计划包含一个母公司和其多个子公司的案件,此项要求应当邮寄至母公司主要营业所在区域的区域负责人,不论报送的是单独表格还是联合表格。

③在针对一个行业而制定或建议的计划中,对于所有签署同意的雇主主要营业地涉及多个区域的案件,该申请应当提交至受托人的主要营业所在区域的区域负责人,或者出现多个受托人时,为受托人举行日常会议所在的区域负责人。

④对于基金合并安排(通过主要基金以投资为目的,在独立计划下合并他们的基金形成个人基金),代表主要基金的申请应当邮寄至此信托主要营业所在区域的区域负责人。代表基金和相关计划的申请应按此处的其他规定邮寄。

⑤至于多个雇主计划(总体或样本计划除外)在此没有其他规定,申请应当寄给受托人主要营业所在地,或者如果没有委托人或受托人为多个时,主要的或日常举行会议所在地的区域负责人。

（13）依据本节第 15 条第 6 款，在知晓规划决定后向区域办公室申请复议前，申请人的决定书申请可以在任何时候通过书面申请撤回。一旦撤回，国内收入局不得做出任何形式的决定。作为未能做出决定的结果，此项撤销不得认定为负责人或其授权人在第 7476 节含义中未能做出决定的情形。在撤回的情况下，区域负责人可在随后的稽查或检查中审查关于撤回申请的已提交的材料。

（14）在为适用第 410 节中计划年度而申请决定书的情况下（见本节第 15 条第 5 款第 6 项的规定），依据第 401 节第 1 条、第 403 节第 1 条和第 405 节第 1 条计划资格做出事前决定后，应当通知申请人按照《税法》第 7476 节规定的方式，发送给所有利害关系方。

（15）当本节第 15 条第 3 款第 14 项所指的通知按照在《税法》第 1.7476 节第 2 条第 3 款规定的方式发出时，该通知必须在完成决定书的申请书后至少 10 天、最多不超过 24 天内发出。详见本节第 15 条第 3 款第 21 项有关为取得决定书而提出申请时的规定。但是，因申请人没有按要求全部通知特别利害关系团体或类别，导致申请书被退回申请人，如果再次申请会违反第 15 条第 3 款第 15 项的期间限制，申请人对之前已经通知过的有利害关系的团体或类别可不用另行通知。

（16）本节第 15 条第 3 款第 14 项所指的通知应当按照《税法》第 1.7476 节第 2 条规定的方式发出，并且包含下列信息：

①认定被寄送通知的利害关系方涉及一个或多个类别的简要说明（比如，雇主的现任雇员，能够参与的现任雇员）；

②计划名称，计划识别码及计划行政主管的姓名；

③申请人的姓名和纳税识别码；

④为取得计划资格地位的申请，当决定书应当由国内收入局做出时，应该说明该申请是否涉及最初资格、计划修正案或计划的终止以及该申请将来提交给区域负责人的地址；

⑤能够参与计划的雇员类别的说明；

⑥国内收入局对该计划资格地位先前是否发布过决定书；

⑦一份声明，关于收到通知的任何人有权递交（或有权申请劳工部递交、向本节第 15 条第 3 款第 16 项第 4 目规定的区域负责人递交）。一份评论，该评论涉及该计划是否满足 1954 年《税法》第 1 章第 4 分章第 1 部分资格要求的问题；两个或两个以上个人可以加入同一评论或申请；并且如果一个或多

个个人提出申请，要求劳工部提交评论，且该局拒绝处理申请中提出的一个或多个问题，那么提出该项要求的一个或多个个人，可以就劳工部拒绝对相关问题提交评论的情况，向区域负责人提交一份评论。

⑧给区域负责人的评论或劳工部的申请必须按照以下程序：

第一，自区域负责人收到决定书申请之日起，给区域负责人的评论必须在45天内送达（指定日期）；

第二，如果该评论被递交的问题是先向劳工部申请但被拒绝评论，自向劳工部递交申请之日起45天后，在区域负责人收到决定书申请之日起60天之前；或在收到劳工部通知该个人或多个个人拒绝其评论的第15天之后，在区域负责人收到决定书申请之日起60天之前；

第三，要求劳工部提交评论的申请，必须在该部门收到申请之日起不得超过25天（指定日期）（或者如果该个人或多个个人要求劳工部提交此评论，但在劳工部拒绝发表评论的情况下，保留其向区域负责人提交评论的权利，那么此项要求应在区域负责人收到申请之日起不得超过15天（指定日期））。

⑨除非在通知中包含本节第15条第3款第18项、第19项和第20项要求向各利害方提供的额外信息材料，否则应当向他们提供一份通过合理程序获得这些额外信息材料的说明。（详见本节第15条第3款第17项的规定。）

（17）通过本节第15条第3款第16项第1目所指的程序，依照第15条第3款第18项、第19项和第20项要求，让利害关系方获取额外信息材料，可以通过以下途径实现：在靠近该方的一个或多个场所供其查阅和复制这些材料；或者通过合理计算确保所有利害关系方有途径获取材料的前提下，通过使用一种或多种交付方法提供材料。在本节第15条第3款第16项第1目所指的程序对所有利害关系方必须立即可用，必须为其及时提供额外信息材料，并在规定的期限内实现其权利而设计，必须提供直至依据第7467节为有关计划资格宣告式裁决行动开始递交答辩状之前或申请人收到最终决定通知之日起的第92日为止。

（18）除非在通知中已经提供，否则以下材料应当通过本节第15条第3款第18项的规定向各利害关系方提供：

①计划和相关信托协议（如有）的及时更新副本；

②决定书的适用（规则）；

如果该计划的参与者少于26人，根据申请的描述（如果有，包括参与者、退休雇员、根据计划有权获益已故员工的受益人、有资格参加强制性员工捐款），为让没有参与的利害关系各方能获取这些资料（如前所述），可以向这些利害关系方提供一份包含以下信息的文件：

关于参与和福利计划资格要求的说明；关于既得利益规定的说明；对可能导致资格丧失或否决或者利益消灭情形的说明；计划资金来源和任何利益提供组织身份的说明；申请人是否作出申请计划满足《税法》第410节第2条第1款第1项的规定的声明，并且如果没有的话，在未能满足本节要求的计划的情况下，应当通过申请提出要求。但是一旦此利害关系方或其指定代理人收到最终决定书的通知，该申请人必须向此利害关系方（不论其是否参与计划也不论该计划参与者是否少于26人）提供一份计划和相关信托协议（如有）的最新副本及决定书的申请。《税法》第6104节第1条第1款第4项规定的信息类型不应当包括提交给国内收入局的申请、计划或者相关信托协议中。同样，此类信息也不得出现在第15条第3款要求向利害关系方提供的任何材料中。包含在5302表格（雇员一致同意书）材料中的信息也应予排除。但是，显示个人编号的信息不管是否包含在计划中、赔偿范围清单不得排除。

（19）除非通知中已经提供，否则应当按照本节第15条第3款第17项规定的程序，向利害关系方提供任何通过向国内收入局申请而递交（或为处理申请而由国内收入局提供给申请人）的补充文件，但是，如果申请所描述的计划参与者少于26人（如果有，包括参与者、退休雇员、根据计划有权获益已故员工的受益人、有资格参加强制性员工捐款），这些补充文件不必向未参与的利害关系方提供，除非他们或他们指定代理人收到最终决定书通知。该申请人也可以在此项检查和复制时保留第6104节第1条第3款和第4款中可能包含在此类补充文件中的信息。

（20）除非通知中提供，否则应当按照本节第15条第3款第17项的程序向利害关系方提供包含以下信息的材料：

①本节第15条第5款第1项规定的利害关系方的权利；

②本节第15条第5款第2项至第5项规定的信息。

（21）对区域负责人的评论和劳工部的申请，当区域负责人或劳工部收到事前决定的申请时即视为作出。本节第15条第3款第14项要求对利害关系方的通知，当该通知通过《税法》第1.7476节第2条的方式邮寄或转交给特定人员时应视为作出。无论哪里，这些申请、要求、评论或通知通过寄送方式送达，只要被装存在美利坚合众国的信封中或在其他包装完好、邮资已付、写明地址的邮寄件中,均将邮戳之日视为收到之日(或者由验证或注册邮箱发送时,以验证或注册之日)。但是,如果此类申请、要求或评论自邮戳之日起合理期限内未送达,前一句不得适用。

4. 中心区域税务办公室。

以下为发布决定书的19个中心区域税务办公室及管辖区域:

中心区域	国内收入局管辖区域
中部区域:	
辛辛那提	辛辛那提,路易斯维尔,印第安纳波利斯
克利夫兰	克利夫兰,帕克斯堡
底特律	底特律
中部大西洋区域:	
巴尔的摩	巴尔的摩(包含哥伦比亚特区国际业务部),匹兹堡,里士满
费城	费城,威尔明顿
纽瓦克市	纽瓦克市
中西部区域:	
芝加哥	芝加哥
圣保罗	圣保罗,法戈,阿伯丁,密尔沃基
圣路易	圣路易,斯普林菲尔德,得梅因,奥马哈
北大西洋区域:	
波斯顿	波斯顿,奥古斯塔,伯灵顿,普罗维登斯,哈特福特,朴茨茅斯
曼哈顿	曼哈顿
布鲁克林	布鲁克林,奥尔巴尼,布法罗
东南区域:	
亚特兰大	亚特兰大,格林斯博罗,哥伦比亚,那什维尔
杰克逊维尔	杰克逊维尔,杰克逊,伯明翰
西南区域:	
奥斯汀	奥斯汀,新奥尔良,阿尔伯克基,丹佛,夏延
达拉斯	达拉斯,俄克拉荷马市,小岩城,威奇托

续表

中心区域	国内收入局管辖区域
西部区域：	
路易斯安那	路易斯安娜，菲尼克斯，火奴鲁鲁
旧金山	旧金山，盐湖城，里诺
西雅图	西雅图，波特兰，安克拉治，博伊西，海伦娜

5. 利害关系方和养老金福利担保公司的行政救济。

（1）对于第410节规定中的计划年度（见本节第15条第5款第6项的规定），任何符合第7476节和《养老金福利担保公司》关于利害关系方资格要求的个人享有以下权利：

①有权依据《税法》第1章第4分章中计划资格，向决定申请递交地的区域负责人提交，区域负责人在收到申请后45天内，就申请阐述的内容出具书面评论。

②有权向华盛顿特区20210号宪法大道200号劳工部主管养老金和福利计划的负责人提出申请，按照1974年《雇员退休收入保障法案》第3001节第2条第2款的规定向此区域负责人提交此书面评论。若有一位或多位利害关系方作出此项申请时，必须在区域负责人收到口头申请之日起25日内送至该部。但是，当劳工部拒绝作出评论时（按照本节第15条第5款第1项第3目的规定），若申请劳工部提交该评论的利害关系方想要保留其向区域负责人提交评论的权利，那么此项申请必须自区域负责人收到申请之日起15日内向该部作出。

③如果作出本节第15条第5款第1项第2目规定的申请且劳工部告知作出申请的利害关系方其拒绝就计划资格问题提交评论，应在区域负责人收到决定书申请之日起45日内或者在劳工部告知该利害关系方其拒绝提交对此问题评论之日起15日内向区域负责人提交一份书面评论，而且在任何情况下都不得超过决定书申请收到之日起第60日的期限。（见本节第15条第5款第3项当劳工部拒绝作出评论的通知到达利害关系方时决定书的规定。）此项评论必须符合本节第15条第5款第2项的要求，且包括一份为提交问题取得劳工部评论而提起的申请但劳工部拒绝发表评论的声明。

（2）一方或多方利害关系人向区域负责人提交评论时必须采用书面形式，

经利害关系方或其授权代表签名（见本节第5条第6款的规定），送至本节第15条第3款第16项第4目规定的关键区区域负责人，且包含以下信息：

①作出评论的利害关系方的姓名；

②作出申请的申请人的纳税人身份识别码；

③计划的名称和识别码；

④利害关系方提交的评论是否属于：第一，有资格参与该计划的雇员；第二，前任雇员或已故雇员的受益人对该计划中的利益享有既定权利，或者；第三，没有资格参与该计划的雇员。

⑤由一方或多方利害关系人引发计划中一个或多个特定问题的问题是否满足《税法》第1部分第4分章规定的资格要求，以及一个或多个问题如何与一方或多方利害关系人相关联做出评论。

⑥利害关系方的地址应当在提交评论的所有信函中被寄发（包括国内收入局对资格的最终决定书的通知）。（见《税法》第7476节第2条第5款的规定。）如果超过一位利害关系方提交评论，他们应当指定代理人代表所有提出口头评论的利害关系方接收这类信函和通知。该代理人应当属于提交评论利害关系方或其授权代表的一员。

（3）依据第15条第3款第16项第8目和第15条第5款第1项第3目，劳工部拒绝发表评论应当被视为给予利害关系方指定的人已经收到该通知。

（4）向劳工部区域负责人提交评论的申请必须采用书面形式并署名，本节第15条第5款第2项规定的额外信息外还应当包含已经或将要送交申请给区域负责人的地址。国内收入局通知指定的地址将作为劳工部联系提交申请的利害关系方的地址。

（5）根据第15条第5款第1项第1目和第3目的规定，利害关系方向国内收入局提交书面评论的内容不得作为机密材料，国内收入局之外个人可以查阅，包括决定书的申请人。同样也不得将这些材料设定为机密或者非公开项。因此，提交书面评论的个人不应当包括其认为机密或不宜向公众公开的材料。国内收入局将推定其收到的每一份书面评论的一方或多方利害关系方人同意将该评论全文供公众查阅和复制。

（6）①本节第15条第3款第14项至第21项和第15条第5款的规定，适用于第410节中计划的一个或几个计划年度事前决定的申请，不论区域负责人在本节适用于该计划的当日收到此申请与否。②根据本节第15条第5款第6项第1目的宗旨，经过1974年《雇员退休收入保障法案》筛选后的计划年度可以适用第 410 节的规定，不论此筛选是否以主管发布的一项支持性决定为依据。③根据本节第 15 条第 5 款第 6 项第 1 目的宗旨，在第 410 节第 3 条第 1 款中的组织，当第 410 节第 3 条第 2 款适用于该组织的任一计划年度时应认定第 410 节适用于该组织的一个计划年度。

（7）国内收入局应向申请人提供根据第 15 条第 5 款第 5 项第 1、2 或 3 目的规定收到所有对申请的评论的副本一份。此外国内收入局应当向申请人提供其与提交评论个人之间就该评论所有往来信函的副本一份。

6. 向复议部门提交问题。

（1）区域税务办公室对本节第 15 条第 2 款第 1 项涉及问题而引发的问题，关键区区域负责人发布一项对申请人不利的规划决定通知时，该申请人可以就此规划决定向复议部门提出复议申请。但是，该申请人不得对根据国内收入局技术建议作出的决定提出复议申请。详见第 601.106 节第 1 条第 1 款第 4 项第 1 目和本节第 15 条第 2 款第 3 项的规定。申请人应当自规划决定通知发布之日起 30 日内，通过向关键区区域负责人提交书面申请，告知关键区区域负责人其准备提请复议部门审查。关键区区域负责人应当向复议部门提交此申请和行政记录，并且将此情况书面告知申请人。申请人未能提交复议部门审查将不得作为第 7476 节第 2 条第 3 款的穷尽行政救济的情形之一，因此申请人不得要求第 7476 节中的宣告式裁决。（详见本节第 15 条第 10 款第 1 项第 3 目的规定。）

（2）向复议部门提出审查申请必须包含以下信息：

①申请决定书的日期；

②申请人的姓名和地址以及根据第 15 条第 6 款由申请人授权的代理人（如有）的姓名和地址；

③正在处理该案件的中心区域税务办公室；

④计划的类别（养老金、年金、分红、股份红利、债券和国外信托），以及行为类型（最初资格、变更、削减或终止）；

⑤向关键区区域负责人报送此项申请的日期以及根据第 15 条第 6 款第 1 项下信函的日期和标记；

⑥一份问题的完整声明和支持申请人主张立场的书面陈述；

⑦是否要求举行讨论会。

（3）复议部门收到行政记录后，应当根据申请人的申请向其提供举行讨论会的机会。复议部门充分审查所有行政记录后，应当书面告知申请人其规划决定和理由，以及将要作出与该规划决定一致的最终决定。但是如果复议部门的规划决定与国内收入局先前发布的技术建议在资格问题上不一致时，应当将该建议的主张提交到（雇员计划和免税组织）副局长，并在之后复议部门应当遵守副局长作出的决定。详见第 601.106 节第 1 条第 1 款第 4 项第 2 目的规定。此外，如果申请人认为该案件包含可以提请技术建议的问题，他可以申请复议部门报请国内收入局给予技术建议。复议部门应当告知申请人其得以申请提请国内收入局给予技术建议的权利。有关技术建议适用案件的规定见本节第 14 条第 9 款。若国内收入局发布技术建议，复议部门应当遵循该决定。详见第 14 条第 9 款第 8 项第 1 目的规定。

（4）复议变更应当通知申请人，让其在审查初期阶段，对事实、环境、争点作全面的陈述，由于向复议部门提交补充的事实、环境、争点，可能导致复议程序的暂停，且案件将发回中心区域税务办公室重新审查。

7. 发布最终决定的通知。

关键区区域负责人或复议部门应当向申请人发送最终决定的通知。关键区区域负责人应当向所有对国内收入局收到申请提交过评论的利害关系方（或者由其指定接受此项通知的人员）发送最终决定的通知，当需要劳工部对利害关系方或养老金福利保障公司，提交申请作出评论的案件，应将此通知发送至劳工部。同时需要报送评论时，则此通知须同步发送至该公司。

8. 行政记录。

（1）在退休计划申请事前决定的案件中，区域负责人或复议部门就计划是否符合资格的决定应当以行政记录记载的事实为依据。这类行政记录应当包含以下信息：

①决定书的申请，退休计划和相关信托工具以及在国内收入局审查过程中申请人提交的任何有关变更或变更方案；

②申请决定书涉及的，所有由申请人提交或代表其提交至国内收入局的其他文件；

③国内收入局与申请人之间有关决定书申请和其他由国内收入局发送给申请人文件的一切书面信函；

④根据本节第 15 条第 5 款第 1 项第 1 目至第 3 目提交至国内收入局的一切书面评论，以及国内收入局与根据第 15 条第 5 款第 1 项第 1 目至第 3 目提交评论的个人（包括养老金福利保障公司和劳工部）之间所有涉及这些评论的信函。

⑤对于国内收入局对申请人在其申请决定书或本节第 15 条第 5 款第 1 项第 1 目至第 3 目提交的评论中陈述或主张的事实进行调查的案件，则须一份对此项调查官方报告的副本。

（2）行政记录应当于下列事件的早期形成：

①国内收入局对决定书申请的最终决定通知邮寄之日；

②为寻求关于退休计划的宣告式裁决（declaratory judgment）向美国税务法庭提交起诉状。任何口头陈述、作为陈述的事实、主张申请决定书或利害关系人递交的评论，缺少书面且未提交给国内收入局，不得作为行政记录的内容，或区域负责人或复议部门对退休计划资格地位做出决定时也应当考虑。

9. 最终决定书的通知。

根据本节第 15 条的宗旨，最终决定书的通知：

（1）在最终决定书对申请人有利的情况下，最终决定书由关键区区域负责人或复议部门发布（不论是否为认证或注册邮箱），声明申请人的计划满足《税法》要求的资格。

（2）最终决定不利于申请人时，由关键区区域负责人或复议部门通过认证或注册邮箱发布信件，随后规划决定的信函，声明申请提交人的计划未能满足《税法》要求的资格。

10. 穷尽行政救济。

根据第 7476 节第 2 条第 3 款的宗旨，向法院提起诉讼的原告，应当是在国内收入局系统中已经穷尽可用的行政救济，已完成本节第 15 条第 10 款第 1 项至第 3 项和第 15 条第 10 款第 4 项和第 5 项规定的步骤。如果申请人、利害关系方或者养老金福利保障公司没有完成以下步骤，该申请人、利害关系人或养老金福利保障公司不得认定为第 7576 节第 2 条第 3 款规定的穷尽行政救济情形，将被排除在寻求宣告式裁决之外，除非出现第 15 条第 10 款第 4 项第 2 目和第 15 条第 10 款第 5 项规定适用的情形。

（1）与计划资格有关的申请人的行政救济：

①依据第 15 条第 3 款第 3 项至第 12 项的规定，递交完整申请交给有管辖权的区域负责人；

②符合第 15 条第 3 款第 14 项至第 21 项的规定，遵守告知所有利害关系方的要求；

③对于区域负责人发布的不利规划决定的通知，根据第 15 条第 6 款的规定向复议部门申请复议。

（2）在与计划资格有关的问题中，利害关系方享有的行政救济手段，包括向区域负责人提交本节第 15 条第 5 款第 1 项第 1 目涉及问题的评论，或要求劳工部向区域负责人提交本节第 15 条第 5 款第 1 项第 2 目涉及问题的评论，并且若该部拒绝作出评论，则根据本节第 15 条第 5 款第 1 项第 3 目提交此评论，该评论可以作为国内收入局行政审查的依据。

（3）在与计划资格有关问题中，养老金福利保障公司的行政救济手段，包括向区域负责人提交第 15 条第 5 款第 1 项第 1 目涉及问题的评论，或要求劳工部向区域负责人提交第 15 条第 5 款第 1 项第 2 目涉及问题的评论，并且若该部拒绝作出评论，则直接向国内收入局提交此评论，该评论可以作为国内收入局行政审查的依据。

（4）在以下问题完成之前，任何情况下申请人、利害关系方或者养老金福利保障公司均不得认定为已经穷尽行政救济：

①完成第 15 条第 11 款第 1 项至第 3 项中所有适用于第 15 条第 11 款第 5 项的手段措施。

②由于国内收入局未充分尽职调查，在 270 日期间内第 15 条第 11 款第 4 项第 1 目规定的完成程序的期限终止。

本节第 15 条第 10 款第 1 项第 3 目步骤将不得认定为完成，直到国内收入局已经有合理的时间来处理复议。此外，第 15 条第 11 款第 2 项和第 3 项规定的行政救济将不得认定为完成，直到第 15 条第 11 款第 1 项规定的每一步行政程序，已经有合理的时间审查依据该条递交的评论。

（5）本节第 15 条第 10 款第 1 项第 3 目规定的行政救济，在任何问题国内收入局已经发布技术建议的情况下，对该申请人不再适用。

第 16 条　自然人自我雇用的养老金计划

1. 裁定、决定书和意见函。

（1）基于请求，就任何总体或样本计划被设计为包括自我雇用个人可能采用该计划，由发起者包括商业、专业团体、银行、保险公司或依《税法》第 851 节设立的投资公司提交该计划，国内收入局总部应当对计划形式的可接受性提供书面意见。每一份意见函均对应一个计划识别序列号。如果在计划形式得到批准时受托人或管理人已被指定，则应当向构成该总体或样本计划一部分的受托人或管理人的账户发布一项免税地位的裁定。在此提出的"总体计划"是一种计划的标准化形式，有相应信托或托管协议，该协议内容为发起组织在标准化基础上为了实现计划福利目的而进行管理活动。"样本计划"指的是一种计划标准化形式，有或没有相应信托或托管协议，通过发起组织使之可用，希望采用该计划雇主不得作出任何变更，且不受发起使之可用的组织管理。无论独立雇主是采用总体计划还是样本计划或对于发起组织，在他们之间的关系密切程度并不重要。

（2）由于对某一雇主计划资格的决定只能以与该雇主相关的事实为依据，国内收入局就总体或样本计划形式的可接受性表达的意见，不得成为对个人雇主采用的计划的资格或者相应信托或托管账户免税资格事先裁定或决定书的一部分。但是，当雇主采用了一个总体或样本计划，且任何相关的样本信托或托管账户的形式在之前得到批准，由此在不违反法律规定的情况下，该计划以及信托或托管账户应当被认定为符合《税法》第 401 节和第 501 节第 1 条规定的要求，只要要件适格，且在自我雇员计划下福利捐赠不比对其他雇员更有利，包括通过该自我雇员控制下商业活动的计划要求涉及的问题。

（3）对于采用之前已批准的总体或样本计划的自我雇用个人，虽然区域负责人不再对其计划发布事前决定书，但是区域负责人仍然可以依申请根据第 15 条规定的程序对个人设计计划（不采用总体或样本计划的）的资格和相应信托或托管账户的免税地位（如有）发布决定书。

2. 涉及合格债券购买计划的决定书。

根据要求，对于债券购买计划资格的决定，由相应的区域负责人作出。《债券购买计划批准申请》之 4578 表格必须在该目的下使用。填写完整后，该表格将成为债券购买计划的一部分。

3. 对发起组织和雇主的指导说明。

（1）本条第 1 款第 1 项所指的发起组织类型，是想获得对总体或样本计划形式可接受性（或者相应信托或托管账户免税资格）的书面意见，应当向总部提交此项请求。所有文件的副本，包括计划和信托工具以及另外修正，连同保险合同样本（适用时）附随申请一并移送。该申请必须提交至国内收入局局长，华盛顿特区 20224 号，注明：T：MS：P。《自我雇用个人总体或样本计划批准申请》之 3672 表格被用于该目的。

（2）如果总体或样本计划形式取得批准后需要进行变更，该程序取决于该发起人是否被授权代表参与者进行此项行为。

①如果计划规定每一雇主已经授权发起人有权变更计划，另外每一雇主被推定为同意，发起人可以变更该计划。如果该计划并未包含明确的授予发起人变更计划权限的规定，但是所有雇主均书面同意此项变更，那么发起人

也可变更计划。但是，若发起人不能确保每一位雇主同意，他则不能变更该计划。此时必须采用一个新的计划且提交一份新的 3672 表格才能作出变更。新的计划应当是完整的且独立于原计划，个人雇主可依其意愿选择适用新计划替代原计划。

②在上述提到的前两个例子中，发起人应当提交 3672 表格和修正案的副本，并且根据要求提交每一位参与雇主签署的同意书的副本。

（3）国内收入局批准修正案时应当向发起人发送意见函，包含原始计划添加后缀的序列号：其中第一个修正案"A-1"，第二个修正案"A-2"，等等。在修正案通过之后采用该计划形式的雇主应当使用变更过的序列号。

（4）如果新的计划连同 3672 表格和所有说明该计划的文件一并提交，应当向发起人发送一份包含新序列号的意见函，且所有采用新计划的雇主都必须使用此新序列号。采用原始计划的雇主继续使用原序列号。

4. 适用范围。

本节第 1 条至第 13 条以及第 15 条中关于裁定和决定书发布的通常程序，对于涉及第 401 节和第 405 节第 1 条中自我雇用个人的计划资格和第 501 节第 1 条中相应信托或托管账户的免税地位的相关申请且在本款未有其他明确规定时，均可适用。

第 17 条　公司总体和样本计划

1. 范围和定义。

（1）本条规定的一般程序适用于第 401 节第 1 条的总体和样本养老金、年金和分红计划（不包括包含自我雇用个人的计划）和第 501 节第 1 条相关信托或托管账户的免税地位的裁定决定书和意见函的发布。（《税法》第 401 节第 6 条描述的托管账户被当作符合《税法》为目的的信托。根据宗旨认为的符合信托的要求。）这些程序均适用第 15 条中一般程序规定，只与不包含自我雇用的总体计划和样本计划相关，而且由商事或专业团体、银行、保险公司或依法设立的投资公司发起。这些计划将被认定为"可变形式"和"标准形式"计划。

（2）"总体计划"是指列入发起人申请中指定基金组织（信托、托管账户或保险公司）的计划形式；"样本计划"是指列入采用计划雇主❶申请中指定基金组织的计划形式。

---

❶ 采纳计划雇主是指经公司同意的附属机构，已经为合格的雇员的利益采纳计划。

(3)"可变形式"计划是指一个总体或样本计划,允许雇主选择与基础规定有关的不同问题,如雇员覆盖范围、捐赠、福利和保留既得退休金。这些问题必须记载于计划中或者另行附上文件中,但在该计划符合所有第401节第1条要求的资格规定前不得视为已完善。

(4)"标准形式"计划是指一个符合本条第2款要求的总体或样本计划。

2. 标准形式计划的要求。

一个标准形式计划必须完全符合所有要求(不包括本款中的第1项至第4项允许的选择性问题),且符合包含以下条件规定的其他问题:

(1)覆盖范围。《税法》第401节第1条第3款第1项规定的比例覆盖要求必须满足。但是在这节中准许对一个采用该计划的雇主指定该类资格要求做出规定。

(2)免没收权(nonforfeitable)。每一位雇主的权利,抑或源自计划的捐赠,必须自捐赠交付给该计划或成为该计划的一部分时起均为不可没收,除非出现在《所得税条例》第1.401节第4条第3款规定计划提前终止限制条件范围中时才可以适用。

(3)银行信托。在信托计划中,受托方必须是银行。

(4)明确的捐赠标准。在分红计划中,决定雇主完成捐赠必须有一个明确的标准。但是为采用计划的雇主指定捐赠比例时可以作出相关规定。

3. 裁定、决定书和意见函。

(1)关于养老金或分红计划资格、以及任何相应的信托或托管账户免税地位的有利决定书,不是另外取得相应税务优惠的必要条件。但是,对于计划的资格和相关信托或托管账户的免税地位,本节第3条第5款授权区域负责人发布决定书。

(2)此外,基于发起组织的请求,国内收入局将对《税法》第401节第1条和第501节第1条总体或样本计划形式的可接受性以及相应的信托或托管账户,出具书面意见函。每一封意见函对应一个计划识别序列号。但是,对以下问题不得依本条发布意见函:

①母公司与其众子公司的计划;

②1956年第267号《税收裁定》(1956年第1期《公告汇编》第206页)中涉及的集资安排;

③全行业或范围极大的协助联合计划;

④包含自我雇用个人的计划;

⑤股权红利计划；

⑥债券购买计划。

（3）当信托或托管账户成为本条第1款中计划的组成部分，且在《总体或样本计划批准之发起人申请》之4461表格中指定受托人或托管人时，对第501节第1条的信托或托管账户免税地位的裁定，应当由总部向受托人或托管人发布。当该表格中并未标明受托人或托管人对于信托或托管账户的免税地位的决定书，由采用该信托或托管账户的雇主的主要经营场所所在地的区域负责人，在雇主完善受托人或托管人的姓名后发布。

（4）对特定雇主计划资格的决定书，只能以该雇主的事实为依据，国内收入局关于总体或样本形式计划的可接受性表达意见的信函，不得构成对任何个人雇主采用计划的资格或者相应信托或托管账户免税地位裁定或决定书的组成部分。

（5）当一个与某个特殊雇主相关的计划资格，如果该雇主已经采用被批准的总体或样本计划的形式时，决定书应当由每一雇主主要营业场所所在地的区域负责人做出。想要获得此决定书的雇主必须递交《养老金、年金或分红计划与信托的雇主决定书申请》之4462表格，并且附上采用协议或参与该计划的其他证据和区域负责人可能要求的其他补充材料。

（6）当总体或样本计划涉及社会保障利益一体化，事前决定是不可能在个别案件中关于捐赠或福利补偿（如基础补偿）的特别限制定义，是否会引起捐赠或福利的歧视，有利于雇员，包括办公人员、股东，负责监督其他雇员工作的主要员工、或者获得很高补偿的雇员。详见1969年第503号《税收裁定》（1969年第2期《公告汇编》第94页）。同样，涉及社会保障福利整合的总体或样本计划的意见函一般不得发布，除非根据1969年第4号《税收裁定》的第3节第1条、第5节第2条、第6节第2条、第6节第3条、第13节第1条、第13节第2条和第14节第2条（1969年第1期《公告汇编》第118页）目的计划中的年金补偿被认为是对所有雇员的补偿，且为《税法》第3101节第1条税种所调整，也不受《税法》第3121节第1条第1款美元货币的限制。

4. 发起组织和雇主的申请。

（1）总部应当对发起组织就总体或样本计划形式可接受性，以及相应信托或托管账户期待获得书面意见函的申请予以审查。该项申请应当递交4461表格，并寄交给国内收入局主管，华盛顿特区20224，注明：T：MS：PT. 所有文件的副本，包括计划、基金或托管协议、保险合同样本等与申请一并递交。在做出决定时，总部可以依职权要求额外信息。

（2）每个区域负责人，在其管辖范围内有雇主采用该计划形式，则必须通过发起组织提供先前批准的计划形式的副本和变更文件。发起组织必须向该区域负责人提供经总部批准的、该形式所有修正案的副本。

（3）发起组织必须向所有参与该计划的雇主，提供有关计划形式可接受性的意见函以及所有修正案（见本条第5款）的副本。

5. 修正案。

（1）总体或样本计划形式取得批准之后，发起组织可能希望对该计划作出变更。一个发起组织是否会对修正案造成影响，取决于该计划（内部）行政的规定。

（2）如果该计划规定，签署该计划的每一个雇主，已经授权指派该发起人变更计划，那么这些雇主应当推定为已经作出此项同意，该计划可以由发起人代表所有签署者对计划进行变更。如果该计划仅部分包含此种规定，但是所有签署雇主在附属文件中同意发起人代表其行使计划变更权时，发起人也可变更该计划。但是发起人不能保证所有雇主均同意时不得变更计划。此时任何变更均通过设立一项新计划得到实现且发起人须报送4461表格。新的计划必须是完整的且独立于原始计划，个人雇主可以根据需要选择以新计划代替原始计划。

（3）当计划已经根据本款第2项的规定进行变更后，该发起人应提交一份4461表格的申请或变更说明的修正案副本、一份原始计划授权变更规定的声明或者一份所有参与雇主事前同意的声明。

（4）国内收入局批准变更案时，应当向发起人发布意见函，该意见函包含原始计划的序列号且带有后缀。A-1代表第一次变更，A-2代表第二次变更，以此类推。在变更案发布之后采用该计划形式的雇主均应使用变更过得序列号。

（5）如果新的计划、4461表格和说明该计划的文件均已提交，应当向发起人和所有采用使用新序列号的新计划的雇主发布带有一个新的序列号的意见函。采用原始计划的雇主继续使用原序列号。但是，任何想要采用新计划的雇主可通过向其区域负责人报送一份新的4462表格来实现。

（6）变更采用协议的雇主可通过向其区域负责人报送4462表格、变更的副本和变更的摘要，申请其就此变更的后果发布一项决定书。倘若雇主想在总体或样本计划下变更其采用协议，且此项变更不在该计划考虑或允许的范围之内，那么此项变更应作为一项单独设计的计划代替原总体或样本计划，且应当适用本节第 15 条的变更程序。

6. 对于其他计划的影响。

区域负责人先前发布第 15 条第 2 款第 8 项指定的决定书不受这些程序的影响，即使决定书涉及的计划是由本条第 1 款第 1 项的组织设计的。但是若此类组织其他问题涉及本条规定，该组织可从此类计划的后续行动相关程序中获利。

第 18 条 对于基础地位分类的裁定和决定书

1. 对私人和营运基础地位的裁定和决定书。

对第 509 节第 1 条的私人基础地位和第 4942 节第 10 条第 3 款的营运基础地位的裁定和决定书发布程序，以及第 501 节第 3 条第 3 款中的联邦所得税免税组织的程序应当在《国内收入局公报》中不断公开更新。参见 1976 年第 34 号《税收程序》（1976 年第 2 期《公告汇编》第 657 页），变更版见 1980 年第 25 号《税收程序》（1980 年第 1 期《公告汇编》第 667 页）。这些程序适用于与组织填报基础地位通知之 4653 表格相关的通知，以及本法第 501 节第 3 条第 3 款中免税地位认定。根据第 508 节第 1 条的规定，一个组织填报此类通知和声明避免被假定为私人基础地位或营运基础地位。此外，这些程序也与第 509 节第 1 条和第 4942 节第 10 条第 3 款中总部审查关于基础地位发布的决定书有关，也与对不利的基础地位决定书的复议相关。

2. 非免税慈善信托要求给予第 509 节第 1 条第 3 款的非私人基础地位。

作为《税法》第 4947 节第 1 条第 1 款中的信托将所享有的未到期利息全部投入实现一个或多个《税法》第 170 节第 3 条第 2 款第 2 项中目的时，该信托不是《税法》第 501 节第 1 条税种中免税项，但可获得慈善减免项。这些信托遵循私人基础规定（《税法》第 1 章第 6 分章第 2 条和第 42 章），但《税法》第 508 节第 1 条、第 2 条、第 3 条的规定除外。非免税慈善信托通过该程序获得其第 509 节第 1 条第 3 款基础地位的决定书，该程序应在《国内收入局公报》中不断地更新公开。比如，参见第 1972 年第 50 号《税收程序》（1972 年第 2 期《公告汇编》第 830 页）。

第 19 条 事先裁定或决定书

1. 一般情况。

只要合适且与健全税收征管利益一致，就个人和组织的行为或交易的税务后果以及在《税法》要求填报纳税申报表或报告前某些组织的地位,而提交的书面询问做出回复,是国内收入局通常做法。

2. 例外情况。

但是,在一些特殊领域中,由于所涉问题的本身事实属性或其他原因,国内收入局不得发布事先裁定或决定书。通常对于决定申请主要为一种事实状态(如财产的市场价值)、或者未来做成时间不确定的任何交易、或任何涉及如以联邦税务减免作为主要目的的交易或问题的税务后果,均不得发布事先裁定或决定书。《国内收入局公报》中将不断公开某个具体的领域或者这些领域的列表。比如,参见 1980 年第 22 号《税收程序》(1980 年第 1 期《公告汇编》第 654 页)。这种列表并不是绝对完整的。所以每当一个特定问题加入或从该列表中删除时,《国内收入局公报》应当对此公开。国内收入局的总部和地方区域负责人发布的事先裁定和决定书的授权及一般程序概括在本节第 2 条、第 3 条。

第 20 条　损耗的替代方案

1. 一般情况。

条例第一章第 1.613 节第 4 条第 1 款第 1 项,被 1972 年 3 月 10 日《财政部决定》第 7170 条采用,在那些案件中规定不能根据本条例第 1.613 节第 4 条第 3 款的规定决定一个有代表性市场的产地价格时,矿业的毛收入应当使用第 1.613 节第 4 条和第 3 条第 4 款规定的利润比例法统计。

2. 例外。

一种例外情况规定在第 1.613 节第 4 条第 1 款第 2 项:当存在比使用利润比例法更加相应的替代方法或纳税者正在使用的替代方法而提出的申请,由副局长(技术)办公室给予批准。

3. 程序。

采用替代方法而不是利润比例法统计所有矿业所得的申请程序、批准的条件和替代方法的使用、获得批准方法的变更,以及其他与此相关信息,将在《公告汇编》中不断公开。例如,参见 1974 年第 43 号《税收程序》(1974 年第 2 期《公告汇编》第 496 页)。

第 21 条　发布 1954 年《税法》第 631 节第 3 条中涉及出租人的红利和提前收取的特许使用费裁定的条件

1. 一般情况。

根据 1977 年第 11 号《税收程序》(1977 年第 1 期《公告汇编》第 568

页）的规定，计算要求收到一份红利或一项提前收取的特许使用费的出租人的税务责任，应当对所有的税务年份进行统计，或者出现开采任何煤矿或铁矿之前煤矿或铁矿开采权租约期满、终止或被放弃（对于红利）时，以及（对于提前收取的特许使用费）事前已经进行补偿的煤矿或铁矿被开采时，对收到此项补偿的年份进行统计。此项重新计算要求出租人将红利补偿或其他形式的补偿、提前收取特许使用费补偿的任何份额、或属于未开采煤矿或铁矿的补偿均纳入普通收入，而非第631节第3条的煤矿或铁矿销售盈利所得。

2. 发布裁定的条件。

为将出租煤矿或铁矿而提前收取的特许使用费作为第631节第3条中的煤矿或铁矿销售所得，出租人为此申请裁定，在将裁定发布给出租人之前，国内收入局要求出租人签订最终协议，此协议中出租人同意：

（1）如果在任何煤矿或铁矿已经被开采、或者（对于事前特许使用）已经事前支付补偿的煤矿或铁矿开采之前，出租人获得红利或提前收取的特许使用费的租约租期届满、终止或被放弃（对于红利），出租人的税务责任应当重新计算，计算的范围为纳税年份或者收到以下费用的年份：将红利补偿或其他补偿作为普通收入的红利，或者提前收取的特许使用费或任何份额或其他归属于未开采煤矿或铁矿补偿作为普通收入的事前特许；

（2）如果要求进行本节第21条第2款第1项规定的重新计算程序，假定有，那么出租人应当根据收到红利或事前许可使用费的一个或多个纳税年份支付额外税款，由此来最终确定出租人到期和应付的所有联邦所得税款项。

（3）如果出现以上任何情况，出租人应当自租约期满、终止或被放弃的纳税年度结束前的90日内，将此情况书面通知有管辖权的区域负责人。

编者注：对于影响本条例第602.201节的联邦登记引用，见国内收入局相应章节的列表，参考印刷版寻求救济章节和网址www.fdsys.gov。

二、第601.202节　结案协议

第1条　一般情况

1. 根据《税法》第7121节及相关规章和授权，国内收入局局长或由局长书面授权国内收入局其他负责人或者工作人员有权订立并批准一项书面协议，对象为与任何纳税期间对国内收入局负有纳税义务的有关个人（个人或者接受遗产的人）。除非出现欺诈，渎职或者对重大问题虚构事实，此协议具有终局性和排他性。

2.《税法》第 7121 节的结案协议可适用于纳税期间终了之前或协议签订日之后的任何纳税期间。对于协议签订日之前终了的纳税期间，可为纳税人总体的纳税义务或者影响其纳税义务的一个或多个独立的项目协商解决问题。为了《税法》第 1313 节下提供"决定"以及《税法》第 547 节中为不足数额红利扣除的目的，均可订立结案协议。但是其他类型的"决定"协议详见《税法》第 547 节第 3 条第 3 款和第 1313 节第 1 条第 4 款及相应规章的规定。对于协议签订日之后终了的纳税期间，同意问题可为影响纳税人纳税义务的一个或多个独立的项目。对于协议签订后终了的任何纳税期间的结案协议，协议签订日之后任何法律制定的变化和变更均适用于该纳税期间，而且每一份结案协议应当如此记载。即使在协议涉及的期间，纳税人并不负有任何纳税义务的情况下也可以订立结案协议。对于一个纳税期间可以有一系列有关纳税义务的协议。结案协议可以在任何情况下订立，其优点为具有永久性和终局性，纳税人渴望订立结案协议须有良好和足够的理由，在认定政府将不会因此协议的完善而遭受任何不利后果时，主管或其代理人可以决定订立结案协议。

第 2 条 采用规定的表格

对在签订协议日之前终了的纳税期间总体纳税义务进行排他性决定的案件，通常使用《税务最终决定协议》的 866 表格。对于一个或多个问题的处理意见已经达成协议，且为保障在其他纳税期间同样的问题得到相同的对待，而有必要发布结案协议时，通常使用《结案协议——涉及具体问题的最终决定》之 906 表格。决定纳税义务的结案协议申请，可以在该义务成为法院管辖范围内有管辖权的问题之前任何时候提交和订立，此后在适当的情况下可经法院授权订立（比如在某些破产案件中）。该申请应当提交至国内收入局中接受该期间纳税表的区域负责人。但是，如果与申请相关的问题是复议部门的负责人未决问题，该申请应当交到该办公室。结案协议的申请只是关乎随后的期间，则应当递交给国内收入局主管，华盛顿特区 20224。

第 3 条 批准

1. 对于任何影响纳税表填报的有关酒精、烟草和枪械的规划或已完成交易的结案协议由酒精、烟草和枪械局的主管订立和批准。

2. 对本条第 1 款以外的任何影响纳税表填报的规划或已完成交易的结案

协议由副局长（技术）订立和批准。

3. 对于在协议签订日之前的一个或多个纳税期间，以及影响其他纳税期间的相关具体问题（包括那些涉及主管机关在行政管理中美国税收惯例营运规定的决定）的结案协议，由副局长（依规定）订立和批准。

4. 区域主管、区域副局长（复议），区域副局长（稽查），区域负责人（包括管理外国区域负责人），复议分支机构的主管和副局长均可以在其管辖权内，对协议签订日之前的一个或多个纳税期间以及影响其他纳税期间的相关具体问题（美国税务法庭待判决诉讼事件表中的除外）订立和批准结案协议。

5. 区域主管、区域副局长（审查和复议）、复议分支机构的主管和副局长被授予对美国税务法院管辖的待决讼案件有权订立和批准结案协议，但只针对那些影响其他纳税期间的具体问题。

6. 依据1964年第54号《税收程序》（1964年第2期《公告汇编》第1008页）的第3节或者1969年第13号《税收程序》（1969年第1期《公告汇编》第402页）的规定，为了减少经济重复征税，或依据1965年第17号《税收程序》（1965年第1期《公告汇编》第833页）的减免规定而提供结案协议，可由外国管理区域的区域税务办公室订立和批准。

7. 在区域负责人管辖权内的案件，如果是1962年11月15日之前开设并出现在1964年第24号《税收程序》（1964年第1期《公告汇编》第693页）中的存款或账户应纳税所得的确定，将以该存款或账户的所得，包括直到到期或终止（以较早者为准）时的总收入，以及在计划到期年的存款或账户被转让或终止（以较早者为准）构成总收入，由该区域负责人订立和批准。

第4条 裁定要求的适用

与申请裁定有关的要求（见本条例第601.291节）适用于影响纳税表填报的规划或已完成交易有关的结案协议的申请（见本节第3条第2款的规定）。

三、第601.601节 法规和规章

第1条 制定

1. 税收规则有很多形式。最重要的规则，由国内收入局局长制定，并由财政部秘书长或其授权人批准，以规章和财政部决定的形式发布。其他规则

由局长签署或其他经授权负责人签署发布。这些规章和财政部决定由首席法律顾问办公室负责草拟。经局长批准后，规章和财政部决定递交至秘书长或其授权人，并由其进一步审阅和最终批准。

2. 根据《美国联邦统一法》第 5 部分第 553 章的规定，在合理类似情形下，局长在《联邦公报》(《联邦纪事》) 中公开这些规划规则的告知 (除非能确定所有涉及人员且单独告知或依法另行告知)。此告知内容如下：

(1) 公共规则制定过程的时间、地点及性质的声明；

(2) 拟定该规则的相关部门；

(3) 拟定规则的条文内容或实质，对涉及的主题和问题的描述。

3. 听证通知。

(1) 当对起草拟定规则告知的听证通知涉及本款的规定时，应当遵循本款的规定。

(2) 任何想要在本款规定下的公众听证中提出口头意见的个人，应当在起草拟定规则通知规定的时间内 (包含其延长期限) 以书面形式提交该意见，并且在听证通知规定的时间内提交在本款第 3 项的规定下的该意见概要。在听证会上个人的口头意见应当围绕与此书面意见有关问题的讨论及相应的问题和解答，而非阅读事先准备的声明。但是，口头意见也不能仅限于个人书面意见的重述。提出口头意见的个人应当做好回答问题的准备，不仅是其意见概要中所列问题而且包括与其书面意见相关的问题。除非本节第 2 条另有规定外，为了保障在听证会开始前此书面意见或意见概要副本的有效性，任何想要取得此副本的个人应当在听证通知规定的时间内提出申请且支付合理价款。对于逾期提出该申请的个人存有副本情况下应尽早送达，但是也可能在举行听证会时或之前无法送达该副本。除前述情形外，对拟定规则书面意见的副本在举行听证会时不得发布。

(3) 个人想要确保参与听证时，应当在听证通知规定的时间内提交他或她讨论问题的概要以及每一问题所用时间。包括口头意见陈述顺序和陈述时间分配在内安排讨论会议程。每个人将获得十分钟时间进行口头意见陈述。

(4) 在讨论会议程中个人意见陈述总结时，在时间允许的情况下，其他人经允许可以提出口头评论，如果他们要么已经在听证会前通知国内收入局局长及其代理人，要么已经通知安排在听证室入口的国内收入局代理人。

(5) 在特殊情况下或为特别原因时，可以不适用本款中有关规则的适用规定包括第 3 项中 10 分钟的规定。

(6) 在条件允许的情况下，可对本款规定下的公众听证进行记录。

第 2 条　对拟定规则的意见

1. 一般程序。

利害关系人有权提交任何与根据《美国联邦统一法》第 5 部分第 553 章的规定公开的拟定规则通告有关的数据、观点和争议点。并且，对此类通知提交书面意见的副本，《税法》第 601.702 节第 4 条第 9 款中规定公众成员有权查阅或取得的程序。不得认定这类意见中涉及的材料为机密或不可公开问题。因此，对于拟定规则告知提出书面意见的个人，就不应当在此材料中提及其认为应当保密或不宜公开的问题。国内收入局对于其收到的所有对拟定规则告知的书面意见，全部均推定为提交一方同意供公众查阅，或者根据《税法》第 601.702 节第 4 条第 9 款规定的程序进行复制。所有根据本节第 1 条第 3 款第 3 项的规定要求公开陈述意见或意见概要的个人的姓名也属于公开的范围。

2. 有效期限。第 2 条仅适用于对 1974 年 6 月 5 日以后国内收入局公开在《联邦公报》的拟定规则告知而提交意见的情形。

第 3 条　变更规则的请愿书

利害关系人有权对规则的发布、变更及撤销提出请愿书。对于规则发布的请愿书应当指明相关法律涉及的某一或若干章节；对于规则变更或撤销的请愿书应当写明相关规章的某一或若干章节。请愿书应当包含申请采取措施的理由。对于此类请愿书应当严格审查并且应当告知请愿者其据此所能采取的行为。请愿书应当提交至华盛顿特区第 20224 号收件人为国内收入局局长注明：CC：LR：T. 但是，对于请愿书要求根据第 23 节第 5 条第 4 款第 1 项第 8 目或该条第 5 款第 1 项第 1 目或者第 44C 节之前的规定变更规章的情形，遵循《税务条例》第 1.23.6 节第 1 条规定的程序。

第 4 条　规则和规章的颁布

1. 一般程序。

所有联邦税务规章和财政部决定均公开在《联邦公报》和《联邦规章汇编》。参见《税务条例》第 601.702 节第 1 条的规定。财政部决定还要在周报形式的《国内收入局公报》和每半年更新的《公告汇编》中公开。《国内收入局公报》是国内收入局局长发布正式裁定、决定、意见及程序，包括发布财政部决定、行政命令、税务惯例、规章、法院判决以及其他与国内收入局相关问题的官方刊物。不论是实体性还是程序性裁定，还是涉及重要或一般的利益，能促进国内收入局适用法律的统一性时，国内收入局将所有此类裁定公开在《公报》中，这是国内收入局的政策。所有出现在《税收程序》中又被纳入《公报》的具有广泛适用性或者拥有持续效力或约束力的程序以修正案的形式作为《程序规则声明》的一部分。此外，也会在《公报》中公开所有裁定，包括撤销、完善、修正或影响任一已经公开裁定。仅与国内收入局实务和程序性问题有关的规则不得公开；但是，影响纳税人义务或权利的国内收入局实务和程序的声明，以及出现在国内收入局管理文件中的行业管制，均须在《公报》上公开。在处理其他案件时任何负责人或国内收入局雇员不得依赖或使用未公开的裁定或决定，也不得将其作为先例予以援引。

2. 在《国内收入局公告》中公开《税收裁定》和《税收程序》的对象和标准。

（1）①一项"税收裁定"是指国内收入局公开在《国内收入局公报》中的官方解释说明。只有总部有权发布税收裁定，并且必须是为了给纳税人、国内收入局负责人和其他相关人员提供信息与指导。

②一项"税务程序"是指依据《税法》及相关规章，一项影响纳税人或其他公众成员权利或义务的程序性说明，或者并不一定影响公众的权利和义务但是基于公众知情的需要而予以告知。

（2）①《国内收入局公报》是国内收入局局长发布国内收入局正式裁定和程序的官方工具，包括所有裁定和替代、撤销、完善、修正或影响先前发布的裁定或程序的程序声明。国内收入局也会在《公报》中发布局长对美国联邦税务法院判决（决定备忘录观点之外）默认或不默认的决定、以及财政部决定、行政管制（命令）、税务惯例、规章、法院判决以及其他认为与公共利益相关的问题。（技术）副局长负责管理《公报》事宜。

②《公报》每周发布一次。为了提供长久的参考资源，《公报》的内容每半年会进行一次汇总，形成可索引的《公告汇编》。"公报查询系统"提供了所有出现在《公告汇编》问题的查询和借鉴服务。所有这些材料均由在华盛顿特区第20402号的美国联邦政府出版办公室文件监管局出售。

（3）在《国内收入局公报》公开税收裁定和程序的目的是为了促进国内收入局雇员适用税务法律的准确性和统一性，以及通过向国内收入局人员和公众告知总部对税法、相应规章、条约、规章和影响纳税人权利义务的程序声明进行的解释,以便纳税人能最大限度地自觉遵守。因此,在国内收入局权限范围内涉及实体税务法律的问题和答复应当公开在《国内收入局公报》中,以下问题除外:

①法律、条约和规章(财政部发布)予以答复的问题;
②已经公开在《公报》中的裁定、意见或法院判决予以答复的问题;
③没有显著重要性且未涉及重大利益而无须公告的问题;
④不包含法律解释的事实认定;
⑤提出意见者以及对其的奖励;
⑥对于涉密准则、过程、商业惯例及类似信息的披露。

所有影响国内收入局管辖范围内纳税人权利义务的程序均应公开在《公报》中。

(4)[保留]

(5)①公开在《公报》中涉及税务实体法律的裁定和其他通函应当以"税收裁定"的形式发布。"税收裁定"表达出的结论将直接回应和限制在税收裁定中声明的关键事实。"税收裁定"来源形式广泛,包括对纳税人的裁定,对区域税务办公室的指导意见,(技术)副局长的调研、法院判决、税务从业人员或刊物的建议等等。

②公开尽可能多的裁定或通函是国内收入局的日常工作,对于理解其声明的立场而言是必要的。但是,为了避免对个人隐私不必要的泄漏,遵守法律规定,例如根据《联邦统一法》第 18 部第 1905 节和第 26 部第 7213 节中对公众成员信息公开和细节认定(包括有关人员的姓名、地址)的规定,裁定中应当删除此类涉密信息。

③除了涉及养老金资格、年金、分红、股票红利和债券购买计划外,"税收裁定"的适用具有溯及力,除非"税收裁定"中包含一项特别声明:"根据 1954 年《税法》第 7805 节第 2 条规定的职权,此裁定适用没有溯及力"。当"税收裁定"撤销或变更先前公开在《公报》的裁定时,适用《税法》第 7805 节第 2 条规定的职权,若新的裁定造成纳税人不利的税务后果那其适用上不具有溯及力。《税法》第 7805 节第 2 条规定财政部负责人或其授权人可发布任何适用上不具有溯及力的裁定。该职权的行使必须是采取积极的措施。关于"税收裁定"对养老金、年金、分红、股票红利及债券购买计划的决定书和意见函的影响,参见本条例第 601.201 节第 15 条的规定。

④在《公报》上公布的"税收裁定"没有强制力和产生《财政部规章》的效果,但是被公布后可以作为处理其他案件的先例,且可以以此为目的被引用和信赖。未经公布的裁定或将不能被国内收入局的负责人或雇员在处理其他案件时,作为先例依赖、使用或引用。

⑤通常纳税人可以依赖已经在《公报》上公布的"税收裁定"来决定他们自己交易的税务处理,不需要申请具体的裁定,而可以将已经公布"税收裁定"的原则直接适用到他们特定案件的基本事实。但是,由于国内收入局每一个"税收裁定"表达的结论是将法律适用到涉及事实的完整情形,纳税人、国内收入局工作人员和其他关注的人被告诫要在其他案件中得出同样的结论,除非事实和环境在实质上相同。他们应当审查随后的立法、规章、法院判决和税收裁定的影响。

⑥如果基于特殊情况,对于正准备在《公报》中公开的"税收裁定",纳税人或纳税集团可以请求意见和建议。准备公开"税收裁定"的讨论会将不被授予,除非国内收入局基于特殊情况决定该行为为正确的。

(6) 依据《税法》,影响纳税人或其他公众成员权利和义务以及相关地位的程序声明,将在《公报》中以《税收程序》的方式予以公布。《税收程序》通常反映内部管理文件的内容,但是在适当情况下,他们也被公布宣告实践和程序以引导公众。公布更多的内部管理文件或通函也是国内收入局的日常工作,这对于理解程序是有必要的。《税收程序》也可以基于内部管理文件,即使没有对公众的权利和义务产生影响,也应当是公众知道的问题。在《联邦公报》中刊载《税收程序》的内容应当依照《美国法律汇编》第5章第522节的规定进行,通常将随附《程序规则修正案声明》(《美国联邦规章》第26标题第601章)。

(7) ①(技术)副局长对在《公报》中公布《税收裁定》和《税收程序》的行政管理系统负责,包括款式和格式的标准。

②依据本款第4项规定的标准,每个副局长对准备和适当的安排公布反映由其负责人对税法作出实质性解释的《税收裁定》和以书面方式与纳税人及下级负责人沟通负责。在这一点上,首席顾问为审查公布由其办公室作出对税法实质性解释的《税收裁定》并递交给有管辖权的副局长而负责。

③依据本款第4项规定的标准,每位副局长和首席顾问可以决定是否通过任何其他辖区内的负责人来建立自动程序作为《税收程序》以及为启动该类《税收程序》并确定其内容进行适当的推荐。

第二节 美国国内收入局2018年第1号《税收程序》[1]

第1条 《税收程序》有何目的？

基于首席法律顾问助理（法人）、首席法律顾问助理（金融机构和金融产品）、首席法律顾问助理（所得税和会计）、首席法律顾问助理（国际）、首席法律顾问助理（穿透公司和特殊产业）、首席法律顾问助理（程序和管理）以及首席法律顾问助理（免税地位和政府实体）的管辖权限，本税收程序用于解释国内收入局如何向纳税人提供建议。本程序就建议的形式以及纳税人申请建议和国内收入局提供建议的方式进行解释。附件二提供信件裁定申请的格式样本。参见本税收程序第4条，对于超出本税收程序范围某些问题的信息，可以依据不同的税收程序申请建议。

1. 用在本税收程序中的术语。

用于本税收程序之目的——

（1）"国内收入局"包括国内收入局内部的4个职能部门和7个法律顾问助理办公室。这4个职能部门是：

（a）大型公司和国际事务部（LB&I）。主要负责拥有1000万美元以上资产的公司，包括小型股份有限公司（S公司）和合伙公司。

（b）小型公司和自我雇用事务部（SB/SE）。主要负责资产在1000万美元以下（包含1000万美元）的公司，包括S公司和合伙公司；填报赠与税、消费税、雇用税、信托的纳税申报表的申请人；自然人递交联邦自然人所得税申报表时附有一览表C（自然人独资公司的营业得利和损失）、一览表E（额外得利和损失）、一览表F（与农业有关的利润和损失）、表格2106《雇员业务支出》，或者表格2106–EZ《未支付雇员业务支出》。

（c）工资和投资事务部（W&I）。一般仅负责不附有一览表C、E或F，或者表格2106或表格2106–EZ的自然人工资或投资的自然人服务（不包含国际纳税申报表）进行自然人联邦所得税申报。

---

[1] 本节以东南大学法学院2015届研究生汪晓露承担初译的（Rev. Porc, 2013–1）为基础修订至2018年，在此表示感谢。

（d）免税和政府实体事务部。为三类不同领域纳税人提供服务：雇员计划（包括自然人退休金账户）、免税组织和政府实体。

（2）术语"助理办公室"（Associate office）是指首席法律顾问助理（法人）、首席法律顾问助理（金融机构和金融产品）、首席法律顾问助理（所得税和会计）、首席法律顾问助理（国际）、首席法律顾问助理（穿透公司和特殊产业）、首席法律顾问助理（程序和管理）、首席法律顾问助理（免税地位和政府实体）等，视情况而定。

（3）术语"区域负责人"（Director）是指负责区域运作的大型公司和国际事务办公室主管；负责区域稽查的小型公司或自我雇用事务办公室主管；负责独立审查政策的小型公司或自我雇用事务办公室主管；负责遗产和赠与税收政策的小型公司或自我雇用事务办公室项目经理；负责雇用税收政策的小型公司或自我雇用事务办公室项目经理；负责执行税收政策的小型公司或自我雇用事务办公室项目经理；负责遵从的工资和投资事务办公室主管；雇用计划审查办公室主管；免税组织、裁定及协议不主管；免税审查办公室主管；免税债券局主管或者印第安部落政府区域负责人，视情况而定。

（4）术语"区域税务办公室"是指区域负责人各自的办公室，视情况而定。

（5）术语"纳税人"包括《国内收入法典》（以下简称《税法》）任何条款涉及的所有人，某些情况下包括其代理人。更具体来说，此术语包含免税组织，以及免税义务、抵押信贷证书和税收抵免债券的发行人。

2. 每年更新。

本税收程序自颁布时起每年更新一次并作为每年的第一个税收程序，期间可能会修改、补充或澄清。

第 2 条 国内收入局以何形式向纳税人提供建议？

国内收入局以信件裁定、结案协议、决定书、告知书和口头建议等形式提供建议。

1. 信件裁定。

信件裁定是指由助理办公室发布给纳税人的书面决定，用以回应纳税人的书面询问，该询问须在依据税法填写纳税申报表或报告之前递交给国内收入局，涉及基于纳税目的的纳税人身份或其行为或交易的税务后果。信件裁定是解释税法且将其适用于纳税人一系列特定的事实。信件裁定的发布必须符合健全税收征管利益。有一种信件裁定涉及助理办公室对授予或拒绝纳税人请求变更会计方法或会计期间的回应。一旦发布，信件裁定基于大量的原因可以被撤销或修正。参见本《税收程序》第 11 条。信件裁定可以与结案协议一起发布，但是结案协议具有终局性，除非出现欺诈、渎职、虚假陈述。参见本《税收程序》第 2 条第 2 款的内容。

依据美国税务条约或税务信息交换协定，信件裁定应当进行信息交换，与这些条约或协定的条款保持一致（包括关联性、保密性以及商业秘密的保护）。

2. 结案协议。

结案协议是指国内收入局和纳税人之间就特定问题或义务达成的最终协议。结案协议依据《税法》第 7121 节订立且为终局的，除非出现欺诈、渎职和虚假陈述。

对于符合信件裁定条件的交易，纳税人可以与信件裁定一起申请结案协议或以结案协议替代信件裁定。此种情况下，拥有事务管辖权的首席法律顾问助理办公室代表国内收入局签发结案协议。

当有利于事项永久地或决定性地终结时，或当纳税人表明协议有充分的理由同时达成协议不会损害政府利益时，可以订立结案协议。在适当情形下，纳税人将被要求订立结案协议作为发布信件裁定的条件之一。

在单一案件中，如果在同一类纳税人中每一个人或实体都提请结案协议，那么仅在纳税人总数少于 25 个或更少时可以订立单独协议。但是如果对该类纳税人全体问题相同、立场一致且该类纳税人总数超过 25 个时，则由其他纳税人授权代表该类纳税人全体订立一个"集体结案协议"程序。

3. 决定书。

决定书是指由区域负责人发布的书面决定，意在将国内收入局公布的原则和先例适用于一系列特定事实。只有在先前的法律、税收条约、规章、税务裁定的结论、意见或法院判决已经建立明确规则的情况下，才能代表国内收入局的立场发布决定书。（注：该区域负责人必须对申请人的纳税申报表有稽查权。）

4. 告知书（information letter）。

告知书是由助理办公室或者区域负责人发布的声明，为提请注意未将已确立的税法解释或税法原则（包括税务条约）适用到特定的系列事实。如果纳税人的询问指明需一般信息，或如果纳税人的申请没有满足本税收程序的要求，且国内收入局认定那些一般信息将对纳税人有帮助，那么可以发布告知书。告知书只具有劝告性，对国内收入局没有拘束力。如果助理办公室通过发布告知书来通知纳税人的裁定申请不满足本税收程序的要求，那么该告知书不构成信件裁定的替代。纳税人应当在告知书的申请书里提供日间联系电话。

由助理办公室发布给公众成员的告知书应当向公众公开。但是由区域税务办公室发布的告知书不得向公众开放。

因为告知书并不符合《税法》第6110节对书面决定的定义，所以告知书无须依据第6110节的规定供公众查阅。国内收入局是依据《信息自由法案》的规定向公众提供告知书的内容。在把告知书提供给公众之前，助理办公室应当重新变编写《信息自由法案》中不予以公开的任何信息。［参见《美国法典汇编》第5部分第552节第2条第6款的规定（对信息公开将造成对自然人隐私不合法的侵犯时的豁免）；《美国法典汇编》第5部分第552节第2条第3款与第6103节中重合的内容（第6103节第2条中规定）］。

作为此程序中的一部分，以下文件不得提供给公众审查：

（1）信件往来，国内收入局提供的出版物或者其他公开向纳税人提供材料，没有任何重大法律争论的；

（2）回应纳税人或第三方联系询问关于未决的信件裁定、技术意见备忘录或者首席顾问意见（作为《税法》第6110节中发布后接受公众审查的部分）的回复；、

（3）回应纳税人或第三方组织的任何调查、审计、诉讼或者其他强制措施的沟通材料。

5. 口头建议。

（1）以不予口头裁定和不予书面裁定回应口头申请。

国内收入局不得以口头方式发布信件裁定或决定书，也不得对纳税人的口头申请给予信件裁定或决定书。但是在一个特定案件中，税务人员通常会向纳税人或其代理人征求意见，亦即国内收入局是否应对其递交申请裁定或决定书中特定问题和程序事项作出规定。

（2）对实质问题讨论的可能性。

基于国内收入局的自由裁量权以及时间允许的情况下，税务人员也可以与纳税人及其代理人讨论实体性问题。但是，该讨论对国内收入局或首席顾问办公室均不具有拘束力，并且依据《税法》第7805节第2条规定不得作为获得有溯及力救济基础的依赖。

间接参与特定税务实体性问题的稽查、复议或诉讼的税务工作人员不得与纳税人及其代理人讨论那些问题，除非该讨论是与直接参与的税务局工作人员进行协调。纳税人及其代理人通常将被问及，为获取建议或信息的口头申请，是否与国内收入局的其他区域税务办公室或联邦法院正在处理的问题相关。

如果一项税务问题未涉及任何稽查、复议、诉讼程序，即使该问题受诉讼程序中其他非涉税问题的影响，也可对该项税务问题进行讨论。

当纳税人准备纳税申报表或报告时，纳税人可以向区域税务办公室或税务中心的纳税人服务代表寻求口头指导意见。

国内收入局对于要求确认在口头讨论中内容的请求函不做答复，并且对此类信件不予答复不得视为确认该内容。

(3) 口头指引只具有建议性，对国内收入局不具有约束力。

口头指引只具有建议性，所以对国内收入局不具有约束力，例如在稽查纳税人的纳税申报表过程中。

第 3 条　依据《税收程序》纳税人可以请求书面建议的问题有哪些？

对助理办公室权限范围内的问题，纳税人依据本税收程序可以提出信件裁定、告知书和结案协议的申请。纳税人无法确定助理办公室是否拥有对某项特定事实情况管辖权时，可以拨打本《税收程序》第 10 条第 7 款第 1 项中列明的助理办公室的电话。

除本税收程序第 6 条第 14 款规定以外，纳税人可以向相应操作部门的区域负责人申请决定书。参见本《税收程序》第 7 条和第 12 条的内容。申请首席法律顾问助理（免税地位和政府实体）管辖范围内的决定书，参见《税务公报》2018 年第 4 号《税收程序》和 2018 年第 5 号。

1. 首席法律顾问助理（法人）管辖的问题。

首席法律顾问助理（法人）管辖的问题包括：涉及合并收益申报、资产并购、资产重组、资产清算、回购、分拆、向子公司转让、股东分红、破产清算、净经营亏损结转库存量导致所有权变化和其他税收的效果、债权与股权认定、纳税人所得与减免分配、为逃避或规避所得税的并购以及某些收入和利润问题。

2. 首席法律顾问助理（金融机构和金融产品）管辖的问题。

首席法律顾问助理（金融机构和金融产品）管辖的问题包括：涉及银行所得税和变更的会计方法、储蓄和贷款协会、房地产投资信托基金（REITs）、受监管投资公司（RICs）、房地产抵押贷款投资机构（REMICs）、保险公司及其产品、免税义务、抵押信用资格、课税抵付额（包括指定的税收信用债券）、美国建设基金，以及金融产品的问题。

取得包含免税地位以及地方税负私人信件裁定的程序，参见1996年第16号《税收程序》（1996年第1号《公告汇编》第630页）。

3. 首席法律顾问助理（所得税和会计）管辖的问题。

首席法律顾问助理（所得税和会计）管辖的问题包括：涉及个人和公司的所得和扣减额的认定和时限、销售和互易、资本所得和损失、分期付款销售、设备租赁、长期合同、库存资产、分期还款、折旧，最低替代性税额、净经营亏损额、由于其他原因的会计方式变更以及会计期间的问题。（注意包含个人退休金账户的问题由免税和政府事务局的局长管辖。参见本税收程序第4条第2分条的规定）

4. 首席法律顾问助理（国际）管辖的问题。

首席法律顾问助理（国际）管辖的问题包括：非居民外国人和外国公司的税务处理、非居民外国人和外国公司扣缴税款、外国税收抵免、所得来源地的认定、源自美国国外的收入、国内从事国际销售的公司、外国销售公司、《税法》第114节域外所得扣减、跨国抵扣的认定、某些消极外国投资公司的地位、受国际条约影响的所得、美国国家资产以及其他非美国个人在美国境内或与之相关的活动，或与美国有关的个人在美国境外的活动及这些人员会计方法的变更。

依据《税法》第482节获得预约定价协议程序，参见2006年第9号《税收程序》（2006年第1号《公告汇编》第278页），更新版参见2008年第31号《税收程序》（2008年第1期《公告汇编》第1133页）。

与双边或多边预约定价协议程序的区域负责人机关，参见2006年第54号《税收程序》（2006年第2期《公告汇编》第1035页）。

5. 首席法律顾问助理（税务责任过渡和特殊产业）管辖的问题。

首席法律顾问助理（税务责任过渡和特殊产业）管辖的问题包括：涉及S公司（S公司的盈利是按股份过渡给每个股东，由股东自己去缴税。也就是说，S公司也是需要报税单，但不需要缴税，是"Pass Through"的形式。对应的是C公司是大型股份有限公司，通常股东在75人以上。公司盈利不再是"Pass Through"的形式，公司的税单上要缴税35%。）的所得税（会计期间和方法除外）、某些非法人纳税人（包括合伙、共同信托基金、信托）、实体归类、房地产（《税法》第6166节的除外）、赠与、隔代转移、个别消费税、摊销、折损及其他操作问题、住房合作社、农民合作社（《税法》第521节）、低收入住房、残疾人设施、合格电力交通工具抵免、研究和实验申请费、股东保赔协会（《税法》第526节）以及某些房主协会（《税法》第528节）的问题。

6. 首席法律顾问助理（程序和管理）管辖的问题。

首席法律顾问助理（程序和管理）管辖的问题只包括：涉及联邦税收程序和管理、公开和保密法、报告和缴纳税款（包括《税法》第6166节下缴纳）、评估和收缴税款（包括利息和滞纳金）、废除、抵免、多缴税款的退税、递交申报信息的问题。

7. 区域顾问/首席法律顾问助理（免税地位和政府实体）管辖的问题。

区域顾问/首席法律顾问助理（免税地位和政府实体）管辖的问题包括：雇用税和自我雇用所得税的适用、免税组织的豁免要求、免税组织（包括联邦、州、地方和印第安部落政府的）的税务处理（包括非关联业务所得税的适用）、《税法》第527节描述的政治组织，《税法》第529节描述的合格的学费计划、高级学士学习经验计划（The Advanced Baccalaureate Learning Experience），《税法》第4947节第1条描述的信托、特定消费税、免税组织的披露义务和纳税申报表的信息要求、雇员受益计划（包括职业经理人的薪酬安排、合格的退休金计划、迟延补偿计划、健康和福利受益计划）和个人退休安排、与雇员受益计划整体相关的问题以及个人退休安排（例如，职工股所有权计划股票的销售或《税法》第1042节规定符合条件的职工所有合作社）以及关于职工受益计划的会计方法改变。

值得注意的是，涉及免税地位和政府事务局管辖涉及免税组织、雇用计划及政府机构的某些问题，在国内收入局的免税和政府事务局局长管辖权范围内，参见本《公报》2018年第4号《税收程序》以及2018年第5号《税收程序》。

第4条　哪些问题必须依据不同的程序申请书面建议？

1. 酒精、烟草和枪支税。

依据《税法》第5节，以适用于联邦酒精、烟草和枪支税为目的而获取信件裁定、结案协议、决定书、告知书和口头建议的程序，由财政部的酒精、烟草和枪支贸易局管辖。

2. 雇员计划、个人退休账户和免税组织。

以适用于合格的退休计划、个人退休安排和免税组织为目的而获取信件裁定、结案协议、决定书、告知书和口头建议的程序由免税和政府事务局局长依据 2018 第 4 号《税收程序》规定进行管辖，2018 第 4 号《税收程序》也包括依据《税法》第 401 节、第 403 节第 1 条以及第 4975 节第 5 条第 7 款中退休金的资格、分红、股红、年金和雇员股份所有权计划或者《税法》第 501 节第 1 条下关联信托或托管账户免税地位而发布决定书的程序。依据《税法》第 501 节第 1 条和第 521 节关于免税地位的组织、依据《税法》第 501 节第 3 条第 3 款关于组织的基础地位以及《税法》第 4947 节第 1 条第 1 款关于非免税慈善信托基金的基础地位而发布决定书的程序，参见 2018 年第 5 号《税收程序》的规定。

申请信件裁定、结案协议、决定书和告知书的收费标准，由免税地位和政府事务局局长负责，参见本《公报》2018 年第 4 号《税收程序》第 30 节以及 2018 第 5 号《税收程序》第 14 节。

第 5 条 助理办公室依据何种情形发布信件裁定？

1. 所得税和赠与税事项。

对于所得税和赠与税，助理办公室通常会对规划交易或在交易完成年度内，如果在递交纳税申报表之前，申请人就已完成交易递交信件裁定申请，那么国内收入局应当发布信件裁定。在交易完成年度内，如果在递交纳税申报表之后提出信件裁定申请，那么助理办公室通常不得对已完成交易发布信件裁定。"通常不得"意味着对于递交信件裁定申请在递交纳税表之后的已完成交易，在交易完成年度内仍要求助理办公室发布信件裁定的，则纳税人必须指明独特且令人信服的理由。该纳税人必须联系对其纳税申报表拥有审计管辖权的相应区域税务办公室，并取得该区域税务办公室同意发布该信件裁定。

2. 对后期 S 公司的特殊减免以及替代信件裁定程序的相关选择。

作为依照本税收程序申请信件裁定的替代，纳税人可以为某些后期 S 公司获得减免，并依据以下程序做相应选择：2013 年第 30 号《税收程序》（2013 年第 36 期《公告汇编》第 173 页）。该程序可以替代信件裁定程序并且无须支付任何申请申请费。参见 2013 年第 30 号《税收程序》第 3 条第 1 款以及本《税收程序》第 15 条第 3 款第 3 项。

3. 依据《财政部规章》（以下简称《规章》）第 301.9100 节做出递延时间选择或为其他减免的申请。

对于做出递延时间选择或依据《规章》第 301.9100 节第 3 条下其他减免的申请，助理办公室将予以考虑，即使已递交的纳税申报表涵盖的问题呈现在依据第 301.9100 节的要求已经被填报、对该纳税申报表的稽查已经开始，或纳税申报表中的问题正在被复议机构或联邦法院审查。除了某些附属在免税和国家机关事务局局长管辖权限范围内的免税认定申请之外，依据第 301.9100 节提出的申请属于信件裁定申请。因此，第 301.9100 节的申请必须依据本《税收程序》递交。但是，依据第 301.9100 节提出的申请涉及个人退休安排重新定性申请应当依据 2018 年第 4 号《税收程序》递交。依据第 301.9100 节第 2 条提出期间自动延长的选择不属于信件裁定申请，不得收取任何申请费。参见第 301.9100 节第 2 条第 4 款以及本税收程序第 15 条第 3 款 1 款的规定。

（1）申请的格式。第 301.9100 节的申请（依据第 301.9100 节第 2 条提出的选择以及某些要求附属有税收减免和政府事务局局长管辖权限范围内的免税认定申请除外）必须采用通用格式，而且必须满足信件裁定的一般性条件。这些条件规定在本税收程序第 7 节。《规章》第 301.9100 节的申请必须包含纳税人的宣誓书和声明，以及其他关联方（可能会导致做出有效监管选择失败和发现失败之事件相关知识和信息）。此外，包含《规章》第 301.9100 节第 3 部分第 5 条要求的信息。

（2）期间限制。依据《规章》第 301.9100 节减免申请的填报不能中断任何适用限定期限的计算。参见《规章》第 301.9100 节第 3 条第 4 款第 2 项。如果依据《规章》第 6501 节第 1 条在应当已做出选择的该纳税年度或受已经及时做出选择而产生影响的任何纳税年度，其评估期限在收到《规章》第 301.9100 节信件裁定前将到期时，助理办公室通常不得发布《规章》第 301.9100 节中的裁定。参见《规章》第 301.9100 节第 3 部分第 3 条第 1 款第 2 项的规定。但是如果依据《税法》第 6501 节第 3 条第 4 款对于应当已做出选择的该纳税年度以及受已经及时做出选择影响的任何纳税年度，纳税人同意延长评估期限，那么助理办公室可以发布信件裁定。参见《规章》第 301.9100 节第 3 条第 4 款第 2 项。应当注意的是，依据《税法》第 6511 节要求退款的申请评估期限不得延长。若《规章》第 301.9100 节第 3 条的减免得到批准，助理办公室可以要求纳税人同意延长评估期限。参见《规章》第 301.9100 节第 3 条第 4 款第 2 项的规定。

（3）在裁定申请等待之际其纳税申报表开始被稽查时，则纳税人必须将此情况告知助理办公室。如果在《规章》第 301.9100 节的申请等待之际,国内收入局开始对应当已做出选择的该纳税年度或受已经及时做出选择影响的任何纳税年度的纳税申报表进行稽查,那么纳税人必须将此情况告知助理办公室。告知书必须包括稽查员的姓名和电话号码。参见《规章》第 301.9100 节第 3 条第 5 款第 4 项第 5 目以及本税收程序第 7 条第 4 款第 1 项第 2 目的规定。

(4) 助理办公室将通知稽查员、处理上诉官员,或者当纳税人的纳税申报表正被区域税务办公室稽查、正被复议机构或联邦法院处理时依《规章》第 301.9100 节所要求的律师。如果纳税人应已做出选择的该纳税年度或受已经及时做出选择影响的任何纳税年度的申报表正由区域税务办公室稽查或者正被复议机构或联邦法院处理,那么助理办公室应当通知相应的稽查员、处理上诉官员或《规章》第 301.9100 节申请递交至助理办公室时的律师。稽查员、处理上诉官员或律师无权拒绝考虑《规章》第 301.9100 节的申请。信件裁定将通过邮件的形式发送给纳税人,同时将给处理上诉官员、律师或操作部门中拥有对该纳税人纳税申报表有稽查权的税务人员等寄送副本。

(5) 包含在 2009 年第 41 号《税收程序》第 4 条第 4 款要求的声明。符合条件的实体由于未满足 2009 年第 41 号《税收程序》(2009 年第 39 期《国内收入局公报》第 439 页)的所有适用条件而申请信件裁定时,必须将以下陈述包含在该实体信件裁定申请或在说明为何无资格却这么做的解释之中:"该实体所有被要求填报的美国税收和信息报表(或者如果该实体没有被要求根据意愿分类填报任何申报表,那么就是 2009 年第 41 号《税收程序》第 4 条第 2 款所定义的每个受影响个人的所有美国税收和信息报表)已被及时填报或各自的纳税申报表在 6 个月到期之日前填报(包括延长期限部分),就视同为该实体的分类选择已经在规定的日期生效。未出现已填报的任何美国税务或信息报表与前述内容存在不一致的情形。"

(6) 初次分类选择后期的减免。作为依据《规章》第 301.9100 节第一部分至第 3 部分和本税收程序申请信件裁定的替代,所有符合 2009 年第 41 号《税收程序》第 4 条第 1 款(2009 年第 39 期《国内收入局公报》第 439 页)规定要求的实体可以依据 2009 年第 41 号《税务程序》申请初次分类选择后期的减免。此类减免的申请不得收取申请费。参见 2009 年第 41 号《税收程序》第 3 条第 1 款和本税收程序第 15 条第 3 款第 2 项的规定。

4. 依据《税法》第 999 节第 4 条中的决定。

根据 1977 年第 9 号《税收程序》(1977 年第 1 期《公告汇编》第 542

页）的规定，首席法律顾问助理（国际）依据《税法》第 999 节第 4 条规定的特定运作发布决定，该项运作由那些在国际抵扣中同意参加或合作的个人或控股集团公司的成员（在《税法》第 993 节第 1 条第 3 款定义之内）构成，这些成员包括个人或控股集团成员是美国股东的外国公司。该决定将产生否决外国子公司和国内国际销售公司给前述个人或成员的某些外国税收抵免收益以及收入递延等的影响。相同的原则将适用于排除《税法》第 114 节规定的域外所得。依据 1977 年第 9 号《税收程序》提出的决定申请属于信件裁定并且应当依据本税收程序递交至助理办公室。

5. 涉及《税法》第 367 节规定的问题。

除了本税收程序第 6 节涉及的问题之外，首席法律顾问助理（国际）可以依据《税法》第 367 节发布信件裁定，即使该纳税人并未以《税法》重组规定的交易特征来提出信件裁定申请。助理办公室将以《税法》第 367 节规定的交易后果为基础决定纳税人在交易中的特征，但会在信件裁定中写明其对交易重组方面的特征不持任何意见。在纳税人无法依据重组规定恰当地描述交易特征的情形下，助理办公室可以拒绝发布《税法》第 367 节的裁定。

6. 遗产税问题。

通常首席法律顾问助理（税务责任过渡和特殊产业）对影响未亡人未来遗产之遗产税的交易发布信件裁定。助理办公室对未来遗产的税额计算、保险精算因素或事实性问题不得发布信件裁定。对于影响被继承人遗产之遗产税的交易，一般而言助理办公室会在被继承人遗产税的纳税申报表填报之前发布信件裁定。

如果纳税人以被继承人的遗产税提出信件裁定申请并且该遗产税的纳税申报表本应当在信件裁定规划发布之日前填报时，纳税人填报纳税表应当获得延期且应当通知助理办公室，助理办公室应当认定纳税人因申请信件裁定而获得延期。

如果纳税人在助理办公室取得信件裁定前填报纳税申报表，那么纳税人应当在纳税申报表中写明已经递交了信件裁定申请，将未决信件裁定申请的副本附于纳税申报表中，并且通知助理办公室其已经进行纳税申报。参见本税收程序第 7 条第 4 款第 2 项。助理办公室应当自纳税申报递交之日起 3 个月内尽快发布信件裁定。

如果纳税人在报送纳税申报表之后提出信件裁定申请，但在稽查纳税申报表之前，纳税人必须通知对此报表有管辖权的区域税务办公室其已经提出信件裁定申请，附上待处理信件裁定申请的一份副本，同时通知助理办公室已经进行纳税申报。参见本税收程序第 7 条第 4 款第 2 项。助理办公室应当自纳税申报递交之日起 3 个月内尽早发布信件裁定。

如果助理办公室在 3 个月内不能发布信件裁定，应当通知对报表有管辖权的区域税务办公室，区域税务办公室可以向助理办公室递交备忘录，给予发布信件裁定的额外期限。

7. 涉及《税法》第 2032 节 1 条第 3 款下附加遗产税的事项。

对于涉及《税法》第 2032 节第 1 条第 3 款下附加遗产税的事项，首席法律顾问助理（税务责任过渡和特殊产业）对规划交易和在纳税申报前已完成的交易发布信件裁定。

8. 涉及《税法》第 2056 节第 1 条符合条件的国内信托事项。

对于涉及《税法》第 2056 节第 1 条符合条件的国内信托事项，首席法律顾问助理（税务责任过渡和特殊产业）对规划交易和在纳税申报前已完成的交易发布信件裁定。

9. 涉及隔代转移税收事项。

通常首席法律顾问助理（税务责任过渡和特殊产业）对影响隔代转移税收的规划交易和在纳税申报前完成的交易发布信件裁定。对于隔代转移信托或信托的等价物案件，在建立信托或信托等价物之前或之后均可发布信件裁定。

10. 涉及雇用和消费税事项。

对于涉及雇用和消费税事项，助理办公室对规划交易和纳税申报之前或之后已完成的交易发布信件裁定。

最新 SS－8 表格《以联邦雇用税和所得税扣缴税款为目的的职工地位决定》宣告了获取服务地址。如果由联邦国家机关及其机构的服务接受者（公司）提出申请，该公司将接受任何已发布的信件裁定。副本也将被送达给任何被认定的工人。如果该工人提出申请且为提供信息已经联系公司，那么工人和公司均将收到信件裁定。在实质相似情形下，该信件裁定对任何与公司订约的个人一律适用。关于雇用地位的申请，纳税人认定的不同于联邦国家机关和机构或他们的工人，参见本税收程序第 12 条第 4 款。

11. 涉及程序和管理事项。

首席法律顾问助理（程序和管理）对由《税法》以及相关的规章、规章引起的事项发布信件裁定：

（1）时间、地点、方式以及申报和纳税的程序。

（2）纳税申报表信息的填报。

12. 涉及印第安部落政府事项。

根据1984年第37号《税收程序》（1984年第1期《公告汇编》第513页），并经1986年第17号《税收程序》（1986年第1期《公告汇编》第550页）的修改，且依照本程序，在与财政部秘书长磋商后，如果首席法律顾问助理（免税和政府机构）确定某一部落实体满足印第安部落政府法定内涵或已经被剥离政府职能的印第安部落政府职能，那么就可以发布决定，认定该实体为《税法》第7701节第1条规定印第安部落政府，或为《税法》第7871节第4条规定印第安部落政府的政治附属机构。依据1984年第37号《税收程序》提出的决定申请属于信件裁定申请，因此应当依照本税收程序递交至首席法律顾问助理（免税地位和政府实体）。

（1）印第安部落政府的定义。依据《税法》第7701节第1条第40款定义，"印第安政府"是指任何印第安人或者（符合条件的）阿拉斯加本土居民的部落、联盟、社团、村庄或集团的治理实体，经与财政部秘书长协商后，财政部长决定由其执行政府职能。第7871节第4条规定：根据《税法》第7871节第1条的宗旨，经与财政部秘书长协商后，财政部长决定该实体已经被授予一项或多项印第安部落政府的实质性管理职能，印第安部落政府的附属机构应当作为州政府政治机构对待。

（2）列入部落政府清单。2008年第55号《税收程序》（2008年第2期《公告汇编》第768页）中指定了印第安部落实体，亦即出现在近期或未来清单上，由内政部、印第安事务局每年发布的、得到联邦确认的印第安部落，作为印第安部落政府，对其某些联邦税收处理被作为州对待。根据1984年第36号《税收程序》（1984年第1期《公告汇编》第510页），以及1986年第17号《税收程序》（1986年第1期《公告汇编》第550页）的修正，规定了一份印第安部落政府的政治附属机构清单，对其某些联邦税收处理被作为州分支机构对待。依据1984年第37号《税收程序》以及1986年第17号《税收程序》的修改，并依据《税法》第7701节第1条第40款或第7871节第4条认定的印第安政府或附属机构，将被包括在部落政府实体的清单中，这些政府实体被列明在内政部、印第安事务局每年公布的、得到联邦确认的印第安部落未来清单中或在1984年第36号《税收程序》修正案中。

13. 涉及《税法》第 4216 节第 2 条或第 4218 节第 3 条的推定销售价格。

对于《税法》第 4216 节第 2 条或第 4218 节第 3 条规定的所有情形下推定销售价格的决定，以及其他所有情形下如果法律或规章要求对受联邦税收目的影响的被提议的交易做出决定的未来交易，首席法律顾问助理（税务责任过渡和特使产业）可以发布信件裁定。参见本税收程序第 6 条第 14 款第 5 项。

14. 免税组织事项。

在免税组织事项中，首席法律顾问助理（免税及政府实体）通常对规划交易或在交易完成年度内如果递交信件裁定申请在递交纳税申报表之前的已完成交易发布裁定。在交易完成年度内，如果在递交纳税申报表之后提出信件裁定申请，那么首席法律顾问助理（免税及政府实体）通常不得对已完成交易发布信件裁定。"通常不得"意味着对于递交信件裁定申请在递交纳税表之后的已完成交易，在交易完成年度内仍要求助理办公室发布信件裁定的，则纳税人必须指明独特且令人信服的理由。该纳税人必须联系对其纳税申报表拥有审计管辖权的相应区域税务办公室，并取得该区域税务办公室同意发布该信件裁定。

在裁定与协议免税组织的区域负责人权限范围内的问题发布决定书的程序，包括依据《税法》第 501 节和第 521 节规定的免税地位的组织、《税法》第 501 节第 3 条第 3 款以及《税法》第 1 条第 1 款规定的非免税慈善信托基金的基础地位，参见本《公告》2018 年第 5 号《税收程序》。

15. 符合退休资格计划和在个人退休安排中的事项。

符合退休资格计划和在个人退休安排中的事项（除了那些在 2018 第 4 号《税收程序》中列明的），对于规划交易和不管在递交纳税申报表之前或之后递交信件裁定申请的已完成交易，首席法律顾问助理（免税和政府实体）通常均可发布信件裁定，包括那些涉及：

（1）《税法》第 72 节（除了排除率的计算）、第 219 节、第 381 节第 3 条第 11 款、第 402 节、第 403 节第 2 条（除了关于计划的形式是否满足《税法》第 403 节第 2 条的要求）、第 404 节，第 414 节第 5 条、第 511 节至第 514 节。

（2）免除最低融资标准（参见 2004 年第 15 号《税收程序》，2004 年第 1 期《公告》第 490 页，其中第 3 条第 4 款被 2018 年第 4 号《税收程序》修订）。

（3）免除《税法》第 4980 节第 6 条第 3 款第 4 项规定的因无法满足通知要求强制征收的所有或部分消费税。

（4）无论计划修正税法合理且仅满足在计划义务中的最低减让标准符合《税法》第 401 节第 1 条第 33 款和第 412 节第 3 条第 7 款第 2 项、第 9 项规定。

（5）依据《联邦税务规章》第 409 节、第 1042 节、第 4975 节第 4 条第 3 款、第 4975 条第 5 条第 7 款规定的关于雇员持股所有权计划和税收抵免雇员所有权计划。这些部分引发的资格问题提出在雇员计划决定书的管辖范围内。

（6）依据《税法》第 4962 节首次消费税的扣减。

（7）依据《规章》第 301.9100 节第 1 条规定的与落实个人退休安排属性重新认定无关的减免。

（8）除了依据《规章》第 301.9100 节第 1 条之外的授予时间扩展。

16. 撤销选择的申请。

如果纳税人被要求递交裁定申请以获得在纳税申报表中做出撤销选择的同意，那么助理办公室将考虑该申请，即使纳税申报表的稽查已经开始或者纳税申报表中的问题已被复议机构或联邦法院审查。在本《税收程序》中该程序可适用到将《规章》第 301.9100 节的申请适用到撤销选择的信件裁定。

17. 在发布规章或其他公开指南前的某些情形。

在颁布规章或公开其他指南前，国内收入局通常对于其不能妥善处理的事项不能发布信件裁定或决定书。参见本税收程序第 6 条第 9 款。

但是，助理办公室基于以下情形可以发布信件裁定：

（1）答案是清晰的或者是合理确定的。如果信件裁定申请提出的事项，通过将规章、规章或相关判例法适用于事实其答案看起来清晰，或其答案看起来合理确定但不能完全避免被质疑。

（2）答案并非合理确定。如果信件裁定申请提出的事项，其答案看起来并非合理确定时，若出于税务管理的利益最大化，助理办公室尽其最大努力能达成一个决定，则可发布信件裁定。

第 6 条　国内收入局在哪些情况下不得发布信件裁定或决定书？

1. 申请所涉问题处于稽查、复核或诉讼程序中的一般不得发布。

如果提出申请之时，相同的问题已经包含在纳税人先前的纳税申报中且该问题符合以下条件之一时，国内收入局一般不得发布信件裁定或决定书：

（1）正接受区域税务办公室检查；

（2）正接受复议机构复核；

（3）正审理中的未决诉讼案件涉及该纳税人或相关纳税人；

（4）已经接受区域税务办公室稽查或者复议机构复核并且正在进行纳税

评估、正申请退款或税收优惠的法定期限尚未届满；

（5）已经接受区域税务办公室稽查或复议机构复核，以及尚未与区域税务办公室或复议机构订立包含此问题或义务的结案协议。

如果在特定年度，纳税申报表处理的问题已经填报，虽然信件裁定申请的相关问题悬而未决，助理办公室将发布信件裁定，除非纳税人已经通知助理办公室或通过其他方式已知晓此问题，或之前年度报表中的相同问题已经由区域税务办公室启动稽查。参见本税收程序第7条第4款第2项。在所得税和赠与税中，即使检查已经开始，如果区域税务办公室通过备忘录的形式同意发布信件裁定，那么助理办公室通常可以发布信件裁定。

2. 在某些领域由于具有事实属性的问题或其他原因一般不得发布。

由于所涉问题的事实属性或其他原因，在某些领域国内收入局通常不得发布信件裁定或决定书。2018年第3号《税收程序》以及2018年第7号《税收程序》提供了这些领域的列表。此列表不是包罗万象的，基于健全征管利益，包括资源限制或在其他情况下，无论何时在特定案件中有事实或情形保证时，国内收入局可以拒绝发布信件裁定或决定书。

作为发布信件裁定或决定书的替代，为加强对税法中已经建立完备原则的注意，国内收入局认为合理且符合健全税收征管利益时，可以发布告知书。

如果国内收入局认为，由于资源限制，发布信件裁定或决定书不符合健全税收征管利益，那么关于纳税人裁定申请中的同样问题，国内收入局可以采用与前述一致的方法。国内收入局将尽快考虑将之纳入不予裁定清单。参见2018年第2号《税收程序》第2条第1款和第3条第2款。

3. 对于一个整体性交易的组成部分一般不得发布。

（1）一般规则。

助理办公室通常对一个整体性交易的单独组成部分一般不发布信件裁定。如果一项交易的一部分属于不予裁定领域，那么可以对该交易其他部分发布信件裁定。在准备递交信件裁定申请前，纳税人应当联系对该纳税人申请事先裁定的事项有管辖权的分支机构，讨论助理办公室是否会对此部分交易发布信件裁定。

（2）重大问题的裁决。

①不予裁定领域。

《税法》第332节、第351节或第1036节（除了本《税收程序》第6条第3款第2项规定的第2段）规定了关于交易是否构成《税法》第368节规定的重组，国内收入局对这些条款下的任何交易资格不会做出规定，不管该交易是否为一个整体性交易的组成部分（参见 2018 年第 3 号《税收程序》第 3 条第 1 款）。相反，首席法律顾问（公司）仅对出现在《税法》第 332 节、第 351 节、第 368 节（除了第 368 节第 1 条第 1 款第 4 项）或者第 1036 节下交易中的重大问题（在 2018 年第 3 号《税收程序》第 3 条第 1 款含义之内）发布裁定。例如，国内收入局可对《税法》第 1 节第 368 – 1 条第 4 项（商业公司的持续性）以及第 5 项（利润的持续性）下的重大问题做出规定。依据第 6 条第 3 款第 2 项第 1 目下的信件裁定申请被归入 2018 年第 3 号《税收程序》的不予裁定政策中。

②第 355 节的分配和相关交易。

依据 2017 年第 52 号《税收程序》（2017 年第 41 期《国内收入局公告》第 283 页），对于涵盖在交易中的事务性裁定申请的替代，纳税人可以申请重大事项裁定。依据本程序第 6 条第 3 款第 2 项第 2 目的裁定申请，被归入 2018 年第 3 号《税收程序》的政策中。

（3）递交要求。

在为本程序第 6 条第 3 款第 2 项下，出现在《税法》第 332 节、第 351 节、第 368 节、第 1036 节交易中的重大问题而准备信件裁定申请前，纳税人被鼓励拨打本税收程序第 10 条第 7 款第 1 项第 1 目中所提供的首席法律顾问助理（法人）的办公室电话，讨论国内收入局是否会接纳第 6 条第 3 款第 2 项中的信件裁定申请。国内收入局将保留对此交易（包括不利裁定）其他任何方面发布裁定的权利，直到国内收入局确认发布裁定将有助于健全税收征管利益的程度。参照本《公告》2018 年第 3 号《税收程序》第 2 条第 1 款。

在一个单一的信件裁定申请中，纳税人可以申请对一个或多个重大问题做出裁定。依据本程序第 6 条第 3 款第 2 项提出的所有信件裁定申请必须包含以下内容：

①将问题置于交易的情景中做叙述性描述。

②识别问题的声明。

③相关法律分析，这应当阐明与问题有最亲密关系的税务机关，解释为何该税务机关没有解决该问题以及解释该问题为何符合 2018 年第 3 号《税收程序》第 3 条第 1 款关于"重大"的定义。

④精确描述所申请的裁定。

纳税人应当向其他的发布机关咨询（参见，例如，本税收程序的附录 G，标识某些清单和指引的税收程序，包括 2017 年第 52 号《税收程序》，以便于识别信息或陈述，但仅限于它们与问题相关的范围内）。

如果国内收入局对本税收程序第 6 条第 3 款第 2 项中的重大问题发布裁定，那么就没有被该信件具体解决的任何问题或步骤而论，该信件裁定将声明对此没有表达任何观点。此外，依据本税收程序第 6 条第 3 款第 2 项发布的信件裁定将包含以下文字：

本信件依据 2018 年第 1 号《税收程序》（2018 年第 1 期《联邦税收公告》）第 6 条第 3 款第 2 项发布一个或多个《税法》第 332 节、第 351 节、第 368 节、第 1036 节规定的重大问题。包含在本信件中的裁定仅解决一个或多个涉及该交易的重大问题。对本信件中所描述交易的整体税收后果或就没有被在裁定下面具体解决的任何问题而论，本办公室不发表任何意见。

纳税人在一项整体性交易中就部分交易的税收结果提出裁定申请，需要一份以助理办公室发布该申请的裁定为前提，对更大交易的相关税收后果的说明（在纳税人认知和信赖的最大范围内）；此外，当纳税人依据税法或规章（例如《税法》第 1 节第 368 分节第 2 部分第 11 条）提出对一个特定法律问题的裁定申请，则需要一份以国内收入局发布申请的裁定为前提，对此交易在税法或规章下的资格或特征的说明（在纳税人知晓的最大范围内）。

（4）要求首席法律顾问助理（法人）在管辖范围之外不予裁定的声明。

在没有对更大的交易发布裁定的情况下，如果裁定申请能解决一个或多个问题，那么首席法律顾问助理（法人）可以对整体性交易的组成部分发布信件裁定。这些问题是指：①属于首席法律顾问助理（法人）的管辖范围；②意义重大（定义参见此公告，2013 年第 3 号《税收程序》第 3 条第 1 款第（41）目的规定）；③交易（或交易的一部分）涉及的税收后果或特征发生在《税法》第 355 节分布的情形中。如果该问题满足以上三个条件，那么国内收入局在这些法律或规章的章节各个方面没有裁定的情况下，也可以依据税法或规章的章节对一个特定的法律问题做出规定。

4. 对于两个实体是普通法下雇主的情形一般不得发布。

当一方实体是把工人作为雇员，但依据普通规章则在决定雇主－雇员关系时，两个实体是雇主，那么国内收入局通常不发布信件裁定或决定书。

5. 对于商业协会或集团一般不得发布。

对商业协会、贸易组织或产业协会及类似集团，就集团成员的税法适用问题，国内收入局通常不得发布信件裁定或决定书。但是集团或协会可以递交能在公共裁定中解决的常规问题建议。参见 1989 年第 14 号《税收程序》（1989 年第 1 期《公告汇编》第 814 页），其中包括在《国内收入局公报》中阐明的税收裁定和税收程序的对象、标准和刊物。

只要申请符合本税收程序的要求，国内收入局可以对集团或协会就其自身的税收地位或义务发布信件裁定或决定书。

6. 申请无法解决申请人的税收地位、责任或报告义务的领域一般不得发布。

如果申请信件裁定或决定书不是解决申请人的税收地位、责任或报告义务，对于交易税务后果在申请中没有直接涉及的纳税人，国内收入局通常不得发布信件裁定或决定书。例如，如果纳税人的税收地位、责任或报告义务在裁定中无法解决，是由于在裁定申请中顾客或客户没有直接涉及，那么有关跟顾客和客户的交易税务后果，纳税人不能申请信件裁定。但是，在公司重组中，每个股东的纳税义务是直接包含在信件裁定中。同样，对于单一解决规划重组公司股东的税务后果，一个公司纳税人可以申请信件裁定。

1996 年第 16 号《税收程序》（1996 年第 1 期《公告汇编》第 630 页）阐明了申请涉及州和地方政府免税义务信件裁定的规则。

7. 一般不得对外国政府发布。

对于外国政府或它们的政府分支机构依据其法律而产生在美国的税务后果，国内收入局通常不会发布信件裁定或决定书。以决定缔约国的税收为目的，依据缔约国的税法就税收协定的影响，助理办公室也不会发布信件裁定。参见 2015 年第 40 号《税收程序》（2015 年第 2 期《公告汇编》第 236 页）第 13 条第 2 款。缔约方能够继续解决诸如那些包含在可适用条约条款下的相关事项。此外，若信件裁定申请满足本税收程序的要求，助理办公室可以向外国政府或政府分支机构其自身在美国税法中的纳税状况和义务发布信件裁定。

8. 对于立法草案中的联邦税务后果一般不得发布。

对于涉及所有联邦、州、地方、市级或外国等立法草案中事项的联邦税务后果，助理办公室通常不得发布信件裁定。在联邦、州、地方或市镇立法草案中，对于符合《税法》第 457 节第 2 条中对符合条件的递延补偿计划的税务后果，首席法律顾问助理（免税地位和政府实体）的办公室可以发布信件裁定，前提是涉及该计划的信件裁定符合本税收程序的其他要求。助理办公室也可以提供一般信息回应询问。

9. 在规章或其他公开的指南发布前一般不得发布。

如果一项申请提出的问题在规章或其他刊登的指南发布前不能轻易地解决，那么国内收入局通常不得发布信件裁定或决定书。当国内收入局已经完成一项规章或其他任何公开的指南中能够处理该问题或做出不予发布规章或公开指南的决定时，助理办公室可以考虑对所有信件裁定申请发布裁定，除非该问题属于2018年第3号《税收程序》第6条或2018年第7号《税收程序》中的内容。

10. 对于琐碎的问题不得发布。

国内收入局对于琐碎问题不得发布信件裁定或决定书。"琐碎问题"是指没有事实或法律基础的问题或者法院已经认定其立场琐碎或毫无理由的问题。琐碎或毫无理由的例子包括但不限于：

（1）琐碎的"宪法"请求权，例如，请求权为报送纳税申报表或缴纳税款的要求构成不合理的调查而被第4修正案所禁止，违反第5修正案和第14修正案对正当程序的保护原则，违反第13修正案所保护的禁止强制劳动或者由于第6修正案没有授权非分摊直接税或者从未批准而导致无法强制执行；

（2）请求权为所得税必须是自愿的，"所得"一词的概念不应当依据《税法》的定义，或者准备和填写联邦所得税报表违反了"纸张节约法案"；

（3）请求权为只能对金或银为标准的铸造硬币征收税款或者为联邦储备券的收据不会引起财产的增值；

（4）请求权为由于他或她属于有权主张"赔偿请求权"类或免税个人的非法定类，例如"出生自由"的个人；

（5）请求权为纳税人可以基于反对政府开支而拒绝纳税；

（6）请求权为税务只对联邦雇员适用，只对中波多黎各、关岛、弗吉尼亚岛、哥伦比亚特区或"联邦属区"的居民适用，为《税法》第861节至第865节或税法其他规定只对美国公民和居民源自外国活动中的所得；

（7）请求权为工薪或个人服务所得是"非收入"，是"非可税收入"，或者"非可税劳动力交换"；

（8）请求权为雇主代扣的工薪所得具有可选择性；

（9）法院已经认定为琐碎或无正当理由的其他请求权。

其他有关于琐碎或无正当理由的案例可以在国内收入局的刊物和其他指南中看到（包括但不限于2010年第33期《公告》"琐碎立场"）。

11. 不得发布"安慰"性质的信件裁定。

除了 2017 年第 52 号《税收程序》（2017 年第 41 期《联邦税务裁定》第 283 页）界定的受管辖交易（a Covered Transaction）外，对于相关问题已清晰地、充分地由法律、规章、法院判决、税收裁定、税收程序、公告或其他机关已公开的《国内收入局公告》（安慰性裁定）等解决，则不得发布信件裁定。但是，除了关于依据第 332 节、351 节、355 节、368 节或 1036 节涉及的问题以及来源于这些《税法》章节而产生税收结果，如果助理办公室对其他方面就同一交易引发的其他问题给纳税人做信件裁定，那么助理办公室可以在其自由裁量权范围内决定发布一个安慰性裁定。

12. 对于备选计划或假设情形不得发布。

国内收入局对规划交易的备选计划或者假设情形不得发布信件裁定或决定书。

13. 对于填报纳税申报表后的产权置换不得发布。

若纳税人在第一个纳税年度从产权置换中实现的任何收益已经进行联邦纳税申报，那么不论该财产转移与否，助理办公室对非自愿产权置换的取代品不得发布信件裁定。区域负责人在此类案件中可以发布决定书。参见本税收程序第 12 条第 1 款的规定。

14. 区域负责人不得发布决定书的情形。

区域负责人不得发布决定书的情形有：

（1）纳税人已经向助理办公室递交类似的询问；

（2）涉及相同纳税人或关联纳税人的同一问题包含在未决的诉讼或复议的案件中；

（3）申请包含涉及整个产业的问题；

（4）包含在申请问题中的特定雇用税询问已经或正在由社会安全局中心办公室处理或者由铁路退休委员会为相同或关联纳税人进行处理；

（5）该申请是为《税法》第 4216 节第 2 条或第 4218 节第 3 条提出的推定销售价格的决定，处理适用于制造商消费税的特别规定。首席法律顾问助理（税务责任过渡企业和特殊产业）在特定情形下对此领域的问题发布信件裁定。参见本税收程序第 5 条第 13 款的规定。

第 7 条　申请信件裁定和决定书的一般要求有哪些？

本条规定了申请信件裁定和决定书的一般指导说明。有关会计处理方法变更申请具体和额外程序参见本税收程序第 9 条的规定。

申请信件裁定、结案协议和决定书要求支付本税收程序附件一规定适用的使用者申请费。某些依据自动变更申请程序的会计处理方法的变更（参见本税收程序第9条第1款第1项的规定）以及某些依据自动变更申请程序的会计期间的变更无须缴纳使用者申请费（参见本税收程序附件5的规定）。额外使用者申请费要求参见本税收程序第15条的规定。

在详尽且额外的说明中也同样适用于某些特定事项的信件裁定和决定书的申请。此类事项规定在本税收程序附件5中附有参考资料（通常是指其他税收程序），在此可以取得更多详细信息。

1. 所有申请均需要的文件和信息。

（1）事实和其他信息的完整声明。每一份信件裁定或决定书的申请必须包含对与交易有关的所有事实的完整声明。这些事实包括：

①姓名、地址、电话号码和所有利害关系方的纳税人识别号（"所有利害关系方"不是指关于重组的信件裁定申请的股份公司的所有股东或涉及数目很大的所有雇员）；包括一个就重组有关问题提出信件裁定申请被广泛持股的公司的所有股东或者涉及范围很大的所有雇员；

②年度会计核算期间，以及所有利害关系方维系会计账簿和进行联邦所得纳税申报的整体会计处理方法（现金流或应计项目）；

③纳税人商业运作的描述；

④该交易商业理由的完整性声明；

⑤该交易的详细说明；

⑥与该交易或纳税人由此提出的税务处理申请有关的其他事实；

（2）文件及外国法。

所有与交易有关的合同、遗嘱、契约、协议、文书、其他文件以及外国法的副本。

①文件。所有合同、遗嘱、契约、协议、文书、信托文件、规划弃权（proposed disclaimers）以及其他与交易有关的文件的真实副本均须与申请一并递交。但是依据《税法》第355节下的相关裁定申请，还应当参见2017年第52号《税收程序》（2017年第41期《联邦税务公告》第283页）第3条第2款以及第4条。

如果申请包含公司分立、重组或类似交易，则应当递交该公司的资产负债表和损益表。如果申请与规划交易有关，则应当递交最新的资产负债表和损益表。但是依据《税法》第355节下的相关裁定申请，还应当参见2017年第 52 号《税收程序》（2017 年第 41 期《联邦税务公告》第 283 页）第 3 条第 2 款以及第 4 条。

如果包含资产负债表和损益表的任何文件采用英语之外的语言，纳税人必须递交该文件的一份经证明的英语翻译稿以及该文件的真实副本一份。对于此类文件可接受性标准，参见第 7 条第 1 款第 2 项第 3 目的规定。

除申请之外的每一份文件应当以字母表的顺序附在申请后。由于已递交文件将成为国内收入局文件的一部分不得取回，原始文件如合同、遗嘱等等不得递交。

②外国法。纳税人必须随申请递交所有外国法相关规定的副本一份，包括法律、规章、行政公告以及其他有关的法律规定。递交的文件必须采用所在国的官方语言并且必须从外国政府的官方刊物中复制或者是广泛适用和接受的刊物中复制。如果英语不是涉及国家的官方语言，那么纳税人必须递交所有外国法相关部分的英语版本一份。该翻译文本必须：a. 源自外国政府的官方刊物或者被广泛适用和接受的刊物；或者 b. 依据第 7 条第 1 款第 2 项递交经证明的英语翻译稿一份。

纳税人必须标明刊物的名称和日期，包括纳税人（或者纳税人的证明翻译官）作为来源的外国法相关部分广泛可得的和一般可接受刊物的更新。

③递交非英语文件和非英语法律的公证英语翻译稿的可接受性标准。

纳税人必须在递交申请时，一并递交所有合同、遗嘱、契约、协议、说明、信托文件、规划弃权以及其他与该交易有关的非英文文件中相关部分的精准且完整的公证英文翻译稿。如果纳税人选择递交外国法的公证英文翻译稿，这些翻译稿必须源自外国政府的官方刊物或者被广泛适用和接受的刊物。在每一个案件中，翻译必须出自合格翻译员并由该翻译员做出证明。此证明必须包含：a. 所递交的翻译稿是外国文件或法律正确及准确的翻译的声明；b. 关于证明人作为翻译人员的资格和关于证明人的资格以及具备税收问题或外国法（若该法律不是税法）的知识的声明；c. 证明人的名字和地址。

（3）客观事实的分析。

该申请必须附有事实以及这些事实内含的一个或多个问题的分析。如果申请中附带的文件包含客观事实，那么这些文件也必须包含在纳税人申请的事实分析之中而不是仅仅合并入参考文献。

（4）在复议机构之前或在联邦法院之前受到核查，或正在被养老金收益担保公司、劳工部、健康和人权服务局审查的，在以前的纳税申报表中的同样问题。

关于是否有同样的问题包含在以前的纳税申报表和《规章》第301.9100节申请中额外信息要求的声明中。穷尽纳税人或其代理人的认知能力,该申请必须声明是否为同样的问题已在不同情形中得到解决,这些情形包括:在任何纳税申报表中的纳税人、《税法》第267节界定的相关纳税人,或属于《税法》第1504节界定下附属集团的成员而纳税人也是其成员,或已申请过的纳税人:

在申请复议或联邦法院起诉之前,最近正在接受稽查;

在复议或联邦法院之前,先前曾经接受过稽查;

在符合退休资格计划事项,正在被养老金收益担保公司或劳工部审查;

医疗保健事项,正在被健康和人权服务局或劳工局审查。

如果提出申请的同时,同样的问题正处于稽查、复议或诉讼中,那么国内收入局通常不得发布信件裁定或决定书。参见本税收程序第6条第1款的规定。以上规则的一项限定的例外只适用于《规章》第301.9100节的申请。参见本税收程序第5条第3款。

如果包含纳税年度的《规章》第301.9100节下的申请正处于稽查,在复议和联邦法院诉讼之前,纳税人必须通知国内收入局,如前所述。此通知必须包括稽查人员或复议官员的姓名和电话号码。

(5)与先前递交或近期悬而未决的申请相同或相似的问题。

对于相同或类似问题在之前是否发布过裁定或包含该问题的申请是否已递交或正在被处理的声明。穷尽纳税人或其代理人的认知能力,该申请必须声明是否为:

国内收入局先前已就相同或类似问题向纳税人、《税法》第267节界定下的关联纳税人、属于《税法》第1504节界定下附属集团的成员而纳税人也是其中成员或者前例;

纳税人、关联纳税人、已申请过的纳税人以及他们的代理人先前递交过包含相同或类似问题的申请(包括会计处理方法变更申请)但未发布信件裁定或决定书的情形;

纳税人、关联纳税人或已申请过的纳税人之前是否递交过包含相同或类似问题的申请且正由国内收入局进行处理;

在提出本申请的同时,纳税人或关联纳税人递交的其他申请涉及相同或相似的问题(包括会计处理方法变更的申请)。

纳税人或关联纳税人已经有，或已有计划，涉及同样或类似问题的先前意见会议。

如果第 7 条第 1 款第 5 项第 1 目至第 4 目的声明是肯定的，那么该声明必须写明之前申请递交的日期、该申请被退回或规定的日期，以及如果可以适用，那么国内收入局考虑该问题的其他细节。

（6）所得税或房地产税条约的实质性条款解释。

对所得税或房地产税条约实质性条款解释的声明。如果申请涉及所得税或房地产税条约的实质性条款的解释，该申请必须声明是否为：

拥有条约管辖权的国内收入局就相同或类似问题已向纳税人、《税法》第 267 节含义下的关联纳税人、属于《税法》第 1504 节界定下附属集团的成员而纳税人也是其成员或任何已申请过的纳税人发布过裁定；

纳税人、关联纳税人或任何已申请过的纳税人的相同或类似问题正接受稽查或已经被拥有条约管辖权的国内收入局处理过或者是该管辖范围中结案协议的对象；

纳税人、关联纳税人或任何已申请过的纳税人所提的相同或类似问题正由拥有条约管辖权的区域负责人考虑时。

（7）交易涉及一方在国外的解释。

关于交易方位于国外的声明。如果申请涉及纳税人和关联方之间的交易，纳税人亦或关联方位于国外，则该申请必须声明裁定是否属于潜在的以下类别中的任何一种：

优惠制度，其定义需满足以下三个要求：首先，该制度涉及源自地理上非固定经营活动的商业所得税（例如，金融或其他服务活动，包括提供无形资产）；其次，该制度提供一种税收优惠的形式，例如，税率或相较于美国税收一般原则的税基折扣；再次，该制度对源自地理上非固定的金融以及其他服务性经营活动的所得免税或适用有效低税率。

转让价格，意味着信件裁定涉及转让价格或适用《税法》第 482 节以及其下的转让价格原则的申请。

向下调整，意味着信件裁定为纳税人的应税利润间接反映在其金融账号提供向下调整。例子包括提供减少应税利润调整的额外利润裁定或非正式资本裁定；

常设机构（PE）条约，意味着依据所得税条约，通过信件裁定界定某个 PE 存在或不存在，或规定一个 PE 得缴多少利润。

关联方管道，意味着信件裁定所涉及跨境流动的基金或所得以美国实体作为在普通法原则或财政部规章第1.881节第3条规定下的管道，无论这些基金或所得直接或间接的流向其他国家。

（8）源自印第安事务局涉及某些信件裁定申请的信件。

源自印第安事务局发布的与印第安部落政府地位或印第安部落政府政治性分支机构认定有关信件裁定的信件。为了促进对印第安部落政府地位或印第安政府政治性分支机构地位认定信件裁定申请的快速处理，纳税人必须在递交信件裁定申请的同时，附上内政部印第安事务局证明该部落被印第安事务局认定为印第安部落，并且该部落政府行使了政府的职能，或印第安政府的政治性分支机构已经代表了实质的政府职能的信函。在国内收入局取得印第安人局对该部落地位的信函之前不得对未包含印第安事务局出具信函的信件裁定申请进行处理。

纳税人必须将部落地位证明的申请递交到以下地址：

Branch of General Indian Legal Activity

Division of Indian Affairs

Office of the Solicitor

U. S. Department of the Interior

1849 C Street, NW

Washington, DC 20240

（9）政府部门支持纳税人观点的声明。

政府部门的支持声明。如果纳税人主张特定的结论，纳税人必须就得出该结论以及相关政府部门应当予以支持的理由做出解释说明。即使纳税人未对规划交易提出某种特殊税务处理，也必须对规划交易的税务后果以及相关政府部门支持这些观点的声明提出意见。

任何情况下，申请都必须包含与申请相关的法律是否不确定且相关政府部门是否有足够的能力解决该问题的声明。

（10）政府部门反对纳税人观点的声明。

政府部门的反对声明。为了避免裁定过程出现延迟，反对政府部门应当在尽可能早的阶段引起国内收入局的注意。如果政府部门存在重大的反对，那么在递交信件裁定申请前在预递交会议中进行讨论是很有帮助的。参见本税收程序第10条第7款的预递交协商部分。纳税人被强烈建议告知（且讨论影响）国内收入局关于任何政府部门先前认为与其相反的立场，例如立法、税收条约、法院判决、规章、通知、税收裁定、税收程序或通告。如果纳税人认为没有政府部门反对，申请中必须包含此类问题的声明。如果纳税人既没有向政府部门提出反对又没有提供不存在的声明，则国内收入局在复杂案件、呈现困难或新奇问题时可以向可能反对的政府部门询问其意见或不存在声明。若未能遵守这一要求可能导致国内收入局拒绝发布信件裁定或决定书。

纳税人对反对政府部门的认定和讨论通常可以使得税务人员更加迅速地了解问题和相关政府部门。提供这些信息能够使研究提高效率，使国内收入局尽早采取措施。如果纳税人没有披露以及区别显著的反对政府部门，国内收入局可以要求递交额外信息，但会造成申请处理的延迟。

（11）在等待立法之际的识别声明。

在等待立法之际的识别声明。在填写申请时，纳税人必须识别可能影响到规划交易未决立法。此外如果在提出申请之后，作出信件裁定或决定书之前，该项立法已经出台，纳税人必须将此告知国内收入局。

（12）《税法》第6110节的删除声明要求。

从供公众查阅的信件裁定或决定书的副本中删除识别信息的声明。依据《税法》第6110节规定，信件裁定和决定书的文本应当供公众查阅。在提供查阅前，国内收入局应当将相关信息从裁定文本中删除。为了帮助国内收入局作出《税法》第6110节所要求的删除，信件裁定或决定书的申请必须附有一份指明删除内容的声明，除依据6104节规定信件裁定或决定书的内容供公众查阅之外。如果该删除声明未与申请同时递交，国内收入局代表将告知纳税人，如果国内收入局在21个日历日之内未收到该删除声明，则该申请将被拒绝。参见本税收程序第8条第5款，删除声明相关事项如下：

①删除声明的格式。如果纳税人只想删除姓名、地址和身份识别号必须在删除声明中说明。如果纳税人希望删除更多信息，那么删除声明必须附上申请的副本以及支持文件，其中纳税人将删除信息用括号标明。删除声明必须包括以《税法》第6110节第3条作为每一项拟删除内容的法律基础。

如果在信件裁定或决定书发布前纳税人决定请求删除额外信息，那么必须递交额外删除信息的声明。

②删除声明的位置。删除声明必须作成独立于信件裁定申请或决定书申请之外的文件，而且必须放在申请书的上面。

③签名。删除声明必须由纳税人或其授权代理人签名并注明日期。不得采用印章或传真签名。

④额外信息。对于最初申请递交之后提出的额外信息删除意见，纳税人应当遵循本程序第7节第1条第11项的同一程序。如果纳税人最初的删除声明只对姓名、地址和身份识别号码提出删除请求且纳税人只要求从额外信息中删除同样的信息，那么不用对每一份额外信息附上删除声明。

⑤纳税人可以对拒绝删除提出异议。纳税人收到国内收入局依据《税法》第6110节第6条第1款规定打算公开信件裁定或决定书（包括准备提供给公众查阅的版本的副本以及依据《税法》第6110节第4条与第三方沟通时的标注）的通知后，纳税人可以对信件裁定或决定书中特定信息的公开提出异议。纳税人必须向意图公开通知书中指定的税务人员递交一份书面声明，并且必须在收到意图公开通知书之日起20个日历日之内提出。该申请必须指明国内收入局未认可的删除以及纳税人认为应当作出的删除。纳税人还必须递交信件裁定或决定书版本的副本并且用括号标明国内收入局未删除内容。通常，国内收入局不会考虑在发布信件裁定或决定书之前删除纳税人没有建议删除的任何材料。

在国内收入局收到《税法》第6110节第6条第1款规定通知的反馈之日起20个日历日内，国内收入局以邮件形式告知纳税人其对删除事项的最终决定。纳税人无权申请讨论会以解决信件裁定或决定书中删除内容存在的不同意见。但是这些事项可以在申请安排的其他讨论会中进行讨论。

⑥纳税人可以申请公众查阅延期。在收到《税法》第6110节第6条第1款的准备公开通知之日起，最迟不得迟于通知之日起60个日历日，纳税人可以依据《税法》第6110节第7条第3款或第4款的规定递交书面公众查阅延期申请。《税法》第7条第3款的延期申请必须包含其规划目标交易完成的日期。《税法》第6110节第7条第4款的延迟申请必须包含国内收入局局长认为是否存在合理延期理由的声明。

（13）在申请上的签名。

纳税人或代理人签名。信件裁定或决定书的申请必须由纳税人或其授权代理人签名。不得采用印章或者传真签名的形式。但是，依据第12条第4款关于SS–8计划决定书的申请允许使用电子签名（例如，传真或数字签名的PDF文档）。

（14）被授权的代理人。

①在申请上签名或在国内收入局接收申请之前，纳税人的授权代理人必须为以下情形（为了管理在国内收入局介入之前参与的人，参见财政部通知

第230号第10部分）：

第一，在任何州、职位、地域、英联邦或哥伦比亚特区的最高法院的律师团体中拥有良好口碑的律师，并且最近国内收入局没有因其对国内收入局的行为而对其进行暂停资格或吊销资格。其必须向国内收入局递交一份书面声明表示其最近律师资格状况以及纳税人最近对其授权的情况。

第二，依法取得资格，可以在任何州、职位、地域、英联邦或哥伦比亚特区的最高法院工作并已取得资格的公共会计师，而且最近在面向国内收入局执业时，没有被暂停资格或吊销资格。其必须向国内收入局递交一份书面声明表示其最近公共会计师资格的注册状况以及纳税人最近对其授权情况。

第三，注册代理人是指近期在面向国内收入局执业时被注册为代理人，以及最近在面向国内收入局执业时没有被暂停资格或吊销资格。其必须向国内收入局递交一份书面声明表示其最近注册状况以及纳税人对其授权情况。该声明必须包含其注册号。

第四，注册精算师是指近期依据《美国法典汇编》第29部分《税法》第1242节被精算师注册委员会注册为精算师，且该人最近在面向国内收入局执业中没有被暂停资格或吊销资格。其必须向国内收入局递交一份书面声明表示其最近注册精算师资格以及纳税人对其授权情况。

第五，注册退休计划代理人是指近期注册为退休计划代理人的个人，该人最近在面向国内收入局执业时没有被暂停资格或吊销律师资格。其必须递交一份书面声明表示其注册为退休计划代理人以及纳税人对其的授权情况。作为注册退休计划代理人面向国内收入局执业时，仅限于涉及以下程序的问题：雇员计划决定书项目、雇员计划遵循解决机制以及雇员计划总体和样本递交者项目。通常允许注册退休计划代理人代表纳税人参与国内收入局表格5300至5500系列问题，这些由退休计划和计划负责人报送，但不包含精算师的表格和日程。

第六，收到《财政部通知》第230号第10节第7条第4项规定的专业责任办公室区域负责人授予的"授权书"的其他任何人，包括外国代理人。个人可以撰写"授权书"的书面申请递交至：SE：OPR，宪法大道1111号，国内收入局专业责任办公室，华盛顿，DC 20224。《财政部》第230号第10节第7项第4条授权区域负责人批准原本没有资格面向国内收入局执业的人在特定事项中代表其他人。

②代表其雇主的常规全职雇员；代表其合伙关系的合伙人；代表其企业、

团体或集团的善意官员；信托人、接收人、监护人、个人代表、管理人、执行人或代表信托、破产管理、监护或房地产的常规全职雇员；代表直系家属成员的个人可以签署申请或如果个人在将申请提交给国内收入局之前提供近期取得代表纳税人的授权。参见本税收程序第 7 条第 1 款第 15 项。

由于部分雇员无权代表纳税人从国内收入局取得纳税人信息，所以纳税人可能被要求递交 8821 表格《税务信息授权》。

③纳税申报表准备，包括注册纳税申报表准备，但是前述第①、②项中未规定的不得签署申请，以代理人身份在国内收入局现身或者在涉及信件裁定或决定书的申请中代表纳税人。参见第 230 号《财政部通知》第 10 节第 3 条第 6 款第 3 项。

④除了本节第①、②项规定的个人之外，外国代表不得被授予在美国境内面向国内收入局执业而且必须撤回其在信件裁定或决定书的申请中代表纳税人的活动。在此情况下，非居民外国人或外国实体必须代表个人或实体或者通过本节第①、②项的个人递交信件裁定申请或决定书。

（15）律师的权限和代理人的声明。

表格 2848《律师的权限和代理人的声明》，应当用作为代理人授权委托书（表格 2848 第一部分——律师权限）和代理人资格（表格 2848 第二部分——代理人声明）。在表格 2848 第 1 部分个人签名也应当在该表格中打印出来。不得采用印章签名。只要其真实性没有争议，律师权限的原始件、复印件或传真件都是可以接受的。如需律师权限的额外信息，参见本税收程序第 7 节第 2 条第 2 项。

纳税人的授权代理人，不论注册与否，必须遵守第 230 号《财政部通知》的规定，该通知规定了代理人面向国内收入局执业的规则。在国内收入局认为纳税人的代理人未遵守第 230 号通知规定的情形下，国内收入局将此问题递交给专业责任办公室处理。

（16）伪证惩罚的宣誓。

①伪证惩罚的宣誓格式。信件裁定或决定书的申请以及随后递交关于申请书内容的任何变更必须附有以下宣誓："依据伪证罪的惩罚，据我所知所信，我已经核对（选择合适插入：申请书或申请书修改稿）包括所有随附文件，我宣誓：包含在（选择合适插入：申请书或申请书修改稿）中，与申请相关的所有事实都是真实、准确和完整的。"

适用于伪证惩罚宣誓的额外信息，参见本税收程序第 8 节第 5 条第 4 项。

②纳税人签名。宣誓必须由纳税人签名且注明日期,不得由纳税人的代理人代签。不得采用印章签名或传真签名的形式。

作为企业纳税人的签名人必须为企业纳税人的负责人,其必须知晓事实且其职责不得限于从国内收入局收取信件裁定或决定书。如果企业纳税人是需统一递交纳税申报表的子公司集团成员,那么伪证惩罚宣誓必须由母公司的负责人签名递交。

签署信托、州层面的合伙人或者有限责任公司的签名人必须各自为知晓事实的信托人、普通合伙人或者公司管理层。

(17)申请书副本的数量。

通常纳税人需要递交信件裁定申请或决定书的申请书原件以及副本各一份。如果信件裁定申请书中包含的问题不止一个,那么建议纳税人递交多份申请书的额外副本。

此外,如果出现以下情形,则需递交信件裁定或决定书的申请书原件以及两份副本:

①依据本税收程序第7条第2款第1项的解释,纳税人就在一份申请书提出多个问题申请另行作出信件裁定或决定书的;

②依据本税收程序第7条第1款第12项第1点的解释,纳税人要求删除除姓名、地址和识别号之外的信息(其中一份副本为信件裁定申请或决定书的申请书,另一份副本则应当指明在该申请书所要求删节的内容);

③就申请书中提出的问题一并申请结案协议(参见本税收程序第2条第2款的规定)。

(18)信件裁定申请的格式样本。

为了帮助纳税人或纳税人的代理人准备信件裁定申请,本税收程序附件2中提供了信件裁定申请的格式样本。该样本的格式并非强制使用。

(19)清单。

信件裁定申请的清单。经精心准备和完成的申请书,有助于助理办公室能更加快速处理纳税人的信件裁定申请。本税收程序附件3中的清单,用于帮助纳税人准备申请书,提醒他们必须随附于申请书的一些必要信息和文件。附件3中的清单必须由纳税人完整填写该清单中指导说明所列事项,由纳税人或其代理人签名及注明日期,并放在信件裁定申请书的所有材料的顶部。如果未收到附件3中的清单,助理办公室将要求纳税人或其代理人递交该清单,这可能导致信件裁定申请处理上的延迟。

就某些特殊问题的信件裁定申请书，附件3中列有补充的特定清单。这些特殊清单参见本税收程序的附件4、附件5或者附件7第1节，完成填写后应当与附件3一起放在信件裁定申请书所有材料的顶部。

纳税人可以拨打电话（202）317-5221（非免费电话）或者在国内收入局的官站www.irs.gov中找到本税收程序（2018年第1号《联邦税务公报》）以取得附件三中的清单文本。纳税人可以通过网站中的"新闻"链接、"国内收入局指导"链接、"联邦税务公报"链接（2003年以后）进入2018年第1号的《联邦税务公报》获得本税收程序。可能会使用到此清单的副本。

2. 申请所需要的额外程序性信息。

（1）在单一申请书中为多个问题另行申请信件裁定。

如果一项信件裁定申请中包含的问题不止一项，助理办公室通常会发布一份包含所有问题的信件裁定。如果纳税人对任一问题另行提出信件裁定申请（比如，某个问题比其他的问题先需要一份信件裁定），助理办公室通常会依据申请行事，除非出现不合理之处或不符合国内收入局的最大利益。对不同问题另行申请信件裁定的，纳税人必须在申请中予以说明，而且必须递交申请书的原件和两份副本。参见第15条第6款第3项对同一用户是否收费的规定。

在发布每一个信件裁定中，助理办公室将声明其已单独发布的信件裁定，或者说明其他信件裁定申请仍在考虑之中。

（2）指定律师收取信件裁定或决定书的一个或多个副本的权限。

一旦国内收入局签署发布信件裁定或决定书，应当将原件发给纳税人。国内收入局不得将信件裁定或决定书的原件发给纳税人的代理人。

根据纳税人的要求，联邦税务将向至多两位授权代理人发送信件裁定或决定书的副本一份。如果国内收入局认为需要，也可以向至多两位授权代理人发送信件裁定或决定书的副本一份，即使纳税人并没有要求国内收入局向纳税人的代理人发布通知和信函的副本。表格2848《律师权限和代理人声明》用于纳税人指定代理人，纳税人可以要求将通知和信函的副本发送至在表格2848第2行通信栏核对过的第2行列明的代理人。纳税人可以使用表格2848中第5行告知国内收入局不得将信件裁定或决定书的副本发送给纳税人的代理人。如果在第2行中没有填写代理人，同时纳税人在第5行中也没有其他指示的，国内收入局可在自由裁量权限内向至多两位授权代理人发布信件裁定或决定书的副本各一份。

(3)"两部分"裁定申请。

对规划交易申请特殊结论。对规划交易申请特殊结论的,纳税人提出信件裁定时,可以将申请分成两部分。这种申请被称为"两分式"信件裁定申请。第一部分必须包括对所有事实的完整声明和本税收程序第7节第1条规定的相关文件。第二部分必须包括事实的总结性声明,该事实应当是纳税人认为对得出所申请的结论起决定性作用。

如果助理办公室接受了纳税人重要事实的声明,其应当依据这些事实作出信件裁定。通常信件裁定应当包含这一声明。助理办公室保留其依据更加完整的事实声明裁定的权利以及寻求事实的发展和重新声明中的更多信息。

选择此种"两分式"程序的纳税人应当承担本税收程序的所有权利和义务。

如果"两分式"程序与其他程序不一致时,纳税人不得采用此程序,例如,会计处理方法或期间变更许可的申请程序、《税法》501节第1条或第521节或者雇用税身份的裁定申请。

对于裁定申请提出的问题,在助理办公室解决后,为加快裁定的发布,助理办公室代表可以要求纳税人递交信件裁定的规划草案。

(4)加急处理。

加急处理的申请。国内收入局通常按照收到申请的日期次序来处理信件裁定申请或决定书申请。加急处理是指一项申请能够在比其已先收到的申请之前得到处理。加急处理只适用于个别特殊的案件,这是因为要考虑到对其他纳税人的公平性以及国内收入局本应尽快处理所有申请,对一般紧急商事活动给予尊重,而非对所有案件均可以加急处理。

急需在国内收入局收到申请前优先处理的纳税人,可以提出加急处理申请。此申请必须说明需要加急处理的详细原因。加急处理申请必须以书面形式,最好采用独立的信件,在信件裁定或决定书的申请书递交后及时提出。如果加急处理申请包含在信件裁定或决定书的申请信件之中,那么应当在此信件的第1页的首部写上"加急处理申请。见此信件第__页。"

在收到使用费之前,国内收入局不得将加急处理申请移至相应部门处理。

是否批准加急处理在国内收入局的自由裁量权范围之内。当超出纳税人控制范围的外部因素导致实务中纳税人必须在特定日期取得信件裁定或决定书以避免严重商事后果的发生时,国内收入局可以批准加急处理。这些情形包括法院或政府性机构对交易的完成规定了某个截止日期的情形、或者必须尽快完成交易以避免临近的商业紧急情况（如企业纳税人带有敌意的收购）等，其前提是该纳税人能证明此截止日期或商务紧急情况以及加急处理的需要，且纳税人对此无法合理支配或控制。为了在此类情况中取得加急处理资格，纳税人还必须证明其在得知截止日期或紧急情况后已尽快提出此项申请。对于信件裁定或决定书的申请是否完全符合本税收程序的所有适用的要求，是否充分明确提出所申请问题，纳税人所达到的程度应当作为决定是否批准加急处理的考虑因素之一。当国内收入局在其他申请之外批准优先处理某项申请时，不会对任何信件裁定或决定书的如期处理做出保证。

对于某项交易、企业的董事会或股东（大）会截止日期，其时间安排没有考虑取得信件裁定或决定书的时间时，不得作为提出优先处理申请的充分理由。同样，某交易的市场股票价格的可能波动也不能作为优先处理申请的充分理由。

由于绝大部分信件裁定或决定书的申请书不能打破处理顺序，国内收入局鼓励所有纳税人在规划交易完成之前递交其申请。此外，为了更快处理信件裁定申请，还鼓励纳税人确保其最初递交的申请符合本税收程序的所有要求（包括本税收程序附件五中规定其他适用的指导要求），如果可能依照本税收程序第7条第2款第3项规定的"两分式"申请，提供国内收入局所要求的其他额外信息。

（5）给纳税人及其代理人发与信件裁定相关文件的传真。

通过传真接收所有与信件裁定有关文件的要求。如果纳税人提出此项要求，助理办公室可以将与信件裁定申请（例如信件裁定本身或者额外信息申请）有关的所有文件的副本传真给纳税人或其授权代理人。

当纳税人提出申请，要求将与信件裁定申请有关的所有文件副本传真给纳税人或其授权代理人时，该申请必须采用书面形式，最好作为原始信件裁定申请的一部分。此申请可以延后递交，但是必须在除信件裁定之外的信件邮寄之前收到且得先于信件裁定签署之日。此申请必须包含纳税人或其授权代理人中发送传真对象的传真号码。

部门负责人负责发送除信件裁定之外文件的传真。信件裁定的副本既可以由部门负责人发送传真，也可以由首席法律顾问助理（程序和行政）中的法定程序局下属的公开和诉讼支持部门发送传真。但是，为满足《规章》第301.6110节第2条第8款的目的，信件裁定不得在该裁定被邮寄之前公开。

(6) 申请讨论会。

讨论会的申请。对于信件裁定申请所涉及的问题，纳税人想要举行讨论会时，必须在递交申请时或之后及时以书面形式提出。参见本税收程序第10条第1款、第2款以及第11条第11款第2项。

3. 申请涉及福利基金（包括员工自愿的受益联系人——VEBAs）信件裁定的额外信息要求。

（1）涉及福利基金规划交易税务后果的信件裁定申请。

如果所寻求既涉及福利基金又涉及为该基金提供资金的雇主的信件裁定，每个纳税人（基金和每个提供资金的雇主）必须递交独立的信件裁定申请，并支付在本税收程序附件一中相应的申请费。

（2）考虑《税法》相关章节。

除了其他任何适用的《税法》相关章节之外，纳税人应当考虑以下《税法》章节的税收结果：

①纳税人为VEBAs的。VEBAs纳税人就VEBAs资产使用或转移规划交易申请信件裁定，应当考虑第501节第3条第9款、第505节、第511节，还应当包括依据第501节第3条第9款规定的解决VEBAs地位的最近信件申请副本。

②纳税人为提供资金的雇主的。提供资金雇主就涉及基金资产分配的规划交易申请信件裁定，应当考虑依据第61节、第111节、第419节以及第4976节的税收后果。

就第4976节的特别考虑：

第一，税收优惠规定。提供资金的雇主扣除支付给福利基金的费用，并就第4976节的税务后果申请信件裁定，其申请的前提是：要么必须解决为什么没有金额应当包括在税收优惠规则下的所得，要么对其依据税收优惠规则应当包括在所得额中持有异议。

第二，立场。在贸易协会（《税法》第501节定义的组织）赞助福利基金情形下，该协会对依据《税法》第4976节代表提供资金雇主所提的裁定申请不得持有任何立场。但是，如果贸易协会向基金提供赞助且基金为贸易协会自身的雇员提供福利的话，贸易协会通常对其自身为雇主代表的裁定申请持有立场。

第三，福利基金资产的额外使用或在两个或多个福利基金之间转移资产。如果规划交易要么涉及福利基金资产的额外使用（例如，提供福利给一个雇员的新组织或提供新类型的的福利），要么涉及在两个或多个福利基金之间转移资产，该申请应当声明该雇主是否有义务在近期或未来的任何年度中提供福利。对于使用或转移资产的情形，其所涉资产或法律是依据一个或多个集体协商需要，则该申请应当包括每一个适用的集体协商协议。对资产转移而言，该申请也应当解决是否该福利基金有可能被合并。

4. 信件裁定或决定书的申请递交地址。

（1）申请信件裁定。信件裁定申请书原件必须发送到相应的助理办公室。文件包裹必须注明"信件裁定申请书"。

①如果未使用个人投递服务，那么信件裁定申请应递交到以下地址：

Internal Revenue Service

Attn：CC：PA：LPD：DRU

P. O. Box 7604

Ben Franklin Station

Washington，DC 20044

如果使用个人投递服务，地址为：

Internal Revenue Service

Attn：CC：PA：LPD：DRU，Room 5336

1111 Constitution Ave.，NW

Washington，DC 20224

②信件裁定申请的投递时间为上午8点至下午4点，送至1111 Constitution Avenue，NW，Washington，DC 卸货码头通信员办公室。通讯员收到申请时应当出具收据函。文件包裹必须写明以下地址：

Courier's Desk

Internal Revenue Service

Attn：CC：PA：LPD：DRU，Room 5336

1111 Constitution Ave.，NW

Washington，DC 20224

③信件裁定申请不得使用传真形式发送。

（2）申请决定书。

①大型公司和国际事务部管辖范围的纳税人应将决定书申请送至以下地址：

Internal Revenue Service

Large Business and International Division
1111 Constitution Ave.，NW
LB&I：ACDDI；PMO，IR 1135
Washington，DC 20224
or via email to ＊PFTS@irs.gov

②小型公司和自我雇用事务部管辖的纳税人应将决定书申请送至本税收程序附件6中相应的小型公司和自我雇用办公室。

③局长（免税和政府机构事务部）管辖范围内的决定书，参见本公报2018年第4号《税收程序》和2018年第5号《税收程序》。

5. 未决的信件裁定申请。

（1）当纳税人存在未决的信件裁定申请情形时必须通知助理办公室。在信件裁定申请递交之后、裁定发布之前，如果纳税人得知以下情况，必须通知助理办公室：

①区域税务办公室对该问题或者存在于先前年份的纳税申报表中相同的问题已进行稽查。

②对于《规章》第301.9100节中的申请，区域税务办公室对应当做出选择的纳税年份或及时做出的选择将会受影响的任何纳税年份的纳税申报表已经进行稽查。参见《规章》第301.9100节第3条第5款第4项第1目和本税收程序第5节第3条第3款的规定。

③对交易可能有影响的立法已经被采纳。参见本税收第7节第1条第10款。

④纳税人、《税法》第267节定义的关联方或者附属集团的成员（纳税人也是《税法》第1504节定义的成员）随后已经递交的其他信件裁定申请（包括会计处理方法变更申请），该申请涉及的问题与国内收入局未决问题相同或相似。

⑤合格退休计划事项，该问题正在被养老金福利担保公司或劳工部审查。

⑥医保事项，该问题正在被劳工部或健康与人权服务局审查。

（2）若纳税申报表已经递交，纳税人必须通知助理办公室，并在纳税申报表中附上该申请。在收到助理办公室涉及纳税申报表中问题的信件裁定之前，如果纳税人已经递交该纳税申报表，那么纳税人必须通知助理办公室其已递交纳税申报表。纳税人还必须将信件裁定申请书的副本随同纳税申报表一同递交，以提醒区域税务办公室避免对该问题的不成熟处理。通过电子方式进行纳税申报的纳税人，可以通过在纳税申报表中附上带有信件裁定申请日期和信件裁定的识别号声明的方式来达到此项要求。

按照本税收程序第 5 条限制情形所允许，如果纳税人在纳税申报后、但在纳税申报表接受稽查之前提出信件裁定申请时，必须通知助理办公室其已递交纳税申报表。纳税人必须告知对纳税申报表拥有管辖权的区域税务办公室，并将信件裁定申请的副本随同该通知一并递交给区域税务办公室，以提醒其避免对该问题不成熟的处理。

第 7 条第 5 款的内容同样适用于某交易结案协议的未决申请，纳税人对该交易没有提请信件裁定或国内收入局对此交易尚未发布信件裁定。

依据第 7 条第 4 款的目的，"纳税申报表"一词包括纳税申报表原件，修改过的纳税申报表或税金退还申请。

6. 何时将信件裁定或决定书附在纳税申报表中。

在递交纳税申报表之前，所收信件裁定或决定书中涉及的任何交易已完成，与该交易相关的纳税申报表正被递交，则纳税人必须将信件裁定或决定书的副本附在纳税申报表中。进行电子纳税申报的纳税人，可以通过带有信件裁定或决定书的日期和识别号的声明附在纳税申报表中以满足这一条件。

依据第 7 条第 6 款的目的，"纳税申报表"一词包括纳税申报表原件，修改过的纳税申报表或税金退还申请。

7. 如何查看信件裁定申请或决定书的申请状态。

纳税人或其授权代理人可以通过拨打申请接收函上告知栏中留有的姓名或电话，以获取信件裁定或决定书的申请状态信息。在申请信件裁定情形下，可以拨打本税收程序第 8 条第 2 款中所确定的相应部门接待纳税人的工作人员电话。

8. 信件裁定申请或决定书申请可以被撤回或者助理办公室拒绝发布信件裁定。

（1）一般情况。

在国内收入局签发信件裁定或决定书之前，纳税人任何时候都可以撤回信件裁定或决定书的申请。但是与撤回的申请或者助理办公室拒绝发布信件裁定申请有关的信函往来不得退还给纳税人。参见本税收程序第 7 条第 1 款第 2 项第 1 目。在某些案件中，助理办公室可以在税收裁定或税收程序中公开其的结论。

（2）相应税务人员的告知。

①信件裁定申请。如果纳税人撤回信件裁定申请或助理办公室拒绝发布

信件裁定，助理办公室通常会以备忘录的形式，告知运作部门中的相应税务人员，其对该纳税人的税务报表拥有稽查权。受顾问局（大型企业或国际事务）管辖的纳税人，助理办公室也将发送此备忘录的副本给合规一体化部的助理副区域负责人。这样助理办公室可以将其对申请的观点告知给税务人员，供其在之后纳税申报表稽查时参考。如果纳税人撤回信件裁定申请而且递交一份声明，表明交易已经或正被取消以及助理办公室尚未得出不利结论时，不得适用第7条第7款第2项第1目的规定。参见本税收程序第7条第7款第1项的规定。

②税务人员的告知可能构成首席顾问的建议。如果税务人员备忘录援引第7条第7款第2项第1段，提供更多关于该申请撤回和助理办公室暂时不予支持的事实，或者提供更多助理办公室拒绝发布信件裁定的事实时，此备忘录可以作为首席顾问的意见，此首席顾问意见规定在《税法》第6110节第9条第1款，并且可以作为《税法》第6110节中公开的对象。

第8条　助理办公室如何处理信件裁定申请？

助理办公室将按本税收裁定第3节和第5节阐明的事项和情形、按本节和第11节阐明的方式发布信件裁定。参见本税收程序第9节变更会计方法的申请程序。

1. 摘要、记录和收费部门负责接收、管理申请，同时负责将申请递交给相应的助理办公室。

首席法律顾问助理（程序和行政）内设的法定程序局下属的摘要、记录和收费部门负责接收、管理所有信件裁定申请。该部门负责处理接收文件和收费，并将文件送至相应助理办公室，由后者分配到对申请中包含特定问题拥有管辖权的部门。

2. 在21个日历日内助理办公室的部门工作人员将联系纳税人。

自收到信件裁定申请之日起21个日历日内，助理办公室对该问题拥有管辖权的部门负责人将联系纳税人，或者如果该申请包含一位拥有适当执行权的律师、授权代理人，该律师的权力应当另有规定。在联系过程中，部门负责人将对该信件裁定申请中的程序性问题进行讨论。如果案件很复杂或者涉及多个问题，那么部门负责人可能在初步联系过程不能讨论实质性问题。如果可能，每一个问题都在部门管辖范围内，部门负责人告知纳税人：

（1）部门负责人告知纳税人，助理办公室会否如纳税人所申请的事项发布裁定、发布不利裁定或不予裁定；

（2）纳税人是否需要递交额外资料确保助理办公室能对该问题发布裁定；

（3）信件裁定是否符合本税收程序的所有要求，如果没有，则指出未能满足何项要求；

（4）是否因为所描述交易或问题的属性，使得助理办公室无法对该问题得出设定的结论。

如果信件裁定申请涉及的问题属于多个部门或助理办公室管辖，那么最初收到申请的部门负责人应当在 21 个日历日之内告知纳税人：

（1）该事项属于其他部门管辖、助理办公室已被移交给该部门或助理办公室审核，移交日期；

（2）该部门或助理办公室的负责人将在收到申请后 21 个日历日内联系纳税人，对程序问题或者条件允许时对申请书中的实体问题进行非正式的讨论。

第 8 条第 2 款适用于所有问题，但涉及会计处理方法或会计期间申请的案件，以及首席法律顾问助理（金融机构和产品）管辖范围内需要精算的保险问题案件除外。

3. 为取得有利的信件裁定而决定是否修改交易。

如果某申请结果表明至少是完全有利的信件裁定，那么部门负责人将告知纳税人该申请是否存在小幅调整交易或采用已公开的观点的可能，这会有助于取得有利裁定。为满足国内收入局的要求，部门负责人也可告知纳税人必须完备文件的事实。部门负责人不得对可能造成规划交易形式实质性变化或纳税人规划会计期间实质性变更的精算改变提出建议。

对上述问题讨论结束时，如果部门负责人决定在助理办公室举行会议将有助于调查或交换信息，那么应当尽快安排举行会议。举行此种会议，排除在本税收程序第 10 条第 2 款中规定的纳税人提出讨论会的权利之外。

4. 不受非正式建议的约束。

国内收入局不受部门负责人或国内收入局其他负责人表达的非正式建议的约束，并且此类建议也不得作为《税法》第 7805 节第 2 条规定下溯及力豁免的依据。

5. 可以要求递交的额外信息（资料）。

（1）额外信息必须于 21 个日历日内递交。

如果申请缺少必要信息，包括满足本税收程序中程序性规定的额外信息和交易或文件中实质变更必须由纳税人出具的信息，那么部门负责人应当在与纳税人或其授权代理人的初步或之后的联系中要求递交此类信息。该负责人应当告知纳税人或其授权代理人,如果在申请提出之日起 21 个日历日内助理办公室未收到要求的信息,除非纳税人申请期间延长,否则申请将被终止。为了取得信件裁定的快速处理,纳税人可以请求助理办公室通过传真形式提出额外信息要求。参见本税收程序第 7 条第 2 款第 5 项的规定。

通过电话、传真或在讨论会中的口头声明向助理办公室提出的实质性事实必须及时向助理办公室通过信件的形式予以确认。这类确认以及任何助理办公室要求的额外信息(这些额外信息并不包括在最初联系时的申请信息中)必须在助理办公室提出要求之日起 21 个日历日内完备。

(2) 有正当理由并经批准可延长回复期。

只有纳税人通过书面形式证明延长期间的正当性,且经部门审核人员的同意,国内收入局才会批准延长 21 天,用以递交额外信息。延长期间申请必须在 21 天期限届满之前提出。如果因不可抗力导致 21 天期限即将届满时仍无法提出书面申请,纳税人应当在 21 天的期限内告知助理办公室出现问题,并应尽快递交延长申请。国内收入局应当立即告知纳税人延长申请同意与否。如果延长申请遭到拒绝,纳税人无权提出上诉。

(3) 若纳税人未及时递交额外信息,信件裁定申请将终止。

在最初或之后的联系过程中,如果纳税人规定的时间内没有递交所要求的信息,信件裁定申请将被终止,纳税人会收到书面的通知。如果在申请终止之后才收到此类信息,申请程序将自信息收到之日起作为一项新的申请重新启动。纳税人在重新启动之前需另行缴费。

(4) 伪证惩罚声明。

递交至国内收入局的额外信息必须附有以下声明:"依据伪证罪的惩罚,我在此声明,在我所知的范围内,我已确认包括随附文件在内的这些信息,该信息内含的所有事实均为与申请相关的信息,这些事实是真实、准确和完整的。"这一声明必须依据本税收程序第 7 条第 1 款第 15 项第 2 目的要求签字。

(5) 传真申请和额外信息。

为了有助于及时处理信件裁定,纳税人可以申请采用传真形式向助理办公室递交额外信息。参见本税收程序第 7 条第 2 款第 5 项。一旦获取额外信息,纳税人可以随时通过传真递交该信息。要求递交额外信息的助理办公室负责人应当提供可以接收信息传真的传真号。传真的文件和签名后伪证惩罚声明的原件,必须通过邮件或包裹形式递交至助理办公室。

（6）额外信息送达地址。

①如果未使用个人邮递服务，额外信息必须递交至：

Internal Revenue Service

ADDITIONAL INFORMATION

Attn：（姓名，职务，要求提供信息的助理办公室房间号）

P. O. Box 7604

Ben Franklin Station

Washington，DC 20044

案件涉及会计处理方法变更或期间变更的申请，参见本税收程序第 9 节第 5 条中额外信息递交地址的规定。

②如果使用个人邮递服务，所有案件的额外信息必须递交至：

Internal Revenue Service

ADDITIONAL INFORMATION

Attn：（姓名，职务，要求提供信息的助理办公室房间号）

1111 Constitution Ave.，NW

Washington，DC 20224

（7）识别包括额外信息在内的信息。

识别信息。所有案件中，额外信息必须包括纳税人的姓名和案件识别号和名称、职务和要求递交此信息的助理办公室负责人的办公室号。

（8）所递交额外信息副本的数量。

副本数量。除非助理办公室要求递交多份副本，纳税人仅仅需要递交一份额外信息的副本即可。

6. 在裁定程序接近完结时，若助理办公室将做出不利裁定，应告知纳税人，并向纳税人提供撤回信件裁定申请的机会。

通常，在举行讨论会之后，并且在信件裁定发布之前，部门负责人将口头告知纳税人或其授权代理人助理办公室的结论。参见本税收程序第 10 节中讨论会讨论权利的规定。如果助理办公室将做出不利裁定，纳税人有权提出撤回信件裁定申请。如果在部门负责人发出通知之日起 10 日内，纳税人或其代理人没有告知部门负责人纳税人想要撤回信件裁定申请，那么除非得到期间延长批准，否则将发布不利信件裁定。所收申请费退回的相关信息，参见本税收程序第 15 节第 10 条。

7. 在接近裁定程序结束时，可以要求纳税人递交拟定信件裁定草案。

为了加快信件裁定的发布，在裁定程序接近完成时，助理办公室负责人可以要求纳税人或其代理人递交信件裁定的草案。此草案必须以部门负责人与纳税人或其代理人对问题讨论的内容为基础。为了取得信件裁定并不要求纳税人准备该信件裁定的草案。

草案的格式必须与要求提供信件裁定草案的助理办公室负责人讨论。助理办公室负责人通常会提供信件裁定的样本格式，并同纳税人或其代理人讨论应当包含的事实、分析和新建裁定采用的语言。

鼓励纳税人递交打印的草案文本，该文本采用能被电脑扫描的格式。此打印草案将归于助理办公室永久性文档。此打印草案递交地址应当与递交额外信息的相同，该信息的传递要求与提供任何额外信息的要求相同（比如，要求的伪证惩罚声明）。参见本税收程序第 8 条第 5 款第 4 项。

8. 对于实质相同的系列信件裁定发布多个独立的信件裁定，但对于跟《税法》第 301 节第 9100 分节相关的系列裁定通常发布一个信件裁定。

（1）实质相同的系列信件裁定。

如果助理办公室认为有必要，对于符合本税收程序附件 1 第 1 段第 5 条第 1 款规定收费要求、实质相同的信件裁定申请，将向每个申请人或实体分别发布内容相同的信件裁定。

（2）与《规章》第 301.9100 节有关信件裁定。

①对于依据《规章》第 301.9100 节提出的信件裁定申请，系为延期而递交第 15 节第 7 条第 4 款规定的 3115 表格，且满足本税收程序附件 1 第 1 段第 5 条第 4 款规定收费的要求，涉及会计方法的同一变更，助理办公室通常将给 3115 表格中所有申请人的代表发布一个信件裁定，该代表在裁定申请书中列明。

②对于依据《规章》第 301.9100 节提出的信件裁定申请，系为延期而递交第 15 节第 7 节第 2 款规定为多个实体所做的一个实体分类选择，且满足本税收程序附件 1 第 1 段第 5 条第 4 款规定的收费要求，助理办公室通常只给所有实体的代表发布一个信件裁定，该代表在裁定申请书中列明。该纳税人可以要求助理办公室给在申请中列明的每一实体发布独立的信件裁定。主要参见本税收程序第 5 条第 3 款的规定。

9. 向相应的税务官员发送信件裁定的副本。

不论裁定有利与否，助理办公室将向相应的税务官员发送信件裁定的副本一份，这些税务官员所在的税务部门对纳税人的纳税申报表拥有管辖权。

第9条 向助理办公室申请变更会计处理方法的具体程序和额外程序有哪些？

依据2015年第13号《税收程序》（2015年第5期《联邦税务公告》第419页），被2015年33号《税收程序》（2015年第24期《联邦税务公告》第1067页）澄清及修改，被2016年第1号《税收程序》（2016年第1期《联邦税务公告》第1页）第17条第2款修改，或者其他自动变更申请程序，本节为会计处理方法变更申请规定了特定程序和额外程序。

依据2015年第13号《税收程序》或其他自动变更申请程序，会计处理方法的变更申请属于信件裁定申请的一种类型。参见本税收程序第2条第1款。

1. 会计处理方法的自动和非自动变更申请。

（1）依据2015年第13号《税收程序》会计处理方法的自动变更或其他自动变更申请程序。

会计处理方法的自动变更。某些会计处理方法变更必须依据自动变更申请程序进行。如果纳税人提出的变更属于该程序的范围，且该变更是提出申请年份中的自动变更情形，纳税人具备做出变更的资格，那么在自动变更申请程序中的会计处理方法变更必须采用该程序进行。只有当纳税人及时调整，符合适用自动变更申请程序的规定后，局长才可以批准原本符合自动变更会计处理方法要求的申请。参见本税收程序第9条第19款关于助理办公室和区域税务办公室的审查规定。一般而言，纳税人通过递交3115表格申请自动变更。

依据2015年第13号《税收程序》、其他自动变更申请程序以及本税收程序递交的申请，在下文中被称为"自动变更申请"。参见本税收程序第9条第22款中的自动变更申请程序清单。除适用自动变更申请之外，参见本税收程序出第9条第23款中的章节清单，以及本税收程序附件。依据自动变更申请程序提出变更的不得收取申请费。

（2）会计处理方法的非自动变更。

如果会计处理方法变更未采用自动变更申请程序，那么纳税人可以通过递交最新的3115表格（《会计处理方法变更申请》）申请获得非自动变更信件裁定，依据2015年第13号《税收程序》以及本税收程序中规定的非自动变更程序。依据 2015 年第 13 号《税收程序》以及本税收程序为非自动交换申请而递交的 3115 表格在下文中将称为"非自动 3115 表格"。递交非自动 3115 表格的纳税人必须在递交完整的 3115 表格同时缴纳要求的申请费。参加本税收程序第 15 条以及附录 1 关于收费的信息。除了第 9 条适用于非自动 3115 表格之外,参见本税收程序第 9 条第 23 款章节清单以及附录。

2. 通常一份 3115 表格(《会计处理方法变更申请》)只能进行一项会计处理方法变更,并且每一个纳税人的每一个独立及独特的交易或商事活动均需一份 3115 表格。

通常纳税人在一份 3115 表格(《会计处理方法变更申请》)中只能提出一项会计处理方法变更申请。如果纳税人想在一项会计处理方法变更申请中提出多个毫无关联的问题和会计处理子方法,除非有国内收入局特别批准,可将多个无关的变更置于一份 3115 表格中,否则纳税人必须分别为每一个问题或子方法递交一份 3115 表格。此情形的例子,参见 2016 年第 29 号《税收程序》(2016 年第 21 期《联邦税务公报》第 880 页)。

除国内收入局公开指引特别允许或要求之外,每一个纳税人以及每项独立的贸易或商事的纳税人(包括具备 S 子公司分章或有限责任公司的单一成员)申请变更会计处理方法,必须递交一份独立的 3115 表格(因此,依据本税收程序第 15 条以及附录 1 必须单独缴纳一笔申请费)。

3. 3115 表格需要的信息。

(1) 3115 表格和相应税收程序要求的事实和其他信息。

通常会计处理方法变更申请的纳税人必须递交最新的 3115 表格,除非适用于该特定类型的会计处理方法的程序不要求递交 3115 表格。

为了取得会计处理方法变更申请批准的资格,纳税人必须递交所有信息,这些信息为 3115 表格及其说明、2015 年第 13 号《税收程序》或者自动变更申请程序(如果适用)的要求。此外,纳税人必须提供本税收程序中相关章节要求的所有信息,包括对所变更项目、纳税人的贸易或商务、纳税人所变更项目的近期或规划方法、纳税人关于成本变更是否主张联邦税收优惠的相关信息、纳税人是否受稽查或提请复议或提请联邦法院诉讼的相关信息、《税法》第 481 节第 1 条净利调整计算的概述(连同过去用于调整决定的方法论解释、足以证明《税法》第 481 节第 1 条净利调整计算是准确地一起)。

对于非自动 3115 表格或自动变更申请的相关要求,在 3115 表格第 16 行说明书中有详细说明,纳税人的说明必须包括法律基础的完整解释、支持规划处理方法相关国家机关、对事实详细完整的描述以及如何将法律适用到纳税人的情形。

对于非自动3115表格，纳税人必须包括申请人对规划变更理由的声明、与规划变化相关联的所有文件副本、关于该申请的法律是否不确定或不足以解决该问题的论述。

为了取得会计处理方法变更申请批准的资格，申请人必须提供所要求信息。纳税人可能会被要求递交对申请的会计处理方法有关的信息，如附随声明。纳税人必须递交所有与申请的会计处理方法有关的信息，即使不是针对特定申请，包括所有与申请的会计处理方法有关的实质性事实的说明。

参见本税收程序第7条第1款第1项和第7条第1款第9项。

（2）与纳税人的观点相左的国家机关声明。

持反对意见的国家机关声明。对于非自动3115表格，鼓励纳税人告知助理办公室，任何国家机关对会计处理方法的规划变更的反对意见，包括立法、法院判决、规章、通知、税收裁定、税收程序或者通告。

如果纳税人既没有附上持反对意见的国家机关，也没有附上声明表明未存在此类国家机关，那么助理办公室可以要求递交持反对意见的国家机关或不存在此类机关的声明。如果纳税人达不到该要求，可能导致助理办公室就会计处理方法变更拒绝发布信件裁定。

（3）文件。

所有合同、协议和其他文件的副本。

所有与会计处理方法变更申请有关的合同、协议和其他文件的真实副本，必须随同非自动3115表格一同递交。文件的原件不得递交，因为它们将归入助理办公室的文件不予归还。

（4）实质性事实的分析。

当递交所有与3115表格或补充信件的文件时，纳税人必须对文件中所有实质事实进行解释和分析。纳税人不得简单地合并文件作为参考。对事实的分析必须包含其为何不得不对会计处理方法申请变更，而且必须详细说明所适用的规定。

（5）先前纳税申报表中同样的问题。

关于同一问题是否在先前的纳税申报表出现过的信息。3115表格必须说明，在纳税人或其授权代理人所知范围内，在复议之前或向联邦法院起诉之前，该纳税人的任何纳税申报表（或者近期或先前集团兼并中，纳税人是或曾经是其成员）先前使用的会计处理方法存在因受稽查而变更的情形。参见 2015 第 3 号《税收程序》。

（6）先前递交或近期未决的问题。

关于会计处理方法变更的先前申请和其他未决申请。

①过去 5 年中会计处理方法变更的其他申请。在纳税人或期授权代理人所知范围内，3115 表格必须声明，该纳税人、《税法》第 267 节定义的关联纳税人、纳税人属于《税法》第 1504 节定义的纳税人现在或曾经是所属的当前或之前附属集团的成员、已经提过申请的纳税人，是否在过去 5 年中曾申请或做过（或近期正在递交）任何会计处理方法的变更申请。

对于每一个独立和不同的贸易和商业行为而言，如果声明是肯定的，则须对每一申请、变更年份和是否曾取得批准提供一份描述。如果任一申请被撤回、不完整、被否决、若协同书已发给纳税人但未签名而退回助理办公室、若在变更申请年份未作出变更，则必须提供解释。

②其他未决申请。在纳税人或其授权代理人所知的范围内，3115 表格必须声明，该纳税人、《税法》第 267 节定义的关联纳税人、纳税人属于《税法》第 1504 节定义的纳税人现在或曾经是所属的当前或之前附属集团的成员、已经提过申请的纳税人，最近是否有未决问题信件裁定申请、会计处理方法变更或技术意见。

如果声明是肯定的，对于每一个申请，则必须递交纳税人姓名、身份证号、申请类型（信件裁定、会计处理方法变更申请或技术意见申请）和申请中的特定问题。

（7）识别未决立法的声明。

纳税人递交非自动 3115 表格的同时，必须识别任何可能影响规划会计处理方法的法律草案。在申请递交后，并且在会计处理方法变更信件裁定发布之前，任何此类法律被采用，纳税人也必须将此告知助理办公室。

（8）授权代理人。

作为出面向国内收入局联系会计处理方法变更申请的人员，纳税人的授权代理人必须为律师、注册会计师、注册代理、注册精算师、拥有"授权书"的公民、雇员、一般合伙人、善意官员、管理人员、受托人等，参见本税收程序第 7 条第 1 款第 14 项的规定。

（9）律师权限和代理人的声明。

任何授权代理人，不论是否注册执业，均须符合第 230 号《财政部通知》，其中规定了面向国内收入局和讨论会的执业规则以及《程序规则的声明》的执业要求，该《声明》规定了面向国内收入局代理纳税人的规则。参见本税收程序第 7 条第 1 款第 14 项。纳税人必须采用表格 2848《律师权限和代理人声明》，以证明代理人的权限。

（10）收取税务通知的授权。

纳税人可以采用 8821 表格《税务通知授权》，授权个人接受纳税人会计处理方法变更和其他相关信函的副本。如果纳税人想要授权企业、公司、组织或合伙接收信函，能以姓名或职称识别的个人，必须在 8821 表格中指明。8821 表格不能授权纳税人的任命人向国内收入局主张纳税人的立场或在其他事项中代表纳税人。

（11）伪证惩罚声明。

①伪证惩罚声明的格式。3115 表格，以及随后递交的对 3115 表格的其他修改，必须附有以下声明："依据伪证罪的惩罚，我在此声明，在我所知的范围内，我已经核对本申请书，包括待办事项及声明，该申请书所包含的所有与该申请书有关的事实是真实、准确和完整的。"

参见本税收程序第 9 条第 8 款第 3 项中对递交的额外信息的伪证惩罚声明。

②纳税人签名。3115 表格必须由申请变更的纳税人或其代表签名，签名人须对该事项中的事实具备专业知识，且须对纳税人在该事项中有约束力。例如，办公人员必须代表企业签名、一般合伙人代表州法律层面的合伙关系签名、管理成员代表有限责任公司签名、受托人代表信托签名或者个体纳税人代表独资企业签名。如果纳税人是附属集团的成员，3115 表格应当由共同母公司代表纳税人递交，且必须由共同母公司充分授权的办公人员签名。签名要求的参考在 3115 表格（关于谁可以签名）中阐明。也可参见 2015 年第 13 号《税收程序》第 6 条第 2 款第 8 项。

③填表人签名。填表人（非纳税人）声明必须依据填表人所知的所有信息填写。

4. 特定情形下要求的额外程序性信息。

（1）信函原件及副本的收件人。

会计处理方法变更信函原件及副本的接收人。国内收入局将向纳税人送达会计处理方法变更信件裁定的署名原件和其他相关信函的原件，如果表格 2848 要求，向其代理人发送副本。参见本税收程序第 7 条第 2 款第 2 项对如何制定信件裁定或其他信函副本替代流程。

（2）申请加急处理。

助理办公室通常按照收到日期的先后顺序处理非自动3115表格。情况紧急下需要加急处理非自动3115表格的纳税人可以申请加急处理。参见本税收程序第7条第2款第4项对加急处理的规定。

（3）发送任何文件的传真给纳税人或其授权的代理人。

通过传真收取会计处理方法变更的信件裁定或者其他与3115表格相关的信函。例如额外信息的申请，传真给纳税人或其授权的代理人，该纳税人必须递交书面的传真信件裁定或相关信函的申请，最好作为3115表格的一部分一起递交。该申请可以延后递交，但必须在除信件裁定之外的其他信函邮件之前收到，且必须在签署会计处理方法变更信件裁定之前收到。

为把与3115表格有关的信函发送给纳税人或其授权代理人的申请，必须包含纳税人或其授权代理人的传真号码，以便国内收入局向其发送信函传真。

除会计处理方法变更信件裁定外的其他文件必须由部门负责人传真。会计处理方法变更信件裁定可由部门负责人或首席法律顾问助理办公室内设的法定程序局所隶属的公开与诉讼支持部门发送传真。

依据《税法》第301节第6100分节第2条第8款的宗旨，会计处理方法变更信件裁定必须在会计处理方法变更信件裁定被邮寄之后才能发布。

（4）要求举行讨论会。

如果助理办公室正在考虑发布不利回应时，提出举行讨论会要求的纳税人必须完成3115表格中相应行列阐明的要求，或在随后的书面沟通中必须提出举行讨论会的要求。参见2015年第13号《税收程序》第11条第3款第1项、本税收程序第10条第1款以及第2项的规定。

5. 递交3115表格的地址。

递交3115表格原件，在非自动3115表格情况下，或递交3115表格副本，在自动变更申请情况下，地址如下：

（1）非自动3115表格。

①如果未使用个人投递服务时，助理办公室的邮件地址。如果未使用个人投递服务时，包括免税组织在内的纳税人必须递交完整的3115表格原件，并缴纳要求的申请费到：

Internal Revenue Service

Attn：CC：PA：LPD：DRU

P. O. Box 7604

Benjamin Franklin Station

Washington，DC 20044

②如果使用个人投递服务的邮寄地址。如果使用个人投递服务，包括免税组织在内的纳税人，必须递交完整的3115表格原件并缴纳要求的申请费到：

Internal Revenue Service

Attn：CC：PA：LPD：DRU

Room 5336

1111 Constitution Ave.，NW

Washington，DC 20224

③若为亲自递交至国内收入局通信员办公室时的地址。包括免税组织在内的纳税人，可在上午8点至下午4点，将填写完整的3115表格原件和要求缴纳的申请费递交到位于1111Constitution Ave.，NW，Washington，DC的通信员办公室。通信员前台将出具收据。该包裹应当标注以下地址：

Courier's Desk

Internal Revenue Service

Attn：CC：PA：LPD：DRU，Room 5336

1111 Constitution Ave.，NW

Washington，DC 20224

（2）自动变更申请。

如果自动变更申请要求纳税人递交自动变更申请的副本的复印件，递交该复印件至：

Internal Revenue Service

201 West Rivercenter Blvd.

PIN Team Mail Stop 97

Covington，KY 41011－1424

6. 3115表格不得以传真方式递交。

一份完整的3115表格不得通过传真的方式递交。

7. 摘要、记录和申请费接收部门，进行最初登记管理，并将3115表格递交至相应的助理办公室。

如果递交3115表格同时缴纳要求的申请费时，非自动3115表格由首席

269

法律顾问助理（程序和行政）法律程序局内设的摘要、记录和申请费接收部门接收和管理。一旦置于其管理之下，3115 表格将被移送至相应的助理办公室以进行分配和处理。

8. 额外信息。

（1）回复期限。

①非自动 3115 表格—21 天期限规则。通常对于一份非自动 3115 表格，助理办公室要求的额外信息以及助理办公室通过电话提供的额外信息，必须收到通知要求之日起 21 个日历日内以书面形式提供。在初次要求后，助理办公室可以强制要求缩短额外信息的递交期限。参见本税收程序第 10 条第 6 款在任何讨论会之后递交信息 21 天期间规则。

②自动变更申请—30 天期限规则。通常对于自动变更申请，助理办公室要求的额外信息和通过电话或传真向助理办公室递交的信息，必须在信息要求之日起 30 天内以书面形式递交至助理办公室。助理办公室可以在初次要求后对要求额外信息要求规定更短的回复期间。参见本税收程序第 10 条第 6 项中对与助理办公室讨论会之后递交信息的 21 天期间的规定。

（2）申请回复期限延长。

①非自动 3115 表格。对于非自动 3115 表格，要求纳税人补充信息的延长期限最长不得超过 15 个日历日。任何回复期限延长申请必须以书面形式提出而且必须在最初的 21 天期限届满之前提出。如果出现紧急情况而不可能在 21 天期限之内提出书面申请，那么纳税人应当在 21 天届满之前告知助理办公室存在阻碍，且须尽快递交书面延长申请。只有部门审查人员批准后才能对 21 天期间予以延长。3115 表格要求的补充信息不得适用 21 天的延长期限。部门审查人员应当及时告知纳税人，且随后以书面形式告知对申请延长批准与否。如果延长申请被否决，纳税人无权进行上诉。

②自动变更申请。对于自动变更申请，纳税人要求补充信息的延长期限最多不得超过 30 个日历日。期限延长申请必须以书面形式递交，而且必须在最初 30 天期限届满之前递交。如果出现紧急情况，不可能在 30 天期限内递交书面申请，那么纳税人应当在 30 天期限内告知助理办公室存在阻碍，而且将尽快递交书面的延长申请。只有当部门审查人员批准后才能对 30 天期间予以延长。3115 表格要求的补充信息不得适用 30 天的延长期限。部门审查人员应当及时告知纳税人延长申请批准与否。如果延长申请被否决，纳税人无权进行上诉。

（3）伪证惩罚声明。

向助理办公室递交额外信息必须附有以下声明："依据伪证罪的惩罚，我在此声明，在我所知的范围内，我已经核查包括额外文件在内的所有与申请有关的事实是真实、准确和完整的。"这一声明必须依据本税收程序第9条第3款第11项第2目的规定签名。

（4）包括额外信息的信息识别。

额外信息应当包含纳税人的名字、案件识别号、职务和提出递交信息要求助理办公室负责人的办公室房间号。助理办公室负责人可以向纳税人提供后面的信息。

（5）传真信息要求及额外信息。

为了促进会计处理方法变更裁定申请的快速处理，纳税人可以提出申请，要求助理办公室通过传真的形式索取额外信息。参见本税收程序第9条第4款第3项的规定。

纳税人一旦取得信息可以通过传真的形式递交额外信息。要求递交额外信息的助理办公室负责人可以指定发送信息的传真号。要求信息的副本和伪证惩罚声明的署名原件必须邮寄或送交至助理办公室。

（6）向助理办公室递交额外信息的地址。

①如果未使用个人投递服务的递交地址。对于首席法律顾问助理（所得税和会计）管辖范围内的会计处理方法变更申请，若未使用个人投递服务，应当将额外信息递交至：

Internal Revenue Service

ADDITIONAL INFORMATION

Attn：[姓名，职务，要求提供信息的助理办公室房间号]

P. O. Box 7604

Ben Franklin Station

Washington，DC 20044

②对于其他任何会计处理方法变更的申请，如果未使用个人投递业务，该额外信息应当递交至：

Internal Revenue Service

ADDITIONAL INFORMATION

Attn：[姓名，职务，要求提供信息的助理办公室房间号]

P. O. Box 7604

Ben Franklin Station

Washington, DC 20044

③对于会计处理方法变更申请,如果使用个人邮递服务,该额外信息必须递交至:

Internal Revenue Service

ADDITIONAL INFORMATION

Attn:[姓名,职务,要求提供信息的助理办公室房间号]

1111 Constitution Ave., NW

Washington, DC 20224

(7) 如果未能在期限内向助理办公室递交额外信息。

①非自动 3115 表格。对于非自动 3115 表格,如果在未能回复期限内补充助理办公室所要求信息,则 3115 表格不予处理,且该案件将终止。纳税人或其授权代理人将得到书面通知。

②自动变更申请。对于自动变更申请,如果在未能回复期限内补充助理办公室所要求信息,那么该申请将不适用自动批准程序。此种情形下,助理办公室将告知纳税人会计处理方法变更申请不予批准。

③延期递交额外信息。如果纳税人想要延期递交额外信息,那么其必须在递交此信息的同时,附上一份新的完整的 3115 表格(以及申请费,如果需要),对应年份为此新 3115 表格所适用的会计处理方法变更程序后及时递交的年份。

9. 纳税人必须通知助理办公室的情形。

对于非自动 3115 表格,在 3115 表格递交后,会计处理方法变更信件裁定发布前,纳税人知道以下情形之一,纳税人必须及时通知助理办公室:

(1) 区域税务办公室已经对现时或规划会计处理进行稽查;

(2) 区域税务办公室已经对规划变更年份进行稽查;

(3) 可能影响会计核算变更的立法草案已经提出,参见本税收程序第 9 节第 3 条第 7 款;

(4) 纳税人、《税法》第 267 节下的关联方、纳税人依据《税法》第 1504 节定义的附属集团成员已经递交的其他信件裁定申请(包括其他的 3115 表格)。

10. 决定规划会计处理方法是否可经修改以获取有利信件裁定。

对于非自动 3115 表格,如果结果显示,将要发布的不是完全有利的会计处理方法变更信件裁定，那么部门负责人应当告知纳税人，在规划会计处理方法中是否存在细微的改变，以取得有利裁定的可能性。部门负责人不得提出精确改变的建议，该改变会导致纳税人规划会计处理方法的实质性变更。

11. 3115表格程序接近完成时，如果助理办公室将作出不利裁定将通知纳税人，并给纳税人提供撤回3115表格申请的机会。

通常，在讨论会举行之后（或者提供机会，讨论会没有举行的情形），在发布会计处理方法信件裁定的任何变更（该变更决定对会计处理变更申请不利）之前，纳税人有权撤回3115表格。参见本税收程序第9条第12款。如果在部门负责人通知之日起10日内，纳税人或其代理人未告知部门负责人其决定撤回3115表格，那么将发布不利的会计处理方法变更信件裁定，除非获得期限的延长。关于申请费退回，参见第15条第10款。

12. 撤回非自动3115表格或者助理办公室拒绝发布会计处理方法变更的信件裁定。

（1）一般情况。

在助理办公室会计处理方法变更信件裁定签署前，纳税人任何时候均可撤回非自动3115表格。3115表格、往来信函和其他与撤回的3115表格有关的文件或者其他助理办公室拒绝发布信件裁定的资料不得退回给纳税人。参见本税收程序第9条第3款第3项。在相应的案件中，国内收入局可以在税收裁定或税收程序中发布其结论。

（2）通知相应的税务官员。

如果纳税人撤回或助理办公室拒绝发布（以任何理由）变更申请或者不适当的会计处理方法变更，那么助理办公室将以书面形式，告知对纳税人的纳税申报表拥有管辖权的职能部门税务官员，以及会计处理方法管理者和时间问题实践组，也可以向随后稽查纳税申报表的税务官员提供其对申请问题的观点和看法。

如果给国内收入局工作人员的备忘录，其提供的内容超过了申请被撤回且助理办公室暂时反对的事实范围，或者是助理办公室拒绝批准发布会计处理方法变更的事实范围，备忘录可以构成《税法》第6110节第9条第1款中的首席顾问意见，也可以作为《税法》第6110节中的公开对象。

13. 如何查看非自动3115表格的状态。

纳税人或其授权代理人可以通过拨打非自动3115表格收据函上告知栏中联系人的电话，获取与非自动3115表格状态相关的信息。

14. 非正式意见对国内收入局不具有约束力。

部门负责人或其他国内收入局负责人所表达的非正式意见，对国内收入局不具有约束力，而且这一意见也不构成《税法》第7805节第2条取得溯及力救济的信赖基础。

15. 发布给符合会计处理方法同一变更的一个纳税人或一个附属集团的独立信件裁定。

对于非自动3115表格，依据本税收程序第15条第7款第4项关于附件1第1段第5条第2款申请费的相关规定，属于会计处理方法的同一变更时，助理办公室通常会给3115变更中所有申请人的代表（依据申请人要求）发布一份独立的信件裁定。

16. 对于两个或多个关联科目或子方法中的一个不得发布信件裁定。

如果两个或两个以上会计处理的科目或子方法相互关联，那么助理办公室通常不得就仅涉及其中一个科目或子方法的会计处理方法变更发布信件裁定。

17. 同意协议。

对于非自动3115表格，局长批准纳税人的会计处理方法变更阐述在信件裁定中（原件或者同意协议副本）。如果纳税人同意会计处理方法变更信件裁定中的条件和情形，纳税人必须在同意协议副本相应处签名并标明日期。同意协议必须由纳税人的法定代表人签名。批准协议副本不得由纳税人的代理人签名。此信件裁定的签名副本构成《规章》第1部分第481章第4节第2条所定义的"协议"（同意协议）。此信件裁定的签名同意协议副本必须在收到信件裁定之起45个日历日内签署完备后返还助理办公室。此外，签名的同意协议的副本必须附在纳税人改变发生年度的所得税报表中。参见2015年13号《税收程序》第11条第3款第2项第1目。以电子形式递交其纳税申报表的纳税人应当附上PDF格式的批准协议，且将文件名称标注为"3115表格同意函"。在收到裁定后，在同意协议签署返还之前，如果纳税人已经递交改变发生年度的所得税纳税申报表，那么签名同意协议应当附在该变化年度修正的纳税申报表中，该变化应当与纳税人报送执行的会计方法变更一致。

在会计处理方法变更前，纳税人必须保证取得局长的同意符合联邦所得税的目的。对于非自动3115表格的会计处理方法变更，当纳税人及时署名并交回信件裁定的同意协议副本时，助理办公室准许其就会计处理方法及其他符合2015年第13号《税收程序》的事项，已经保证局长的同意符合相关目的。

在收到信件裁定准予同意该变化之前，未取得《税法》第 446 节第 5 条要求的局长同意（未授权的变更）的情况下，已经做出会计处理方法变更的，纳税人应当及时填写非自动 3115 表格，并在其该变更年度的联邦所得税申报表中，把该会计处理方法变更的申请考虑进去。就如 2015 年第 13 号《税收程序》第 12 条第 2 款的规定，区域负责人可以决定何时所做的变更不符合 2015 年第 13 号《税收程序》相关条款，并可以拒绝这种未授权的变更。但是，如果纳税人及时签署并交回同意协议副本，并执行符合 2015 年第 13 号《税收程序》所有相应的规定以及本税收程序第 11 条，到信件裁定授予同意变更为止，系随后发布在申请年度的变更，那么局长的同意可以回溯适用到变更年度（以及任何随后的纳税年度）。对于纳税人所考虑的会计处理方法变更，如果局长没有依据 2015 年第 13 号《税收程序》授予同意，那么纳税人将受到罚息、罚款或因执行不适当变更受到其他调整等的制裁。对于及时填写非自动 3115 表格，且在收到信件裁定准予同意该变化之前，纳税人已在变更年度的联邦所得税纳税申报表中考虑申请的变更，那么虽然如此，纳税人仍可以信赖在其后从助理办公室收到的信件裁定，参见本税收程序第 9 条第 19 款。但是，如果在没有助理办公室授予同意的情况下，该变更申请被修改、被撤销、被拒绝或类似于终止，纳税人不得被免除任何罚息、罚款或因执行不适当变更受到其他调整等的制裁。

18. 会计处理方法变更的信件裁定副本送交相应的国内收入局工作人员。

不管该裁定有利与否，助理办公室应当发送会计处理方法变更信件裁定的副本，给对该纳税人的纳税申报表有稽查管辖权的相应的国内收入局工作人员。

19. 同意会计处理方法变更可以信赖的边界。

在符合某些条件和限制的情形下，纳税人可以信赖从助理办公室收到的会计处理方法变更信件裁定。参见 2105 年第 13 号《税收程序》第 7、8、10 和 11 条。

在符合某些条件和限制的情形下，就如依据纳税人会计处理方法变更的自动变更申请程序的规定，对于遵守自动变更申请程序且符合资格的纳税人可以及时信赖局长的同意。参见 2105 年第 13 号《税收程序》第 7、8、10 和 11 条。依据自动变更申请程序，助理办公室可以对 3115 表格进行复核，并且对于变更申请如果需要额外信息或者不能同意的情形，应当告知纳税人。参见 2105 年第 13 号《税收程序》。此外，对纳税人的纳税人报表拥有管辖权的区域税务办公室可以对 3115 表格进行审查。参见 2105 年第 13 号《税收程序》第 12 条。

20. 会计处理方法变更的信件裁定对其他纳税人不得适用。

纳税人不得信赖发布给其他纳税人的会计处理方法变更信件裁定。

21. 助理办公室对允许会计处理方法变更申请的自由裁量权。

如果允许该变更申请将不利于整体税务管理利益的最大化或不会清晰反映在所得上的情形下，助理办公室保留其拒绝处理非自动 3115 表格的权利。在这一点上，助理办公室将考虑，此会计处理方法变更是否直接、明确地挫败了国内收入局在适用所得税法中相关的努力。参见 2105 年第 13 号《税收程序》第 10 条和第 11 条第 1 款。

22. 会计处理方法自动变更申请程序的清单。

有关会计处理方法变更自动申请程序，是指以下公开的自动变更申请程序。只有当纳税人及时满足相应的自动变更申请程序要求时，对其他符合条件的会计处理方法自动变更，局长的同意才能授权。

取得会计处理方法变更的自动变更申请程序包括：

（1）2015 年第 13 号《税收程序》（2015 年第 5 期《联邦税务公报》第 419 页或其续刊）。2015 年第 13 号《税收程序》适用于规定在 2016 年第 29 号《税收程序》（2016 年第 21 期《联邦税务公报》第 880 页）中的会计处理方法变更。

（2）以下自动变更申请程序，要求一份完整的 3115 表格，既规定了自动做出变更的程序，也规定该变更必须做出的程序：

《规章》第 1 节第 166 分节第 2 条第 4 款第 3 项（坏账的银行确认）；

《规章》第 1 节第 448 分节第 1 条，（依据《税法》第 448 节对纳税人首个纳税年份的整体自然增值计算方法）[此变更同时适用 2015 年第 13 号《税收程序》（2015 年第 5 期《联邦税务公报》第 419 页）规定的程序，或其他续刊]；

《规章》第 1 节第 458 分节第 1 条和第 2 条（排除某些退回杂志、平装书或唱片）；

1997 年第 43 号《税收程序》（1997 年第 2 期《公告汇编》第 494 页）（《税法》第 475 – 从证券交易商中选出的某些免税组织）；

1991 年第 51 号《税收程序》（1991 年第 2 期《公告汇编》第 779 页）

(《税法》第 1286 节某些处于稽查中的销售抵押或拥有提供抵押服务权利的纳税人）；

（3）以下自动变更申请程序，未要求递交一份完整 3115 表格，规定了可以自动做出的会计处理方法变更类型以及此种必须做出变更的相关程序：

1996 年第 30 号《公告》（1996 年第 1 期《公告汇编》第 378 页）（《税法》第 446 节为符合金融会计准则声明第 116 号文件的变更）；

1992 年第 29 号《税收程序》（1992 年第 1 期《公告汇编》第 748 页）（《税法》第 461 节包括在房产销售基数的一般研发成本中，房地产开发商的计算方法变更）；

1998 年第 58 号《税收程序》（1998 年第 2 期《公告汇编》第 712 页）（某些纳税人所寻求分期付款会计处理方法的变更，该变更基于《税法》第 453 节与某些工贸或农贸的财产使用或生产相关联的，以替代性最小化税收为目的的递延支付契约）；

《规章》第 1 节第 472 分节第 2 条（纳税人变更后进、先出的存货方法）；

《税法》第 585 节第 3 条、《规章》第 1 节第 585 分节第 6 条和第 7 条（第 585 分节中大型银行存款方式的变更）；

1992 年第 67 号《税收程序》（1992 年第 2 期《公告汇编》第 429 页）（《税法》第 1278 节第 2 条中选择包括近期所得市场折扣在内或者《税法》第 1276 节第 2 条中选择使用常用利率来决定应计的市场折扣）。

（4）参见附件五会计期间自动变更的税收程序中的清单。

23. 在本税收程序中适用 3115 表格的其他章节。

除第 9 节规定之外，本税收程序中以下章节适用于自动变更申请和非自动 3115 表格：

1（2018 年第 1 号《税收程序》的目的）；

2.01（"信件裁定"的定义）；

2.02（"结案协议"的定义）；

2.05（口头指导）；

3.01（首席法律顾问助理（公司）管辖范围内的问题）；

3.02（首席法律顾问助理（金融机构和产品）管辖范围内的问题）；

3.03（首席法律顾问助理（所得税和会计）管辖范围内的问题）；

3.04（首席法律顾问助理（国际）管辖范围内的问题）；

3.05（首席法律顾问助理（税务责任过渡企业和特殊产业）管辖范围内

3.07（首席法律顾问助理（免税组织和政府机构）管辖范围内的问题）；

5.03（2）（填写选择期间延长申请而做出选择时或依据《规章》第301.9100节的其他救济的期间限制）；

6.02（由于问题的事实属性使得某些领域一般不得发布信件裁定）；

6.05（一般不得对商业协会或团体发布信件裁定）；

6.06（申请中不能解决税收地位、义务或申请人的报告义务的情形，一般不得发布信件裁定）

6.08（一般不得对立法案中的联邦税务后果发布信件裁定）；

6.10（对于琐碎的问题不得发布）

6.12（对于备选计划或假设情形不得发布信件裁定）

7.01（1）（事实和其他信息的完整声明）

7.01（10）（表示支持意见机关的声明）

7.01（14）（授权代理人）

7.01（15）（律师的权限和代理人的声明）

7.02（2）（律师接受信件裁定或决定书的一个或多个副本的权限）

7.02（4）（申请加急处理）

7.05（2）（如果纳税申报表、修正的纳税申报表或退费诉求被递交的同时，申请正待定以及把申请随附于纳税申报表，那么应当通知助理办公室）

8.01（接收、申请管理，推荐给相应的助理办公室）

8.04（不受非正式意见的约束）

10（讨论会的日程安排）

15（申请费）；

16（对2018年第1号《税收程序》做出的重大修改）；

17（本税收程序对其他文件的作用或影响）；

18（本《税收程序》生效日期）；

附件1（申请费说明）

附件5（核对清单、指导性税收程序、通知、避风港税收程序以及自动变更税）

第10条 如何安排信件裁定讨论会的日程？

1. 依纳税人要求的讨论会日程安排。

对信件裁定申请，纳税人可以要求举行讨论会。通常情况下，只有当助理办公室认为有助于对案件决定或将要做出不利决定时才能安排讨论会。如果为不止一项信件裁定申请安排的讨论会包含同一纳税人，这些讨论会的安排应当把对纳税人造成的不便减到最低。本税收程序第7节第2条第6款和第9节第4条第4款规定，对于想要对某问题或所涉及的问题举行讨论会的纳税人，应当在递交申请之时或之后及时以书面形式提出。

如果纳税人提出举行讨论会的要求，情况允许时，应当通过电话告知纳税人或其代理人讨论会的时间和地点，讨论会必须在告知之日起21个日历日内举行。21天期限延长申请和告知纳税人或其代理人助理办公室对期限延长批准与否的说明，与本税收程序第8条第5款第2项（第9条第8款第2项第1目对会计处理方法变更申请的规定）对提供额外信息的规定一致。

2. 允许纳税人申请一次讨论会的权利。

除本税收程序第10条第5款规定外，纳税人被授予，作为一项权利，向助理办公室申请举行讨论会的机会只有一次。通常此讨论会将在助理办公室下属部门层面进行，出席人必须是有权以自己名义或部门区域负责人名义签发信件裁定的人。

当不止一个助理办公室下属部门对信件裁定申请中包含的问题提出不利观点时，或当此观点最终被某助理办公室下属部门采纳将影响其他助理办公室下属部门采纳的该观点时，每一助理办公室下属部门有权以其名义或部门区域负责人名义签发裁定的负责人应当参加讨论会。如果在讨论会中要讨论不止一个主题，那么该讨论会可以将所有主题合并进行。

为能对问题进行彻底和详尽的讨论，在助理办公室下属部门对案件进行研究后，讨论会才能举行。依据纳税人申请讨论会可以提前举行。

纳税人无权就助理办公室下属部门的行为向首席法律顾问助理办公室或国内收入局其他部门提出上诉。但是，对助理办公室可以提供额外讨论会的情形，参见本税收程序第10条第5款。

在涉及雇用的税收事务中，如果服务接受方（公司）提出信件裁定申请，该公司有权提出讨论会申请。如果雇员提出信件裁定申请，那么雇员和公司均有权提出讨论会申请。参见本税收程序第5条第10款。

3. 不得对讨论会进行任何记录。

由于讨论会的程序是非正式的，所以讨论会任何一方不得进行录音、录像或其他逐字逐句的语言记录。

4. 对实质性问题做出初步建议。

与会的助理办公室高级负责人应确保纳税人有机会对所有问题发表观点。助理办公室负责人应当解释助理办公室对实质性问题得出的初步结论以及得出此结论的理由。如果纳税人请求助理办公室,限制某些信件裁定的溯及力,或者限制改变或撤销先前信件裁定,那么助理办公室负责人将对此问题的建议方案及其原因进行讨论。助理办公室负责人不得对结论做出评论,认为助理办公室最终将采纳该结论。

5. 可以提供额外的讨论会。

依据纳税人的讨论会权利,如果规划将产生不利的裁定结果,但是基于新问题或是同一问题但其依据在第一次讨论会中并未讨论,则助理办公室应当向纳税人提供额外的讨论会。但是如果在该讨论会中已经讨论了不利结论依据和论点的情况下,上一级推翻了规划结论得出对纳税人更不利的结论,纳税人无权再次要求举行讨论会。

对纳税人讨论会次数的限制并不能阻止助理办公室提供额外讨论会的情形,包括与高于助理办公室下属部门层面以上官员的讨论会,只要助理办公室认定为需要,就可以主动举行讨论会。不能仅仅因为助理办公室下属部门得出一个不利决定,而理所当然地提供这些讨论会。通常,只有在助理办公室认为案件涉及税收政策或税收的重大问题,且与纳税人进行额外讨论会将会增强对此类问题考虑的慎重度时,才能提供与更高级别官员举行讨论会的机会。

6. 在讨论会上所递交信息的书面确认要求。

纳税人应当向助理办公室补充所有额外数据、理由、先例等等,这些信息由纳税人在讨论会中推荐过或讨论过,但在之前未充分地以书面形式递交。纳税人必须在讨论会之日起21个日历日内补充这些额外信息。如果未在此期限内收到这些额外信息,那么信件裁定应当依据现有的信息作出,或者在某些情形下不得发布裁定。参见本税收程序第8条第5款对信件裁定申请而非会计处理方法变更申请中补充额外信息的说明。参见本税收程序第9条第8款中对会计处理方法变更申请中递交额外信息的说明。

7. 可以安排讨论会前预审。

有时,在纳税人递交信件裁定申请前,举行讨论会讨论跟规划交易有关的实体或程序问题,这对助理办公室和纳税人均有利。只有当纳税人向助理办公室提供其纳税号、纳税人实际准备提出申请、申请包含的问题属于信件裁定通常发布的范围，在助理办公室自由裁量权限范围内且时间允许的情形下，此类讨论会才能举行。例如，在提出讨论会前预审申请同时，如果同一问题涉及纳税人早期的纳税申报表，且该问题正接受区域税务办公室的稽查时，就该所得税问题，不得举行讨论会前预审。参见本税收程序第6条第1款第1项。随附讨论会前预审的信件裁定申请没有必要指定主持讨论会前预审的助理办公室下属部门。同时，如果信件裁定申请没有随附讨论会前预审，助理办公室可以备忘录的形式，通知对纳税人纳税申报表拥有管辖权的职能部门中相应的国内收入局工作人员，可以把他们对所涉问题的观点在讨论会前预审中告知纳税人。对于大中型企业和国际事务部的纳税人，应当将此备忘录的副本发送到合规一体化部门的助理副区域负责人。此备忘录可作为《税法》第6110节第8条首席顾问意见的一部分，并且适用《税法》第6110节信息公开的规定。

（1）纳税人可以通过书面或电话提出讨论会前预审。纳税人或其代理人可通过书面或电话形式申请申报期讨论会。如果纳税人的代理人提出讨论会前预审申请，则必须对律师授权。纳税人应当使用表格2848《律师权限和代理人声明》，以证明代理人的权限。如果多个纳税人或其授权代理人将参与讨论会前预审，那么必须律师的交叉授权（或者有时为收取税务通知的授权）。如果纳税人的代理人以电话形式提出讨论会前预审申请，助理办公室的负责人（参见下文中联系电话列表）应当在安排讨论会前预审之前向授权律师提供（或者有时为收取税务通知的授权）传真号。

此申请应当表明纳税人身份，并对主要问题进行简要地解释，以保证此申请能够分配给相应助理办公室的下属部门。如果以书面形式提出申请，此申请还应当指明对信件裁定申请拥有管辖权的助理办公室。书面的讨论会前预审申请应当递交至本税收程序第7条第3款中列出的相应地址。

以电话形式提出讨论会前预审申请的，联系电话为：

（202）317-7700（收费电话）首席法律顾问助理办公室（公司）管理事项

（202）317-3900（收费电话）首席法律顾问助理办公室（金融机构和产品）管理事项

（202）317-7002（收费电话）首席法律顾问助理办公室（所得税和会计处理）管理事项

（202）317-3800（收费电话）首席法律顾问助理办公室（国际）管理

事项

（202）317-3100（收费电话）首席法律顾问助理办公室（穿透与特种行业）管理事项

（202）317-3400（收费电话）首席法律顾问助理办公室（程序与管理）管理事项

（202）317-6000（收费电话）首席法律顾问助理办公室（免税与政府实体）管理事项

（2）面谈或电话形式进行讨论会前预审。根据不同的情况，讨论会前预审可以通过在助理办公室面谈或电话讨论的形式进行。

（3）在讨论会前预审举行前必须递交至助理办公室的相关信息。通常在讨论会前预审前，应当要求纳税人递交一份对此问题是否为信件裁定通常发布范围的声明，一份信件裁定申请样稿，对规划交易、问题或法律分析详细的书面声明。如果纳税人的授权代理人将参与此讨论会前预审，则须拥有律师授权。

（4）对实质问题的讨论对国内收入局不具有约束力。

在讨论会前预审中，对实质问题进行的讨论内容只具有建议性，即对国内收入局整体或首席法律顾问办公室均不具有约束力，不产生《税法》第7805节第2条获得溯及力救济基础下的信赖。

8. 可以安排电话式讨论会。

根据不同情况，包括讨论会的申请权和讨论会前预审在内的所有讨论会均可通过电话的形式进行。例如在纳税人想要进行权利讨论会，但又认为此问题不值得花费去华盛顿特区的差旅费，或者在举行面谈行使的讨论会前预审将严重影响裁定过程的情形下，可以采用电话形式进行。如果纳税人提出此项请求，助理办公室下属部门审查人员应当根据案件的具体情况，来决定是否适合采用电话形式举行讨论会。如果此项请求得到批准，在联系助理办公室负责人（收费电话）时应当将此告知纳税人。

第 11 条 信件裁定有什么作用或效果？

1. 符合限制条件的可信赖效力。

符合本节条件和限制规定的，通常纳税人可以信赖其收到的助理办公室信件裁定。

2. 对其他纳税人不得适用。

纳税人不得信赖向其他纳税人发布的信件裁定。参见《税法》第6110节

第 11 条第 3 款。但是，基于对直接相关税项进行适当处理的有限目的，公司的股东或证券持有人可以信赖发布给公司的信件裁定。例如，发布给公司的信件裁定涉及重组公司，伴随着重组将决定股东在公司股权中的地位，该公司的股东可以信赖该裁定。参见本税收程序第 11 条第 6 款第 3 项。

3. 区域税务办公室在稽查纳税人纳税申报表时可予以援引。

在决定纳税人的纳税义务时，区域税务办公室必须确保：

（1）在信件裁定中陈述的结论是否适当反映在纳税申报表中；

（2）信件裁定所依据的陈述是否反映了可控事实的准确声明；

（3）交易是否已经实质性地如期进行；

（4）在交易或连续性交易完成期间，其所适用的法律是否有变化。

在决定纳税义务时，如果区域税务办公室认为应当撤销或修改信件裁定，那么在采取进一步行动前，区域税务办公室的该发现及其建议应当由相应的区域负责人移交至助理办公室进行审查。此类向助理办公室的推荐应当被视作技术意见申请，且适用本公报 2018 年第 2 号《税收程序》中有关技术意见申请的规定。参见本公报 2014 年第 2 号《税收程序》第 13 条第 2 款的规定。除此情形外，区域税务办公室在确定纳税人的纳税义务时必须适用信件裁定。如果对纳税申报表或其他问题拥有管辖权的区域税务办公室准备得出的结论与之前发布给纳税人的信件裁定不一致时，其应当把该事项的处理结果与助理办公室的信件裁定保持一致。

4. 在发现错误或法律发生变化的情况下可予以变更或撤销。

除非信件裁定已经作为本税收程序第 2 条中结案协议的一部分，否则一旦发现错误或者与国内收入局的最新立场不一致时均可予以变更或撤销。如果变更或撤销信件裁定，此变更或撤销将追溯适用于限定期间下所有的年份，除非国内收入局适用《税法》第 7805 节第 2 条中的自由裁量权限制此变更或撤销的溯及力。

一份信件裁定可以由以下方式变更或撤销：

（1）向取得信件裁定的纳税人发送变更或撤销的书面通知；

（2）一项法律的颁布或税收条约的生效实施；

（3）美利坚合众国联邦最高法院的判决；

（4）暂时或最终规章的颁布；

（5）发布的税收裁定、税收程序、公告或其他刊登在《联邦税务公报》中的声明。

在符合上述规定的情况下，若与信件裁定相关的持续性行为或连续性行为，通常只有在以上情况之一出现或者裁定本身被撤销时才得以适用。

立法草案的公告通知对本税收程序中所有的信件裁定的适用不产生影响。

当通过向纳税人发布信函的方式变更或撤销信件裁定时，此信函应当指出此变更或撤销是否具有溯及力。因暂时或最终的规章通过、税收裁定公布、税收程序、公告或其他《联邦税务公报》中声明导致信件裁定被变更或被撤销时，该文件可以包含其对信件裁定溯及效力的声明。

在国内收入局近期决定对某事项不予裁定的情形下，之前发布的信件裁定可以被撤销。

5. 由于事实的实质性变化而被变更或撤销的信件裁定具有溯及力。

只要满足以下条件，助理办公室将变更或撤销信件裁定，并将此撤销的效力溯及取得信件裁定纳税人或者其纳税义务直接包含在此信件裁定中的纳税人：

（1）裁定的认定事实有误述或遗漏；

（2）交易发生时的事实与信件裁定所依据的认定事实存在实质性差别；

（3）交易涉及一个持续性行为或几个连续性行为，而且在交易过程中裁定的认定事实发生了变更。

6. 其他情况下被变更或撤销一般不具有溯及力。

若满足以下条件，信件裁定变更或撤销的原因不属于本税收程序第11条第5款中规定事实变更的情形，对取得信件裁定的纳税人或者纳税义务直接包含在信件裁定中的纳税人而言，该类撤销或变更通常不得溯及适用：

（1）相应的法律没有变化；

（2）信件裁定的最初发布对象为一项规划交易；

（3）纳税人依据信件裁定的诚信活动对该裁定直接产生信赖，且溯及适用此变更或撤销将对纳税人造成损失。例如，每位股东的纳税义务都与企业重组的信件裁定直接相关。依据所有的事实和情况，该股东对该信件裁定的信赖是基于诚信。但是，一个行业的成员的纳税义务与发布给该行业其他成员的信件裁定并不直接相关。因此，对一个产业中某一成员的信件裁定的无溯及力变更或撤销不得及于该产业未收到信件裁定的其他成员。基于同样的理由，税收从业人员也不得把先前发布给其他客户信件裁定的无溯及力变更或撤销适用于其他客户。

如果通过给纳税人有溯及力的信函来变更或撤销信件裁定，那么除非属于欺诈案件，否则此信函必须写明变更或撤销信件裁定的理由，以及解释为何此变更或撤销具有溯及力。

7. 变更或撤销的溯及力适用于特定交易。

某一特定交易的信件裁定仅仅代表国内收入局对该交易的立场。该裁定不适用于相同年份或其他年份中的类似交易。如果满足本税收程序第 11 条第 6 款第 1 项至第 3 项的规定时，除非有特殊情况，否则信件裁定对该交易的适用不受之后发布的规章（暂时或永久的）的影响。

如果一项交易的信件裁定随后被认为存在错误或者不再与国内收入局的立场保持一致，那么此项裁定不再保护纳税人同一年份或之后年份中的类似交易。

8. 变更或撤销的溯及力只针对一个持续的行为或多个连续的行为。

如果发布的信件裁定包含一个持续性行为或几个连续性行为，且此信件裁定随后被认定为错误或不再与国内收入局的立场保持一致，那么相应的首席法律顾问通常会限制变更或撤销的溯及效力至信件裁定被变更或撤销之日。例如，变更或撤销有溯及力的信件裁定涉及一个持续性行为或几个连续性行为，当信件裁定是错误的或与国内收入局立场不一致时，通常在以下情形中将被受到限制：

（1）纳税人收到将某些支出排除在联邦所得税目的下的总所得之外的信件裁定。通常对纳税人该支出的受保护期限仅为，从收到信件裁定之日起至信件裁定被变更或撤销前期间之日前。

（2）纳税人放弃某项服务或提供便利，该服务或便利须承担消费税，但基于其对所收信件裁定的信赖，不会向该服务或该便利的用户转移该纳税义务。

（3）依据《联邦保险缴费法》雇主附有纳税义务，但是基于其所收信件裁定的信赖，既不须缴纳该规章定的雇员税，也不须缴纳该规章定的雇员和雇主税。溯及效力将限于雇主和雇员税。该限制将受制于雇主补充工薪数据，参见财政部规章第 31 节第 6011 分节第 1 条第 1 款的规定。

9. 若与须承担消费税的销售或租赁有关则裁定不具有变更或撤销的溯及力。

先前信件裁定认为涉及该物品销售或租赁不需要纳税，但现有信件裁定认为涉及特定物品销售或租赁需负担厂商消费税或零售消费税。如果取得先前信件裁定的纳税人，因信赖先前信件裁定，在未将税额转移给客户的情况下放弃该物品的占有权或所有权，那么对于先前裁定而言，现有裁定不具撤销或变更的溯及力。

10. 在信件裁定发布之前成立的交易可否适用裁定有溯及力的变更或撤销。

对于在信件裁定发布之前该交易已完成或在信件裁定发布之前发生的一个持续性行为或多个连续性行为而言，由于纳税人并不是信赖信件裁定进行交易，所以纳税人不受有溯及力的撤销或变更信件裁定的保护（注：纳税人取得不利裁定，之后该裁定被撤销或变更，但纳税人的先前交易已经按照不利裁定纳税，此时纳税人先前交易不受不利裁定被撤销或变更的影响）。

11. 纳税人可以申请对溯及力进行限制。

根据《税法》第 7805 节第 2 条规定，国内收入局有权规定信件裁定的变更或撤销适用无溯及力的范围。

取得信件裁定纳税人可以向相应的首席法律顾问助理办公室申请对信件裁定任何变更或撤销的溯及力进行限制。

对于受 2018 年第 4 号《税收程序》制约的信件裁定，取得由局长（免税与政府实体）发布的信件裁定，依据 2018 年第 4 号《税收程序》第 29 节的规定，可以申请对信件裁定任何变更或撤销的溯及力进行限制。

（1）申请格式。

依据《税法》第 7805 节第 2 条申请救济必须使用标准格式。对信件裁定变更或撤销溯及力的申请必须采用标准格式，同时满足信件裁定申请的一般要求。这些要求规定在本税收程序第 7 节。具体而言，申请必须：

①声明其是依据《税法》第 7805 节第 2 条而做出；②声明寻求救济；③解释支持申请救济的原因和论点（包括本税收程序第 11 条第 5 款的讨论，本税收程序第 11 条第 6 款中列出的 3 个项目以及与纳税人特定情形有关的其他因素）；④包括申请所涉及的任何文件。

纳税人向国内收入局提出限制信件裁定变更或撤销溯及力的申请，可以通过以独立的信件裁定申请形式，例如，后发布的税收裁定对先前发布给纳税人的信件裁定产生变更或撤销效力，或者当国内收入局告知纳税人其立场发生变更导致对该信件裁定产生变更或撤销效力。

在纳税人的纳税申报表被稽查或者上诉期间，或在上诉之前对纳税人的纳税申报表审查期间，当区域税务办公室发出通知时，限制溯及力的申请必须采用本公报 2014 年第 2 号《税收程序》第 14 条第 2 款规定的技术意见申请的格式。

当涉及与一个待决信件裁定申请有密切关系时,限制信件裁定撤销或变更溯及力的申请可以作为该信件裁定申请的组成部分,该申请可以一开始就内含在信件裁定中或在信件裁定发布前的任何时间均可。当涉及一个持续性交易的信件裁定,例如,被随后发布的税收裁定变更或撤销,限制溯及力的申请必须在纳税申报表受稽查前做出,该纳税申报表内含的交易是信件裁定申请的主题。

(2)申请讨论会。

纳税人可以就是否适用《税法》第7805节第2条要求举行讨论会。

依据本税收程序第10条第2款、4款以及第5款的规定,在独立信件裁定申请中,要求适用《税法》第7805节第2条的纳税人,有权向助理办公室要求举行讨论会。如果该申请是未决信件裁定申请的一部分,或者对实质问题在行使讨论会权利之前提出,那么依据在本税收程序第10条第2项的规定,《税法》第7805节第2条的问题将作为纳税人行使一次讨论会权利时进行讨论。如果该申请系为适用《税法》第7805节第2条的救济,而成为未决信件裁定申请的一部分,在已举行实质性问题沟通的讨论会之后,助理办公室决定对已被拖延的该申请有管辖权,那么纳税人就适用《税法》第7805节第2条被授予一次讨论会的权利,该讨论会讨论的内容仅限于该问题。

第12条 区域负责人发布决定书的情形有哪些?

如果所提出的问题已被法律、税收条约、规章、税收裁定声明的结论、代表国内收入局立场的意见、法院判决明确回答时,区域负责人才能发布决定书。

除非有事实情况明确表明,该申请相关的纳税申报表已被递交或被要求递交,且区域负责人对该纳税申报表已有或将有稽查权,否则在任何情况下区域负责人均不得发布决定书。

决定书不包括由美国区域负责人当局依据税收条约中的多边协议程序提供的帮助,详见2015年第40号《税收程序》(2015年第35期《国内收入局公告》第236页)。

1. 涉及所得税和赠与税的问题。

区域负责人发布决定书,用以回应纳税人针对已完成交易中涉及所得税和赠与税的问题而提出的书面申请,区域税务办公室须对受该交易影响的纳税申报表有稽查权。如果涉及同样问题的纳税申报表已经先行递交,那么针对纳税人现在递交的纳税申报表中的同一问题,通常不得发布决定书。

通常而言,区域负责人对规划交易的税务后果不得发布决定书。区域负责人可以对《税法》第1033节定义的偶发性转换财产的替换发布决定书,即使该替换尚未做出,如果纳税人已经递交第一个纳税年度的所得税纳税申报表,该表包括从转换财产中已经实现的所有收益。

2. 涉及遗产税的问题。

区域负责人发布决定书,用以回应关于遗产税问题的书面申请,区域税务办公室须对受该问题影响的纳税申报表有稽查权。对未亡人规划遗产的遗产税适用问题,区域负责人不得发布决定书。

3. 涉及隔代转移税的问题。

区域负责人发布决定书,用以回应涉及隔代转移税问题的书面申请,区域税务办公室须对受隔代转移税影响的纳税申报表有稽查权。对在分立或结束前发生的涉及隔代转移税适用的问题,区域负责人不得发布决定书。

4. 涉及雇用税和消费税的问题。

区域负责人发布决定书,用以回应涉及雇用税和消费税问题的书面申请,区域税务办公室仅对已完成交易有稽查权。

所有关于雇用地位的决定书申请,须由联邦行政机关、机构或他们的工作人员之外的纳税人撰写,必须按照近期表格SS-8《关于联邦雇用税和所得税代扣的个人地位决定》说明的地址递交到国内收入局。

如果服务接受人(公司)申请关于雇用地位的决定,该公司将会收到与之相关已发布的任何决定书。决定书的副本也将发送给该申请认定的所有工人。如果该工人提出申请且公司已经被要求提供信息,那么公司和工人都将收到与之相关已发布的任何决定书。该决定书将适用于实质相似情形下通过公司参与的任何个人。

5. 涉及所得税、房地产税或赠与税纳税申报表的申请。

对于已递交纳税申报表的所得税、遗产税或赠与税问题,区域负责人收到相关申请将被认定为与该纳税申报表的稽查有关。如果在稽查纳税申报表之前对此申请做出答复,那么将被认定为该纳税申报表后期稽查的暂时性结论。

6. 决定书的复查。

依据本税收程序第12条第1款至第4款发布的决定书在发布前,助理办公室不得进行复查。如果纳税人认为此类决定书存在错误,纳税人可以请求区域负责人重新审查该问题或者依据2018年第2号《税收程序》规定向助理办公室请求给予技术意见。

第 13 条　决定书有何效力？

1. 与信件裁定具有相同的效力。

区域负责人发布的决定书与依据本税收程序第 11 条向纳税人发布的信件裁定具有相同的效力。

如果区域税务办公室规划达成的结论与决定书所表达的不一致时，税务局无须像发现信件裁定错误一样将此问题移交至助理办公室。但是如果区域税务办公室想要依据《税法》第 7805 节第 2 条对决定书变更或撤销的效力进行限制时，那么区域税务办公室必须将此问题由相应的区域负责人移交助理办公室，但是，如果决定书已由局长（免税和政府实体）发布的除外。参见 2018 年第 4 号《税收程序》、2018 年第 5 号《税收程序》。

2. 纳税人可向助理办公室申请限定决定书变更或撤销的溯及力，区域税务办公室无此权限。

依据《税法》第 7805 节第 2 条，国内收入局可以对变更或撤销后予以无溯及力适用的决定书之范围做出规定。依据《税法》第 7805 节第 2 条规定，区域税务办公室区域负责人无权限制决定书变更或撤销的效力。因此，如果区域税务办公室准备变更或撤销决定书，那么纳税人可以向发布决定书的区域负责人提出申请，让其向助理办公室寻求技术意见，申请对变更或撤销的溯及力进行限制。参见本公报 2018 年第 2 号《税收程序》第 14 条第 2 款。

依据 2018 年第 4 号《税收程序》第 23 节，或 2018 年第 5 号《税收程序》第 12 条第 4 款，取得由局长（免税与政府实体）发布决定书的纳税人，可以对任何决定书的撤销或变更申请限定其溯及力。

（1）申请格式。

依据《税法》第 7805 节第 2 条申请救济时必须采用标准格式。纳税人申请限定决定书变更或撤销的溯及力时必须采用符合技术意见申请的一般形式和一般要求。此申请还必须满足以下条件：

①声明其是依据《税法》第 7805 节第 2 条而做出；②声明寻求救济；③解释支持申请救济的原因和论点（包括本税收程序第 11 条第 5 款的讨论，本税收程序第 11 条第 6 款中列出的 3 个项目以及与纳税人特定情形有关的其他因素）；④包括申请所涉及的任何文件。

（2）要求举行讨论会。

依据《税法》第 7805 节第 2 条纳税人可申请举行一次讨论会。关于适用

《税法》第7805节第2条请求给予技术意见时，与技术意见申请中的所有纳税人一样，该纳税人享有与助理办公室举行讨论会的权利。参见本公报2018年第2号《税收程序》第14条第4款。

第14条 在何种情形下问题在区域负责人与助理办公室之间相互移交？

1. 决定书的申请。

如果区域负责人收到决定书申请，但发现其所涉问题依据本税收程序的规定无法发布决定书，那么区域负责人应当将此申请移交到相应的助理办公室批示。区域税务办公室应当告知纳税人该问题已被移交。

对于任何决定书的申请，依据区域负责人判断，认为应当提请助理办公室注意的，那么区域负责人必须将其移交至助理办公室。区域税务办公室应当告知纳税人该问题已被移交。

2. 不予裁定领域。

如果申请中包含国内收入局不得发布信件裁定或决定书的问题，那么此申请无须移交至助理办公室。区域负责人应当告知纳税人国内收入局不会对该问题发布信件裁定或决定书。参见本税收程序第6条不予裁定领域的规定。

3. 信件裁定申请。

如果助理办公室收到的信件裁定申请，无法依据本税收程序第6条规定操作，那么助理办公室基于其自由裁量权，可以将此申请移交至对纳税人纳税申报表拥有稽查权的区域税务办公室。同时将此处理告知纳税人。如果申请涉及本税收程序第6条中所讨论类型中的问题或某一领域，且国内收入局决定不予发布信件裁定或决定书，那么助理办公室应当将此告知纳税人，同时将此申请移交至与纳税申报表有关的相应区域税务办公室。

4. 被误送至区域负责人的信件裁定申请。

如果一项信件裁定申请被误送给区域负责人，区域负责人应当将此退还至纳税人，以便纳税人可以将此递交至助理办公室。

第15条 对于申请信件裁定和决定书的申请费有何要求？

1. 申请费的法律授权。

《贫困家庭临时援助的扩展》第202节（公法第108-89号）做出规定，被《2004年美国工作创造法案》第891节第1条（公法第108-357号）修正，在《美国军备、老兵福利、卡特里娜复原和伊拉克问责法案》第8244节（公法第110-28号）中予以永久性确认后，第7528节被纳入《税法》。

第7528节规定，对向国内收入局申请信件裁定、意见函、决定书和其他类似申请，财政部部长或代表（部长级）应当建立申请费制度。该制度收取的申请费系：①依部长建立的项目或子项目变化；②依据每一个项目或子项目对应的申请所需要的平均时间、难易程度确定；③事前支付。只要部长认为合理，可以在此制度下提供相应的费用减免，但是对每一项目或子项目的平均申请费不得低于《税法》第7528节第2条第（3）款规定的数目。

2. 适用申请费的申请。

通常，申请费适用于以下信函文件的所有申请：

（1）信件裁定（包括《会计处理方法变更申请》非自动3115表格）、决定书和预约定价安排；

（2）本税收程序附录1第1段第3款第4项规定的结案协议、2016年第30号《税收程序》（2016年第21期《联邦税务公报》第981页）规定的预申报协议；

（3）预约定价协议的续签；

（4）信件裁定或决定书的重新审查。

（5）为纠正原信件裁定、决定书等的错误而作出补正的信件裁定、决定书等。

适用申请申请费规定的申请必须依据本税收程序附件1中规定的申请费表格支付相应的申请费。此项申请费可依据本税收程序第15条第10项规定予以退还。

3. 不适用申请费的申请。

申请费不适用于：

（1）有关时间的自动递延（参见本税收程序第5条第3项），依据《规章》第301.9100节第2条规定做出的选择；

（2）依据2009年第41号《税收程序》（2009年第2期《公告汇编》第439页）做出的事后原始分类选择（参见本税收程序第5条第2款）；

（3）依据2013年第30号《税收程序》（2013年第36期第173页）事后S公司和相关选择。（参见本税收程序第5条第2项）

（4）通过公开的自动变更申请税收程序所允许的会计年度或会计方法变更申请；（参见本税收程序第9条第1款第1项）；

（5）依据《税法》第6104节第4条第4款骚乱活动信件裁定申请；

（6）依据《税法》第514节第2条第3款毗邻土地使用规则信件裁定

申请；

（7）告知书；

（8）依据《税法》第 338 节做出的事后选择，符合 2003 年第 33 号《税收程序》（2003 年第 1 期《公告汇编》第 803 页）第 3、4、5 条的自动规定。

4. 申请费要求的豁免。

申请费要求不适用于：

（1）美国的政府部门、机关或机构，前提是能证明其寻求信件裁定或决定书是代表联邦相应部门出资的项目或活动。不收申请费的事实与认定申请人是否为《税法》定义的美国政府机关或机构无关。

（2）对于工人是否属于联邦雇用税和所得税代扣（《税法》第 3 分节）下的雇员，递交表格 SS–8《联邦雇用税和所得税代扣下工人地位的决定》，或类似文书。

5. 收费表。

本税收程序附件 1 规定了申请费标准。申请费标准适用于：

（1）预约定价协议申请或续订，参见 2015 年第 41 号《税收程序》第 3 条第 5 款（2015 年第 35 期《公告汇编》第 263 页）；

（2）在免税组织和政府实体的局长管辖范围内的信件裁定、决定书等申请，参见 2018 年第 4 号《税收程序》和 2018 年第 5 号《税收程序》。

6. 与涉及多个区域税务办公室、收费类别、问题、交易或实体的申请相对应的申请费。

（1）涉及多个办公室的申请。如果某申请仅处理一项交易，但涉及一个以上国内收入局办公室的（例如，该交易中的一个问题属于首席法律顾问助理（税务责任过渡企业和特殊产业）的管辖，而其他的问题属于助理办公室（免税地位和政府实体）局长管辖范围），仅仅适用一种申请费标准，即应当取所涉每一个办公室收费中相较而言的最高申请费。参见 2018 年第 4 号《税收程序》和 2018 年第 5 号《税收程序》中规定的局长（免税地位和政府实体）区域负责人管辖范围内申请费适用问题。

（2）涉及多个收费类别的申请。

如果某申请仅处理一项交易却涉及多个收费类别，则只收一项申请费，即应当取所涉每一个项目收费中相较而言的最高申请费。

（3）涉及多个问题的申请。

如果某申请仅处理一项交易但涉及多个问题，某会计处理方法变更申请仅处理一个项目或会计处理子方法但涉及多个问题,该申请作为一个申请对待。因此,仅收一项费用,也就是该费用适用于该特定类别或所涉及的子类别。

与相同交易、项目或子方法有关额外的新问题不收额外的申请费,除非此问题使得该交易、项目或子方法适用更高的申请费类别。只要该问题与同一交易相关,那么即使国内收入局在其他裁定中处理了一项或多项问题也无须为此申请支付额外申请费。

(4)涉及多个无关联交易的申请。

如果某申请涉及多个无关联交易、某会计处理方法变更申请涉及多个无关联项目或会计处理子方法、某会计处理方法变更申请涉及多个无关联项目,那么每一个交易或项目应当被视作一个独立申请。结果是,一个独立申请费将适用于每一个无关联交易、项目或子方法。如果申请被额外无关联交易、项目或子方法以改变(在最初申请中未出现),那么该申请将被收取额外申请费。一个涉及无关联交易的例子参见涉及《规章》第301.9100节第3条的救济和潜在问题的申请。

(5)涉及多个实体的申请。

在一个交易中,想要以自己的名义取得独立信件裁定的每一实体,必须分别支付申请费,不论此交易或多个交易之间是否存在关联。参见本税收程序第15条第7款。

(6)已婚纳税人联合递交申请。

如果某些问题源自共同活动或如果该夫妻各自符合实质性相同的信件裁定,联合递交纳税申报表的已婚纳税人可以联合申请一个单独的信件裁定,支付一份申请费。如果配偶一方期待一个发布给个人的裁定,则每份个人申请须支付独立的费用。例外参见本税收程序第15条第7款(为实质性相同信件裁定或实质性相同会计处理方法变更提供费用减免)。

7.申请实质上相同的信件裁定、结案协议、相同的会计处理方法变更所适用的申请费。

(1)通常情况。

本税收程序附件1第1段第5条规定的申请费适用于本税收程序第15条第7款第2项和第4项规定的情形。为了方便申请费申请处理,依第15条第7款递交的所有信件裁定申请应当:

①除非自动3115表格以外,在信件裁定申请首部包括以下标准打印文

字:"依据2018年第1号《税收程序》第15条第7款申请费提出的申请";

②在意见书第1页列明提出该份信件裁定申请(包括纳税人识别号,为每一个纳税人、实体或独立而且独特的交易或业务所递交申请费数额)的所有纳税人和实体、独立而且独特的交易或业务,包括符合条件的第13子章中的S子公司或者一人有限责任公司(单一成员有限责任公司)。

③一次性支付所有申请费。如果国内收入局认为信件裁定申请不符合本税收程序附件1第1段第5条的申请费规定,国内收入局应当收取相应的申请费。参见本税收程序第15条第9款。

(2)实质相同的信件裁定或结案协议。

本税收程序附件1第1段第5条第1款规定的申请费适用于以享有一个纳税人或多个纳税人提出实质相同信件裁定申请(包括会计处理期间、会计处理方法、以1128表格《采用、变更、保留纳税年度申请》、2553表格《小型企业选择》、3115表格《会计处理方法变更申请》、5452表格《未分立红利的企业报告》之外的所得和红利申请),必须符合以下情形:

①将取得信件裁定的纳税人是有普通成员或发起人的多个实体、或是多个成员的一个普通实体;

②将取得信件裁定的纳税人是在同一交易中多方一起参与,对所有提出申请的纳税人均产生影响。

为符合本申请费的减免,所有信息和原始凭证必须实质性相同,且所有信件裁定申请必须同时一次性提交。此外,该纳税人必须声明,该信件裁定申请、所有信息原始凭证是实质性相同的,且必须具体指明这些信件裁定、信息、原始凭证不相同的范围。

如果一个纳税人或多个纳税人依据本税收程序第15条第7款第2项申请申请费减免,该纳税人应当在或讨论会预审之时或之前通知助理办公室,该纳税人意图依据本段规定要求申请费减免。

如果满足以上关于信件裁定要求,那么因实质性相同的信件裁定费用减免,适用于纳税人申请本税收程序第2节第2条定义的结案协议。

(3)《税法》第25节第3条第2款第2项下实质相同计划。

本税收程序附件1第1段第5条第3款规定的申请费,应当适用于递交实质性相同的计划,该计划系为满足依《税法》第143节第4条第1款95%管理要求而随附在递交和批准的管理需求原始计划中。为随后批准的实质性相同计划,该申请必须:①声明先前计划已被递交且被批准,并且附上一份先前计划和批准文件的副本；②声明随后实施的计划与已批准通过的计划实质一致；③对批准通过的计划和随后实施的计划之间所有的差别进行说明。

（4）相同的会计处理方法变更和与《规章》第 301.9100 节有关的信件裁定。

一个联合集团的普通创始人或其他纳税人符合本税收程序附件 1 第 1 段第 5 条第 2 款和第 4 款的申请费条件，在一份 3115 表格《会计处理方法变更申请》上申请相同的会计处理方法变更或递交依据《规章》第 301.9100 节规定的 3115 表格申请时间延期，对于两个或两个以上组合：

①联合集团的成员。

②符合《税法》第 1 节第 446 分节第 4 条独立且独特的交易或业务的联合集团中纳税人或成员。相互独立的商会或商事团体，包括自我雇用企业和一人有限责任公司。

联合集团中独资的合伙人。

若在美国境内未从事交易或商事行为的外国控股公司和依《税法》第 902 节定义的外国非控股公司（10/50 公司）❶ 出现以下情形：①外国控股公司中所有美国控股股东和所有 10/50 公司的国内股东（若有）是该联合集团的成员；②纳税人属于外国控股公司的美国唯一控股股东或者 10/50 公司系唯一国内股东。

为了取得相同会计处理方法变更资格，由一个集团、其他纳税人、独立和不同的交易或事务（中的申请人）完全所有或控股的多方实体，必须申请从当前相同的一项会计处理方法变更为另一个相同的规划会计处理方法。所有会计处理方法变更申请必须完全一致，包括变更期间、当前和规划方法、原始凭证和申请权限，但《税法》第 481 节第 1 条的调整除外。如果助理办公室认为会计处理方法变更申请不一致，那将在信件裁定发布前要求缴纳额外的申请费。

对于所要求的每一项会计处理方法变更申请而言，纳税人或共同母公司必须随附在 3115 表格，一揽子提供姓名、雇主身份证号（如果需要）、以及《税法》第 481 节第 1 条中的调整。如果该申请是符合条件的外国控股公司或 10/50 公司，那么纳税人或共同母公司必须附上一份声明："与申请有关的所有外国控股公司的所有美国控股股东（见《税法》第 1 节第 964 分节第 1 条

---

❶ 依照《税法》第 501 节第 3 条第 7 款组织的家庭娱乐协会，该不动产位于 Lewistown，Montana。

第 3 款第 5 项第 1 目的定义）均为共同母公司集团的成员"，"与申请有关的所有 10/50 公司为全是主要在国内的公司股东（见《税法》第 1 节第 964 分节第 1 条第 3 款第 5 项第 2 目的规定）均为共同母公司集团的成员"，以及"递交申请的纳税人是与申请相关的外国控股公司内的唯一美国控股股东（见《税法》第 1 节 964 分节第 1 条第 3 款第 5 项的定义）"或者"递交申请的纳税人为涉及申请的 10/50 公司系唯一国内公司股东（若适用，见《税法》第 1 节第 964 分节第 1 条第 3 款第 5 项第 1 目的定义）"。如果是符合条件的合伙人提出申请，那么共同母公司必须附上声明"与申请有关的所有合伙为共同母公司集团成员单一所有"。

至于为联合集团的多个成员、纳税人或联合集团的多个独特且唯一的交易或事业、多个合格的外国控股公司或 10/50 公司（申请人），依《规章》第 301.9100 节提出申请，为时间延长而递交 3115 申请同一会计处理方法，纳税人或共同母公司必须递交除本税收程序第 5 节第 3 条所要求信息之外的前一自然段所要求信息。

8. 支付方式。

每份向国内收入局提出的申请，依本税收程序承担申请费，必须全额支付。在本税收程序中支付申请费的唯一方式是通过 www.pay.gov.。

9. 申请费未支付或支付数目错误的后果。

如果申请未能通过 www.pay.gov. 全额支付，那么国内收入局内负责发布信件裁定、决定书、告知书、预约定价安排、结案协议、信件裁定或决定书予以再审查的办公室，通常将行使自由裁量权，决定是否将申请立即退回。如果未立即退回申请，应当联系并告知纳税人在合理期限内缴纳相应的申请费。如果在合理期限内未收到相应的申请费，那么将退回整个申请。国内收入局通常将延期对申请进行实质审查，直到收到相应申请费。如果该申请未能完善，且未在退回申请之日起 30 个日历日内重新递交给国内收入局，退还给纳税人的申请可能对实质性权利产生不利影响。

如果多付了申请费，则该申请将被接受，多出的费用将退还给纳税人。

如果裁定已发布，且由于该裁定导致该纳税人的毛收入减少，由此纳税人将符合附录一第 1 段第 4 条规定的申请费减免，那么已支付的申请费总额中包含的减免费用是超额支付，将退还给纳税人。

10. 申请费的退回。

一般而言，申请费不得退还。但是，在以下情形中，申请费将予以退还：

（1）申请费用于支付纠正先前发布裁定、决定书等的错误或疏漏，如果国内收入局认为国内收入局应当对过去的错误及疏漏负责，则应当退还。

（2）因国内收入局做出《税法》第7805节第2条规定的部分或全部撤销先前发布的信件裁定、决定书等，导致纳税人申请救济，纳税人支付的申请费用于救济申请，如果该救济成立，则应退还。

（3）申请费用于支付国内收入局决定没有就某问题做出规定的再审，如果国内收入局同意对该问题做出规定，则该费用应当退还，但是为最初申请支付的申请费不予退还。

（4）如果裁定、决定书等的申请不管基于何因没有发布，国内收入局考虑到所有事实、情形，包括国内收入局在处理申请上所花的时间和资源，决定退还是适当的，则该费用应当退还。

11. 申请复查的申请费。

纳税人认为，国内收入局根据信件裁定、决定书、预约定价协议或结案协议申请收取的申请费不适当或错误，想要退还部分或全部申请费（参见本税收程序第15条第10款）时可以提出复查申请，而且纳税人可以按照本税收程序第7条第3款规定，向国内收入局的相应地址发送信函，以取得口头讨论的机会。套入的信封和该复查申请信函上均应当带有显著标志"申请费复查申请"。此类申请不得收取任何申请费。此类申请必须标明以下收件人：

如果事项主要涉及：	标明收件人：
首席法律顾问助理（企业）信件裁定申请	首席法律顾问助理（企业）
首席法律顾问助理（金融机构和产品）信件裁定申请	首席法律顾问助理（金融机构产品）
首席法律顾问助理（所得税和会计）信件裁定申请	首席法律顾问助理（所得税和会计）
首席法律顾问助理（国际）信件裁定申请	首席法律顾问助理（国际）
首席法律顾问助理（税务责任过渡企业和特殊产业）信件裁定申请	首席法律顾问助理（税务责任过渡企业和特殊产业）
首席法律顾问助理（程序和管理）信件裁定申请	首席法律顾问助理（程序和管理）

续表

如果事项主要涉及：	标明收件人：
首席法律顾问助理（免税地位和政府实体）信件裁定申请	顾问助理办公室下属部门区域负责人或者首席顾问助理办事处区域负责人（）（括号里填写完整的适用对象"雇员福利"或者"免税组织、雇用税或者政府实体"）
纳税人在大型企业和国际事务部管辖范围内依据本税收程序的决定书申请	助理副局长，合规一体化部门
纳税人在自我雇用或小型企业事务部、工资和投资部管辖范围内依据本税收程序的决定书申请	附件6中相应负责小型企业和自我雇用企业的官员
纳税人在免税组织和政府机构事务部管辖范围内依据本税收程序的决定书申请	雇员计划审查区域负责人免税组织审查区域负责人； 联邦、州和地方政府区域负责人； 免税债券区域负责人； 印第安部落政府区域负责人（以及处理该申请区域税务办公室名称）

第 16 条 对 2017 年第 1 号《税收程序》做出了哪些重大修改？

第 6 条第 3 款和第 11 款已被修改，以反映信件裁定的示范项目，涉及股票分配、股票或证券、《税法》第 355 节定义控股公司等的税收结果。确定的变化贯穿始终。

第 7 条第 1 款已被修改，以反映决定书的申请，依据本税收程序第 12 条第 4 款关于 SS-8 表格计划可以通过电子方式递交。

第 7 条第 1 款还有修改是，关于涉及交易方位于国外的，即当该申请所涉及的交易发生在纳税人和关联方之间，且要么纳税人要么关联方在国外，则要求提供声明。

第 11 条第 4 款已被修改，是明确裁定能被撤销，即使该裁定的主题是国内收入局不再做出规定的问题。

第 15 条第 8 款和第 9 款被修正，意在反映 www.pay.gov 是本税收程序规定申请费的唯一支付方式。确认变化已贯穿始终。

第 15 条第 9 款被修正，增加附件 1 第 2 段第 6 条，意在明晰当纳税人毛收入相应的申请费和具备申请费减免资格，均依赖于收到有利裁定的情形。

第 15 条第 10 款被修正，意在明晰依据本税收程序支付费用退还的规则。确定变化已贯穿始终。

第 17 条　本《税收程序》对其他文件的作用或影响？

2017 年第 1 号《税收程序》（2017 年第 1 期《国内收入局公告》）被废止。

第 18 条　本《税收程序》何时生效？

本税收程序自 2018 年 1 月 2 日生效。

第 19 条　减少文书工作法案

本税收程序中包含的信息汇编已被审核，并被管理与预算办公室依据《减少纸张法案》（《美国法典汇编》第 44 部第 3507 节）批准，监管号为 1545–1522。

除非收集信息出示有效的监管号，否则行政机关不得带头或发起收集信息，个人不得被要求就收集信息做出回应。

本税收程序中所收集的信息，是在第 5 条第 6 款、第 6 条第 3 款、第 7 条第 1 款、第 7 条第 2 款、第 7 条第 3 款、第 7 条第 4 款、第 7 条第 5 款、第 7 条第 7 款、第 8 条第 2 款、第 8 条第 5 款、第 10 条第 1 款、第 10 条第 6 款、第 10 条第 7 款、第 11 条第 11 款、第 13 条第 2 款、第 15 条第 2 款、第 15 条第 8 款、第 15 条第 9 款、第 15 条第 11 款、附件 1 中第 2 段第 1 条、附件 3 和附件 5（主题——收益率序列、监管机构、标准化）。这些信息被要求用于信件裁定或决定书申请的评估和处理。此外，依据《税法》第 6110 节规定，在供公众查阅前，这些信息应当用于帮助国内收入局删除信件裁定或决定书中的某些特定信息。这些信息收集被要求用于取得信件裁定或决定书。最有可能的受访者是事业或其他营利性机构以及免费组织。

预计总体年度报告以及（或者）记录工作是 316020 小时。

每一个回复员或记录员预计年度工作时间为 1 至 200 个小时，根据不同的个人情况，预计平均工作时间为 80 个小时。回复员或记录员估算数量为 3956 个。

回应的预计年度频率是随机的。

只要与信息收集有关的书籍或记录必须予以保留，只要它们的内容可以成为行政机关中任何税法的相关资料。一般情况下，依据《税法》第 6103 节纳税申报表和纳税申报表信息是保密的。

第六章　南非事先裁定立法

本章第一节译自《南非税收征管法》第 7 部分，事先裁定。

第二节译自南非国家税务局发布的《税收事先裁定综合指南》（Comprehensive Guide to Advance Tax Rulings）。南非在吸取澳大利亚、加拿大、新西兰、瑞典等国建构事先裁定制度的经验教训之后，其所建构的税收事先裁定制度与美国制度最为接近，并在优化美国制度的基础上，采用电子系统申报制度，值得借鉴。

第一节　《南非税收征管法》第 7 部分　事先裁定

75. 定义

本章中，除非上下文另有说明，以下术语，如果是引号内的，其涵义如下：

"事先裁定"是指"约束力一般裁定""约束力个人裁定"或"约束力集体裁定"；

"申请人"是指为申请"约束力个人裁定"或"约束力集体裁定"而递交申请的人。

"申请"是指"约束力个人裁定"或"约束力集体裁定"申请。

"约束力集体裁定"是指税务局发布的书面声明，涉及将税法适用于"规划交易"中特定"集体"中不特定的人。

"集体"是指——1. 人数不特定的股东、成员、受益人或类似于公司、协会、养老基金、信托；2. 可能不相关的一群人，且：（1）税法适用于"规划交易"产生相似影响；（2）同意由一个"申请人"作代表。

"集体成员"或"集体成员们"是指适用"约束力分类裁定"的"集体"中一个或多个成员。

"约束效力"是指依据第 82 节要求税务局按照"事先裁定"来解释或适用相应税法。

"约束力一般裁定"是指税务局高级官员依据第 89 节发布的书面声明，涉及税法解释或适用到已声明的事实或情形。

"约束力个人裁定"是指税务局发布的书面声明，涉及将税法适用于一个或多个特定主体的规划交易，关于该交易；

"无约束力个人观点"是指由税务局发布的非正式指引，涉及特定系列事实和情形或"交易"的税务处理，但是没有第 88 节规定的"约束效力"。

"规划交易"是指"申请人"提出着手实施，但是尚未同意实施的"交易"，而不是处于搁置状态的协议方式或没有约束力的协议。

"交易"是指任何事务处理、生意、商务、安排、营运或计划，包括一系列交易。

76. 事先裁定的目的

"事先裁定"制度的目的是，通过建构发布"事先裁定"的框架，来促进关于税法的适用或解释的清晰度、一致性和确定性。

77. 事先裁定范围

税务局有权就如何按税法规定做出"事先裁定"。

78. 个人裁定和集体裁定

（1）税务局可以就个人依据第 79 节规定提出的申请发布"约束力个人裁定"。

（2）税务局可以就个人依据第 79 节规定提出的申请发布"约束力集体裁定"。

（3）税务局可以依据裁定中描述的条件和假设来发布"约束力个人裁定"或"约束力集体裁定"。

（4）税务局必须将裁定发布给申请书载明地址的申请人，除非该申请人在裁定发布前，以书面方式提供其他说明。

（5）"约束力个人裁定"或"约束力集体裁定"须以规定的格式和方式发布，必须由税务局高级官员签字且包含以下内容：

①依据本节规定声明其为"约束力个人裁定"或"约束力集体裁定"申请；

②申请人的姓名、税号、邮寄地址；

③在"约束力集体裁定"中，受影响的"集体成员们"清单或描述；

④相关的法律规定或法律问题；
⑤"规划交易"的描述；
⑥关于裁定有效性取决于税务局做出的任何假设或强加的条件；
⑦所做的裁定结论；
⑧裁定有效期的适用期间。

（6）在"约束力集体裁定"中，就裁定的申请和发布、裁定的撤回或修改、或与裁定相关的其他信息或事项，是由申请人单独负责与受影响"集体成员们"的沟通。

79. 事先裁定申请

（1）申请书必须按照规定的格式和方式制作。

（2）"约束力个人裁定"的申请书可以由规划交易的一方，或规划交易的两方或多方作为共同申请人提出申请，如果有多个申请人，每个申请人必须参与指定一个申请人作为申请人领导来代表其他人。

（3）"约束力集体裁定"的申请可以由代表集体的个人来提出申请。

（4）"申请书"至少包含以下信息：

申请人的姓名、税号、邮寄地址、电子邮件地址和电话号码；

申请人代理人（如果有）的姓名、税号、邮寄地址、电子邮件地址和电话号码；

关于裁定所寻求规划交易的完整描述，包括其金融影响；

规划交易影响的完整描述，可以基于申请人，或任何集体成员，或者如果与申请人或任何集体成员相关的关联人的纳税义务；

由申请人或集团成员在递交申请之前，或在规划交易完成之后着手进行有可能影响规划交易税收结果的活动（或涉及规划交易的系列交易的一部分）成立的任何交易的完整描述；

所寻求裁定的规划裁定，包括裁定草案；

相关立法规定或法律问题；

为何申请人相信规划裁定应当被授予；

申请人解释相关法律规定或法律问题的声明，以及申请人考虑到或申请人注意到有关当局的分析，即这些当局是否会支持或反对所寻求的规划交易；

尽申请人所能，裁定申请是否为第80节所规定范围的声明；

为了保护申请人或集体成员的保密性，申请人相信在最终裁定公开前应当删节内容的信息描述；

申请人同意税务局依据第 87 节规定公开裁定；

在"约束力裁定"申请中应当有：集体成员的描述；规划交易影响的完整描述，可以基于申请人、或任何集体成员、或者如果与申请人或任何集体成员相关的关联人的纳税义务。

80. 事先裁定申请的驳回

（1）税务局可以驳回事先裁定申请，如果该申请：

①请求或要求提供的观点、结论或决定是关于：

资产的市场价值评估；

外国法律的解释或适用；

与申请人或集体成员相关的关联人所提供、或提供给他们的货物或服务的价格；

税法的合宪性；

规划交易是假设的或没有严谨计划的；

税务局依据所得税第 4 一览表发布指令可以解决的事项；

无论个人是否为一个独立承包商、劳动经纪人、或人力资源提供者；

以学术目的递交事项。

②内容为：

轻率的或无理取闹的问题；

申请人或集体成员有可替换路线的行动，尚未严谨计划的；

该问题与以下问题相同或实质性相似：近期由税务局审计、调查、或其他处理，涉及申请人或集体成员（或与申请人或集体成员相关的关联人）；依据政策文件或已经公开的立法草案；面临第 9 章的争议解决。

③涉及一般或特定反避税规则或原则的申请或解释；

④涉及一个问题：

本质上属于事实；

在申请提出时尚无法合理决定的未来事件或其他事项，而解决方案依赖于前述情形的假设；

为避免双重税收，由签订协议的主管机关处理更适当时；

在申请人的税务处理中依赖于规划交易参与方的税务处理，而该方没有提出裁定申请；

与申请人已经收到的不利裁定中的问题相同或实质性相似；

⑤涉及解决该问题将导致过度消耗时间或过度占用资源；

⑥要求税务局对交易实质做出裁定且不顾其形式。

（2）局长可以以公共通知形式发布关于局长可能驳回申请的额外考虑清单。

（3）如果税务局要求关于申请的额外信息，且申请人无法或拒绝提供这些信息，那么税务局可以驳回该申请，申请费用不予退还或打折。

81. 事先裁定费用

（1）为了支付事先裁定成本制度，局长可以发布通知，规定发布"约束力个人裁定"或"约束力集体裁定"的收费。包括申请费和成本回收费。

（2）接受程度申请，税务局必须，如果被要求，给申请人提供申请的成本回收费预估，且如果随后出现超过该预估金额必须通知申请人。

（3）依据本节收取的费用构成税务局组织法第5节定义的税务局收费。

（4）如果关于规划交易有超过一个申请人申请裁定，基于申请人申请，税务局可以对该申请收取一笔规定费用。

82. 事先裁定的约束效力

（1）如果事先裁定适用于与第83节一致的个人，那么税务局必须依据裁定解释或适用相应的税法到该个人。

（2）事先裁定对税务局没有约束效力，除非所涉及的个人系第83节规定的个人。

（3）"约束力一般裁定"可以被税务局或个人在任何程序中引用，包括法庭诉讼程序。

（4）"约束力个人裁定"或"约束力集体裁定"不可以被任何程序引用，包括法庭诉讼程序，除了涉及申请人或集体成员之外，看情形而定。

（5）税务局法定公开文书或其他书面声明，没有约束效力，除非是事先裁定。

83. 事先裁定的适用性

"约束力个人裁定"和"约束力集体裁定"适用于个人，仅在：

对该问题法律规定或多个规定是事先裁定的主题；

该个人的一系列事实或交易是与裁定中的特定系列事实或特定交易相同；

该个人的系列事实或交易完全在裁定有效期间内；

对于"约束力个人裁定"，个人是裁定认定的个人；

对于"约束力集体裁定"，个人是裁定认定的集体成员。

84. 裁定显示无效

（1）"约束力个人裁定"或"约束力集体裁定"自始无效，如果：

①裁定中所描述的规划交易与交易实际执行的有实质性区别；
②有欺诈、虚假陈述或没有披露实质性事实；
③税务局所做的假设或强加的条件没有满足或没有执行。

（2）如果当最初裁定做出时，税务局已经注意到将导致不同裁定，那么前款所描述事实将被实质性的考虑。

85. 税法随后变化

（1）不管任何与包含在税法中相反的规定，裁定将不再有效，如果：

①事先裁定所依据的税法规定，以影响事先裁定的实质性方式被废止或修正，在这种情况下，从废止或修正之日起，事先裁定将不再有效。

②法院推翻或修改事先裁定所基于的税法解释，在这种情况下，从判决之日起，事先裁定将不再有效，除非：判决已经被提起上诉；对事先裁定所基于的具体事实和一般解释没有影响的判决；对事先裁定所基于的解释引用是随附意见。

（2）出现任何前条所规定的情形，事先裁定不再有效，无论税务局是否发布撤销或修正的通知。

86. 事先裁定的撤销或修改

（1）税务局可以在任何时间撤销或更正事先裁定。

（2）如果事先裁定是"约束力个人裁定"或"约束力集体裁定"，税务局必须首先给申请人发布规划撤销或修改的通知，并给予合理的机会对该决定提出异议。

（3）税务局必须指定决定撤销或修改的事先裁定的生效日期，该日期不得早于：该决定送达给申请人之日，除非适用第4条的情形；对于"约束力一般裁定"，自决定发布之日。

（4）税务局可以有溯及力地撤销或修改"约束力个人裁定"或"约束力集体裁定"，如果裁定做出时是错误的，且如果：申请人或集体成员尚未开始着手规划交易或关于该安排尚未招致重大成本；如果裁定没有被有溯及力地撤销或修改，申请人或集体成员之外的人将承担重大的税收损失，且如果裁定被有溯及力地撤销或修改，该申请人将受到相对较少的影响。

87. 裁定公开

（1）申请"约束力个人裁定"或"约束力集体裁定"，必须依据本节同意裁定公开。

（2）作为一般信息，"约束力个人裁定"或"约束力集体裁定"必须由税务局以局长规定的方式和格式公开，但是不得披露申请人、集体成员或其他个人身份，或在裁定中提及。

（3）在公开之前，税务局必须给申请人提供经删节的裁定草案，供其审查和评论。

（4）在公开之前，税务局必须考虑由申请人提交的任何评论、规划编辑和删节的内容，但是没有规定必须接受。

（5）"约束力裁定"申请人可以以书面方式同意包含其身份信息，或规划交易，以便于向"集体成员们"的沟通。

（6）给交易的相关税法解释或适用，不构成会泄露申请人集体成员或其他人的身份、或在裁定中提及。

（7）税务局必须以同样的方式处理"约束力个人裁定"或"约束力集体裁定"的公开，且必须依据同样的要求作为裁定原件的公开。

（8）第 2 条没有：要求裁定必须以与已公开裁定实质性相同的方式公开；在税务局已经有机会公开之前，适用已经被撤销的裁定。

（9）如果事先裁定已经被公开，因此撤销或修改通知必须以局长规定的方式和其认可的媒体予以公开。

88. 无约束力的个人观点

（1）无约束力个人观点对税务局没有约束效力、

（2）无约束力观点不可以被任何程序引用，包括法院诉讼程序，涉及观点被发布对象的程序除外。

89. 约束力一般裁定

（1）税务局高级官员可以发布"约束力一般裁定"，该裁定在特定纳税期间或其他规定的时间有效，或没有规定期限一直有效。

（2）"约束力一般裁定"必须声明：是依据本节发布的"约束力一般裁定"；"约束力裁定"主题中的税法规定；其所适用的纳税期间或其他规定期间；在"约束力一般裁定"没有规定期间的情况下，该裁定从其适用之日起无期限。

（3）"约束力一般裁定"可以作为解释通知或其他格式发布，且以局长规定的方式发布。

90. 事先裁定程序和指南

为指导和操作事先裁定制度，局长可以以"约束力一般裁定"方式，发布程序和指南。

第二节 南非税务总局《税收事先裁定综合指南》

术语表

缩略语的涵义如下,除非有另外声明:

ATR:税收事先裁定

ATR Unit:法律和政策局的事先裁定组(解释和裁定)

ATR system:约束力裁定申请过程和程序

BCR:约束力分类裁定

BPR:约束力私人裁定

BGR:约束力一般裁定

e-Filing:南非税务局(SARS)电子文档系统

所得税法:1962年所得税法58

节:税收征管法的节

TA:2011税收征管法

VAT:1991年增值税法

简介

本指南提供约束力裁定申请过程和程序、目的、哪些问题不得发布约束力裁定的信息。

1.1 目的、收益与其他考虑

ART制度的目的是促进关于税法适用或解释的清晰性、一致性和确定性。如果解释所适用的规划交易将在未来得出结论,才能申请约束力裁定。这条规则没有例外。

约束力裁定意图就SARS如何解释和适用税法到规划交易而提供清晰性和确定性。当你与规划交易有关的纳税申报表被评估时,裁定将对SARS产生拘束力,除非你对规划交易没有披露所有信息或并没有如你裁定所描述的交易得出结论。本裁定影响的范围和限制在第5条有详细说明。

申请程序是规范且结构化的。该程序并非为纳税人提供一般的税务咨询而设计,即关于他们近期的税收事务或关于税法的一般问题,例如行政问题或程序问题(哪里、何时或如何递交纳税申报表)。

申请程序过程相对较长，因此你将不得不及时地递交你的申请。

在申请约束力裁定之前，请考虑以下问题：

你问题的答案是否已经声明现存的信息来源？

该问题实质上是否不确定或复杂吗？

该问题是否涉及巨额税款？

是否有必要以约束力裁定方式取得正式的法律确定性？

你的获益是否远远超过申请裁定所需的成本？

在你规划交易开始日之前，你是否有足够的时间来等待事先裁定的发布？

发布约束力裁定所需要的时限最低也要20个商业工作日。❶

如果你决定申请拘束力裁定，建议你在会计、律师或其他税务专业人士的帮助下完成。

约束力裁定只能由SARS总部的法律政策局税收事先裁定组来发布。所有事先裁定申请必须在网上递交 www.sarsefiling.co.za.，电子文件系统也能提供SARS网站进入。

参见附录6，各种申请、所适用的期间和所涉及的成本概述。

1.2　纲要

1.2.1　定义

除非上下文另有说明，在TA第75节中已描述被赋予特定含义的相关术语。此外，以下术语内涵界定如下：

"预付款"是指依据成本回收原则，申请裁定需要事先支付费用，按照最高申请费额的百分比（通常是20%）计算。预付款必须在SARS对申请进行实质性审查之前收到。

"反避税规则"是指税法中任何一般或特定反避税规定，包括所得税法第80A节和103节，以及增值税法第73节，与司法反避税原理、原则或机制一致。

"申请费"是指高于成本回收费用的付款。当申请人递交申请时须支付申请费，该费用一般不得退还。依政府公报，每个中小制造企业的申请费是R2500。这包括8个小时免费审查。就BCR或BPR而言，所有其他申请人将支付R14000申请费。

"申请表"是为递交申请书而必须在网上完成和递交的表格。包括：电子申请表包括事先检查表、契约细节和关于引发问题的基本信息，与标准条件

---

❶ 商业工作日始于你收到发布裁定预付款的网上通知、传真或下载签署通知，且做出事先支付之日。

和状况声明一致；必须上传的约束力裁定申请。

约束力裁定申请的样本随附在附件 3 中。该电子申报系统文件上传文件最大为 10MB。

"工作日"工作日计算从完成申请之日，包括按照第 79 节规定递交所有信息。工作日不包括 SARS 等待信息或申请人回馈信息。完成时间是估计的，可以根据各种因素变化，包括由申请引发的潜在税收影响和给其他纳税人裁定的潜在影响。如果出现时间被超过的情形，该申请人将事前会收到通知。从 12 月 16 日至 1 月 15 日必须加入裁定申请的预计时间。这个"冻结日"适用于所有跨该时间段的申请。

"成本回收费"是指 SARS 所描述的费用，用于 BCR 或 BPR 的发布。该费用不包括申请费，申请费是超过成本回收费用之上的费用。

"预估成本回收费用"是指网上公开的对成本回收费用的预估。

"延期"是指由于一次性交易没有在有效期间内发生，而申请延长由 ART 组先前发布的有效期间。

"引发的问题"是指就规划交易的税务影响而在申请中提出的特定问题。

"随后申请"❶ 是指，在电子申报系统中递交的任何申请，在规划交易发生日之前、或在其他的任何日期或截止日期或关于申请的特定更早的日期之前，少于 20 个工作日。

"已递交"：申请被考虑递交，当申请人已经——接受电子申报系统给出的预估成本回收费；签署和寄还电子申报系统给出的《约定函》；支付预付款。

"可接受性通知"是指由 ATR 组发布给申请人的自动通知，通知该申请人的申请已经被接受或驳回。如果申请被接受，该通知将指明在电子申报系统中公布的成本回收费用评估。

"再确认"是对 ATR 组先前发布的约束力裁定的再申请，该裁定的有效期已经到期。如果提供的事实保持相同，申请人可以申请重新确认对该裁定的适用期限。重新确认是约束力裁定申请，且适用于申请的所有条件和情形均适用于重新确认的裁定，包括申请费。

"裁定"是指由 SARS 总部的法律政策局税收事先裁定组发布的一份完整书面声明的信函。裁定阐明 SARS 对相关税法的解释，以及如何将它们适用到

---

❶ 在交易日之前，除非有足够的时间用于裁定申请，否则申请不会被接受。

裁定描述的规划交易中。

一般而言，裁定包括：依据第78节做出的BCR或BPR的认定声明；申请人的姓名、税号和邮寄地址；在BCR中，受影响类别成员的描述或清单；相关的法律规定和法律问题；规划交易的描述；特定裁定草拟；任何由SARS做出的、关于裁定有效性的假设或所描述的条件；裁定的有效期间。

以减少费用为目的的"中小制造企业"被定义为——

任何人，除了清单外公司，如果最近评估年度的毛收入没有超过所得税法第12节定义的"小商业公司"所描述的金额；

关于增值税裁定申请，仅适用于，任何合伙，最近评估年度的毛收入没有超过"小商业公司"定义所描述的金额。

1.2.2 ATR过程的实质

通常，ATR过程涉及大量的步骤：由递交申请开始，由ART组发布裁定结束，且由SARS以删节后公开。

这些步骤概括如下：

递交申请表。ART过程始于申请表的递交，支付申请费。申请表必须以电子文档方式递交，且申请费的支付必须通过SARS的电子申报系统完成。没有支付申请费的电子申请将在10天内到期。如果就是否会被驳回有任何不确定性，在支付申请费前，欢迎申请人登录在线申请，并上传申请文件进行评估。

预筛选检查表。第一份必须完成的是预筛选检查表，该表有助于确定你的申请是符合ATR过程，且不会被退回。

细节和其他基础信息的沟通。剩下的申请表必须允许SARS与你及代理人（如果有）获得信息沟通。为了加快把你的申请分配给专家，并处理你的申请，相关表格也让SARS能认定问题所在的税法一般领域。

确认和参考号。一旦你成功递交预筛选检查表和申请表，你将收到一个电子确认号。你的确认号也包括一个参考号，用于你进一步就申请与SARS沟通。

支持信息和其他要求项目。依据第79节，你必须提供关于你申请的支持信息和其他要求项目。你必须在电子确认之日起5个工作日内递交，除非取得书面的延期。

审核申请。一旦收到支持信息和其他要求项目，该申请就被分配给专家。该专家将更全面地审核你的申请，确保不存在退回的情形。

验收通知。在完成审核后，专家将在递交所要求的5个工作日内完成，并通知你的申请是否已经被接受。如果申请接收，该通知将指明成本回收费用评估已经发布。

成本回收费用的评估。该专家将给你提供一个在线成本回收费用评估。你申请的相关工作，需要你阅读并接受《约定函》，同时接受电子化的成本回收费评估，并支付成本回收费最高额的20%预付款。

《约定函》

在接受预估的成本回收费后，你必须在相关栏目里打勾，表示你已经阅读和接受《约定函》。《约定函》是一份在你与税务局之间具有约束力的契约，阐明管理裁定程序的基本条件和情形，包括你可接受的预估费和同意支付预付款和尾款。

实质性审查。一旦这些要求已经满足，专家将对你的申请进行实质性审查。在这个过程中，专家可以要求提供关于你申请的额外信息。导致审查失败的情形详见附录4。如果裁定出现可以适用排除或反对标准的情形，裁定申请在审查程序中仍然可以被驳回。

专家会议。在审核过程中，你或专家可以要求举行会议讨论和澄清引发的问题或规划交易自身。注意该会议在文件上传之前或申请草稿已经提供之前不得举行，且不得表明裁定结果是否为积极或消极。

状态跟踪。在电子申报系统中，你可以对审查的全过程核对你申请的所有状态，也可以提供电子邮件查询。

裁定建议稿的通知。一旦完成审查程序，税务局将通知你在线查看回应你申请引发问题的裁定建议稿。裁定建议稿有可能是积极的，也可能是消极的。你可以：

请求不要发布裁定，并在递交停止继续的通知后，撤销在线申请；

在某些限定情况下，修正申请，解决规划交易引发问题的部分。

无论怎样，你将对你的申请工作承担责任。特别是，支付的任何申请费将不会退还，且从停止继续通知递交之日为止，必须支付任何超过的成本费用。

两种情形均需对已公开的最初成本回收费用进行修正。如果需要，专家会通知你。

发布裁定。一旦所有的前期步骤完成，裁定将在线会发布给你。该申请必须及时收取，不迟于通知中规定的你认可最终裁定之日。

裁定的有效期间。裁定仅仅在特定的期间内有效。假如事实保持相同，重新确认可以再次申请。多数情形下，没有必要再次申请延期，即使该期间超过裁定规定的有效期间。例如，如果裁定依据所得税税法第12D节被重新申请，而且减记资产价值限定在每年5%，该裁定可以在5年内有效，但是成本将在20年内摊销。在裁定到期后，税务局不会改变减记期间，除非外界证明撤销裁定是正当的。在这种情况下，税务局将会与外界沟通，如果裁定有效，其结论将及于申请人。

以删节的方式公开裁定。如果ATR发布给你后，最终步骤涉及删节后裁定的公开。你将收到一个删节裁定草案的副本，进行在线审查和评论。你必须详尽地审查该草案，并把你认为不正确或其他机密信息、应当被删节的内容通知税务局。税务局必须确认，在公开之前，任何评论、修订建议和删除内容递交给你。如果有争议，税务局关于公开裁定的内容的决定是最终的。

必须采取以下步骤，如果你申请重新确认：登陆税务局电子申报系统，再次在线申请一般的申请过程；支付相应的申请费；在5个工作日内，递交重新确认申请，阐明为何应当授予重新确认的动机和原因。该动机必须解决：①背景情况是否有变化的问题；②为何在该实例中，有必要从申请人的视角解释延期的理由。

2 一般信息

2.1 ATR制度适用何种税法？

税务局可以就任何税法事项发布事先裁定。

2.2 ATR的申请

任何自然人、公司、信托或财产，是或意图是规划交易的一方，可以申请关于该交易的约束力裁定。申请人不必是所得税法第1节定义的居民，或者在申请时承担南非税款。

代理人，例如律师或会计师，可以代表客户递交申请。代理人代表客户提出申请必须递交授权委托书或同等书面声明，由申请人签字，授权申请人递交申请书和在申请过程中代表申请人。

没有参与或没有意图参与交易的人不得提出裁定申请，代理人除外。

2.2.1 合伙的特别规则

合伙企业不得以所得税为目的申请BPR，因为合伙不是所得税目的上的"人"，但是合伙人可以提出申请。与规划交易相关的合伙可以代表合伙人申请BPR。合伙也可以申请其他税法问题的BRP。在基于增值税为目的的BPR申请情形下，合伙是或可以是注册供应商，因此可以申请BPR。合伙可以代表某一类型申请涉及所有税种的BCR。

2.2.2 非居民申请人的特别规则

如果申请人是考虑在南非做经营或投资的非居民个人或公司，他们在递交申请时，有可能没有南非身份或税号。为此，在线申请程序包括特定公司用于这些实例。这些表格要求申请人提供他们所在国的身份证号码代替南非身份证号或税号。

此外，税务局电子申报系统仅能接受从南非四个银行之一的账户支付申请费。如果你的申请正在被当地的代理人递交，电子申报系统能接受代理人持有的四个银行之一的账户，代表你支付申请费。如果申请人由自己递交，那么特定程序可用于支付。详细说明可以在税务局电子信息申报系统中获取。

2.2.3 BCR 和 BPR 申请的规则

超过一个"申请人"

第81节规定，如果对于一个规划交易有超过一个申请人，税务局可以基于申请人申请，就该申请收取一笔规定费用。

因此，税务局将接受一个申请人的一份申请，以及共同申请人，例如，在这种情形下，涉及多个公司提议达成一个交易，该交易符合所得税法第45节规定的为社团内部救济处理的各方主体。

第79节规定超过一个申请人必须指定一个领头的申请人代表共同申请人。

BPR 或 BCR

未来明晰申请是否应当作成 BCR 或 BPR，界分场景提供以下：

虽然双方（例如，公司 A 和特定目的工具 SPV 具体化一个股票投资计划）同一交易的各方，但是 BPR 申请必须由 A 公司递交，而 BCR 申请必须由股票投资计划作为投资者的代表递交。对他们的每一个主体而言，税法的解释和适用完全不同。因此，在双方是同一个交易中的多方时，电子申报中一个申请是不够的，亦即两个裁定，应当是，一个 BPR，一个 BCR。在类型表中，仅一个申请人能够申请 BCR，因此在 BCR 中没有共同申请人。

顺便举个其他例子：公司 A 提议给雇员支付奖学金，他们申请裁定，该支付对公司 A 而言将可扣除，且奖学金不计入雇员的总收入。BPR 将发布给公司 A，BCR 将发布给雇员。公司也可以选择只是就扣除申请裁定，而保留员工税款。在这种情形下，公司将不得不代表雇员申请 BCR。

如果不同交易发生，虽然他们是同一整体计划的一部分，将要求两个不同的裁定。例如，公司就雇员从顾客处收到的小费，为安全起见由公司保管，随后支付员工，依据某些条件，是否构成公司的总收入而申请裁定。就支付给员工的数额是否构成所得税法第 4 号一览表中定义的"报酬"而论,要求额外裁定。给雇员的支付源自小费收取的后果,但是也从一个独立交易引发的(支付给雇员),因此,要两个申请。

2.2.4 "交易"的内涵和第 77 节事先裁定的范围

"交易"被定义为任何事务处理、生意、商务、安排、营运或计划,包括一系列交易。该定义排除,例如,如果该交易在过去发生,并获得贷款,那么依据第 11 节所得税法规定的在决定应税所得中属于津贴的情形下,就包括或可扣除数目决定申请裁定。

例如,裁定将发布给申请人,该申请人就何种特定资产、在裁定发布后何种会被收购导致可以摊销而申请裁定。

没有明确的法律要求,在裁定发布之前不能成立规划交易,但这是有争议的。因此,申请人强烈建议与税务局的 ATR 组讨论,在裁定发布前就规划交易在适当的情形下的执行可能性。

2.3 费用——第 81 节

约束力裁定申请是必须同时承担申请费和成本回收费。

申请费的最大额度不会被超过,除非:(1)申请人修正申请;(2)在裁定过程中新问题引发或被识别。

如果申请人不愿或拒绝接受修正后的费用,那么申请可能被驳回,没有任何退款、放弃或中止支付在该点已经发生的任何费用。

2.3.1 申请费

为了递交约束力裁定申请,你必须支付申请费。该费用必须在你递交申请时支付。除了少有的实例,经税务局先前批准,申请费用必须在网上通过电子申报系统支付。特定程序也适用于没有南非银行账号的申请人。详细说明可在税务局电子申报系统网站获取。

申请类型	费用预估范围	预估押金	每小时费率	预估完成时间(天)
标准	R10000 ~ R35000	R7000	R650	20
一般复杂	R35000 ~ R70000	R14000	R650	45
高度复杂	R70000 ~ R105000	R21000	R650	60
离奇的	个案	个案	R650	个案
紧急申请	个案	个案	R1000	个案

对于中小型企业关于 BPR 和 BCR 的申请费最近是 R2500。其他人的申请费都是 R14000。该申请费是不可退还的，除非有例外情形。

2.3.2　成本回收费

你的申请还要承担成本回收费，基于审查你申请引发问题而所花的时间来计算，和关于发布裁定发生相关的任何直接成本一样。这些直接成本可能包括差旅费，例如，如果去现场更有帮助。该费用还可能包括获得顾问和专家服务而发生的成本，例如，工程师或科学家，有必要对规划交易的技术部分获取建议。

成本回收费的金额依赖于很多因素。这些因素典型的包括问题带来的数目和复杂性，规划交易自身的复杂性和合同、文件和其他信息的数量，与申请相关必须审查的资料。

重新确认和申请延期也将收取成本回收费。该费用将基于重新确认要求的复杂性确定。

3　驳回申请

3.1　综述

就可以申请 BCR 或 BPR 的问题，税收征管法强制规定某些限制。这些限制要求驳回不符合审查资格的申请。

通常，驳回解决四个基本领域的关注：

提供 ART 制度无法解决的事实密集型问题。

在裁定发布之前，需要规划交易的完整过程；

以最有效和效益方法配置有限资源需求的可能性。

与 ART 制度适当角色相关的某些基本政策问题。

这些限制的更多细节在3.1.1中详细讨论

注意：

在递交申请之前，查阅该清单是你的责任。

如果你递交的申请，且随后确认，该申请要求或需要的裁定，涉及先前已递交过申请中存在该清单所认定的问题，那么申请将被驳回，且申请费不予退还。

3.1.1　驳回——第80节第1条

税务局可以驳回关于某些事项的 ATR 申请。

适用排除和拒绝的申请，在以下清单中列明，并在（1）至（21）项中进行详细讨论：

申请所要求的规定、结论或决定是关于——
①请求或要求观点、结论或决定的透视图是关于：
资产的市场价值评估；
外国法律的解释或适用；
与申请人或集体成员相关的关联人所提供，或提供给他们的货物或服务的价格；
税法的合宪性；
规划交易是假设的或没有严谨计划的；
税务局依据所得税第4号一览表发布指令可以解决的事项；
无论个人是否为一个独立承包商、劳动经纪人或人力资源提供者；
以学术目的递交事项。
②内容为
轻率的或无理取闹的问题；
申请人或集体成员有可替换路线的行动，尚未严谨计划的；
该问题与以下问题相同或实质性相似：近期由税务局审计、调查、或其他处理，涉及申请人或集体成员（或与申请人或集体成员相关的关联人）；依据政策文件或已经公开的立法草案；面临第9章的争议解决。
③涉及一般或特定反避税规则或原则的申请或解释；
④涉及一个问题：
本质上属于事实；
在申请提出时尚无法合理决定的未来事件或其他事项，而解决方案依赖于前述情形的假设；
由为避免双重税收协议双方中的主管机关处理更适当时；
在申请人的税务处理中依赖于规划交易税务处理的其他方，而该方没有提出裁定申请；
与申请人已经收到的不利裁定中的问题相同或实质性相似；
⑤涉及解决该问题需要将导致过度消耗时间或过度占用资源；
⑥要求税务局对交易实质做出裁定且不顾其形式。

除上述内容之外，申请涉及由税务局认定的问题并在政府公告中公开的问题也可能被拒绝。

这些被驳回的原因很多，主要原因如下：
设计ATR制度的目的，是为给纳税人提供关于税务局对税法问题观点的确定性（而非直接为法律的确定性，间接提供法律确定性），并非为解决事实问题而设计。在交易已经完成后，事实才得以确立，任何事实问题都必须由审计程序解决（亦即，针对规划交易而言，裁定做出时，交易事实尚不存在）。

很多重要税务问题涉及申请或解释税法到规划交易的事实。关于这些问题的裁定申请通常不会出现疑问。但是有些问题是固有或明显的事实性质。

税务局必须全部有限的资源得到最佳使用。由此，ATR 制度所提供的指南，仅限于为在提出申请时，已在严谨计划中的规划交易。

进一步而言，问题的解决方案，可能依赖于在递交申请时无法合理地解决的事项，或依赖于没有提出裁定申请的其他主体的税务处理。

如果税务局要求关于申请的额外信息，且申请人无法或拒绝提供这些信息，那么税务局可以驳回该申请，申请费用不予退还。

注意：

所给的任何案例，仅以提供信息为目的，且仅意图描述驳回所适用的状况类型。由于驳回是基于自由裁量权的实质，任何涉及事实申请的决定，在详尽对申请自身进行审查后，必须在个案的基础上专门做出。

所做出的声明必须真实正确是你自身的责任。

这些声明须保持到审计时的审核和核实。

披露引发关于反避税规则严重关注的任何事实，也是你责任。如果你无法做到，税务局可以在审查过程中，发现这些事实的任何时点上，驳回你的申请。申请费不会退还，且驳回之日前未付的成本回收费必须支付。

如果随后认定实质性声明不真实或不正确，那么裁定从发布之时起自始无效。

对第 80 节的逐项细解：

（1）申请要求提供的观点、结论或决定是关于资产的市场价值评估时；

该排除适用于申请要求或请求一个决定：

资产的近期市场价值，例如，你的房子、股票等；

融资工具或其他支出的市场价值，以决定公司是否为"国内融资工具持股公司"或"外国融资工具持股公司"为目的。

出于捐赠目的，某项资产已被公平市场价值处理。

该排除或拒绝可能不适用于以下状况：

通常，如果申请仅仅包含关于资产市场价值的声明，但是没有请求或要求关于该事项的决定，该排除或拒绝不适用。因此，该排除或拒绝将不适用于资产市场价值相关的、依据特定立法规定的要求或先决条件的情形，但是申请没有请求或要求涉及该要求或先决条件自身、或资产真实的市场价值。

相似地，该排除或拒绝通常将不适用于，关于资产市场价值的声明没有提供涉及裁定申请的、有用的或有帮助的信息背景。

案例1

申请人可在以申请一个裁定，与规划公司形式交易相关，申请人将资产处理给公司，作为交换条件，成为有权做出公司发行权益股之外的其他考虑。所引发的问题被限定于其他考虑的处理方式。该公司形式规定仅适用于资产市场价值超过其在处置时的基础成本。在这种情况下，申请可以包括要求是满足的或资产的市场价值将超过其在交易时的基础成本。

（2）申请所要求的观点、结论、决定涉及外国法律的解释或适用

该排除适用于申请要求或请求一个决定：

依据外国法决定居所地的规定来认定公司是（或不是）外国居民。

外国公司所做的某些分阶段付款将（或将不会）面临由外国征收的预扣税款；

外国公司收到或累计的特定金额将（或将不会）构成该外国所得税法规定的总收入项目。

该排除或拒绝可能不适用于以下情形：

如果申请仅仅包含关于外国法中的特定问题，但是没有要求或请求关于该事项的决定，那么该排除或拒绝不适用。因此，该排除或拒绝通常不适用的情形为，外国法问题与依据特定立法的要求或先决条件相关，但是该申请没有提出关于立法要求或先决条件、或外国法问题本身的要求或请求。

类似地，该排除或拒绝不适用于关于外国法问题的声明，仅仅提供对裁定申请有帮助或有用的背景信息。

例如，申请人可以就外国征收的特定税款而提出关于所得税法第6节规定的退税延后申请。在这种情形下，申请人可以提出一份声明，表示问题中的税款将不会承担基于第6节的目的有任何人主张任何权利。

（3）申请所要求的观点、结论、决定涉及与申请人或集体成员相关的关联人所提供、或提供给他们的货物或服务的价格。

该排除适用于申请要求或请求一个决定：

申请人销售给外国子公司所收取的货物价格，应当反映所得税法第31节设想的公平交易原则；

申请人提供给由其所有的外国控股公司的服务所收取的价格，应当反映所得税法第 9D 节所考虑的公平交易原则；

申请人将资产规划处理给与申请人有关系的关联人时，其收费考虑，应当反映出所得税法第 8 个一揽子安排中所考虑的公平交易。

如果申请仅仅包含关于价格或服务的声明，但是没有请求或要求涉及该事项的决定，该排除或拒绝不得适用。因此，通常排除或拒绝不适用的情形为，货物与服务价格与依据特定立法的要求或先决条件相关，但是该申请没有提出或要求裁定与要求或先决条件自身相关、或价格自身相关（例如，是否真实反映公平原则、或资产或服务的公平市场价值）。

类似地，排除和拒绝通常不会适用于关于价格的声明，仅仅提供对裁定申请有帮助或有用的背景信息。

（4）申请所要求的观点、结论、决定涉及税法合宪性。

该排除也适用于任何包含或包括声明或假设税法不合宪的申请。该规定没有例外。

（5）申请所要求的观点、结论、决定涉及规划交易是假设的或没有严谨计划的。

"假设的"交易将包括基于进一步调查或考虑的可能，仅仅为推测的、理论的或规划的事项。例如该排除将适用于任何申请：

表明申请人正在考虑在未来可能的电影工业投资，但是没有特定的计划在近期这么做，仅仅是对这么做的潜在税务后果有兴趣；

与一个非常普遍可能的交易，但是未能识别出有其他参与方，且全部或多数特定的交易条件是模糊的，或面临实质性不确定；

指明申请人仅仅是正在思考或考虑一个可能的交易或行动过程，但是最近没有确切的计划这么做。

（6）申请要求裁定的事项为税务局依据所得税第 80 节第 4 号或第 7 号一览表发布指令可以解决。

相较于申请裁定，发布指令可以更容易和快速解决的事项。指令对局长有约束力，且纳税人无须为指令支付任何费用。由于指令申请的事实性质，ATR 申请也有可能基于第 80 节第 1 条第 4 款第 8 项被驳回。

（7）申请涉及雇主的义务，决定个人是否为一个独立承包商、劳动经纪人、或人力资源提供者。

该问题是事实和资源密集型的，此外，只有雇主有对这些事实有完整的认知。

（8）以学术为目的递交申请。

该排除适用于任何由以下主体递交的申请：教授、税务从业人员（在特定行业中为税务从业人员的客户准备最小化纳税义务的计划）、学生。

（9）申请描述、包含或引发轻率的或无理取闹的问题。

轻率的问题包括问题的答案在法律平直的语言中是非常地明显，例如，由居民提出的裁定申请，在南非提供的服务作为报酬以普通薪资支付是总收入。无理取闹的问题包括申请一下决定，认为特定的税法是不公平的且要求被废止（或者，尽管其对规划交易有适用性，但不应当这么做，因为这样做会给申请人带来困难）。

（10）申请描述、包含或引发对申请人或集体成员来说是可选活动（尚未严谨计划）（或者对于该可选活动提出一个观点、结论或决定）。

该排除将适用于阐明各种方法或路径的申请，为订立或执行规划交易，直接或间接寻求关于规划结构应当如何安排的税务局建议。也将适用于阐明规划行动过程的申请，但是倘若是一个不利裁定，进一步要求税务局建议或提议不同的替换，以对问题实施救济。ATR制度的功能是为了给申请人规划交易的特定税务处理提供约束力裁定。而非为申请人提供关于如何建构可能交易的税务或法律建议。

该排除或拒绝可能不适用于以下情形（在主要问题处于不利裁定的情形下，关于重大问题的指导）：

在某些情形下，即使存在与特定问题有关的不利裁定的情形，申请人仍然承诺从事某商业交易。在这些情形中，关于主要或入门问题的不利裁定，是有可能对规划交易有重大影响，且可以引发新的或不同的问题。在这些有限的情形下，排除或拒绝不适用于寻求该问题的裁定申请。

案例2

一个公司正筹划在国外开一个合资企业，并想要通过依据该国法律设立一个特定类型的实体组织来进行风险投资。在这种情形下，申请人可以申请一个裁定，认定该外国实体成为一个所得税法目的下的公司。然后申请另一个裁定，把关于第9D节第1条界定的"参与者权益"适用到申请人在该实体中的所有者权益上。此外，如果在这个主要问题上有不利裁定，作为可替换项，申请人可以申请裁定，就外国实体将是一个合伙，同时，依据第24H节的规定，该申请人将成为合伙人。

该例外仅仅适用于，申请人是坚定地致力于追求，与主要或入门问题相关的行为过程的情况。因此，例如，如果一个申请表明申请人意图使用一个特定的外国实体作为在另一个国家的合作企业，但是，只有当该企业被南非所得税法划分为合伙，而且如果有一个不利裁定，其正在考虑使用关于该交易实体的每一项都依赖于南非税务处理，那么该例外不适用于该申请。

（11）申请描述、包含或引发的问题，是与第 80 节第 1 条第 2 款第 3 项潜在地或已发生地争议相同或实质性相似。

如果申请要求或请求以下事项的决定，税务局可以驳回申请。

近期由税务局审计、调查、或其他处理，涉及申请人或集体成员（或与申请人或集体成员相关的关联人）。

这是一个实质性事实，在任何情况下必须在申请中披露。该规则没有例外。把 ATR 制度作为一种替代性争端解决机制下的服务是不适当的。更多的细节讨论详见 4.2.6。

该问题是政策文件或已经公开的立法草案的目标。

在立法草案正式实施之前，税务局不会接受申请，请求与任何规划立法草案相关的申请或解释。此外，税务局将不会接受申请，要求或请求关于对已存在的税法面临规划修正，就披露的这些修正进行评论，不管是对公众，还是对行业集团。如果规划修正具有溯及力，那么对自修正规划生效之日起随后订立或执行的规划交易而言，这种申请根本不会接受。

该排除或拒绝可能不适用于以下情形（特定案例的迫不得已需要）。

在特殊情况下，税务局可以同意接受裁定申请，就关于现行法律在发布政策文件或修改建议后对此事进行评论的裁定，如果：

规划交易将在政策或规划修正生效日之前成立或执行；

申请单独就近期法律的解释或适用寻求裁定；

决定将根据具体情况而定。

案例 3

申请人可以申请关于处理规划黑人经济振兴法案下交易某些部分的裁定。治理税法的规划修正案已经被披露供评论，但是规划交易将在修正的规划生效日之前完成，主要融资方不会承诺为交易提供融资，除非收到关于该问题的有利裁定。申请人单独就近期法律的适用和解释寻求裁定。在这种情形下，税务局将考虑接受申请。

面临税收征管法第 9 章第 80 节规定的争议解决程序。

如果申请引发或表述的问题是与近期在法院审理中的案件相同或相似，那么税务局可以拒绝申请。

（12）申请要求适用或解释任何一般或特定反避税规则或原则。

该驳回有多个重要原因。一个是这些反避税规则的申请，通常是极度事实密集型，无法着手开始，直到交易已实际成立或执行。其他危险性是该裁定程序可能被滥用，在尝试在这些规则中探查漏洞，或为新的滥用避税计划研发"路线图"。

在实践中，该驳回将适用于两种特定情形；这涉及任何申请。

明确地请求或要求裁定涉及反避税规则本身的适用或解释；

关于规划交易，如果其按照申请所描述的方式处理或执行，在反避税规则下将引发一系列关注。

案例4

申请人申请裁定，即是否为规划多步骤交易将考虑以所得税第80A节到103节的"安排"。

案例5

申请人申请裁定，关于所得税法第80A节"异常要求"将如何解释和适用到与规划复杂系列交易有关，从而产生重大税收效益。

案例6

申请人申请裁定，即获得税收利益是否为规划交易的单一或主要目的，为达到所得税法第80A节要求而实施。

案例7

申请人申请裁定，即与外国子公司股票销售和出售所得的后续处理有关的规划交易，是否将构成所得税法第64B节第3条第8个一揽子计划中的"交易、营运或计划"。

案例8

申请人申请裁定，即所得税法第24节定义"工具"，且随后支付给关联人涉及的工具问题，是否将构成"交易、营运或计划"下该节所定义的"到期收益"附带条款。

案例9

申请人申请裁定，涉及依据所得税法第12C节有权主张与其购买飞机有关的投资优惠。购买融资涉及一系列步骤和大量复杂的金融衍生品。这些步骤和金融衍生品的净效应是，在各方之间形成循环现金流，规划交易是通过一个税收中立主体来进行,这导致飞机成本的实质性增加。规划交易的这些部分没有在申请中披露,所提供的信息中也没有明显增加。发现这些因素之后,税务局可以依据本项排除驳回。如果申请人未能披露引发循环现金流规划交易的任何步骤或部分,将会导致相似的结果。在这种情形下,申请人须为申请工作承担责任。所支付的申请费不予退还,且必须支付任何从驳回之日前所发生的成本回收费用。

驳回不予适用的情形:

如果申请仅仅包含一个声明,该声明提供与申请有关的要求或有帮助信息,税务局不得驳回。

例如,申请要求裁定,即从一个集团公司向另外一个公司转移资产的规划交易,是否将构成所得税法第45节第1条规定的跨集团交易,由于其包括一份规划交易不是更大交易、运作或计划一部分的声明,将不会被简单驳回。

(13)关于问题属于事实性质的申请。

ATR制度被设计为给纳税人提供税务局对税法问题观点的确定性。该制度并非为解决事实问题而设计或适用。在交易已经完成后,事实才得以确立,任何事实问题都必须由审计程序解决。

很多重要的税务事项涉及将解释或适用税法到规划交易的事实。与这些事项相关的裁定申请,通常不会提问题。但是,某些事项是固有的或明确的事实性质。就是这样的问题应当被排除。

案例10

申请人申请裁定,即已收或应计的金额,在需要根据周围事实来确定其意图的情况下,是否将其定性为收入或资本。指导原则是,无论是否有必要,在法律程序中,决定任何关于申请人意图的争议,对于该意图应当通过对申请人证据的交叉询问。

案例11

申请人申请裁定,申请人的规划活动构成执行所得税法第1节规定的贸易(商业)。

为了认定特定的问题是否为固有的或明确的事实性质,税务局可以更新额外考虑清单,列入清单的将依据本节排除予以驳回。如果申请人请求的裁定与已经被认定为固有的或明确的事实相关,那么申请将被驳回,申请费不予退还。

驳回不予适用的情形:

如果申请仅仅包含一个声明,该声明提供与申请有关的要求或有帮助信息,税务局不得驳回裁定申请。例如,由于申请包含第79节所要求的规划交易事实的完整描述,申请不得驳回。

如果申请提出的法律问题和事实问题仅仅是解决该法律问题偶然的或附属的,税务局也不得驳回,但对于事实自身,不得发布裁定或决定。

最终,税务局可以发布与法律问题相关的依赖于特定系列事实;这些事实对关于规划交易的法律适用或解释来说是清晰的、直接的或基本的。再次,在这种情况下,裁定将仅仅是税法的适用和解释到所提交的事实,关于这些事实不会作出裁定或决定。

案例12

申请人从事汽车制造,为了让工厂营运增加效益和减少成本,准备购买和安装新的、高科技 CAD/CAM 系统。与其申请相关的申请人递交各种市场、技术、培训资料,描述该系统详细的功能和操作。申请人请求裁定,要求认定该 CAD/CAM 系统构成所得税法第12C节目的下的制造过程中申请人直接使用的机器。

案例13

申请人正在筹备成立一项与规划广泛的基于黑人赋权计划有关的复杂、多阶段的交易。作为交易的一部分,申请人正筹划转让某些资产给子公司(在转让时持有最少70%的股份)。为此,申请人申请裁定,请求认定该规划转让符合所得税法第45节的"跨集团交易"。

(14)裁定申请所涉问题为,在申请提出时尚无法合理决定的未来事件或其他事项,而解决方案依赖于前述情形的假设。

基于该排除,如果解决问题所依赖于其他人的未来行动,除非该(其他)人是规划交易的一方,否则申请将被驳回。

案例15

申请人申请裁定,所得税法第20A节环形篱笆投资策略不适用于从规划新贸易中评估损失。该贸易问题不是征管法第20A节认定事项之一。在这些情形下,环形篱笆策略规定的申请将依赖于申请人是否承担自于未来年度贸易内所评估来的损失。该事实超越申请人的控制,在申请时无法做出决定。据此,该排除将适用,申请将别驳回。

案例16

申请人筹划租赁经营场所,意图将之开发为办公人员停车场。申请人依据所得税法第 11 节准备提出折让。为了能够主张折让，申请人筹划从承租人的角度与土地使用权人订立租赁协议，特定条款在裁定中阐明。如果这些条件在申请中达成一致就会成功，但是税务局将不得不假设，在可预知的未来，所有这些参与方将同意按照申请人所提出的保护条款来成立规划交易。因此，虽然申请人筹划交易，在这个实例中，但税务局将不可能为促使申请成功而做出所有必要的假设。申请人必须提供规划租赁契约，承租人必须提供其将确定要转租办公空间的标准条款。如果至少可以认定一个规划次级承租人，那么这将更加增强申请人的前景。否则税务局可能接受申请，发布积极裁定，条件是次级承租人严格按照申请人提供的条款订立协议。

驳回不予适用的情形：

依据第 78 节，税务局依据裁定所描述的条件和假设，可以发布约束力裁定。在某些情形中，申请可以包含关于参与各方未来行为的声明，他们与规划交易引发的问题直接相关。在这种情形下，税务局可以发布裁定，但仅在各方行为实际发生的未来行为，与申请声明的行为严格保持一致。

如果申请人随后未能满足这些条件或者假设，裁定将从发布之日起被视为无效。

（15）申请涉及的问题是，为避免双重税收，由签订协议的主管机关处理更适当时。

税务局可以驳回申请，关于或涉及避免双重税收，由签订协议的主管机关处理更适当时的问题。

（16）申请涉及的问题与申请人已经收到的不利裁定中的问题相同或实质性相似。

ATR 制度资源有限，将这些资源尽可能高效率或高收益的进行分配非常重要。对于不利裁定也不得上诉。因而，再次收到与先前不利裁定相似的问题，可能相当于对 ATR 程序的滥用，这是本规定寻求阻止的。

一般而言，该排除可以适用于，如果：申请人做出的重复申请与循环规划交易有关；且自从先前不利裁定之日起，税法和相关事实没有实质性变化。

（17）申请涉及的问题是，申请人的税务处理依赖于规划交易参与方的税务处理，而该方没有提出裁定申请。

在某些复杂的多方交易，例如，由申请人提出问题的解决方案，可能依赖于另一方的税务处理或另一方参与该交易的结果。该排除可能适用于以下情形。

案例17

申请人是居民公司，且是一个控股公司的全资子公司，另一个居民公司。公司 X 有不同权利的数个股权集体，这些股权在近期均于申请人或控股公司无关。在多步骤规划交易中，控股公司筹划购买由公司 X 发行的、超过70%的（并非全部）不同权利股权集体。完成该步骤之后，为了联合两个公司（申请人和公司 X）的经营，并达到某种经济规模，申请人计划转让某些资产给公司 X。在其申请中，申请人请求裁定资产规划转让构成所得税法第45节"跨集团转让"。但是，为了让交易满足该定义，申请人和公司 X 必须成为同一个集团公司的成员。反过来，该问题的解决有赖于控股公司在第一步完成后，是否将持有公司 X 普通股总额的至少70%。依据这些情形，该排除可以适用，除非控股公司也递交关于所有权问题的申请。

案例18

申请人依据所得税法第11节申请裁定，有权享受该改善影响的主体将获得利益增长，但该主体并非申请人。该排除可以适用，除非享有利益增长权的这方是该申请的合作申请人。

（18）申请涉及规划交易是其他交易（该交易与裁定申请的问题相关）的一部分，且其他交易的细节尚未披露。

如果申请人请求以下问题的裁定，税务局可以驳回申请：

与规划交易有关；

规划交易是其他交易的一部分；

其他交易对该问题有影响；

其他交易的细节尚未披露。

一般而言，该排除有可能涉及复杂多方主体、多步骤交易。

案例19

申请人是居民公司，正筹划与其他居民公司开展所得税法第44节讨论的混合交易。作为该规划交易的一部分，申请人将转移所有的资产给 R，以此交换 R 公司的股权份额，申请人债务将假设为，部分资产将在规划交易发生的18个月内一直发生。申请人请求裁定通过申请人的资产处理，将符合申请人依据第44节下的完全"以旧换新"投资（full roll-over relief）❶，但是，取决于债务发生情况。因此，该排除可能适用，除非申请人也披露这些相关交

---

❶ 将资本利得税延期到业务中，允许重新投资到有利可图的资产出售中获取收益，作为一种将旧资本资产替换为新的或更好的资产。

易的细节。

在这种情形下,申请人将给予机会提供必备信息。如果申请人仍然无法或拒绝提供必备信息,该申请将被驳回。如果申请依据本规则被驳回,那么所收款项不予退还,或申请人支付任何在驳回前发生的与申请相关的成本回收费。

以上案例涉及无法提供所有要求的信息相对容易的救济。有实例证明,这些信息并非必须严格地要求得拼成一副完整的图片,但是不要没有披露某些信息,尽管如此,会提出一个问题,为什么申请人没有选择完整地披露这些信息。税务局不会接受这样的解释:申请人认为税务局不需要知道或税务局应当已经知道未披露信息,这些信息在税务局掌控之下。ATR 程序是一种税务局依赖于纳税人和税务从业人员诚信的制度。因此,在申请人与 ATR 组打交道时,税务局需要一项制裁,通过该制裁来强迫申请人坚持披露的最高道德标准。申请程序在很多方式上与部分诉讼法申请相似。法院反复强调申请人的申请——由于其是不受反对的——有非常严格的义务来做出完整和坦白的披露,且税务局认为同样的标准应当适用到 ATR 申请。随之而来的是,如果未能被披露,税务局认为是重大事项,申请人可以再次申请,提供原因,即为何申请不应当被驳回。

(19) 申请涉及问题将导致过度消耗时间或过度占用资源。

该驳回是意图帮助确信 ATR 组有限的资源能最优化得到使用。作为结果,税务局可驳回这样的申请。特别是,该排除可以适用于申请人无法及时递交收取,考虑到这个数据,所引发问题的复杂性,规划交易自身的复杂性,或大量实质性支持文件。

依据被规定,在申请被驳回之前,申请人将收到通知,给予机会就支持或证明申请可接受性的特定情形进行申辩。

如果申请依据该排除被驳回,那么该申请的申请人通常将收到申请费的退款。

案例 20

申请人是居民公司,意图建立一个考虑多年的、复杂的跨国重构交易。该规划交易将涉及超过一打以上步骤,将涉及超过 25 个独立法律安排。申请人申请裁定,涉及 20 个离散的问题,包括依据所得税法第 9D 节、公司规则、税收征管法第 8 个一揽子计划等复杂问题。在规划交易开始前 15 天,申请人递交约定书裁定申请。在这种情形下,该申请人要求重新分配资源加快本申请的处理，这将给其他及时递交申请的人带来损害。此外，已有的数量和复杂性所引发的问题、规划交易自身潜在的复杂性，税务局不可能在申请人所留的有限时间内、以适当的方式解决该问题。在此情形下，该排除将予以适用。

（20）申请涉及要求税务局对交易实质作出裁定且不顾其形式。

税务局可以驳回申请（要求税务局对交易实质作出裁定，且不顾其形式）。

（21）申请人无法或拒绝提供税务局要求的、与申请相关的额外信息。

税务局任何时候都有权要求申请人提供额外信息，如果申请人无法提供或拒绝符合该要求。如果依据本规定申请被驳回，那么所收款项不予退还，或申请人支付任何在驳回前发生的与申请相关的成本回收费。

3.1.2 关于何种情形局长可以驳回申请的额外考虑

税务局被授予发布关于何种申请可以驳回的问题清单。该清单意图帮助申请人认定特定问题，何种问题不会被接受，例如特定问题是：法院审理过程中的；由于这些问题固有的或明确的事实性质而被拒绝。

所得税

涉及接管公司的负债或规定条款的费用抵扣。

所得税法第 24C 节所考虑的，关于未来支出符合补贴资格，税务局可以决定。

以薪酬为目的的薪水抵扣（salary sacrifices）❶ 金额处理的有效性。

采用规避机制能让税务局发布指令的申请。

依据所得税法第 10 节免税的解释或申请，涉及任何在 1990 年 1 月 1 日前订立的协议。

雇主为了转让或清偿，全部或部分，其退休后医疗补助义务给过去或修正雇员而发生任何支出的可抵扣性。

对养老金、公积金或福利基金的一次性缴纳；

直接付给员工的一次性安置款；

雇主为了获得年金政策而支付的保险费。

公司因购买另一家公司股票而负债，目的是获取潜在的资产或业务，而发生的利息可抵扣程度。

所得税法第 1 条规定的术语"居民"中有效管理地的决定。

---

❶ 当你同意用你的部分薪水去交换，你能从雇主处得到额外利益。好处可以是儿童照顾午餐券、公司汽车或额外养老金捐助。

涉及所谓目的信托的交易税务影响。

增值税

申请中货物或服务的供货商不是申请人或共同申请人,且申请属于增值税义务的货物或服务的供应由供货商作出。

关于货物或服务的供应确认该人是代理还是本人的行为。

增值税法第 8 节的申请,货物或服务的供应税法构成一个单一的供应。

关于电子发票,确认是否满足任何技术要求。

捐赠税

考虑到价格或金额,依据所得税法第 55 节构成"公平市场价值"。

依据所得税法第 58 节税务局行使自由裁量权,涉及财产处置的充分考量。

概述

涉及支出或进项税的归属、分配、分摊的申请,排除可替换分摊方法的申请。

关于交易税务后果的申请,涉及已经得出结论的协议,除了为以下申请:第一,增值税裁定或增值税集体裁定;第二,裁定的确认,在其到期日之前,如果事实(包括所有交易的条件)和相关立法所适用规定保持相同。

关于交易,在税务局的观点中,在各种税务局管理的法律规范中,可能依据一般或特定反避税规定。如果申请人对该项目是否可以提出申请不确定,那么可以在电子申报系统注册之前提交申请草案,并支付申请费。

4 裁定程序

4.1 程序实质

ATR 程序无疑是正式的程序。为了获得裁定,申请人必须遵循相应的特定程序和特定规则,所涉及信息必须与申请一起在网上递交。该程序和要求详细讨论如下。

4.2 申请程序

申请程序始于在线申请表格的完成和递交。这些表格必须通过税务局电子申报系统递交。

4.2.1 递交

尽早递交

在很多复杂的交易中,在规划交易被定型之前,可能经历大量变化和修改。在这一点上,交易通常会很快完成,一旦规划交易达到严谨计划阶段,申请必须尽快递交。这么做可以让你的申请在"队列"中占有一席之地，让专家熟悉规划交易和可能引发的潜在问题的一般实质。如有任何变化，请通知专家关于规划交易的进展。任何实质性的变化或发展可能导致成本回收费用预估和时间框架的修正。

及时递交

申请应当及时递交。在特别情形下，递交申请时，提前的时间必须足够，足以让税务局有足够的时间审查和对规划交易发布裁定。递交裁定申请时，也应当考虑所引发问题的数量和复杂性、规划交易的复杂性。

你的申请在规划交易发生日、你要求的其他任何日期或截止日期、你申请中指定日期之前（以较早者为准）的40个工作日内必须递交。

递交迟延

申请有可能不被接受：

除非关于规划交易的特殊情形导致，且已经递交迟延申请的良好理由；

在任何情形下，如果递交之时少于20个工作日，在上述"及时递交"所指的更早日期之前。

随后的重新确认或延期申请可能不会被接受，除非延期递交是特殊情形导致的。除非在任何情形下，如果在最初约束力裁定到期日之前有效期内，递交之日少于20个工作日的。

完成递交

申请不被认为"已递交"，直到：成本回收费预估已经在线接受；约定函已经接受并递交；已经支付预付款。

处理

申请的处理通常遵循"先来后到"原则。已收取更高成本回收费的紧急申请，如果容量允许，仅能接受紧急状况。税务局可以接受或拒绝申请。

4.2.2 申请过程的开始

申请过程始于通过税务局电子申报系统完成和递交在线申请表格。

4.2.3 预筛选检查表

首先要完成的是预筛选检查表。该检查表是决定你的申请是否会被驳回的检查工具。如果你的回答表明可能会被驳回，将会出现一个消息框，指明你申请潜在的问题。

如果你的裁定申请被驳回，你将无法进一步处理申请。

注意：预筛选检查表必须正确及准确地完成。无法这么做的话（例如，属于排除事项的问题,仍回答"不")可能导致你的申请在初审后被驳回,申请费不予退还。

如果你对你申请的问题是否会被驳回不确定,那么可以递交该问题的疑问或理由的简洁概述到 ATRInfo@ sars. gov. za。ATR 组将通知你,你的申请是否有可能被驳回。

4.2.4　标准条款和条件

预筛选核查表也包括适用于你申请的标准条款和条件的声明。这些条款和条件涉及事项,诸如支付条件、关于你申请提供信息的义务、如果发现任何相应的排除税务局有权驳回申请等。在进入下一个表格前,你被要求接受这些条款和条件。

4.2.5　详细联系方式和其他基本信息

预筛选核对表完成后,进入下一个界面。紧接着的表格要求你提供基本信息。

4.2.6　所要求的声明和同意

申请人必须递交声明,尽其所能,近期没有与申请引发的问题相同或实质性相似的问题,面临审计、调查、异议和上诉、局长或法院的其他程序正在处理。

申请人必须提交声明,尽其所能,其税务事项(自约束力集体裁定中的集体成员,如果少于 10 个)是有序的,即在裁定申请递交日,无注册事项、未递交纳税申报表、没有未清偿的到期税款。

此外,申请人必须同意经税务局删节后最终裁定的公开。

以上声明必须包括在你在线递交的申请文件中。如果未递交,那么会导致裁定程序的迟延。

4.2.7　申请费的支付

递交申请表格时,应当在线支付申请费。在线递交申请表后,裁定状态将显示为"已递交——未支付"。进一步的指引将帮助你完成在线支付。

如果未能在申请递交之日起 10 个工作日内在线付款,该申请将自动终止。如果你要继续,你得重新申请。

4.2.8　确认和分配专家

一旦你成功的递交申请表,支付申请费,你将收到电子确认函。如果申请与支持信息和其他要求递交材料已经一起递交,那么将立即对是否受理进行评估。如果受理,申请将被分配给专家。专家将负责裁定初步审查、处理你的申请、发布约束力裁定。裁定申请如果出现排除情形,则在审查过程中有可能被驳回。

4.2.9 支持信息和其他要求的递交材料

必须提供与你申请有关的、详尽的支持信息和其他要求递交的材料。该信息一般在申请书递交后在线上传,且在付款前完成。如果支持信息没有同步递交,必须在5个工作日内递交,除非被书面授予延期。对额外信息涉及范围和时间安排的要求,以及如何提供信息,参见附件三《约束力裁定申请书的样本》。

4.2.10 受理或驳回你的申请

一旦收到你的支持信息和其他要求递交的材料,将对能否受理进行评估,确保不存在应当驳回的情形。你将在递交支持信息和其他材料之日起5个工作日内收到受理的电子通知(受理通知)。在发布受理通知书之日起5个工作日内,将在线告知发布约束力裁定的成本回收费用的预估。

4.2.11 技术支持

如果你递交申请或付款有任何技术困难,你可以联系 ATR 组的电话 012 422 8589。

4.3 支持信息和其他要求递交的材料

你必须与在线申请书一起递交某些实质性信息。你也将被要求起草要求发布的裁定,以及描述你相信应当在税务局发布的最终裁定中删除的机密信息。

这些文件必须在确认之后的5个工作日内与你的在线申请一并递交。税务局仅在收到所有材料之后,才会处理申请。

处理过程中,税务局还有权要求提供额外信息。

4.3.1 支持信息

范围

你必须递交与你规划交易和裁定申请相关的以下信息:

完整的描述

裁定所寻求规划交易,包括其融资及税务影响;

无论是原则还是实践,规划交易的影响可能对你的纳税义务或与你或任何集体成员的关联人的纳税义务(通过提供规划交易税款计算);

在你递交申请之前已经参与的或在你递交申请之后参与的任何其他交易,如果该其他交易:可能对规划交易的税务后果有影响;可能被认为是涉及规划交易的一系列交易的一部分。

声明

所申请的特定裁定；

相关法律规定或法律问题；

为何你确信参照相应的法律特定裁定应当被授予的理由，但是关于你或关联人将获得或丧失的税收利益；

你就相关法律规定或问题所做的解释，与此同时，提供你认为或关注到的、任何相关的主管机关分析，无论它们是否支持你所寻求的裁定。

尽你所能，就裁定是否援引第 80 节，以及公布在政府公报上的额外排除考虑清单；

起草将被发布的 BPR 或 BCR 的草案；

为了在最终裁定公开之前保护纳税人的机密信息，你认为应当从最终裁定中删除信息的描述。

以上信息意图确保税务局对规划交易、交易涉及每一方的潜在税务后果有完整的认识。例如，依据第 1 条第 1 款，你规划交易的描述至少必须：披露所有必要的和重要的条款，涉及的所有各方，阐释其中的每一个步骤，以及这些步骤执行的时间和顺序，并为整个交易和其中的每一个步骤解释非税目的。如果你的规划交易涉及多步骤，你必须包括那些步骤的一个说明。

相似地，第 1 条第 2 款所要求的税收和融资信息，必须包括你对规划交易的规划税务影响进行量化，以及详尽的现金流分析。你也必须提供该问题金额的预估。例如，如果你正请求一个与以股息税为目的的规划股息处理有关的特定裁定，你必须声明规划股息的金额，如果不可能，你必须声明为何不可能并提供预估。相似地，如果你请求一个与资产规划处置中资本利得税处理有关的裁定，你必须声明规划资本利得的金额。

最后，依据以上第 1 条第 3 款，你必须提供任何其他交易的描述，涉及你已经参与或未来可能参与的其他交易，这可能与你规划交易的税务后果有关。至少，该要求将适用于任何先前交易，对你已经申请的裁定而言，先前交易将或可能将导致你规划交易不合格。在这方面，建议纳税人多提供信息是明智的，而不能太少。此外，你必须考虑先前的或随后的交易有可能与任何反避税规则的适用有关。

案例

以下案例意图有助于描述这些要求的适用：

案例21

A公司是集团公司的成员。其规划交易涉及把资产转让给另一个本集团的B公司，A公司申请裁定，请求认定该交易将适用所得税法第45节规定的"以旧换新"投资，作为交易的结果任何一个公司都没有导致所得和损失的增加。但是，集团公司也在考虑把30% B公司股份转让给不相关第三方的随后处置可能性。依据第45节第3条，该随后交易将可能导致B公司停止授予本集团公司的成员资格。B公司将被视为在应税交易中收购资产时已按公平市场价值处置资产，且在视同为处置之日立即以低于市场价值或基础成本重新获得这些资产。在这个实例中，可能的随后交易将影响所得税法第45节的适用到B公司，因此，必须依据第1条第3款披露。

案例22

A公司拥有外国公司100%的普通股，一个控股外国公司。A公司筹划将外国公司的股票处置给X公司。在该规划交易的同时，X公司既非居民，也非A公司的关联公司。A公司申请裁定，确认"参与免税"（the participation exemption）的交易资格。但是A公司也意图借助不须承担股息税的分配，将出售所得分配到下一个评估年度。依据特定反避税规则，这个随后分配将导致该资产处置不符合参与免税的资格，且对该处置将可以做出任何资本利得决定。

这些例子以信息目的提供，仅单一地用于描述这些要求的范围。你必须确保这些要求得到满足。如果你对这些要求的范围和适用有任何疑问，你应当咨询专家指定你的申请所适用的范围。

注意：依据第84节规定，与你规划交易有关的任何实质性事实的失实陈述或未予披露，将导致你裁定自始无效（从裁定发布之日起）。

你所提出问题的声明应当尽可能准确和特定，且应当限定在你规划交易期待解决的直接问题。如果你所提出问题的声明是模糊的或过度宽泛的，专家不得不修正，这将导致你裁定发布的拖延。

提交材料的最后期限

一般而言，这些支持信息必须在提出申请之日起5个工作日内递交。如果你没有在给定的时间期限内递交，你的申请将被驳回，且所交费用不予退还。如果税务局同意基于合理原因导致的拖延，期限可以延长。申请工作将暂停，直至收到支持信息为止。

重新确认

如果你正申请重新确认已经发布给你的最初约束力裁定函，最初裁定函必须随附声明，该声明确认包含在最初裁定中的事实没有变化。税务局发现有实质上变化的情形，可以驳回重新确认申请。

4.3.2 裁定草案

你必须递交将发布的裁定草案。按要求，如果没有递交该裁定草案，可以驳回你的申请，所收费用不予退还。裁定审查工作将暂停，直到收到裁定草案为止。

裁定草案参见附件5。

4.3.3 在公开前删除信息

你必须递交你认为应当在税务局公开最终裁定之前删除信息的描述书。

如果你没有递交该描述书，你的申请将被驳回，所收费用不予退还。申请处理工作将暂停，直到收到该信息为止。

注意税务局必须保护纳税人身份信息。为了便于获得有利裁定集体的沟通，在某些情形下有必要包括在公开的裁定中。在这种情形下，申请人必须书面同意包括这些必要信息。

申请人不得要求保留规划交易细节，以保护其身份、或集体、或任何申请中提及的任何人，这是因为第87节规定，将税法的适用或解释到交易并不考虑披露那些身份信息。税务局有法定职责在保护纳税人机密信息前提下公开裁定。参与交易的纳税人那么独特，税务局的信息披露可能让纳税人妥协，在做出ATR申请之前，他们应当审慎地考虑这个方面。

重新确认和延期不予公开。

4.3.4 条件和假设

税务局可以依据条件和假设做出你的约束力裁定。这些条件和假设必须在拟定裁定中声明。条件和假设具体有两种：标准和特定。

标准条件和假设包括在每一份约束力裁定中。它们解决关于你裁定的某些基本事项。这些事实纯粹是基于所递交的信息，与你申请、已修正税法、当裁定发布时的影响有关。标准条件和假设参见附件1。

与你的裁定所依赖的你规划交易的本质以及特定的裁定申请有关的问题，可能要求特定条件和假设。

4.3.5 组织你的递交材料

你的递交材料必须随附"文件检查表"。该表列明支持信息的不同项目、其他要求递交材料、要求你指明要么是你正递交问题的项目，要么与该项目不适用。例如，所提出的问题涉及单一的规划契约。在这种情形下，要求在交易之前或之后可能受影响的税务后果,将不能适用于规划交易;仅在你保证不适用的前提下,才是该案中的事项。

文件检查表参见附录2。

你的递交材料应当按照文件检查表阐明的顺序递交。此外,每个项目应当在文件名或适当的标题中清晰的表述。文件名必须按顺序编号,确保专家能按顺序打开文件。

为了你的申请能快速地审查和处理,这些要求是必须的。如果不同的申请人组织他们的材料完全不同或无法清晰地识别所递交的项目,大量实质性的时间将不得不用于发现相关信息。

文件检查表与支持信息、其他要求递交材料一起,在裁定申请被评估受理之前必须递交给 ATR 组。

4.3.6 税务局的额外信息要求

税务局在任何时候可以要求与裁定申请相关的额外信息。例如,专家可以要求申请人最近财务报表副本、与规划交易相关的协议或协议草案副本。

所要求的额外信息递交材料的时间期限,将由指定处理该申请的专家沟通,且将依赖于所寻求信息的容量和可获得性。所要求的额外信息将被上传到网上。应当成为支持申请递交记录的一部分。

如果所要求的额外信息没有在协商的时间内递交,你的申请有可能被驳回,所收费用不予退还,且须支付驳回前已发生费用。

4.3.7 保密性

你所递交的任何信息适用税法保密条款,将被严格保密。

如果你递交的申请有一个或更多的共同申请人,且你不想披露某些信息给这些共同申请人(例如,商业秘密或专利),你必须:

在递交这些信息之前把你的要求通知被指定处理你申请的专家;

清晰认定信息中的问题;

清晰地说明限制适用的共同申请人。

如果这些要求表述在你的申请中,该信息中的问题将不会披露给特定的共同申请人。

该程序也必须适用于申请中的任何共同申请人,该公共申请人不想披露某些信息给申请人或其他共同申请人。

4.4 成本回收费

约束力裁定申请必须承担成本回收费。如果你的申请被接受,那么你将收到缴纳与你申请相关的成本回收费预估,该项成本回收费预估,将在你收到裁定受理通知之日起 5 个工作日内,通过自动邮件与你沟通。

成本回收费是根据花在考虑你申请所提出的问题的小时数计算,以及任何与裁定问题有关的直接成本。这些直接成本将包括差旅费,例如,观察你的营运可能有帮助时。也可能包括获取顾问或专家服务时发生的费用,例如,工程师或科学家,在规划交易技术部分需要建议时。

重新确认申请须缴纳的申请费,以及成本回收费基于所要求特定重新确认的复杂水平。

4.4.1 接受成本回收费的预估

成本回收费预估和发布约束力裁定的时间期限,将通过电子申报系统在线公布,你将收到自动邮件通知。如果你愿意接受成本回收费用的预估,请在网上确认。该预估的有效期为 15 天。你可以联系专家要求延长。是否同意延期是税务局的自由裁量权。

如果预估被接受,必须认真阅读《约定函》,在线接受条款与条件。已签署的《约定函》必须上传。

裁定申请工作不会开始,直到:在线接受成本回收费预估和时间期限;《约定函》被接受;预付款已支付。

如果以上条件得不到满足,你的申请有可能被驳回,所收费用不予退还。

4.4.2 预付款支付要求

你须先行支付成本回收费预估最高额的 20%。预付款可以在确认成本费用预估和《约定函》时一并在网上缴纳。

申请工作直到收到预付款时才开始。

如果该要求得不到满足,你的申请可能被驳回,所收费用不予退还。

4.4.3 预估费用的修正

如果随后出现成本回收费的修正,可能超过最初的预估,税务局必须通知你。这有可能发生,例如,如果你修改你的申请,导致规划交易变化。

4.4.4 讨论最初成本回收费预估或成本回收费修正

如果你认为最初成本回收费预估或成本回收费修正过高,你可以与分配处理你申请的专家讨论。如果无法达成协议,税务局的成本回收费预估是最终的决定。

如果该费用没有在 15 天内接受,该申请可能被驳回,所收费用不予退还。

4.4.5 支付条件

你必须支付发生在你裁定申请上履行和花费的工作。发票将在支付后30天内在线获取。如30天后未支付，将收取利息。

如果款项在60天后仍未支付，有可能被移交给债务征收局。你需对在征收过程中发生的任何费用负责。

这些支付条件规定在标准条款和条件、《约定书》中。申请仅依据这些条款受理。

4.4.6 拖欠款项

在付清所有到期款项之前，税务局不会接受申请人及其代理人的任何新申请。此外，随后申请工作开始之前，在该申请人及其代理人未来的新申请必须先行全额支付预估成本回收费。

4.4.7 退款

税务局在有限的情形下可以退还已支付的申请费或成本回收费。包括：

你的申请已经被受理，但是在裁定发布前，一个或多个问题面临驳回（例如，所主张的问题面临法院正在审理的事项）。

如果ATR公开的最初成本回收费预估，随后发现将发生的与你申请有关的成本回收费被低估，而你不同意修正的成本回收费。在这种情形下，如果修正成本申请费将超过原预估成本回收费，那么将退还申请费。

你收到不利裁定不得要求退款。

如果已收取的成本回收费超过你裁定已发生的事实成本，那么在发布最终裁定的同时退还相关款项。

退款不付利息。

4.4.8 发布裁定的预估时间

发布裁定的预估时间也会告知你。一旦预估被接受，这将在线告知。

12月与1月的部分工作日不受理申请。从12月16日到1月15日之间的工作排除裁定申请。该冰冻期适用于所有在处理中的申请。

4.5 《约定函》

在你的申请工作开始之前，《约定函》必须在线确认。该函包括与你申请和裁定程序有关的基本权利、义务、条款和条件。该函构成你与税务局的约束力契约。

4.5.1 条款与条件概述

标准条款和条件内含的《约定函》包括的事项涉及成本收回费的开票及

支付条件、迟延支付的利息义务、如果待付款尚未付清税务局有拒绝随后申请的权利、在此情形下要求按全额成本回收费预估支付预付款的权利。

4.5.2 额外条款与条件

依赖于你申请的特定目标事项，税务局可以在《约定函》中包括额外条款与条件。例如，如果你的申请需要聘请外部专家，《约定函》将包括你同意外请专家，且在必要的情形下不披露外部专家的信息。

4.6 实质性审查

在收到支持信息和其他所要求递交的材料、预付款和《约定函》后，专家将对你的申请开始实质性审查。发布裁定的预估时间框架从前述三项要求满足之日起开始计算。

实质性审查通常涉及评估你递交的、与你的规划交易有关的信息，并考虑问题所涉及的相关主管机关。在某些情形中，该工作可能涉及向专家的咨询，例如，科学家或工程师。专家可以要求与你举行会议，以澄清规划交易或所提出问题的任何不清晰的方面。如果你相信有助于促进审查过程，在实质性审查期间，你也可以要求与专家举行会议。

4.6.1 核对你申请状态

你可以在任何时间，使用分配给你的 ATR 参考识别码，在线核对你申请的状态。

4.6.2 发生规划不利裁定的通知

如果出现将发布的裁定与你申请的规划裁定有本质区别，税务局必须通知你。你可以就该问题与专家磋商。

如果磋商之后，税务局仍然意图发布不利裁定，你将被再次通知，给你机会改变申请或要求税务局停止申请工作，不予发布裁定（告知终止）。该通知必须在税务局通知之日起 10 日递交，通过在线撤回申请，并把撤回的动机说明递交给专家。

你须对申请在系统中被撤回、专家收到撤回动机说明之日前所有的工作负责。已讨论的一般条款和条件均适用于该申请。

注意：如果不利裁定归因于规划交易的特定部分或步骤中的问题或缺陷，你意图修正该规划交易解决该问题或缺陷，那么你可以要求同意修正你的申请反映修正规划交易的条件。如果税务局同意，你必须在该期间内递交你的修正申请，除非你在特定时间期限到期之前，递交通知终止，否则税务局能就该申请作出不利裁定。如果你随后决定申请与修正规划交易有关的裁定，你必须这么做：提出新申请的形式、遵循该程序、支付前述的申请费。

4.7 发布裁定并在删节后公开

4.7.1 审查和评论裁定草案副本

如果税务局意图发布一个有利裁定，那么裁定草案将在线发布给你审查和评论。你必须详尽审查该裁定草案，任何错误或遗漏都必须给税务局提供反馈。未能纠正实质性错误或遗漏，可能导致你的裁定自始无效，或可能导致随后撤销或修改。

如果在最初裁定草案上进行纠正，新裁定草案将再次在线发布，供你审查和评论。

税务局不会发布你裁定的洁净版（删节后发布）或最终裁定，除非你书面或在线确认你已经审查裁定草案，并且确认在裁定中没有实质性错误或遗漏。

4.7.2 保密信息的公开和处理（洁净或删节版裁定）

一旦申请人认可裁定草案，洁净（删节）版将上传到网络。在你在线认可洁净版裁定之前，最终裁定不会被发布。

依据第87节，税务局必须公开已发布约束力裁定，作为公开信息供公众获取。因此，要求公开的目的是确保为所有纳税人提供一个公平竞争环境，阻止裁定被滥用为取得裁定纳税人或从业人员的"私人法律"。

但是，在公开裁定的同时，必须保护申请人或其他参与人在规划交易中的识别信息（保密信息）。保密信息包括：

姓名、地址和申请人的其他识别信息，以及裁定中认定或提及的任何人；

披露将构成毫无根据的侵害私人隐私的任何信息。

依据第87节，税务局也被要求提供洁净（删节）版的裁定草案供你审查和评论。税务局必须考虑你提议的额外编辑或删节。但是，税务局关于洁净裁定的决定是最终的。

在某些限定情形下，由于涉及规划交易参与方或规划交易自身的单一事实，公开裁定将不可避免地披露保密信息。在这些情形下，税务局可以发布申请所提出问题的概述以及给予的裁定。

如果相似的交易已经有公开的裁定，税务局裁定可以同意对于重复的申请人洁净版裁定不予公开。在这种情形下，有该影响的裁定将上传到网络，你被要求接受该决定、提供反馈或撤回裁定申请。如果你撤回裁定申请，你将承担裁定撤回之前发生的费用。

注意：对规划交易的税法适用或解释不构成保密信息，且不得做以上处理。

4.7.3 发布裁定

一旦你接受裁定草案，且同意公开洁净版裁定，税务局将上传在线裁定。你可以要求把裁定原件邮寄到你在申请中提供的地址。该要求必须在你认可裁定草案时一并提交。

5 ATR 的效力

5.1 概述

ATR 制度的目的之一，是为纳税人提供税法解释与适用的更大确定性。税收征管法提供的 BPR 和 BCR，依据某些非常重要的要求和限制，对税务局有"约束效力"。

最重要限制是，就申请人或共同申请人在裁定中提出的问题而言，ATR 对税务局有约束效力。此外，ATR 对税务局有约束力，仅针对事实上"适用"裁定范围内的申请人、共同申请人或集体成员（对其他人不产生拘束力）。这些条件由法律特别规定，以下讨论更多的细节。

对于在裁定中认定受影响的集体成员而言，BCR 对税务局有约束效力。此外，BCR 对税务局的约束效力，仅针对事实上"适用"裁定范围内受影响的集体成员。

第三方在任何情况下，不得依赖约束力裁定。此外，第三方不得在任何程序（包括诉讼程序）中引用 BPR 或 BCR。

注意：在某些情形下，裁定可能被认定为无效或失去约束力，即使对于裁定所适用的申请人或共同申请人。

5.1.1 约束效力

在某些非常重要的要求和限定下，ATR 对税务局有约束效力。特别是，如果 ATR "适用"于你时，税务局对问题的税法适用或解释，必须与你已取得的裁定所做描述保持一致。术语"适用"有非常精确的含义，在 5.1.2 中讨论。

根据定义，BPR 或 BCR 必须是书面的。因此，口头声明不具有任何约束力。此外，能产生约束效力的书面声明仅限于 BPR 或 BCR 作为载体。因此，在与税务局沟通时，税务局出具的任何声明，凡不符合 ATR 载体的，均不具有约束效力。（排除其他通知形式的约束力，是一个界分工具）

5.1.2 约束力裁定的适用性

约束力裁定仅仅适用于个人或集体成员，如果：

该个人或集体成员必须是约束力裁定认定的申请人或受裁定影响的集体成员；

问题所涉的税法一个或多个规定是约束力裁定的目标；

申请人所描述的一系列事实、情景或交易，与约束力裁定载明的特定系列事实和情景、或特定交易相同；

申请人的系列事实和情景或交易完全在约束力裁定生效的有效期间内；

与有效裁定相关的、由税务局做出的任何假设和强加的条件已经得到满足或执行。

如果你无法满足以上任何要求，那么约束力裁定不得适用于你，且对税务局没有约束效力。如果你是与裁定有关的申请人或受裁定影响的集体成员，这将适用于你。

5.1.3 无第三方信赖

约束力裁定对税务局没有任何约束效力，除非约束力裁定适用于申请人或受裁定有效的集体成员。此外，BCR和BPR不得在税务局或法院的任何程序中引用，除非该程序涉及这个裁定的申请人或受裁定影响的集体成员。

这个限制有两个重要原因。第一，很多裁定申请时间密集型交易。结果，及时发布裁定至关重要。不幸的是，这些时间压力增加错误的风险。如果每个裁定都将具有普遍强制力或效力，错误裁定引发的潜在危险将呈指数级增加，这将需要更长的审查和质量管控程序。通过限制裁定的约束效力和先例价值也会在保护国库需求和及时给申请人提供指引之间达成平衡。

第二，从其本质属性看，约束力裁定是极具事实特定性。当已公开裁定提供规划交易问题的概述时，通常它没有或不能包括每一个案件中所有的相关事实。规划交易的一些在你眼中细小差别，可能实际上差别非常大。

5.2 约束力裁定可能被认定为无效或失去约束效力的情形

约束力裁定最具价值部分是其约束效力。由于该约束效力，你的约束力裁定才能提供税务局如何解释和适用税法到你的规划交易中的指引和确定性。

据此，在你的裁定中，可能有大量的情形被认定为无效或失去约束效力。在一些情形中，这可能是你的部分作为（不作为）导致。在其他情形下，可能是由于法律变化，或税务局随后撤销或修正。

5.2.1 BPR或BCR被认定为无效的情形

BPR或BCR可能被认定为自始无效，如果：

你申请中关于规划交易所声明的事实与实际执行的交易有"实质"（materially）区别；

有欺诈、失实陈述或未披露实质性事实；

税务局规定的任何条件或假设未能满足或执行。

如果当最初裁定做出的时候，税务局注意到该事实，将会做出不同的裁定，那么该事实应当被认定为"实质性的"。如果你的 BPR 或 BCR 被认定为自始无效，该裁定就会被认定为从未发布过。因此，无论如何，对税务局而言，这是绝对没有约束效力的情形。

5.2.2　税法的随后变化

如果税法有实质性变化，你的 ATR 可能停止效力。一般来说，这样的变化包括所涉问题的税法废止或修正，或你裁定所基于的解释原则被法院判决驳回或修正。在这些情形下，无须税务局通知，该种变化自动且立即生效。

（1）相关税法的修正或废止。

如果你裁定所依据的税法条款被废止或修正，那么你的 ATR 效力将停止。该影响仅是规划的，在新立法生效之日开始适用。

在修正的情形下，该规则仅局限于你裁定发布时的特定条款被修正，做出实质性变化。在这种情形下，实质性变化将是指，在税务局做出最初裁定时，如果新规定已经生效，那么将导致完全不同的裁定。

以下案例意图单纯地描述该规则的适用：

案例 23

2012 年，税务局发布裁定，使用太阳能设备获取"阳光"发电的纳税人，该公司将符合所得税法第 12B 节规定的折让。在 2103 年，第 12B 节的"阳光"被修正为"太阳能"。该变化并非实质性的，该裁定仍有效。

案例 24

2007 年证券交易法第 2 节在 2013 年被修正为，对于从成员的银行限定股票账户或成员非限定及证券限制性股票账户，向成员的一般限制性股票账户，进行证券再分配，将征收证券交易税。这是实质性变化，任何关于证券转让税的已发布裁定，可能受到该变化的影响。

这些案例仅以提供信息为目的，仅单纯地想描述该规则适用的类型。由于本规则的实质，在详尽审查事实和情形后，任何决定必须以个案为基础做出。

如果你不确定随后法院判决对你裁定的影响，你可以向税务局申请确认裁定。

(2) 随后的司法判决。

如果法院随后推翻或修正你裁定所基于的税法解释，你的 ATR 将失效。如果该规则适用，那么约束力裁定通常从所涉问题判决生效之日起失效，除非：该判决在上诉期；该判决是特定事实且你裁定所基于的解释不受影响；对你裁定所基于解释的援引是随带的。术语"附带说明"（obiter dicta）是指法官在判决中表达的观点，但对该问题所涉事项的判决并不重要。

此外，该规则一般不适用于一个判决，除非该判决被公布且有先例效力。

注意：本规则例外仅适用于其"自动"部分。依赖于事实和情景，随后司法判决可能促进税务局撤销或修改与税收征管法条款相关的约束力裁定。

(3) 局长不予通知。

当（1）（2）所描述情形发生时，你的约束力裁定立即失效，无论税务局是否发布撤销或修改通知。包括：

如果税法条款是约束力裁定的目标，被废止或修改，约束力裁定将从该撤销或废止生效之日起失效；

如果法院推翻或修正约束力裁定所基于的税法解释，那么该裁定从判决生效之日起失效。

税务局对此无须通知。

5.2.3 确认裁定

如果你对随后税法变化对你约束力裁定的影响不确定，那么你可以向税务局申请确认裁定。确认裁定是税务局对税法变化对你裁定是否有影响给出认定（如果有影响，则指明影响范围）。

5.3 税务局的撤销或修正

税务局可以撤销或修正你的约束力裁定。撤销或修正通常是无溯及力的。但是，在某些有限的情形下，有可能是有溯及力。

5.3.1 先前通知

税务局可以在任何时间撤销或修改约束力裁定。但是，在可能撤销或修正之前，你将由此收到通知，并提供合理的机会声明任何法律或事实提议，对规划撤销或修改进行申辩。

5.3.2 ATR 被撤销或修正有溯及力的情形

在某些限定情形下，税务局可以撤销或修正约束力裁定，但却具有溯及力。特定情形下，税务局可以这么做，仅在约束力裁定做出系错误的且满足以下三个条件：

你尚未开始规划交易，或关于安排的重大成本尚未发生；

如果你的裁定不予撤销或修正，存在除你之外的任何人将承受重大的税收不利，相较于你所受的不利而言更重大。

你的约束力裁定的效力将实质性地侵害南非的税基，且拘束力裁定的溯及力撤销符合公共利益。

和其他的撤销或修正一样，税务局将由此给你通知，提供合理的机会，就与该决定相关的事实或法律立场进行申辩。由于这些情形的重要性和紧急性，你将被要求在收到通知之日起 5 日内做出回应。

5.3.3 撤销或修改的方式及形式

如果你的约束力裁定被撤销或修正，税务局将给你发布撤销或修正通知。该通知将详尽说明撤销或修正生效日期，该日期不得早于决定送达给申请人之日，除非存在以下情形：

所做裁定错误；

交易尚未开始或关于安排的重大成本尚未发生；申请人之外的其他人或集体成员将承受重大的税收不利，相较于申请人所受的不利而言更大；裁定的效力将实质性地侵害南非的税基，且拘束力裁定的溯及力撤销符合公共利益。

5.3.4 裁定公开

税务局必须以局长认可的方式发布撤销或修正的通知。对于 BPR 或 BCR 通知在公开时不得披露任何保密信息。

第七章　加拿大事先裁定立法

加拿大事先裁定制度的程序规则由加拿大税务局在 1970 年发布确立，2016 年信息通告为最新版。为此，本章只列该程序规则。

在正式申请裁定前，加拿大建构了独特的预裁定磋商制度。虽然其事先裁定程序比美国的制度简洁，但因受严苛的反避税规则的限制，导致该制度作用空间有限，没能受到该国纳税人的青睐。

《所得税事先裁定和技术解释》

加拿大税务局
所得税信息通告（IC 70 – 6R7 号）
2016 年 4 月 22 日

一、适用

所得税裁定理事会（以下简称"理事会"）是加拿大税务局（以下简称"税务局"）解释《所得税法》《所得税法规》和所有相关立法的主管机关。理事会提供所得税技术解释和所得税裁定。此外，作为裁定服务的一部分，理事会提供裁定申请的事先咨询（预裁定咨询）。跟信息通告描述该服务。

本信息通告取消和替代 2014 年 8 月 29 日信息通告 70 – 6R6 号。本通告适用于 2016 年 4 月 22 日之后发布的技术解释、裁定或预裁定咨询。

二、裁定与技术解释有何区别

技术解释在本质上是通用的，是税务局对已完成交易的所得税法特定条款进行解释的声明（不涉及规划交易，对于规划交易必须申请裁定）。

裁定是确认所得税法的特定条款如何适用于一个明确的交易或纳税人正在考虑的交易，由税务局进行解释的书面声明。裁定一般由税务专业人士代表他们的客户提出申请。裁定是收费的。

裁定仅仅适用于回应包括所有要求信息（参见附录1——裁定申请清单）的书面申请。

三、技术解释

（一）技术解释的本质

技术解释阐明税务局对所得税法特定条款的解释。它可能不会扩展到所有情况，同时不限于一个特定纳税人税务处理状况。

（二）技术解释不予发布的情形

以下情形不会发布技术解释：

当立法解释毫无异议时；

涉及解释的询问已经包含在税务局通告（指引或手册）中；

技术解释申请涉及已被审计事项；

更适合申请裁定的领域，例如，申请出现已在慎重考虑之规划交易的情形。

（三）技术解释申请所包含的信息

技术解释必须包括：

姓名、地址和申请人电话

税务问题的描述

当申请人是税务专业人士或大公司时，对该税务问题的详尽分析。

如果申请人希望通过电子邮件或发送传真与理事会沟通，他们必须填写并符合附件6《通过电子邮件或发送传真与理事会沟通的标准授权》。

（四）技术解释的程序

技术解释申请将在收到后两周内确认。该确认将提供联系人和一个文件参考编号。

技术解释申请不完整或涉及理事会不予解释情形，不会通知申请人。

理事会的政策是让裁定申请和税务局其他领域的申请优先。一般而言，技术解释申请人按照收到顺序处理。理事会的目标是自收到申请信息之日起90个工作日内发布技术解释。

四、裁定

（一）裁定本质

发布裁定没有法律要求。裁定服务的目的，是通过提供关于税法适用于规划交易的确定性，促进自愿遵从、一致性和自我评估。裁定不得上诉。

由于裁定通常是对规划交易的所得税处理提供保障，裁定一般不涉及已完成交易的问题。但是，如果裁定申请在该交易完成之前递交，理事会可以考虑对于已完成交易或部分完成发布裁定。

依据在裁定中声明的任何资格、注意事项、免责声明或评论，对于收到裁定的纳税人而言，裁定被认为对税务局有拘束力，在裁定中描述的交易所达到的程度，必须是所描述的相关事实的、规划交易或其他信息的声明没有实质性的疏忽或歪曲，并假定该规划交易是在裁定规定的时间范围内得到执行。在补充文件所披露，但却未包含在裁定中的事实和信息，对税务局无拘束力。

在裁定规定的期限到期之前，如果纳税人需要延期，那么应向理事会提出申请，提供延期理由，就可以延长裁定所规定的时间限制。

如果法律在裁定发布之后被修正，且裁定不再被修正后的法律所支持，那么自法律修正之日起，裁定对税务局丧失拘束力。

在裁定发布之后做出的法院判决，如果法院判决认定的主张，与裁定赖以做出的法律解释不一致，那么对于在法院判决后发生的交易而言，该裁定对税务局丧失拘束力。

在认定裁定发布错误或税务局的解释发生变化的情形下，理事会将给纳税人书面通知其准备撤销裁定的意图。对于在书面通知之后实施的规划交易而言，税务局不受裁定约束。在最终决定做出之前，纳税人被授予重新表述的机会。裁定撤销通知应当送达给取得裁定的纳税人或代理人。

（二）不予发布裁定的情形

有些情况下理事会不得或不能发布裁定。虽然没有透彻清单，一般而言，理事会在以下情形下不得发布裁定：

规划交易和/或问题是与以下交易实质相同或相似：在纳税人或利害关系人先前递交的纳税申报表中；与纳税人或利害关系人先前递交的税收申报表已被税务办公室或税务中心审查；纳税人或利害关系人已经提出异议；最近或已完成的法院诉讼议题涉及纳税人或利害关系人；先前理事会已审查的裁定申请的议题。

不在认真考虑之下或完成时间不确定的规划交易；

过程可替换的活动；

财产公平市场价值的决定；

税收相关计算的确认；

尚未生效实施或要求法规（特定法规）尚未生效实施的税收立法中相关规定的解释；

关于立法解释毋庸置疑会出现的规划交易；

首先是事实或法律决定。这可以包括涉及居民执行的商务（或已存在的合伙）中的交易所得或资本实质；

涉及理事会已经宣布其将不会发布裁定的问题或交易类型；

税务局无权解释的法律问题，包括外国法；

申请所涉及的申请人未能支付之前申请的申请费；

涉及纳税人不同意以删节形式公开裁定的申请。

（三）裁定申请应当包括的信息

所有信息都列明在附录1中。裁定申请核对取得必须与裁定申请一并递交。

（四）裁定程序

裁定通常以先到先服务的方式回应。在规划交易完成之前，裁定申请应当事先为理事会审核和处理该申请留有足够的时间。

（五）回执

在收到裁定申请之日起两周内，理事会将提供回执，认定裁定文件编号以及姓名和联系人电话。该回执也可以要求递交其他必要信息，这不包括在30天内必须递交裁定申请的限制之内，保持开放。

理事会的目标是，在收到所有裁定申请清单上所列的所有材料之后，90个工作日内发布裁定。

（六）额外信息要求

税务局已经开始裁定申请工作，如果其决定需要额外信息，那么该额外信息将要求申请人尽快递交，在收到额外信息之前，税务局将中止相关工作。

如果额外信息申请未在 30 个日历日内递交，你们文案工作将被停止，纳税人应当为所花时间支付费用。如果在 30 天内收到所要求信息，文案工作将继续，且按每小时 $155 收取费用。

（七）撤回裁定申请

就税法如何适用于裁定申请的交易而言，理事会的观点可能不同于纳税人或其代理人。在这种情形下，在税务局最终决定做出之前，纳税人将有机会递交陈述。无论观点如何，纳税人可以选择撤回裁定申请。在撤回时，审查裁定所花时间仍将收取费用。

（八）与税务局沟通

所有裁定和撤回的副本需要提供给税务局相应部门。

在裁定中所描述的事实或交易，在审计期间可以被复核。复核将确保裁定中所有相关事实的描述是准确的，且规划交易已经按照裁定所描述执行。

（九）补充裁定

如果裁定所描述的事实或规划交易有变化，那么纳税人可以向理事会递交书面申请，获取补充裁定，以确认新事实和规划交易的税务影响。补充裁定申请的信息要求与裁定申请相同。但是，如果确认在最初裁定申请中递交的相关文件适用于补充裁定申请，那么不必递交新授权委托、同意、保证。

五、预裁定磋商

作为裁定服务的一部分，理事会提供预裁定磋商服务。预裁定磋商允许纳税人及其代理人在递交裁定申请前，与理事会讨论任何独一无二的、新的技术问题，对于确定交易或纳税人正在认真考虑的交易的结构而言，这些问题是非常重要的。预裁定磋商将收取费用。

预裁定磋商的目的是减少成本，以防止纳税人为一项理事会无法提供的裁定去准备更多详尽的申请材料。

在预裁定磋商结论中，理事会将通知纳税人是否考虑在裁定申请情境下进一步的问题。理事会将进一步审查该问题，并不意味着其将发布有利的裁定。

（一）预裁定磋商申请包含的信息

预裁定磋商申请必须以书面方式做出。

（二）预裁定磋商程序

在收到预裁定磋商申请5个工作日之内，理事会将联系纳税人告知预裁定磋商申请是否被接受。

理事会的目的在收到预裁定磋商申请之日起3周内是安排电话会议。

在电话会议之前，理事会可以要求递交额外信息。

参与预裁定磋商形成的协议不构成裁定程序的开始，这不会对随后递交的裁定申请产生影响。

（三）预裁定申请的电话会议

预裁定申请将以电话会议的方式举行，当然如有例外，也可举行当面会议。理事会在电话会议中提供的任何评论不会对税务局产生约束力。

一定数量的代理人可以代表纳税人参与电话会议。

对于预裁定磋商，理事会将不会提供任何书面评论。

六、申请理事会服务

裁定、预裁定磋商、技术解释申请可以邮寄、传真或发地址邮件给理事会：

Income Tax Rulings Directorate

Canada Revenue Agency

11th floor，Tower B

Place de Ville，112 Kent Street

Ottawa ON K1A 0L5

Email：itrulingsdirectorate@ cra – arc. gc. ca

Fax：（613）957 – 2088

税务局对传真或邮件递交不提供隐私或安全保障。但是，由于邮件或传真的固有风险，假如纳税人接受私密性损失的风险，在签署承诺书的情况下，理事会将会以传真或邮件方式接收裁定、预裁定磋商、技术解释申请，以及相关的支持文件。

七、费用和发票

（一）裁定或预裁定磋商

裁定费用由议会指令制定。裁定花费为每小时 $100，费用是针对开始时的 10 个小时，或超过半个小时的部分，随后每小时为 $155，或超过半小时部分。裁定不需要交押金。所有为裁定所花的时间都将计算在内，即使裁定申请被撤回。补充裁定所花时间按照每小时 $155 计算。

预裁定磋商费用与裁定费用相同。所有花在预裁定磋商程序中的时间，都将包括在计费中，无论预裁定磋商结果如何。如果裁定申请随后递交，每小时计费方式将把预裁定磋商的时间包括在内。例如，如果在预裁定磋商中花费 10 个小时，那么在裁定中花费的时间将收每小时 $155。

在提出预裁定磋商申请的同时，应当缴纳 $2500 押金。如果超出预裁定磋商的费用，该押金可以退还。

提供裁定或预裁定磋商的 HST/GST/QST 将由接收该服务申请人的所在地决定，按照所在地税率适用。为计算税率，递交裁定或预裁定磋商申请人将被假定为接收人，该人所在地被作为服务提供所在地。如果由代理人递交，那么将以代理人所在地作为申请人所在地。

对于裁定或预裁定磋商申请的地址，理事会并不局限于考虑所申请裁定的法律规定。规划交易可能引发涉及没有明确法律规定可援引的问题。对这些问题潜在影响的考虑导致的时间消耗将纳入计费范围。

（二）过渡发票

理事会可以出具过渡发票。

（三）利息和过期账款

过渡和最终发票的支付条件是 30 天。如果没有在 30 天内收到款项，将以过期税款的利率来计算利息。当发票出具超过 90 天的，理事会可以开始通过诉讼向纳税人及其代理人索要款项。

如果代理人公司有裁定或预裁定磋商申请的过期账款，理事会将停止由该代理公司申请的其他裁定、预裁定磋商或技术解释申请，直到该款付清为止。

（四）裁定和技术解释的公开

理事会通过各种税务信息发布人公开裁定或技术解释。为保护纳税人的身份，该文件将被删节。

裁定和技术解释交给税务信息发布者仅以提供信息为目的。如果信赖他们，纳税人必须注意，因为：

裁定和技术解释声明的理事会规定是书面的。该公开文件没有被更新以反映法律、司法判决或理事会解释立场的变化。

由于纳税人保密性的限制，重要信息将被删节。

对于事实和情形而言，与公开的文件所描述相比，表面看来微小的区别可能导致结论的重大差异。

八、裁定和技术解释的共享

（一）加拿大政府内部的沟通

由理事会提供的涉及技术解释、裁定、预裁定磋商的任何信息，在该法第 241 条规定的纳税人信息机密性限制范围内，可以与其他税务局的分支机构、财政部共享。

（二）依据 BEPS 第 5 项行动计划规定进行裁定信息交换

OECD 的 BEPS 项目，如《面对有害税收竞争实践更有效地考虑透明度和实质，第 5 项行动计划 – 2015 最终报告》，加拿大已经承诺与某些国家进行自发税收裁定信息交换。在 BEPS 项目语境下，各国同意交换以下与理事会相关的裁定信息类型：

涉及税收优惠制度的跨境裁定（对加拿大而言，这将包括国家船舶和某些加拿大人身保险营运公司）；

涉及转让价格法律的跨境裁定；

跨境裁定涉及提供没有直接反映在纳税人账目中的向下调整；

常设机构承担；

关联方导管裁定。

如果裁定属于以上类型的一种，其内容概述应当与直接母公司、最终母公司和某些其他方所在地的其他国家交换。这些国家可以要求所收裁定相关部分的更多细节。依据加拿大相关税收协定和其他国际合约的条件，这些信息交换将通过税务局的主管当局服务局，以正常方式进行。同样的，纳税人作出裁定申请，必须包括足够的信息，允许税务局能够认定需要进行交换的关联方。

第八章　新西兰事先裁定立法

新西兰税收事先裁定第一节译自《1994年新西兰税收征管法》第5A部分。第二节译自新西兰税务局在2013年发布的《约束力裁定——如何就你交易的税务立场获得确定性？》。

该国的裁定制度主要以澳大利亚为蓝本，但融入了美国的信件裁定程序中独有的磋商制度，保障纳税人参与规则制定的程序性权利，并创设了独特的、一般国家在立法程序中才有的征求意见制度。为此，该国的事先裁定制度在一定程度上可以与行政立法程序相媲美。在该程序制度保障下，新西兰的事先裁定制度没有规定裁定结果的公开。

第一节　《1994年新西兰税收征管法》第5A部分

一、约束力裁定

（依据《1995年税收征管法修正案》1995年加入该法）
第91A条　本部分的目的
本部分的目的是：
1. 为纳税人提供关于局长税法适用方法上的确定性；
2. 帮助他们满足那些法律规定的义务。

通过授予局长发布裁定，局长适用这些法律时将受这些裁定拘束（注：发布裁定解释税法，对局长在未来适用该法的时候有拘束力）。本报告也认识到依议会法律征收税款的重要性，以及为寻求获得拘束力裁定的纳税人对相关信息完整且准确披露的需求。

第91B条 解释

在本部分中，依据税法涉及局长自由裁量权行使包括：

1. 局长执行权；

2. 局长观点的形成；

3. 局长国家意志的实现。

这里的税法是指详细规定在第91C条关于局长做出裁定的条款；包括，涉及要求或授权局长行使自由裁量权的任何条款，该自由裁量权的行使。

第91C条 税法关于何种拘束力裁定可以做出

1. 局长可以根据以下条款做出拘束力裁定

（1）1968年遗产和赠与责任法；

（2）1971年博彩责任法；

（3）1985年货物及服务税法，除第12节和13节之外；

（4）1971年印花税责任法；

（5）1994年所得税法，除了问题中的事项是或可能是，在1994年所得税法废止前，局长决定的范围是依据：本法第90条或90AC条关于融资安排；本法第90A条关于融资安排，提供基金给安排的一方；本法第91条涉及石油开采；1994年所得税法第EF1（3）条关于应计支出；任何1994年所得税法第EG4、EG10、EG11和EG12条涉及特定的畜牧业；1994年所得税法第EL9（3）条涉及特定的畜牧业；

依本法第225条任何委员会命令或规章。

1A. 局长可以依据91GB发布约束力裁定。

2. 局长可以就如何行使其依据本条第1款规定的自由裁量权发布裁定。

3. 局长不得就以下事项发布裁定：

（1）处以罚款或免除罚款；

（2）询问纳税申报表的正确性或任何人提供的其他信息；

（3）起诉某人；

（4）收回任何人所欠的任何债务。

4. 尽管本条第1款有规定，但是局长不得就以下规定和事实发布裁定：

（1）某人是否满足2007年所得税法LH3条资格要求；

（2）支出和折旧损失是否满足该法第LH7条支出资格要求；

（3）一个活动是否满足该法第LH7条定义的研发要求。

二、公共裁定

第91D条　局长发布公共裁定

局长可以在任何时间就任何个人（包括公司、信托和其他非法人主体）或安排如何适用税法发布公共裁定。

第91DA条　公共裁定的内容及通知

1. 公共裁定必须声明：

（1）该公共裁定是依据第91D条发布；

（2）裁定所依据的税法或法律；

（3）裁定所适用的安排；

（4）税法或法律如何适用到安排；

（5）裁定所适用的期间或纳税年度；或在已发布裁定定义期间的情况下，裁定所适用的日期或纳税年度。

2. 局长应当将作出的公共裁定以通知的形式在局长选定的地方公开。

3. 通知应当表明公共裁定的主题和声明可以获得副本

4. 局长必须在部门刊物上公开每一个公共裁定。

第91DB条　公共裁定的效力

1. 不管其他法律如何规定，如果：

（1）公共裁定所涉税法所适用于个人相关的安排；

（2）个人适用税法符合裁定声明的方法——

那么，局长必须依据裁定将税法适用于该人或该安排。

2. ［被删除］

第91DC条　公共裁定的适用

1. 公共裁定所涉税法适用于个人或安排——

（1）如果该税法明确在裁定中提及；

（2）裁定中的安排是特定的；

（3）安排被订立于：裁定适用的期间或纳税年度；在已发布裁定无期限的情形下，至纳税年度某日之后、该天或第一天之后，裁定开始适用。

（4）在裁定中的期间或特定的纳税年度；或在已发布裁定无期限情况下，适用无期限。

2. 如果纳税人已经用通知向局长告知规划调整，该调整涉及先前已适用于该纳税人的裁定的效力变更，则第 1 款不适用。

第 91DD 条　公共裁定的延期

1. 局长可以延长公共裁定的适用期限，通过在局长选定的期刊上发布延期通知。

2. 该延长通知必须声明：

（1）该公共裁定的延长是依据本条规定做出；

（2）原始期限或裁定原先适用的纳税年度；

（3）新期限或裁定将适用的纳税年度。

第 91DE 条　公共裁定的撤销

1. 局长可以在任何时间撤销公共裁定。

2. 局长必须在其选定的期刊中给予足够的时间通知撤销。

3. 公共裁定在通知撤销之日生效。

4. 如果局长撤销公共裁定，该裁定不适用于撤销之日后的成立安排。

4A. 如果局长撤销公共裁定，该裁定继续适用于以下情形

（1）在撤销日之前已经成立的安排，该安排已适用该裁定；

（2）该裁定已规定的期间的剩余期间或纳税年度；在已发布裁定无期限规定的情形下，撤销发布之日起 3 年内。

5. 撤销通知必须详细说明：

（1）依据本节被撤销的公共裁定

（2）该裁定正在被撤销；

（3）裁定适用的原始期限或纳税年度；在已发布裁定无期限的情形下，从裁定适用的最初日期或纳税年度。

（4）撤销日期。

缺乏上述要件不构成公共裁定的撤销通知。

三、私人裁定

第 91E 条　向局长申请发布私人裁定

1. 依据第 91EF 条，局长必须就税法如何适用、或可能适用到寻求裁定的个人或安排（无论是单一的还是连续的安排）发布私人裁定。

2. 局长可以就税法如何适用到申请所描述的安排，在该申请中能否引用该税法发布私人裁定。

3. 局长可以拒绝发表裁定,如果:

3A. (1) 局长认为裁定的正确性将依赖于未来事件或其他事项所做的假设;

(2) 裁定所寻求的安排,或一个安排中可独立识别的部分,与被反对、挑战或诉讼的安排实质性相同,无论是否涉及申请人或其他人;

(3) 该申请人与先前的约束力裁定申请人之间存在未清偿债务。

3B. 尽管有第 1 款的规定,局长可以决定不发布私人裁定,该范围及于《2007 年所得税法》第 GA1 条能否适用的裁定申请。

4. 局长可以不发布私人裁定,如果:

(1) 裁定申请将要求局长决定一个禁止性的问题;

(2) 在申请做出时,或裁定发布前的任何时间,局长认为,裁定所适用的申请人对裁定所寻求的安排并未认真考虑;

(3) 申请人是轻率的或无理取闹的;

(4) 裁定所寻求的事项:

①涉及的税款(不包括临时税)、义务或征收将到期且能支付,除非在税款(不包括临时税)、义务或征收到期且能支付前收到申请;

②通过一方或在双重税收协定的多方主管当局之间,正在被处理或在局长的观点中将被处理;

(5) 关于修改税法适用于该个人或该安排的私人裁定已经存在,其规划裁定将适用于已存在裁定的期间或纳税年度;

(6) 在规划裁定将适用的期间或纳税年度,关于该人或该安排的评估已经做出,除非在评估做出之前局长收到申请;

(6A) 规划调整通知已经发布,且规划裁定将适用于同一人(或安排、税目或独立可识别的问题);

(7) 在局长的观点中,在局长已经要求再次进一步提供信息之后,该申请人未曾提供与申请相关的足够信息;

(8) 在局长的观点中,依据局长现有材料的观点,做出裁定是不合理的;

(9) 裁定申请将要求局长对一般已被接受的会计实践形成一个观点。

4A. 如果裁定申请涉及如何适用或将适用《2007 年所得税法》第 GC6 条到第 GC14 条,本条第 4 款第 1 项不适用于适用该裁定的个人或该裁定所寻求的安排(无论是否为单一或循环的安排)。

5. 在 1996 年 4 月之前,如果该安排在局长收到裁定申请之前,该安排已经成立，局长不得做出私人裁定。

第 91EA 条　私人信件裁定的效力

1. 不管其他法律如何规定，如果

（1）私人裁定关于将税法适用到涉及一个安排以及该安排税目的个人；

（2）该个人适用税法时按照裁定中所声明的方法来确定税目——

局长必须依据裁定将税法适用于涉及个人、税目以及安排。

1A. 如果纳税人已经用通知向局长告知规划调整，该调整涉及先前已适用于该纳税人的裁定的效力变更，则第 1 款不适用。

第 91EB 条　私人裁定的适用

1. 私人裁定关于依税法确定税目而适用与相关安排的个人——

（1）只有将该税法在裁定中明确提及；

（2）只有在裁定适用的期间或纳税年度。

2. 私人裁定不适用涉及某安排税目的个人，在某种程度上，所涉及的该税目——

（1）该安排在实质上不同于裁定认定的安排；

（2）在裁定申请中存在实质性的疏忽或歪曲；

（3）私人裁定所声明的局长关于未来事件的假设或其他事项，该假设随后被证明存在实质性错误；

（4）局长规定的条件并未被满足。

第 91EC 条　私人裁定申请

1. 在其自身权利范围内的个人或代表已成为合法存在的个人，可以向局长申请私人裁定，就如何适用、或将适用税法于提出申请的人，或（从申请人的视角）案件的安排（无论是单一的或是循环的安排）。

2. 两个或两个以上的人可以共同申请，或由一人代表两个或两个以上合法存在的个人，可以就如何适用税法到每一个人或安排（无论是单一的或循环的安排）向局长申请私人裁定。

3. 私人裁定申请必须按照局长规定的格式制作，且必须符合第 91ED 条的披露要求。

4. 私人裁定申请人可以在任何时间通知局长后撤回申请。

5. 共同申请人提出私人裁定中一个申请人撤回，不能作为其他人的撤回申请，除非局长认为，该撤回实质性影响在申请书中认定的安排，或导致局长证明该申请的相关信息不足。

第 91ED 条　披露要求

1. 私人裁定申请必须有明确的申请人、披露涉及裁定所寻求安排的所有事实和文件、声明裁定所寻求相关的税法、声明在申请中相关问题引发的法律主张、提供裁定草案。

1B. 在涉及如何适用《2007 年所得税法》第 GC6、14 或 YD5 条的私人裁定申请的情况下，申请人必须在其签署且与依第 1 款规定的申请同时递交给局长的通知中声明，他们已经检查申请，且尽其所能，该申请的信息是全面完整的。

2. 如果局长认为，要求申请人符合第 1 款后 3 项要求是不合理的，那么局长可以废止该要求。

第 91EE 条　局长可以要求提供进一步的信息

局长可以在任何时候要求申请人进一步提供与私人裁定的相关信息。

第 91EF 条　做出私人裁定的假设

1. 如果局长认为私人裁定的正确性有赖于关于未来事件或其他事项的假设，局长可以做出其认为最合适的假设，或拒绝裁定。

2. 局长可以做出关于回答所描述问题的假设，且所做假设不被作为第 91E 条第 4 款第 1 项决定所描述问题的目的。

第 91EG 条　磋商的权利

在局长做出私人裁定之前，如果规划裁定结果与申请人的申请（裁定草案）不一致，局长必须给予申请人合理的机会磋商。

第 91EH 条　私人裁定的内容和通知

1. 私人裁定必须声明：

（1）私人裁定是依据第 91E 条发布；

（2）裁定所适用申请人的身份、税法及安排（可以在申请书中参照安排认定）；

（3）税法如何适用到该安排或个人；

（4）裁定适用的期间或纳税年度；

（5）局长所做裁定中所涉重大未来事项或其他事项的假设；

（6）局长规定的适用条件。

缺少以上任何一项均非私人裁定。

1B. 局长就所描述问题的答案可以规定适用条件，所规定的这些条件被作为第 91E 条第 4 款第 1 项决定所描述问题的目的。

2. 局长应当就所做私人裁定通知该裁定的申请人,并向其送交副本。

第 91EI 条　私人裁定的撤销

1. 局长可以在任何时候撤回私人裁定,并通知适用该裁定的个人,该裁定已经撤销。

2. 私人裁定的撤销自通知规定日期之日起生效。该日期不得早于裁定适用人收到该通知的合理期限。

2A. 关于私人裁定撤销的确认裁定不适用于撤销通知规定的日期。

3. 如果局长撤销私人裁定——

(1) 如果该安排在撤销日之前已经成立,那么该裁定撤销不适用;

(2) 如果该安排在撤销日之前已经成立,那么在裁定规定的剩余期间或纳税年度,该裁定仍然适用。

(3) 如果该安排在撤销日之前已经成立,那么在裁定规定的剩余期间或纳税年度,已经做出的确认裁定认定私人裁定继续适用。

第 91EJ 条　信息处理

1. 申请人为私人裁定提供给局长的信息,是局长做出裁定事实基础。

2. 尽管有第 1 款的规定,局长:

(1) 但作为发布私人裁定程序的一部分,在做出私人裁定之前,不必询问信息所包含事实的正确性或存在性。

(2) 无论在发布裁定程序之外或随后发布裁定所提供信息包含事实的正确性或存在性与否,不会被在发布私人裁定程序中拒绝或拒绝裁定基础的信息使用所停止。

四、集体裁定

第 91F 条　局长可以发布集体裁定

1. 局长可以就特定安排任何适用税法发布集体裁定,如果:

(1) 局长收到该安排的集体裁定申请;

(2) 由于无法确定参与该安排的纳税人,不满足局长做出私人裁定的要求;

(3) 参与该安排的纳税人的多样性不会影响裁定的内容。

2. 局长可以就税法如何适用于申请所描述的安排发布集体裁定,无论在申请中是否做出参考。

3. 局长可以拒绝做出集体裁定，如果：

（1）局长认为裁定的正确性将依赖于未来事件或其他事项所做的假设；

（2）裁定所寻求的安排，或一个安排中可独立识别的部分，与被反对、挑战或诉讼的安排实质性相同，无论是否涉及申请人或其他人；

（3）该申请人与先前的约束力裁定申请人之间存在未清偿债务。

4. 局长可以不发布集体裁定，如果：

（1）该裁定申请要求局长决定所描述的问题；

（2）在申请作出时，或裁定发布前的任何时间，局长认为，裁定所适用的申请人对裁定所寻求的安排并未认真考虑；

（3）该申请是轻率的或无理取闹的；

（4）通过一方或在双重税收协定的多方主管当局之间，正在被处理或在局长的观点中将被处理；

（5）如何适用税法到该安排的集体裁定已经存在，规划裁定将适用于已经存在裁定所适用的期间或纳税年度；

（6）在局长进一步要求提供信息之后，在局长的观点中，申请人并未提供与申请相关的足够信息；

（7）在局长的观点中，依据局长现有材料的观点，作出裁定是不合理的；

（8）裁定申请将要求局长对一般已被接受的会计实践形成一个观点。

第91FA条　集体裁定的效力

1. 无论其他法律如何规定，如果：

（1）集体裁定关于税法适用到一个安排以及该安排的税目；

（2）该个人适用税法时按照裁定中所声明的方法来确定税目，

局长必须依据裁定将税法适用于涉及个人、税目以及安排。

1A. 如果纳税人已经用通知向局长告知规划调整，该调整涉及先前已适用于该纳税人的裁定的效力变更，则第1款不适用。

2. ［被废止］

第91EB条　集体裁定的适用

1. 集体裁定关于依税法确定税目而适用与相关安排的个人——

（1）只有将该税法在裁定中明确提及；

（2）只有在裁定适用的期间或纳税年度。

2. 集体裁定不适用涉及某安排税目的个人，在某种程度上，所涉及的该税目——

（1）该安排在实质上不同于裁定认定的安排；

（2）在裁定申请中存在实质性的疏忽或歪曲。

（3）集体裁定所声明的局长关于未来事件的假设或其他事项，该假设随后被证明存在实质性错误；

（4）局长规定的条件并未被满足。

第 91FC 条　集体裁定的申请

1. 在其自身权利范围内的个人或代表已成为合法存在的个人，可以向局长申请集体裁定，就如何适用、或将适用税法于某一安排，或裁定中所确定的产品的消费者及其安排。

1A. 依据第 1 款提出申请或规划的申请人，作为该案件有可能是、必须意图是规划安排的一方或者规划安排的倡议人。

1B. 建议第 1 款第 2 项的目的，消费者是该安排的一方，而非申请人。

2. 集体裁定申请必须按照局长规定的格式做出，且面向符合第 91DF 条的披露要求。

3. 申请人可以在通知局长后任何时候撤回集体裁定的申请。

第 91FD 条　披露要求

1. 集体裁定申请必须

（1）有明确的申请人；

（2）披露涉及裁定所寻求安排的所有事实和文件；

（3）如果提出申请的人是该安排的倡导人，递交法定的声明（该声明用于表达符合第 2 项且所有相关事实是正确的）；

（4）并解释：为何寻求私人裁定是不切实际的；为何参与该安排的纳税人的多样性不会影响裁定的内容；

（5）裁定所寻求相关的税法；

（6）声明在申请中相关问题引发的法律主张；

（7）提供裁定草案。

2. 如果局长认为，要求申请人符合第 1 款后 3 项要求是不合理的，那么局长可以废止该要求。

第 91FF 条　发布裁定所做的假设

1. 如果局长认为私人裁定的正确性有赖于关于未来事件或其他事项的假设，局长可以做出其认为最合适的假设，或拒绝裁定。

2. 对于申请人能提供的信息，局长不得做出假设。

3. 局长可以做出关于回答所描述问题的假设,且所做假设不被作为第 91E 条第 4 款第 1 项决定所描述问题的目的。

第 91FG 条　磋商的权利

在局长做出集体裁定之前,如果规划裁定结果与申请人的申请(裁定草案)不一致,局长必须给予申请人合理的机会磋商。

第 91FH 条　集体裁定的内容及通知

1. 集体裁定必须声明:

(1) 私人裁定是依据第 91E 条发布;

(2) 裁定所适用申请人的身份、税法及安排(可以在申请书中参照安排认定);

(3) 税法如何适用到该安排或个人;

(4) 裁定适用的期间或纳税年度;

(5) 局长所做裁定中所涉重大未来事项或其他事项的假设;

(6) 局长规定的适用条件。

缺少以上任何一项均非私人裁定。

1B. 局长就所描述问题的答案可以规定适用条件,所规定的这些条件被作为第 91F 条第 4 款第 1 项决定所描述问题的目的。

2. 局长应当就所做私人裁定通知该裁定的申请人,并向其送交副本。

3. 除非申请人适用早期刊物载明的裁定,否则局长应当自裁定做出之日起 2 个月后才能公开集体裁定。

4. 如果申请人适用早期刊物载明的裁定,局长必须在其指定刊物中以通知方式告知现行发布的裁定,且在部门期刊中尽快公开裁定。

5. 两个月期满后,局长必须在其指定刊物中以通知方式告知现行发布的裁定,且在部门期刊中公开每一个裁定。

6. 除申请人外的纳税人,在局长公开前,无权取得集体裁定的副本。

第 91FJ 条　集体裁定的撤销

1. 局长可以在任何时候撤回集体裁定。

2. 局长必须通过在其指定的刊物上给予足够的通知来告知撤销。

3. 集体裁定的撤销自通知规定日期之日起生效,该日期不得早于依第 2 款给予通知之前。

3A. 关于集体裁定撤销的确认裁定不适用于撤销通知规定的日期。

4. 如果局长撤销集体裁定——

（1）如果该安排在撤销日之前已经成立，那么该裁定撤销不适用；

（2）如果该安排在撤销日之前已经成立，那么在裁定规定的剩余期间或纳税年度，该裁定仍然适用。

（3）如果该安排在撤销日之前已经成立，那么在裁定规定的剩余期间或纳税年度，已经做出的确认裁定认定集体裁定继续适用。

5. 撤销通知必须指明：这是依据本款所做集体裁定的撤销、裁定正在被撤销、该裁定适用的原始期限或纳税年度、适用于该集体裁定的任何确认裁定、确认裁定也被撤销、撤销日期。缺乏上述要件的声明不构成集体裁定的撤销通知。

6. 局长也应当将撤销通知发给已适用集体裁定的个人。

第91FK条 信息处理

1. 申请人为集体裁定提供给局长的信息，是局长做出裁定事实基础。

2. 尽管有第1款的规定，局长

（1）作为发布集体裁定程序的一部分，在做出集体裁定之前，不必询问信息所包含事实的正确性或存在性。

（2）无论在发布裁定程序之外或随后发布裁定所提供信息包含事实的正确性或存在性与否，不会被在发布集体裁定程序中拒绝或拒绝裁定基础的信息息使用所停止。

五、裁定一般事项

第91G条 法律变更对约束力裁定的影响

一旦税法被废止或修正导致其在裁定中适用方式的变更，则自税法被废止或修正之日起，约束力裁定不再适用。

第91GA条 法律变更对裁定申请裁定的影响

1. 适用依第91E条所作私人裁定的个人，可以向局长申请一个裁定，就其私人裁定中声明所适用的税法被废止或修正，是否已经改变裁定中法律的适用方法。

2. 适用依第91F条所作集体裁定的个人，可以向局长申请一个裁定，就其私人裁定中声明所适用的税法被废止或修正，是否已经改变裁定中该法律的适用方法。

3. 依据第1款和第2款所做的裁定是确认裁定。

第91GB条　局长依申请做出确认裁定

1. 在私人或集体裁定中声明所适用的税法被废止或修正，是否已经改变裁定中该法律的适用，局长必须发布确认裁定。

2. 税法被废止或修正，是否已经改变私人或集体裁定中该法律的适用，无论在申请中是否引用该税法，局长可以发布确认裁定。

3. 局长可以不发布确认裁定，如果该申请是轻率的或无理取闹的、如果局长认为私人或集体裁定的正确性有赖于关于未来事件或其他事项的假设、局长认为依据现有材料的观点做出裁定是不合理的。

第91GC条　确认裁定的申请要求

1. 确认裁定申请必须按照局长规定的格式，且必须包括：

（1）申请人身份；

（2）寻求确认裁定的私人或集体裁定认定；

（3）声明在私人或集体裁定中所声明的税法已经被废止或修正；

（4）声明在申请中引发任何相关问题的法律主张；

（5）提供草拟裁定。

2. 如果局长认定，要求申请人符合第1款第4项或第5项要求是不合理的，那么局长可以废止该要求。

第91GD条　局长可以要求进一步信息

局长为确认裁定在任何时间可以向申请人要求进一步相关信息。

第91GE条　磋商的权利

在局长做出确认裁定之前，如果规划裁定与申请人所提出的申请不一致，局长必须给申请人合理的磋商机会。

第91GF条　确认裁定的内容

1. 确认裁定必须认定私人或集体裁定中的哪种裁定，且声明：

（1）确认裁定是依据第91GA条；

（2）税法的修正或废止是否已经改变裁定中的法律适用。

2. 缺乏上述声明内容的不是确认裁定。

第91GG条　确认裁定的通知

1. 在裁定做出之后，局长必须立即向申请人发送确认裁定的副本。

2. 在基于集体裁定做出确认裁定的情况下，局长也必须：在局长选定的期刊上以通知书方式通知发布确认裁定；在部门内部期刊上公开确认裁定。

3. 在第91FH条第3款规定的2个月期满后，局长必须立即通知做出及公开确认裁定，除非申请人已经适用依据本条更早发布的集体裁定。

第 91GH 条　确认裁定的效力

如果个人依据确认裁定适用税法，局长也必须依据确认裁定适用税法。

第 91GI 条　微小错误对约束力裁定的影响

对于印刷或微小错误，如果对裁定内容的正确性没有任何影响，那么局长不必重新或重新发布新的裁定。

未撤销或重新发布的裁定保持有效。

第 91H 条　申请裁定不影响权利和义务

申请私人或集体裁定的事实，不会影响个人递交任何纳税申报表、支付税款的义务，或局长做出修正或评估的权力。

第 91I 条　法规

1. 总督可以一次次提供议会指令，发布法规规定或提供关于私人、产品及确认裁定费用支付的修正。

2. 该法规可以规定：

（1）详细规定个人应当支付的所有费用；

（2）为特定工作或服务规定特别费用；

（3）规定费用幅度或为加快工作或服务基于时间的费率；

（4）允许局长废止，全部或部分，应当支付的任何费用。

（注：最初的裁定收费以成本回收为基础，申请裁定的成本为 $210。该费用涉及做出裁定的前两个小时。额外的时间将以每小时 $105 收取。）

第二节　新西兰税务局指引

2013 年 7 月

一、约束力裁定——如何就你交易的税务立场获得确定性？

约束力裁定是税务局如何将税法适用至特定安排的解释。安排是指任何协议、契约、计划或谅解（是否能实施），包括任何使之生效的步骤和交易。

约束力裁定能为广泛交易的税务立场提供确定性，从复杂的金融交易到土地分割。任何人都能对交易申请约束力裁定，但是我们提供裁定的能力有限。

约束力裁定由税务局首席法律顾问办公室和服务交付集团共同完成，整个过程由首席法律顾问管理。

如果约束力裁定适用于纳税人且他们遵从裁定，税务局受该裁定的拘束（假如纳税人已经参加该安排所确切描述的安排）。纳税人没有被要求遵从裁定中方法。

约束力裁定没有移除递交纳税申报表的要求以及支付该安排引发的任何税款。

我们准备私人或集体裁定，被要求通过法律规定征收费用。

二、为什么适用约束力裁定？

约束力裁定帮助纳税人符合税法且满足他们的法定义务。他们就税务局如何解释如何将税法适用到特定交易提供确定性。

他们在以下情形中特别有用：法律规定不清晰且对之有两种以上解释；将新立法适用于交易；该交易是全新的、敏感的或有争议的；该安排引发重大问题或可能有广泛影响；该安排是复杂的金融交易。

1. 约束力裁定的类型。

有四种类型的约束力裁定：公共裁定、私人裁定（包括预约定价安排）、集体裁定、确认裁定。

2. 公共裁定。

公共裁定解释税法如何适用于特定类型的交易，有非常广泛的申请（不特定申请人）。如果你的情形与那些公共裁定相匹配，你就可以适用，但是你没有被要求适用。如果你适用该裁定，且满足该裁定的任何要求，税务局受其约束。

你不能适用公共裁定，但是你能给予潜在的主题，如果你认为某个税法解释主题引发宽泛兴趣，那么可以向 public. consultation@ ird. govt. nz 发邮件。

你可以在 www. ird. govt. nz/technical – tax/public – rulings/ 上找到所有公共裁定。

3. 私人裁定。

私人裁定给单个纳税人或纳税人集团一个解释，如何将税法适用到特定安排。你不得不使用私人裁定，且对申请人来说是私密的。

私人裁定经适用于以个人命名的裁定。他们必须确切参与该安排，就如裁定所描述且满足任何声明假设或条件。

4. 集体裁定。

集体裁定是税法如何适用到"消费者"的特定"产品"的解释，该安排将由大量符合同一条件的人们参与。例如，集体裁定能被给予送货司机是否为雇员或独立承包人。规划安排的倡导人能申请集体裁定，无论其是否为安排的一方。（与公共裁定的区别在于，集体裁定是依申请的，公共裁定是税务局主动发布，无须申请。）

集体裁定仅能在参与安排的纳税人无法认定的情况下发布，且参与该安排的纳税人特征多样性，不会影响裁定的内容。

集体裁定仅适用于裁定所描述的、参与安排的个人，假定他们满足任何已经声明的假设或条件。

我们在《税务信息公告》上发布集体裁定 www.ird.govt.nz/technicaltax/product-rulings/。

5. 确认裁定。

如果相关税法被修正或废止，已经适用私人或集体裁定的个人，能申请确认裁定，就该修正或废止是否会改变私人或集体裁定中的法律适用方法。

6. 预约定价安排。

预约定价安排代表一种合作方法，用以解决转让价格遵从。他们能在审计比较中对税务局和跨国公司产生重大时间和成本节约。预约定价安排鼓励诚实的纳税人遵从且更早解决潜在争议。他们为复杂案件的事实和情形困难，提供现实的解决方案。

预约定价安排非常理想地适用于涉及无形资产的问题，这可能导致对价格形成范围宽泛的观点。单边预约定价安排由税务局审计部门以私人裁定方式发布。

三、你需要知道什么？

1. 谁可以申请裁定？

任何人（包括公司、信托和其他非法人主体）在其权限范围内，或代表已是成为法律存在的个人（像一个已是法人化公司），能够申请私人或集体裁定，如果裁定是为代表已是成为法律存在的个人申请，那么该人在裁定发布前必须合法存在。

对于私人裁定，个人必须是或意图是安排的一方主体，且能以个人或与参与安排的其他人的共同名义申请。

对集体裁定，申请人必须是或意图是安排的一方主体或规划安排的倡导人。

2. 安排。

约束力裁定适用于"安排"。"安排"是任何协议、合同、计划或谅解（无论是否实施），且包括任何使其生效的步骤和交易。也包括税务局必须考虑必要的或相关的私人或集体裁定的背景信息。

对于私人裁定，安排可以是单一或循环的安排。单一安排是一次性事件或交易。循环安排是一系列相同交易，申请人与任何数目的其他各方参与，例如，电视机分期付款销售。

对于已经成立交易或"慎重考虑"的规划安排，我们能发布私人或集体裁定。

我们以申请人提供的信息或事实为基础发布裁定。如果我们无法理解安排，我们将提出问题以澄清或确认所提供的事实。

税务局在做出裁定时或做出裁定前询问事实的正确性。如果事实是错误的，裁定对税务局不具有约束力。

3. 预提交会议。

在你提交你的私人或集体裁定申请之前，我们强烈建议你与我们会面。我们提供免费的预提交会议。我们利用该会议：就安排或问题的理解达成初步共识；讨论你所寻求裁定的范围（这可以帮助你聚焦于最重大的问题）；让你知道你需要与申请一起递交的信息；讨论我们的时间框架；告诉你我们的费用，该费用的支付无关与你申请的产出。

预提交会议能帮助你决定是否你想继续裁定申请，帮你递交最好的申请书。如果你想在3个月内起草裁定，预提交会议是一个要求。

4. 额外会议。

当我们审查申请，为帮助我们理解和澄清事实问题，或讨论任何我们关注的交易事项，我们可以举行额外的会议。

5. 私人和集体裁定何时无约束力。

私人或集体裁定的主要优点是，其对税务局产生约束力。如果私人或集体裁定适用于纳税人或安排，且纳税人按裁定声明的方法适用税法，税务局必须遵循裁定，假如纳税人满足任何声明的条件或假设。但是，申请人没有被要求遵循裁定。

这是很重要的，注意私人或集体裁定将不会对税务局产生约束力，如果：

裁定中认定安排的税收与实际成立的事实之间存在实质性差别；申请人在他们的申请中或当适用进一步信息时实质性的疏忽或歪曲信息；裁定保护关于未来事件或其他事项假设是错误的，且对裁定来说是非常重要的；裁定所声明的条件没有得到满足。

如果纳税人遵循裁定，虽然税务局受裁定适用的拘束，但是我们将核对是否符合裁定。例如，服务交付集团会调查纳税人是否已经满足裁定所描述任何条件或假设，且已成立安排的事实是否与裁定所描述安排相匹配。如果我们发现不符合裁定，那么裁定对税务局没有约束力。

关于裁定所描述的安排，私人或集体裁定仅对裁定声明的个人有约束力。对其他任何人或安排均无约束力，无论问题的事实有多相似。如果你对交易如何适用税法需要确定性，你对该特定交易需要申请裁定。

6. 税法变化。

从税法被废止或修正之日起，如果这导致裁定法律适用方法的改变，那么私人或集体裁定不再适用。如果相关税法的变化和你有私人裁定或集体裁定，你可以申请确认裁定来决定法律变化的影响。

7. 私人或集体裁定须花多少时间？

一般来说，我们将在收到完整申请之日起 3 个月内，对你的申请完成审核并发出裁定草案（或相反观点）。相反观点是一封信函，如果我们认为我们对你的申请无法发布裁定，那么用该信阐明我们的结论和理由。

但是，交付裁定草案的时间框架是从收到裁定申请之日起 6 个月，如果：裁定申请超过 8 个法律问题；没有举行预递交会议（除非我们豁免该要求）、申请是预约定价安排。

我们评估成本和申请人接受我们评估的时间排除在这些时间框架之外。等待进一步信息的时间也排除在外，当：我们已经向你或代理人要求递交信息；没有那些信息我们无法开展任何重大工作；我们已经向你或你的代理人建议，在等待那些信息的同时，我们已将该项目暂停。

如果你有真实的压力需求，你得在 3 个月内尽快取得裁定，我们强烈建议你告诉我们。我们将尽可能快地满足你的时间框架，但是我们仍然需要认定裁定中的解释是正确的，否则更短的时间框架不适用。

8. 裁定可以适用多长时间？

每个私人或集体裁定适用于特定的期间或纳税年度，仅在该期间或纳税年度对税务局有拘束力。

在实践中，我们发布的裁定将为持续的安排给予 3 年期间。如果该安排的期间少于 3 年，我们通常按照安排规划的期间发布裁定。在某些情况下，当有重大的商业理由这么做时，我们将作出一个长期的裁定。

9. 费用。

我们为准备私人或集体裁定，将按法律要求收取申请费和计时费。适用费用报价包括增值税。

申请费 $322 涉及审查立案申请，无论其是否有效或完整；

在第一个 2 小时之后，我们对所有申请收取每小时或超每小时部分 $161 费用，预约定价安排除外。

对你裁定可能的成本，我们将在收到你申请之日起两周内发送书面评估。我们将不会展开工作直到收到书面确认，认可我们评估。

注意我们只提供我们费用的评估，并非"出价"保证。如果随后我们发现问题的难度需要花费更多的时间，我们需要增加我们的时间评估，我们将再次联系你，取得你的认可。

私人或集体裁定的成本变化非常大，取决于安排类型和所引发的问题。

作为指引，在 2012 年，已完成的私人或集体裁定申请成本的范围在 $3500 到 $63000 之间。

10. 减免部分费用。

原则上，申请费的收取是按我们在审查申请时所花的时间。

但是，如果在某些情形下，减免费用是公平合理的，那么我们可以为需支付费用的约束力裁定减免部分或全部费用。我们将会考虑：申请主题的问题本质；所要求审查申请的技能和经验水平；其他相关因素。

在实践中，我们仅对有限的情形减免费用。

四、私人或集体裁定如何申请？

我们需要你提供大量信息作为你私人或集体裁定申请的一部分。由于私人或集体裁定的约束力本质，这非常重要。我们需要知道这到底是怎么回事、你是如何考虑税法适用、为何你坚持那个观点。

由于私人或集体裁定通常涉及复杂安排，需要对税法如何适用提出意见，你应当考虑请税务专家帮你准备申请书。

1. 申请格式。

为申请私人或集体裁定，你需要完成以下申请表：《私人裁定申请》（IR713）、《集体裁定申请》（IR714）

申请预约定价安排也必须完成《预约定价安排私人裁定申请——额外声明》（IR713）表格。

在你把表格递交给我们之前，确保你或你的代理人已经签署，以及你已经提供所有必要的信息。

你需要给我们关于安排的所有相关细节和信息。如果没有，我们可以要求你进一步提供信息，这意味着我们将需要更长的时间来完成裁定。如果你没有给我们足够的信息，我们可以拒绝作出裁定。记住裁定将对税务局没有拘束力，如果信息在申请中以某种方式被疏忽或歪曲。

基于法律，你申请必须包含以下内容：申请费、完整的申请表、申请裁定的身份认定、你想裁定的税法、问题引发相关法律的主张、裁定草案。

你也需要告诉我们：与申请相关的期间或纳税年度；任何已递交裁定申请中关于其他期间或纳税年度的细节。

如果你是代理人或超过一个申请人的代表，你必须出具授权委托书。

如果你申请集体裁定，你需要告诉我们为何在该安排中认定其他主体是不现实的，以及维护参与该安排纳税人身份多样性不会影响裁定内容。如果你是申请集体裁定的倡导人，你也需要通过法定声明，你已经披露所有相关事实且阐明事实是正确的。

你必须对所有相关事实提供细节，并递交与裁定相关的所有文件的副本，包括：

该安排中所有主体的姓名，包括涉及任何步骤或交易的反对方；涉及该安排的交易或步骤的详尽描述、包括该交易意图达成何种目的的解释、相关法律文件或文件草案的副本、申请人近期融资声明（某些申请）。

申请中该安排的税法适用依赖于某些事实是真实的或某些事件的发生，这时，我们可以决定包括裁定适用的假设或条件。如果你未能满足这些假设或条件，则该裁定对税务局没有约束力，我们将在裁定发布后核对现实中成立的安排是否满足这些条件。

2. 法律主张（法律争议）。

由你申请引发相关问题的任何法律争议都必须在你的申请中完整讨论。如果你不提供足够的分析，我们可以要求你提供进一步意见，或我们需要做额外的研究，这将增加费用和导致拖延。

对于私人或集体裁定申请，相关法律主张包括：与申请相关的任何立法；支撑你所采纳法律条款解释的法理和相应的案例法；与你所寻求的解释相反的可能争议以及支撑该观点的法理和权威；税务局应当知道的其他重要相关问题或信息资源。

3. 裁定草案。

你需要在你的申请材料中包括裁定草案。这将有助于我们确切地理解，你所需要的裁定涉及且聚焦我们审核的关键问题。

五、我们收到申请后会做什么？

私人或集体裁定申请的工作是由以下组织完成：首席法律顾问办公室、服务交付集团或者两者共同完成。税务局将申请书分配给这些组织是基于每一个裁定申请中的技术问题，而非将每一份申请作为一个整体。

一旦我们对该安排税法适用得出结论，我们将给你寄发裁定草案或反对观点。

1. 裁定草案。

如果我们原则上同意法律争议和你裁定申请的结论，我们将给你寄发裁定草案以供评论。裁定草案将包括安排的详尽描述、我们认为必要的任何条件或假设、阐明我们的结论如何将税法适用到安排。

2. 反对观点。

如果我们认为无法发布裁定，将写信给你，阐明我们最初反对观点以及法律基础。他们可能发生如果：我们不同意你裁定申请中的法律争论和结论；为使我们能按照裁定申请要求做出裁定，你需要对你的安排进行重大变化；对达成有利裁定来说，我们需要加入重大假设或条件。

3. 结论。

如果你收到不利于你的反对观点的信件，你将有一次机会做出进一步辩论或递交意见书回应我们的信件。我们也将提供会议一起讨论我们的观点，在发出信件之前或之后。

在收到你作出的实质性评论或意见书之日起一个月内,我们将予以回应。

4. 发布裁定。

我们不会以任何形式公开私人裁定。他们在申请人和税务局之间是私密的。如果私人裁定引发一个共同关注的议题,我们可以在随后就该议题研究和发布公共裁定。

在作出集体裁定之后的两个月内,我们将在税务局网站和我们的《税务信息公报》公布集体裁定。

如果你要求我们,我们可以在两个月期满前公布集体裁定。你必须有商业理由这么做,例如,你可能想要在你的广告资料中参照集体裁定。

5. 申请的撤回。

在裁定发布之前,你可以通过书面通知,在任何时间撤回你的约束力裁定申请。例如,如果你决定不再推进交易,或如果你收到我们邮寄的反对观点,你可能想撤回你的申请。

你必须支付在我们收到你书面申请之前任何已经发生的费用。除非:对该申请中认定的安排有清晰影响;导致关于申请提供的信息不足。

6. 撤销裁定。

我们可以在任何时间撤销产品或私人裁定,如果我们对税法的解释发生变化,或者法院对裁定适用得出完全不同的结论。

我们将通知适用裁定的个人,我们已经撤销该裁定,我们将在网站和《税务信息公报》上发布该集体裁定或私人裁定撤销的通知。

集体裁定从通知出现在我们网站或《税务信息公报》上时撤销生效。私人裁定的撤销自适用该特定裁定的人收到撤销通知之日起生效。

如果私人或集体裁定的安排在裁定通知发出之日前已经成立,那么该裁定将在裁定规定剩余期间或纳税年度内继续适用(除非法律已经变化)。如果你在撤销通知确定日之后该安排才成立,那么该裁定无效。

7. 更正裁定。

如果私人或集体裁定有印刷或微小错误,不会改变裁定的内容,那么我们将予以更正而非撤销该裁定。

六、我们可以对哪些事项发布裁定?

税务局可以对以下法律或规章的规定发布裁定:1968 年遗产和赠与责任

法；1971年博彩责任法；1985年货物及服务税法，除第12节和13节之外；1971年印花税责任法；2007年所得税法，除了问题中的事项是或可能是，在1994年所得税法废止前，局长决定的主题是依据包括（本法第90条或90AC条关于融资安排；本法第90A条关于融资安排，提供基金给安排的一方；本法第91条涉及石油开采；1994年所得税法第EF1（3）条关于应计支出；任何1994年所得税法第EG4、EG10、EG11和EG12条涉及特定的畜牧业；1994年所得税法第EL9（3）条涉及特定的畜牧业）。依据以上任何法律做出的议会命令或法规，包括双重税收协议（除非该问题是或将是被管理当局处理），除了相关规定是或可能是以上法律相关的决定的主题；或2007年修正案第RD24条的规定。

1. 我们何时不得发布裁定？

凡涉及以下领域，税务局不能依据《1994年税收征管法》做出约束力裁定，或涉及税务制度行政管理的任何问题，包括税务局行使其权力的权利和义务：

征收或赦免行政处罚；询问任何纳税申报表的正确性或由任何人提供的其他信息；起诉；收回属于任何人的债务。

进一步而言，在某些情形下，税务局不能发布私人或集体裁定，详见注释。如果符合以上情形不能发布裁定，我们将把申请作为撤销处理。对于这些情形虽然不能提供裁定，但是税务局服务与交付集团将提供非约束力引导观点。

注释：不予裁定情形

（1）双边税收协定程序：对其他国家可能有税务影响的安排，该国家与新西兰有税务双重税收协定的（DTA）。我们可以对DTA发布裁定，除非该安排依据DTA由该国主管当局处理。在审查涉及DTA申请之前，我们将与该国主管当局协商。我们不能对在依据DTA的多方协议或在多方协议解释范围内的问题发布裁定。

（2）税款、责任或征收到期且能够支付：如果裁定所寻求的问题所涉及的税款、责任或征收到期且能够支付，我们不能发布私人裁定，除非我们在到期之前收到申请。挑战任何评估的正确方法时提供争议解决或挑战（复议）程序。

（3）评估已经做出：如果涉及该个人、安排以及规划裁定将适用的期间或纳税年度的评估已经做出，我们不能发布私人裁定。这包括是纳税人已经递交纳税申报表，由于这个自我评估。在这种情形下，争议解决程序是正确的路径。唯一例外是税务局在评估做出之前收到裁定申请。

（4）面临审计或调查：如果我们正在进行审计或调查税法如何适用于该个人或该安排，在规划裁定将予适用的期间或纳税年度。关于随后评估的任何争议都应当通过争端解决程序提出挑战。

（5）面临异议、挑战或诉讼的安排：如果裁定所寻求的安排或该安排独立可认定部分，是与面临异议、挑战或诉讼的安排实质性相同，那么无论是否涉及该申请人或其他人，我们拒绝做出产品或私人裁定。

（6）基于先前裁定存在债务：我们拒绝发布私人或集体裁定给未付清先前裁定申请债务的申请人。如果申请人未能支付先前约束力裁定发票载明的申请费，该发票载明之日起60天内申请人有先前未清偿债务。

（7）资源限制：如果我们没有足够资源做出裁定，那么我们拒绝发布私人或集体裁定。这仅在特定申请中存在，该申请要求非常庞大的资源、或高等级专业知识人士，该专业知识人士在申请时或可预见的未来无法找到。

（8）重建：我们决定对《2007所得税法》第GA1条（局长权力调整）所适用的安排不发布裁定。

2. 决定。

我们也不能发布裁定，如果该问题是或可能是面临涉及金融安排、石油开采、利息支出、财产折旧或畜牧业的决定。

涉及金融安排规则，我们能就某些在法律（假如一般决定适用）中阐明的问题发布纳税人特定决定。这些能被决定的问题包括：如何将扩展方法适用到金融安排；决定何种比例的所得或损失是完全可归因于例外的金融安排的方法；决定未来财产价值的方法。

我们对决定申请采用与私人裁定同样的方法，除了他们是公开的。

3. 事实审查。

为增强约束力裁定的有效性，事实审查已经建立，在裁定是或有可能是依据重大的事实条件或假设的情形下发布。该程序将给纳税人以机会从税务局获得一定程度的确定性，亦即对该条件或假设被满足的可能性。